改訂新版

栃木の山150

栃木県勤労者山岳連盟
宇都宮ハイキングクラブ編

随想舎

本書を利用される方へ

▼栃木県は、関東地方の北部に位置し日光国立公園に代表される豊かな自然環境に恵まれた県です。本書は、栃木県を代表する日光・那須の山々から静かなハイキング登山が楽しめる安蘇や八溝の山々など県全域のハイキング登山コース150カ所を選定し紹介したものです。

▼本書は2013年に発行された『栃木の山150』の改訂新版です。前書以来10年が経過し、山岳自然の状況や環境が大きく変わってきたコースがあることを踏まえ、全コースを改めてチェックし直しました。その結果、3コースの新設をはじめとして、コースの変更や、バス路線の改廃などをふくめ、最新の情報を満載した改訂新版として、さらにグレードアップすることとなりました。

▼本書は県内のハイキング登山コースを「那須・塩原」「南会津・鬼怒」「日光」「前日光・県央」「八溝・芳賀」「足尾・安蘇」の6地域に分けてガイドしています。日光・那須の有名な山に限らず、標高は低くても隠れたベストハイクコースや地元の人に登られている山、四季を通じて楽しめるバラエティにとんだものを紹介してあります。またタイトルは「栃木の山150」となっていますが、山のみに限らず、散策路、遊歩道、首都園自然歩道「関東ふれあいの道」、自然研究路、滝や源流巡りなども紹介していますので、必ずしもピークを踏むというルートにはなっていません。平地歩きのコースも楽しめます。

また県境の山で一般ルートや最短コースが群馬県、福島県、茨城県側からになっているものについては、他県側からのコースを紹介しているものもあります。

▼本書に紹介した150コースは、いずれも栃木県内を起点として、当日の朝に登山口を出発することを目安としてあります。したがって、交通機関の状況や登山口までのアプローチの方法、車利用の場合の駐車場の有無、場所などを十分確認し、ルートタイムや下山予定時刻を考えて無理のないハイキング計画を立ててください。

また、登山道や道標がしっかりしているコース、ハイキングルートが整備されているコースを紹介していますが、一部のルートに登山道が踏跡程度もしくは不明瞭で多少ルートファインディングが必要となる場所や、現在ルートが崩壊している危険箇所もあります。これらの箇所は本書の中でも説明がされていますが、ルートの状況について地元市町村の観光担当課（観光協会）・土木林務担当課（道路・林道・河川情報）や関係機関にお問い合わせの上、入山してください。もちろん地図やコンパス（磁石）は必携品です。

▼本書は無雪期のハイキングを前提としていますが、積雪の有無を問わず2000メートル級の山では、10月末から5月までは冬山の装備、技術、体力、心がまえが必要です。1000メートル級の山々でも冬期は多いところで1メートル近くの積雪がみられます。また地域的にも日光、那須は強風で有名です。過去にも強風による疲労凍死や雪崩による死亡遭難事故も数多く発生

しています。また１０００メートル以下の山々でも冬期には積雪をみることが多くあります。低山では雪を踏みしめてハイキングを楽しむこともできますが、この場合でも経験豊富なリーダーの指示のもとに、十分な装備、体力が必要となってきます。もちろん四季を通じて楽しめる山々も数多くありますので、最適なシーズンにあわせてベスト・ハイキングを計画してください。

▼登山道につける目印（エフ）についてですが、近年必要以上に目印がついているコースを見かけます。「ルートファインディング」の必要な山では、帰路を考えて場合によっては目印をつけることも考えられますが、帰路には回収するようにしてください。

　目印は、地形、地図を読んでルートを確認し、自らの力で目標を達成するという登山者自身の楽しみ、目的を半減させてしまいます。事故防止のため必要最小限に止めましょう。

▼本書はコースのランクを三段階に分けて記載しています。しかし、このランクはあくまで参考程度と考えてください。

★…初心者向けコース

　初心者、ファミリー、中高年の初級登山者、ハイカー向けの誰でもが楽しめるコースです。道標、ルートなどもしっかり整備されていて、本書の入門コースといっていいと思います。はじめて登山をする方、ハイキングを楽しみたい方はこのコースから入ってグレードアップしてください。紹介したほとんどのコースは歩行時間約4時間までを目安としています。ただし、平地歩きのコースでは歩行時間が長いルートもあります。

★★…一般向けコース

　初心者向けコースより少しグレードアップして、歩行時間約6時間程度までのコースです。多少、アップダウンも出てきて、山に登ったという充実感が味わえます。ほとんどのコースはよく整備されていますが、一部踏跡程度やルートファインディングが必要となるコースも含まれます。計画の際は最新の情報を得ておく必要があります。

★★★…健脚向けコース

　1日の行程が長いコースや、ルートファインディングなど一定程度の登山技術や体力が要求されるコースです。コースタイムでは1日の行程が6時間を超えるコースとなります。

▼コースタイムについては、休憩時間を含まない歩行時間となっています。実際にハイキング計画を立てる場合は参加者の人数や力量、ザックの重さ、天候などを考えて、十分な余裕をみてください。

▼車利用の場合のデータは本文に記載されています。駐車場がなく路肩や空地などに車を止める場合は交通法規を守り、交通の妨げにならないように注意してください。私有地や神社などの駐車場を利用する場合は、きちんと断ってから車を止めるようにしましょう。また、車止めがある林道などでは、それをはずして車を入れることは絶対やめてください。

▼「自然にやさしい山歩き、自然をいたわるハイキング」といわれています。一度壊れた自然をもとに戻すのは容易なことではありません。登山道、木道などを踏みはずさないこと、ゴミは持ちかえることなど常識です。高山植物を持ち帰るなど言語道断です。ルールを守って楽しいハイキング登山を！

改訂新版 栃木の山150 目次

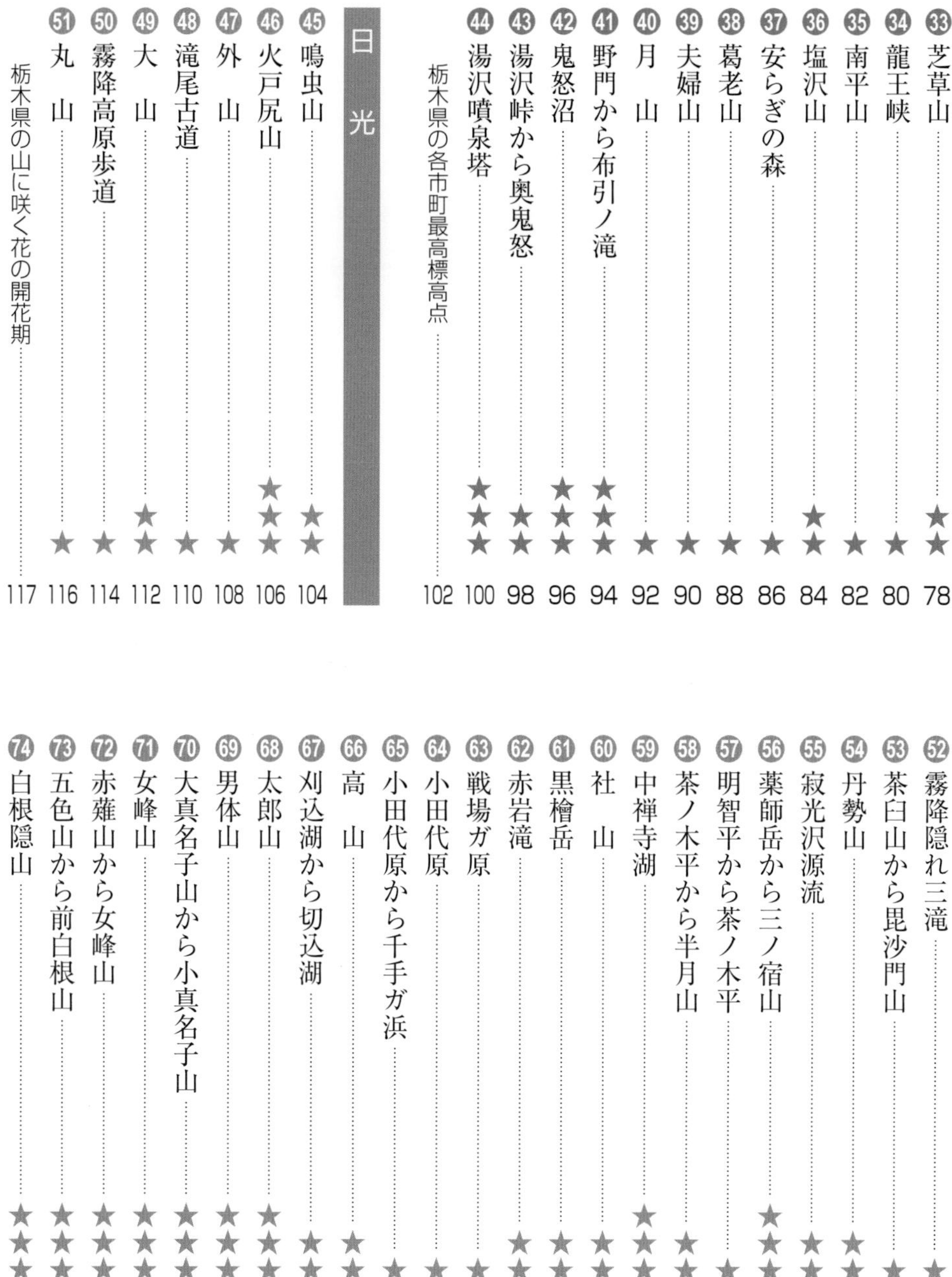

福島県
9 流石山から三倉山
流石山
三倉山
3 三本槍岳
2 朝日岳
11 那須平成の森
7 姥ガ平
1 茶臼岳
8 沼原湿原から隠居倉
10 那須自然研究路
4 南月山
6 白笹山
5 黒尾谷岳
15 男鹿岳
深山貯水池
14 大佐飛山
21 日留賀岳
12 百村山
13 黒滝山
30 荒海山
33 芝草山
20 若見山
19 弥太郎山
37 安らぎの森
31 田代山
18 安戸山
野岩鉄道
17 新湯富士
16 塩原渓谷歩道
塩沢山
36
32 台倉高山
27 剣ガ峰から大入道
24 学校平から大間々台
28 大間々台からミツモチ山
25 県民の森からミツモチ山
26 大間々台から剣ガ峰
38 葛老山
22 釈迦ガ岳
23 西平岳
35 南平山
八汐湖
五十里湖
42 鬼怒沼
43 湯沢峠から奥鬼怒
44 湯沢噴泉塔
77 温泉ガ岳から根名草山
41 野門から布引ノ滝
72 赤薙山から女峰山
71 女峰山
川俣湖
39 夫婦山
40 月山
34 龍王峡
29 鶏岳
67 刈込湖から切込湖
68 太郎山
51 丸山
49 大山
52 霧降隠れ三滝
47 外山
48 滝尾古道
50 霧降高原歩道
53 茶臼山から毘沙門山
70 大真名子山から小真名子山
73 五色山から前白根山
75 白根山
74 白根隠山
小田代原
63 戦場ガ原
64
69 男体山
66 高山
55 寂光沢源流
54 丹勢山
日光
59 中禅寺湖
中禅寺湖
65 小田代原から千手ガ浜
76 錫ガ岳
62 赤岩滝
61 黒檜
60 社山
58 茶ノかし半月
57 茶ノ明智
56 薬師岳から
薬師岳
45 鳴虫山
46 火戸尻山
88 鶏鳴山
118 皇
117
99 寅巳山
95 羽黒山
篠井富屋連峰
98
大谷川
鬼怒川
日光宇都宮道路
矢板IC
JR東北
西那須野塩原IC
黒磯板室IC
那須IC
東北自動車道
那須塩原
黒磯
新白河
至仙台
箒川
蛇尾川
那珂川
荒川
100 八溝山
101 花瓶山
102 萬蔵山
105 御亭山
106 カタクリ山
104 鷲子山
103 尺丈山

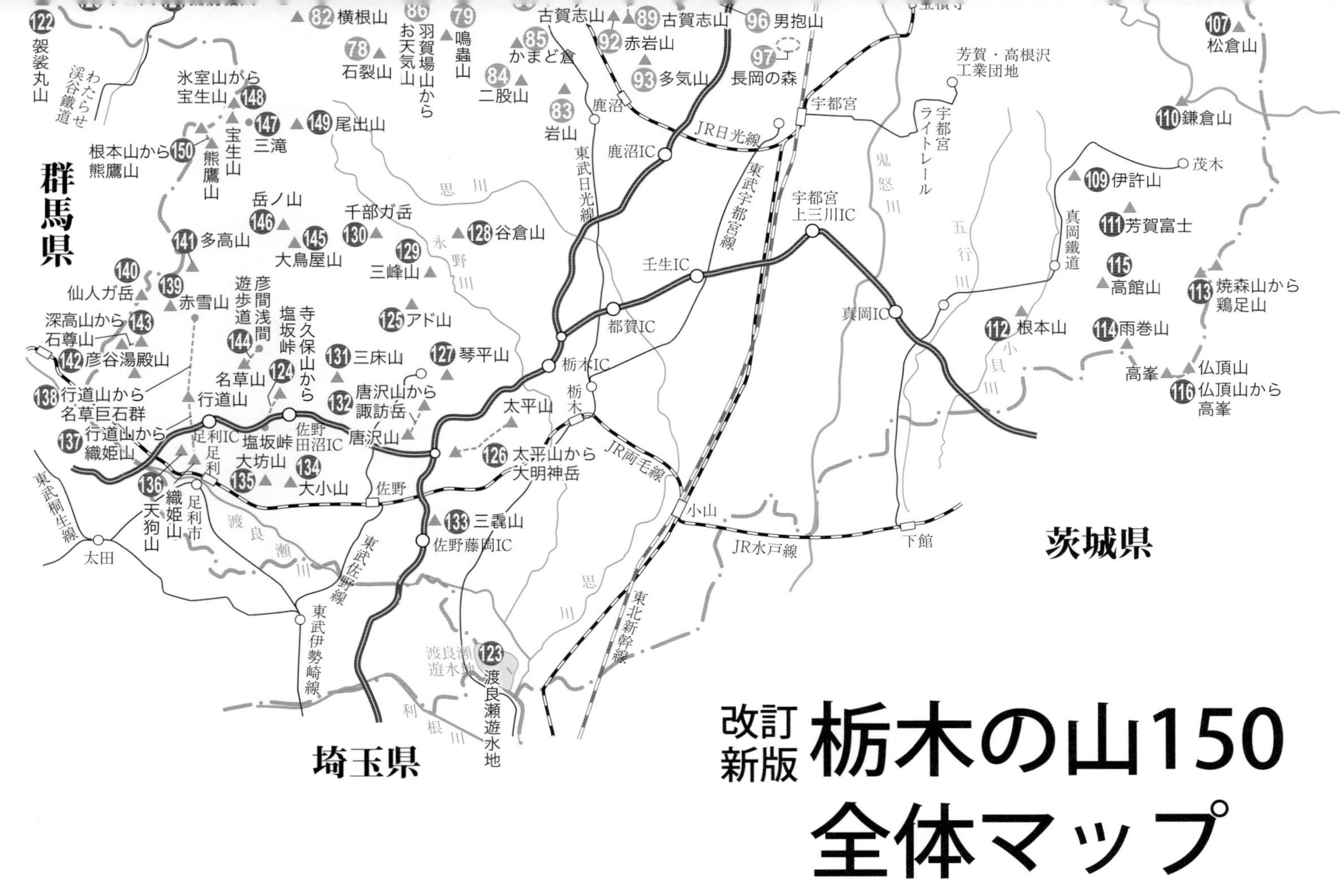
改訂新版 栃木の山150
全体マップ
群馬県
埼玉県
茨城県
122 袈裟丸山
わたらせ渓谷鐵道
82 横根山
78 石裂山
86 羽賀場山から お天気山
79 鳴蟲山
85 かまど倉
84 二股山
83 岩山
古賀志山
89 古賀志山
92 赤岩山
93 多気山
96 男抱山
97 長岡の森
107 松倉山
110 鎌倉山
芳賀・高根沢工業団地
148 氷室山から宝生山
147 三滝
149 尾出山
150 根本山から熊鷹山
熊鷹山
宝生山
146 岳ノ山
145 大鳥屋山
141 多高山
130 千部ガ岳
128 谷倉山
129 三峰山
140 仙人ガ岳
139 赤雪山
143 深高山から石尊山
142 彦谷湯殿山
144 彦間浅間遊歩道
124 寺久保山から塩坂峠
131 三床山
125 アド山
127 琴平山
138 行道山から名草巨石群
行道山
名草山
132 唐沢山から諏訪岳
137 行道山から織姫山
136 織姫山
天狗山
135 大坊山
134 大小山
唐沢山
太平山
126 太平山から大明神岳
133 三毳山
123 渡良瀬遊水地
渡良瀬遊水地
109 伊許山
111 芳賀富士
115 高館山
113 焼森山から鶏足山
112 根本山
114 雨巻山
高峯
仏頂山
116 仏頂山から高峯
茂木
真岡鐵道
鹿沼
鹿沼IC
宇都宮
JR日光線
東武日光線
東武宇都宮線
宇都宮ライトレール
宇都宮上三川IC
壬生IC
都賀IC
栃木IC
栃木
真岡IC
JR両毛線
小山
JR水戸線
下館
東北新幹線
足利IC
足利
足利市
佐野田沼IC
佐野
佐野藤岡IC
東武佐野線
東武伊勢崎線
東武桐生線
太田
思川
永野川
鬼怒川
五行川
小貝川
渡良瀬川
利根川

《凡例》

▼地図については概念図（ガイコツ図）の中に必要な情報を載せていますが、実際のハイキングの際は最新の地形図と本書を併用してください。地形図（国土地理院発行の二万五〇〇〇分の一地図）の名称は本文右下データー欄に記載しました。また、本書掲載の地図は縮尺率もそれぞれ異なるので注意してください。なお、地形図の山名や地名の表記について、例えば「戦場ヶ原」「温泉ヶ岳」などは、読みやすいように「戦場ガ原」「温泉ガ岳」と記しました。

▼本書での地図上の記号は左記の内容を意味しています。

⊡…三角点のあるピーク
▲…三角点のないピーク
水…水場
危…危険箇所（やせ尾根、ガレ場、岩場、クサリ場、落石、強風など）
迷…迷いやすいところ（踏跡が不鮮明、ヤブが深いなど）
急…道が急傾斜なところ
展…展望のよいところ
W…トイレ
P…駐車場
⌂…山小屋、避難小屋、休憩所
⚠…テントサイト
花…花の群生する場所、お花畑
●…ルート上での基点
○…標識・案内板などのポイントとなるところ
卍…寺院
⛩…神社・鳥居

▼交通機関の状況は2024年1月現在のデーターです。バス路線の廃止や季節ダイヤなど変動も多いので、当該市町村の観光担当課（観光協会）、バス会社、ＪＲ・私鉄各社などで確認してください。

那須・塩原

この山域は、那須連山、高原山、男鹿山塊を含む一帯である。 那須地区は登山道も整備され、気軽にハイキングを楽しめる地域である。 塩原地区は、箒川上流の塩原温泉を中心とし、渓谷美、秋の紅葉などを眺めながら、温泉宿をベースとしたハイキングが楽しめる。 男鹿山塊はいまなお容易に人を寄せつけない自然の姿を保ち、日留賀岳などごく一部の山を除いて登山道は付けられていない。 なお、これらは日光国立公園に含まれ、数多くの温泉が湧き、四季を通じて観光客の訪れる地域でもある。

噴煙を上げる那須連山の主峰

茶臼岳

ちゃうすだけ

1915M

朝日岳から見る茶臼岳

▶**交通**　JR東北本線黒磯駅（新幹線の場合はJR那須塩原駅）から関東バス那須ロープウェイ山麓駅行、終点下車

▶**歩行時間**　2時間9分

▶**コースタイム**　那須ロープウェイ山麓駅（4分）山頂駅（40分）茶臼岳（35分）峰ノ茶屋（50分）那須ロープウェイ山麓駅

▶**地形図**　那須岳

▶茶臼岳では大正年間から硫黄製錬が行われ、昭和35年ころまで操業されていた。噴火口からトロッコで鉱石を峰ノ茶屋上方に集め、これを鉄索で製錬所（有料道路終点駐車場）まで下ろしていた。こうしたことから年配の人はここを「鉱山事務所」とか「硫黄ヤマ」と呼んでいる

那須塩原市の北北西20キロ、栃木県と福島県との境に連なる那須連山は日光国立公園に属する火山群で、特に茶臼岳、朝日岳、三本槍岳、南月山、黒尾谷岳は那須五峰、または那須五岳と呼ばれている。その盟主茶臼岳は山頂直下までロープウェイが通じ、初心者でも気軽に山頂に立てることから那須登山の入門コースとして親しまれている。

JR黒磯駅前から関東バス那須ロープウェイ山麓駅行に乗り、那須街道のアカマツ林を抜け、那須高原を西に向かう。那須湯本温泉を過ぎ、ボルケーノハイウェイをのぼりきった山麓駅まで約60分である。車利用の場合は山麓駅脇にある無料駐車場を利用するとよい。

茶臼岳へは山麓駅からロープウェイを利用するか、峠ノ茶屋から登山道を歩き、峰ノ茶屋を経て山頂を目指す方法とがある。（『朝日岳』を参照）ここではロープウェイ利用の場合を述べる。

標高1420メートルの**那須ロープウェイ山麓駅**から1709メートルの**山頂駅**までは、アルペン的な景観の朝日岳や雄大な那須高原を見下ろしながら4分間の空中散歩となる。

山頂駅からゆるやかな斜面

の広場を茶臼岳や噴煙を見ながら歩きはじめる。5分ほどで茶臼岳山頂と牛ガ首との分岐に出る。ここは右に折れて山頂を目指そう。

ザクザクして歩きにくい火山礫の道を進むと、八間石（はっけんいし）という巨岩帯がある。しだいに急登となり、階段状の登りを越えると火口壁の上の広い道に出る。正面に大きな道標があり、左が山頂、直進が火口跡、右が峰ノ茶屋の分岐を示している。ここから5分ほど登ると山頂である。

冬期は強風が吹き抜ける峰ノ茶屋

茶臼岳山頂には那須岳神社の祠がある。展望は360度で、間近には朝日岳の岩峰、その彼方には磐梯・吾妻連峰、また日光連山、那須高原から関東平野など、まさに那須連峰の盟主にふさわしいパノラマが展開している。

なお、茶臼岳の三角点は山頂手前の標高1897・6メートル地点にあるが、山頂の標高はこれより高い1915メートルである。那須連峰では三本槍岳の1916・9メートルに次ぐものだ。

ここから姥ガ平を真下に見ながら火口を時計回りに一周し、道標にしたがって峰ノ茶屋方面に下る。急な下りで、植物を寄せつけない、ゴツゴツとした溶岩の重なり合った道である。ゴーゴーという噴気の音が左上の方から聞こえ、しだいにゆるやかな下りとなって**峰ノ茶屋**に着く。

峰ノ茶屋から**那須ロープウエイ山麓駅**までは、朝日岳を左に見ながら一本道を下ることになる。

峰ノ茶屋は会津方面からの北西風の通り道にあたるため、時に猛烈な突風が吹き抜ける。冬期の強風は凄まじいので十分な注意が必要である

無間地獄では硫黄で黄色くなった岩の間から力強く蒸気を吹き上げるのが見られる。ただし、有毒ガスを含んでいるので注意したい

ロープウエイは12月上旬から3月中旬は運休となり、大丸温泉から先は車の通行が禁止され、バスも大丸温泉までとなる

三斗小屋温泉
朝日岳 1896M
鬼面山
那須岳避難小屋
峰ノ茶屋（ログハウス風の建物）
朝日岳の展望よい
明礬沢
峰ノ茶屋
那須岳登山指導所
鳥居
「峰ノ茶屋分岐」
展
階段状の登り
礫地 足もと注意
那須ロープウェイ
山麓駅（1420M）
山頂駅（1709M）
無間地獄
茶臼岳 1915M
1897.6M
那須岳神社・祠
牛ガ首
牛ガ首分岐
大丸温泉
郭公沢
那須ファミリースキー場跡
那須湯本
高尾温泉
0 1km

朝日岳

あさひだけ

「那須穂高」の異名をとるアルペン的な風貌 ……………★★

1896M

旧中ノ茶屋から見る朝日岳

▶**交通**　JR東北本線黒磯駅(新幹線の場合はJR那須塩原駅)から関東バス那須ロープウェイ山麓駅行、終点下車

▶**歩行時間**　4時間30分

▶**コースタイム**　那須ロープウェイ山麓駅(60分)峰ノ茶屋(40分)朝日岳(15分)熊見曽根分岐(15分)清水平(10分)北温泉分岐(15分)赤面山分岐(85分)北温泉(30分)北湯入口バス停

▶**地形図**　那須岳・那須湯本

▶**北温泉**　那須七湯のひとつで、余笹川の清流を望む素朴な山の湯。明治以前に建てられたという木造三階建ての建物は郷愁をそそられる。近くには駒止ノ滝がある

▶マウントジーンズスキー場は2024年3月に閉場が予定されている

登山道は**那須ロープウェイ山麓駅**からはじまる(山麓駅までは『茶臼岳』を参照)。北側広場から歩道を歩きはじめると、まもなく峠ノ茶屋の売店に出る。県営駐車場とトイレがある。売店の先には大きな案内板が立ち、右手には那須岳登山指導所がある。

左手の小さな鳥居をくぐり、木橋を渡ると登りがややきつくなってくる。灌木帯を越えると視界が急に開け、道幅が広くなる。右手には、朝日岳から鬼面山方面の稜線がなだらかに続いている。茶臼岳の北面をトラバースするようにゆるやかに登り、右へ曲がり込むと鞍部の**峰ノ茶屋**へ着く。ここは茶臼岳、南月山方面と、三斗小屋温泉方面、朝日岳方面への分岐点で、シーズン中は登山者で賑わう。

朝日岳へは、剣ガ峰の岩稜を東側から巻く。9月ごろにはエゾリンドウが咲く道だ。

奇岩恵比寿岩、大黒岩から西側斜面へ移る。露岩の間を急登し御沢を左下に見る。クサリのある岩場を二カ所、慎重にトラバースする。急なザレ場を登りきると、朝日岳の西肩鞍部に飛び出る。左に分ける道は三本槍岳方面である。岩場を登ると**朝日岳**山頂(1896メートル)へ着く。独立

峰を思わせる岩場のピークで周囲は切り立っており、３６０度の大パノラマが広がっている。

先ほどの鞍部へ戻り、ハイマツの茂る稜線を北へ進み、登りきったところが**熊見曽根分岐**で、左に隠居倉を経て三斗小屋温泉への道を分ける。ここからササの間の急坂を下ると、湿原の中の木道になる。ここが**清水平**でゴゼンタチバナ、ツマトリソウ、ワタスゲなど植物の宝庫である。眺めもよく、休憩に最適だ。

ハイマツ帯の中の道を北へ登り、深くえぐれて歩きにくい道が終わると大きな道標が立つ**北温泉分岐**に出る。正面が三本槍岳への道、右へ折れると北温泉である。

右手のゆるやかな坂を登りきると、中ノ大倉尾根へと出る。ここからはひたすら下ることになる。まもなくすると**赤面山分岐**で、ササの中の道をさらに下ると、朝日岳から鬼面山の稜線が右手に広がってくる。滑りやすく歩きにくい道が続き、ササが少なくなるころ下り坂もゆるやかになり、広葉樹林の中に入る。ルートは中ノ大倉山手前で右に折れる。林道を横切りさらに下ると、甲子高原方面との分岐点に出る。

ここを右へ折れ、急な階段をジグザグに下ると瀬音が聞こえ、毘沙門沢を越えると**北温泉**である。北温泉の脇を通って左に曲がり、急坂を登ると駐車場に出る。ここから車道になり、**北湯入口バス停**までは30分たらずである。

朝日岳山頂

三本槍岳 1896M
スダレ山
前岳
赤面山
北温泉分岐
赤面山分岐
滑りやすい
朝日岳山頂からの眺望は素晴らしく、茶臼岳をはじめ広大な那須高原、男鹿、帝釈の山並み、遠くに磐梯山、吾妻連峰を望む
清水平
新緑、紅葉美しい
中ノ大倉尾根
三本槍岳の全容見られる
シャクナゲ
ブナ
熊見曽根
熊見曽根分岐
長い長い下り
シロヤシオ
中ノ大倉山
隠居倉
クサリ
朝日岳の西肩鞍部
毘沙門沢
マウントジーンズスキー場（２０２４年３月閉場予定）
←三斗小屋温泉
朝日岳 1896M
展
恵比寿岩・大黒岩
ゆるやかな下り
周遊コース
御沢
リンドウ（9月上旬）
鬼面山
剣ガ峰
シロヤシオ
1417.1M
紅葉
危 冬期強風注意
峰ノ茶屋
那須岳登山指導所
案内板
明礬沢
P W
峠ノ茶屋
甲子高原分岐
茶臼岳 1915M
標高1420M
ロープウェイ
山麓駅
P W 水
北温泉
大丸温泉
0
1km
弁天温泉
北湯入口

那須連山を縦走し、三斗小屋温泉へ……………★★★

三本槍岳

さんぼんやりだけ

1917M

熊見曽根から三本槍岳を望む

▶**交通**　JR東北本線黒磯駅（新幹線の場合はJR那須塩原駅）から関東バス那須ロープウェイ山麓駅行、終点下車

▶**歩行時間**　7時間20分

▶**コースタイム**　那須ロープウェイ山麓駅（60分）峰ノ茶屋（40分）朝日岳（15分）熊見曽根分岐（15分）清水平（35分）三本槍岳（70分）大峠（90分）三斗小屋温泉（65分）峰ノ茶屋（50分）那須ロープウェイ山麓駅

▶**地形図**　那須岳

▶三本槍岳は山名からするととがったピークが三つある尖鋭峰を思い浮かべるが、実際はどっしりとした重量感豊かな山である。山名の由来は、昔、この山頂が、会津、白河、黒羽三藩の領界で、領地の確認が毎年5月5日に行われ、その確認の際に各藩の槍（または旗）を立てたことによる

ＪＲ黒磯駅から**那須ロープウェイ山麓駅**でバスを降り（『茶臼岳』を参照）、**峰ノ茶屋**、朝日岳を経て（『朝日岳』を参照）清水平へ向かう。

朝日岳から**熊見曽根分岐**を過ぎ、**清水平**からハイマツ帯の中を5分ほど登ると北温泉への分岐に出る。三本槍岳へは直進し、スダレ山の西面を巻くように下る。道は深くえぐれていて歩きにくい。

まもなくハイマツとシャクナゲの混在する鞍部へ下りきる。さらに正面の急坂を登り返すと、**三本槍岳**山頂（1916・9メートル）に達する。一等三角点の名に恥じない360度の眺望が得られる。付近にはヒメイワカガミ、ハクサンチドリなどが咲く。

大峠へは山頂北側の灌木帯の坂道を下る。10分ほどで甲子山方面への分岐点に出る。大峠へは左へ下る。見晴らしのよい稜線上の道で、右側下には鏡ガ沼が見える。やがて急坂を下りきった鞍部が標高1468メートルの**大峠**で、この一帯は高山植物の宝庫として有名である。7月ごろは一面のお花畑となる。

三斗小屋温泉へは左のササの中を下る。明るい林の中の小さな沢を一本越し、やや平坦な道になると三本槍岳の北

肩を源頭とする峠沢に出る。

峠沢を越えると道はゆるやかな登りとなり、やがて三斗小屋宿への道を右に分ける。道はしだいに急登となり、尾根をひとつ越し、ブナ林の中の急坂を一気に下ると中ノ沢に着く。さらに小さな沢を越え、ミズナラの林を抜けると赤岩沢に着く。

ここからの登り返しはトラバース気味の急登となる。やがてダケカンバ林となり、道はゆるやかになる。三斗小屋宿との分岐をそのまま直進すると、100メートルほどで**三斗小屋温泉**に着く。ここには歴史を感じさせる二軒の旅館、大黒屋と煙草屋がある。

煙草屋旅館の前を通って峰ノ茶屋へ向かう。ゆるやかに登り、尾根を越すと沼原分岐に出る。右手は沼原への道である。正面に山腹から噴煙を上げる茶臼岳の雄姿を望みながらササの道を進むと、左側のガケ下から清水が湧き出している。「延命水」である。渇いた喉を潤すとよい。

ダケカンバの林を進み山腹をひと登りして下り、平坦な道を進むと御沢の橋を渡る。明るい樹林帯のゆるやかな坂を登ると避難小屋へ着く。木製のテーブルとベンチがあり、正面には峰ノ茶屋の鞍部が望める。

峰ノ茶屋へは避難小屋の左手の広葉樹の中を登る。剣ガ峰の斜面を注意してトラバースし、ガレ場を登りきると**峰ノ茶屋**の鞍部へ飛び出す。ここから**那須ロープウェイ山麓駅**までは約50分である。

茶臼岳から見た三本槍岳

南月山

アルプスの尾根歩きを思わせる

みなみがっさん

1776M

白笹山山頂手前から見る南月山

▶**交通**　JR東北本線黒磯駅（新幹線の場合はJR那須塩原駅）から関東バス那須ロープウェイ山麓駅行、終点下車

▶**歩行時間**　3時間

▶**コースタイム**　那須ロープウェイ山頂駅（20分）牛ガ首（50分）南月山（40分）牛ガ首（20分）峰ノ茶屋（40分）那須岳登山指導所（10分）那須ロープウェイ山麓駅

▶**地形図**　那須岳

▶ロープウェイ山頂駅から牛ガ首を経て峰ノ茶屋へ抜けるコースは、三斗小屋温泉へ行く場合などにはもっとも登りの少ないコースである

南月山は、荒々しい風景を持つ朝日岳や茶臼岳とは対照的なおだやかな山容の山である。さらに多くの人で賑わう茶臼岳に比べると、人も少なく静かな山歩きが楽しめる。

ここではロープウェイを利用して南月山へ行くコースを紹介するが、ロープウェイを使わないで峰ノ茶屋を経て牛ガ首から南月山を往復するコースでも、また茶臼岳に登ってから南月山へ向かうコースでも十分日帰りできる（JR黒磯駅から那須ロープウェイ山頂駅までは『茶臼岳』を参照）。

那須ロープウェイ山頂駅から少し登ると、茶臼岳山頂と牛ガ首への道標がある。ここを左に折れて牛ガ首へ向かう。登山道は岩にペンキで矢印が付けてあるので分かりやすい。茶臼岳の南の中腹を南月山の尾根に向かって歩く。

那須の山々は２０００メートルに満たないのに、アルプスの尾根歩きを思わせる。マルバシモツケ、シモツケソウ、ウラジロタデ、イワカガミなどの高山植物が咲いている。

噴煙の下の岩を仰ぎながらさらに進む。旧高雄温泉への分岐を通り過ぎると少し急な登りとなり、まもなく**牛ガ首**に着く。北には茶臼岳の無間地獄が見える。眼を下に転じれば、緑の中に白砂に囲まれた小さな沼が、まるで箱庭のように見える姥ガ平がある。ひと息入れて南に進む。

ほどなく展望のよい日ノ出平分岐に着く。このあたりはミネザクラの群生地である。6月上旬から下旬は濃いピンクのトンネルとなる。

さらに平らな小ヤブの道を進むと、黒い火山岩だらけの広い場所に出る。あたり一面に咲いている黄色い花はコキンレイカで、岩の黒とのコントラストが美しい。

南月山山頂から茶臼岳を望む

さらに進むと**南月山**山頂（1775・8メートル）に到着する。山頂には南月山神社の小さな祠がある。山頂からは360度の展望が味わえる。那須連山はもとより、下方は那須の街。青く光るのは沼原の貯水池で、白笹山、黒尾谷岳は目の前にある。

帰路は途中まで来た道を戻り、**牛ガ首**からは峰ノ茶屋に向かう。左側、姥ガ平への斜面はガンコウランが密生しており、秋には黒い実を付ける。クマの大好物でもある。

ゴウゴウと音をたてて一面に水蒸気の出ている無間地獄を通り、硫黄採掘の跡を横目で見ながら、**峰ノ茶屋**に着く。風の通り道なので風の強い日は注意しよう。

ここからは朝日岳を左に望みながら東方向に下る。**那須岳登山指導所**を通りこせば、まもなく**那須ロープウェイ山麓駅**バス停に着く。

危 冬期強風注意
峰ノ茶屋
花 ウラジロタデ マルバシモツケ コケモモ
那須岳登山指導所 PW 標高1462M
無間地獄 危 ガスが噴出している
ガンコウラン
姥ガ平
牛ガ首
茶臼岳 1915M
道標
ロープウェイ
山頂駅 標高1685M
山麓駅 PW水
大丸温泉
登り
展
日ノ出平 1786M
分岐
沼原
花 コメツツジ ヒメシャジン ホツツジ コケモモ クロマメノキ シャクナゲ ヤチヤナギ ハンノキ ミネザクラ
殺生石分岐 高雄温泉への分岐
花 シラタマノキ ガンコウラン
花 ドウダンツツジ イワカガミ
南月山 1775.8M
展
白笹山
黒尾谷岳
那須湯本

ガンコウラン
牛ガ首から姥ガ平への斜面に群生し、秋には黒い実をつけ、かむと甘酸っぱい味がする。これはツキノワグマの大好物としても知られるが、ジャムにしたり、焼酎に漬けて飲用にする人もいる

ミネザクラ
日ノ出平周辺はミネザクラの群落が目立ち6月上旬～中旬は花のトンネルとなる

0 1km

那須連山の南端から花の稜線へ ★★

黒尾谷岳

くろおやだけ

1589M

南月山の下りから見る黒尾谷岳

5

▶**交通**　JR東北本線黒磯駅（新幹線の場合はJR那須塩原駅）から関東バス那須ロープウェイ行に乗り、一軒茶屋停留所で降り、那須高原観光周遊バスのBコースに乗り替えて、藤和那須リゾート（株）別荘管理事務所で下車する

▶**歩行時間**　5時間10分

▶**コースタイム**　もみの木台登山口（100分）黒尾谷岳（80分）南月山（60分）黒尾谷岳（70分）もみの木台登山口

▶**地形図**　那須岳

▶黒尾谷岳は白笹山とともに、那須連山の最南端に位置する。展望がよくないせいか、茶臼岳や朝日岳と比べると登山者の数は少ない。しかし、山頂付近には、シロヤシオやアズマシャクナゲの群落があり、花期には訪れる人も増えている

黒尾谷岳は、那須連山の中では最も南に位置している。麓から山頂までは、標高差約540㍍の登りであるが、登山道は明瞭で危険箇所はない。途中、水場はないので準備は怠らないように。

登山口までのアプローチが不便なため、訪れる人は少なかったが、近年、黒尾谷岳から南月山に至るシロヤシオの群生が知られるようになった。そのため開花時期には、遠方からのハイカーもよく見かけるようになった。

登山口の「もみの木台」までは、藤和那須リゾート（株）別荘管理事務所から舗装道路を50分歩くので、タクシー利用が便利である。

車の場合は、那須山麓道路を板室温泉から那須湯本方面に向かい、ハイランドパーク正門前を通過すると、角に那須ハイランド管理事務所（あけぼの平）がある。

事務所を左折すると、まもなく「もみの木台」という標識があるので、ここを右折して細い道に入る。脇道が4カ所あるが直進する。あたりは別荘地で、同じような道路が入りくんでいるので注意が必要だ。

最後の脇道を左に見て右折、登り坂を進むとすぐに行

き止まりとなる。ここが**もみの木台登山口**である。車は数台駐車できる。

ここからモミ林の山腹を北東に200メートルほど進み、北西に向きを変えると、急な斜面の登山道となる。徐々に広葉樹が多くなり、春はスミレ、エンレイソウ、ヒメイチゲ、ササバギンランなどを見つけることができる。秋にはもちろん紅葉が美しい。

急な登りをジグザグに進んでいけば、右前方に南月山からの稜線が伸びやかに横たわって見えてくる。次第にやせ尾根になり、樹林の間から黒尾谷岳が見え隠れしてくると頂上はもうすぐだ。

長い登りを終えて**黒尾谷岳山頂**（1589メートル）に着く。小さい標識が立っているが、狭くてゆっくりできる場所はない。

灌木を押し分けて標識の後ろ側に回ると、2~3人は座れる大きい岩がある。その上に立つと、すぐ側のミネザクラやオオカメノキがよく見える。6月初旬なら、たくさんの花をつけているだろう。

眼下にも見事なシロヤシオの群生が見える。展望もよい。北西には白笹山、北にはこれから向かう南月山、そして噴煙をあげる茶臼岳が連なっている。

南月山への稜線は、かなりの急下降である。その上、木の根が張り出しているので足元が悪い。ツバメオモト、ヒメイチゲ、ゴゼンタチバナ、マイヅルソウなど、たくさんの花が見られるところなので、ここはあわてずゆっくり下ろう。

鞍部に出ると、はじめは平らな道だが、だんだん登り坂となる。あたり一帯はシロヤシオの群生地である。

やがてやせ尾根になってくると、危険な箇所がある。岩場が切れ込んで、土も崩れて歩く幅が狭い。よそ見をせず注意して進もう。数は少ないがユキワリソウも岩陰に見つけることができる。シャクナゲ、フデリンドウ、イワカガミと、花の名前を数えていくのも楽しみだ。

いよいよ最後の登りになる。ササの中をぐんぐん登っていくと、急に人のざわめきが聞こえてくる。**南月山**の頂上だ。

ここは、シーズン中はいつでも人が多く賑やかだ。ミネザクラも多く見られる。360度の展望を楽しみ、休息後、今来た道を戻る。

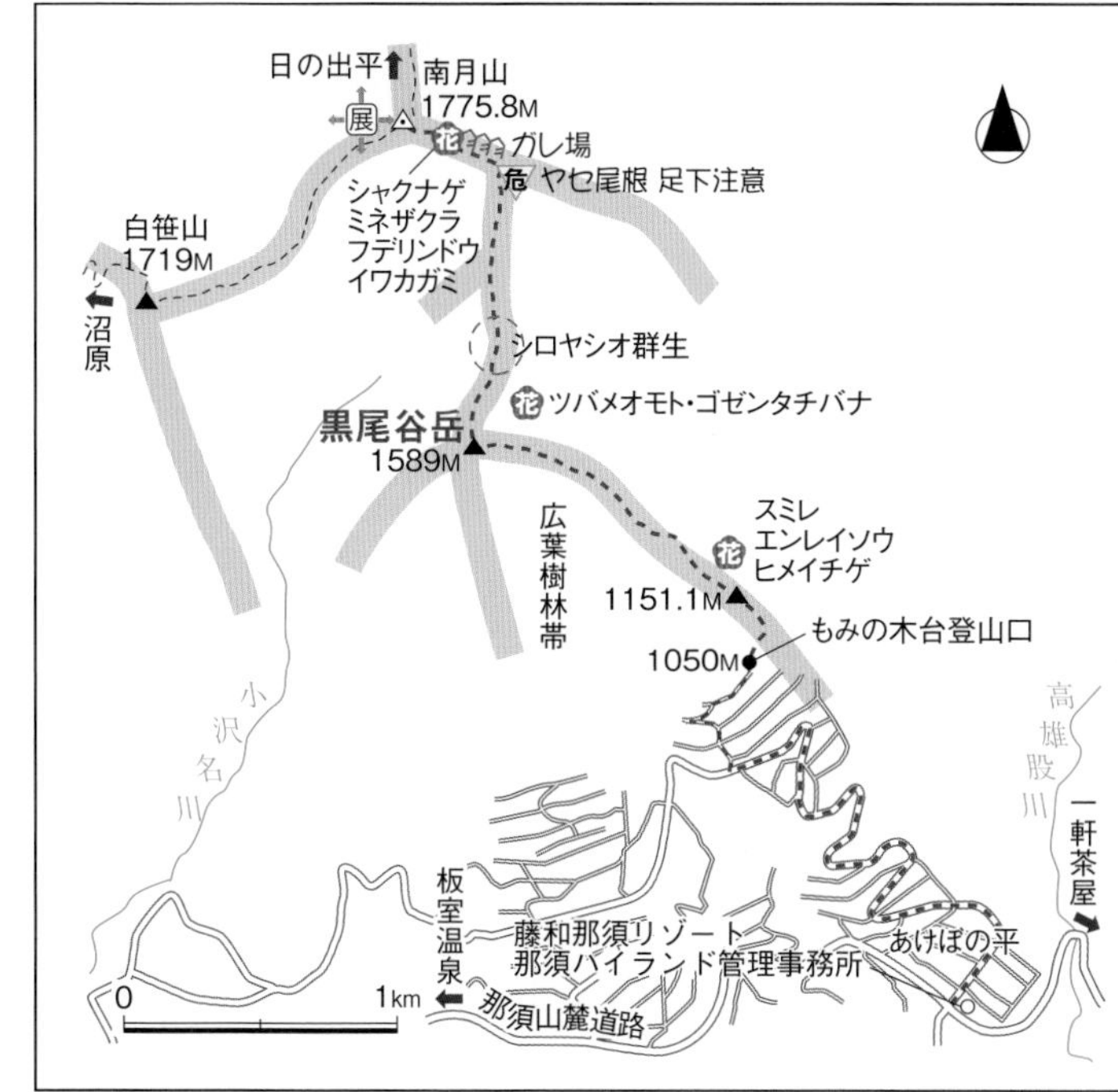

端正な山容によく似合う白い花々……★★

白笹山

しらざさやま

1719M

南月山付近から見る白笹山

白笹山は那須山塊の南部に位置し、主稜線にある南月山と沼原湿原の中間にすっきりとした裾野を広げている。

JR黒磯駅から関東バス板室温泉行で35分、終点で下車する。さらにここからタクシーに乗って25分、登山口の**沼原駐車場**に着く。

車の場合は板室温泉から那須高原に向かう。乙女ノ滝を過ぎて約1キロで、左に入る道に沼原湿原の標識がある。入ってすぐ右折し、1キロ余り進み、別荘地入口を左折すれば、あとは一本道である。沢名川を渡り、ナラなどの広葉樹とカラマツの林をうねうねと登り、沼原調整池東側の園地に着く。ここには大型バスが何台も駐車可能なスペースがあり、白笹山、日ノ出平、姥ガ平、三斗小屋温泉への登山口である。また、沼原湿原を散策する人たちの利用も多い。駐車場の東、すぐ目の前に、傾斜のなだらかな端正な山が見える。これが白笹山だ。

駐車場のトイレの横を北西に進む。平坦な道を5～6分も歩けば「白笹山」の道標がある。指示通り右折し、モミ、ブナやアスナロの林を進むと、まもなく石のゴロゴロした沢を渡る。シロヤシオが多く見られ、6月初旬には可

▶交通　JR東北本線黒磯駅（新幹線の場合はJR那須塩原駅）から関東バスハイランドパーク行、奥那須自然休養林入口下車。沼原湿原まで徒歩約2時間。また、9月～10月下旬の期間と曜日限定で那須塩原駅西口から沼原湿原までシャトルバスが運行（要予約）。沼原駐車場まではアプローチが長いのでタクシー、または車利用が望ましい

▶歩行時間　5時間5分

▶コースタイム　沼原駐車場（110分）白笹山（60分）南月山（50分）白笹山（85分）沼原駐車場

▶地形図　那須岳

▶沼原湿原　茶臼岳の西側、標高1200mに位置し、三方を山に囲まれた盆地状の湿原。高山植物の宝庫だが、深山ダムの建設工事や、植林のための排水工事などのため、多くの植物が減少している

憐な花をつける。

10分ほど歩くと、鋼管製の橋に出る。長さが10メートルもあるので慎重に渡ろう。登り坂になり、背丈ほどもあるササの間をぐんぐん進む。ところどころに、すっと伸びたダケカンバが立っている。

約20分で湯導管の埋設路と交差する、ここは左の上り坂を行く。道は小尾根をジグザグに登ってから、北北東に方向をかえ、山腹をトラバースして、ネマガリタケの歩きにくい箇所を越える。樹々の間から眼下に青い水をたたえる沼原調整池が見え、男鹿岳、大佐飛山、小佐飛山など塩原の山並を一望できる。

「白笹山0・6キロ」の標識付近からジグザグの上りとなる。ゴゼンタチバナ、マイヅルソウ、ツマトリソウなど足元の小さい花に心がなごむ。樹林が途切れたところで、北方に流石山、日の出平、茶臼岳などの雄姿が望める。

登山口から1時間50分で**白笹山**（1719メートル）に着く。頂上からの展望はない。ドウダンツツジやササに囲まれて狭く、4～5人も座るといっぱいだ。

ひと休みしたら南月山に向かおう。少しの間は稜線の下りとなるが、鞍部を過ぎると南月山まで稜線に沿った標高差約140メートルの登りが続く。シロヤシオやシャクナゲ、コメツガなどの樹林の間を進むと、急にあたりがぱっと明るくなり視界が広がる。前方に那須連山が雄大に広がり南月山に連なっている。南側には黒尾谷岳がそびえている。

ササの中を黙々と登っていくと、まもなく**南月山**に着く。山頂には小さな祠があり、360度の展望が楽しめる。振り返ると、今しがた頂を通ってきたばかりの白笹山が穏やかな山容を見せている。

帰路は来た道を戻る。体力と時間に余裕があれば、南月山から日ノ出平を経由して沼原に戻るコースも面白い。

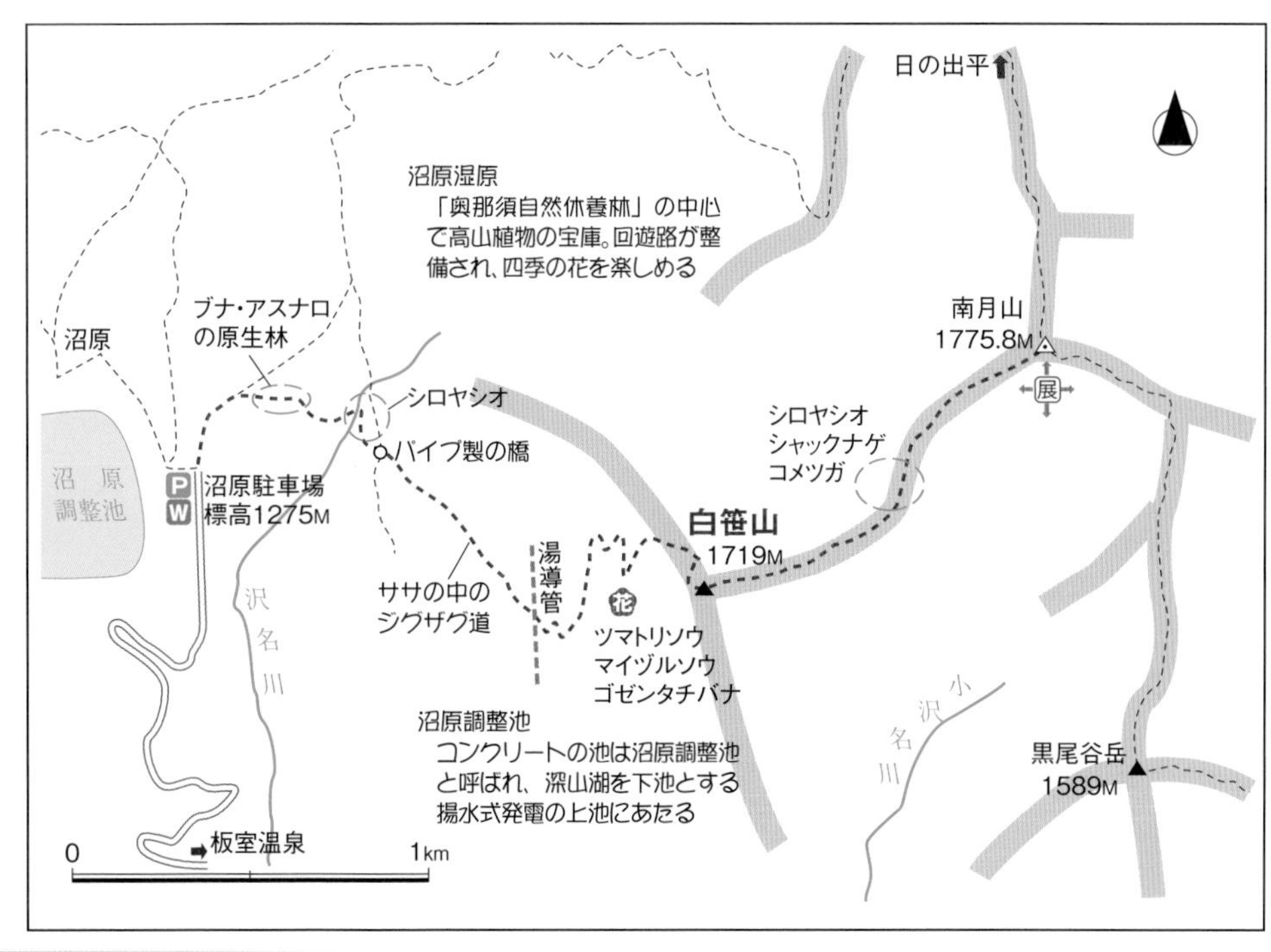

茶臼岳の噴煙を間近かに望む ★★

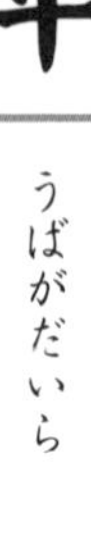

姥ガ平

うばがだいら

紅葉の姥ガ平と茶臼岳

7

▶**交通**　JR東北本線黒磯駅（新幹線の場合はJR那須塩原駅）から関東バス板室温泉行、終点下車。沼原駐車場まではアプローチが長いのでタクシー、または車利用が望ましい。終点の板室温泉バス停から沼原駐車場まで徒歩2時間40分

▶**歩行時間**　4時間30分

▶**コースタイム**　沼原駐車場（10分）沼原湿原（90分）三斗小屋温泉分岐（15分）姥ガ平（30分）牛ガ首（20分）南月山分岐（75分）日ノ出平分岐（30分）沼原駐車場（湿原木道一周20分）

▶**地形図**　那須岳

▶沼原湿原は、春のザゼンソウにはじまり、ミヤマスミレ、カタクリ、コバイケイソウ、ミネザクラ、モウセンゴケ、アヤメ、ニッコウキスゲ、ハクサンフウロなど、秋のエゾリンドウまで季節ごとに色とりどりの美しい高山植物の花々が彩りを添えている

出発点となる**沼原駐車場**（ぬまっぱら）までは、板室温泉から歩いて来てもよいが、車を利用したほうが便利である。沼原調整池を左に見て駐車場の北西端から約10分、ゆるやかに**沼原湿原**へ下る。T字路に出て、右へ進むと休憩所、左へ進むと湿原の回遊路になる。ここには、シモツケソウ、ニッコウキスゲ、アヤメ、サワギキョウ、コバギボウシなどが見られ季節の変化を楽しむことができる。

湿原を一周したあと、休憩所の少し北側から姥ガ平へ向かう。ここから「沼原駐車場近道」の道標がある分岐までの約20分はブナやカラマツの林の中をゆるやかに登って行く。分岐をまっすぐに進み、10分ほど登ると、「沼原湿原・三斗小屋温泉・茶臼岳」の標識のある日ノ出平分岐に出る。「三斗小屋温泉」の標示にしたがい、ここもまっすぐに進む。

次の三斗小屋温泉分岐までは約1時間である。木々の間から、左手、北側に流石山が見えてくる。しばらくすると林が開けて、目の前に噴煙を上げる茶臼岳の雄姿があらわれる。まさに息をのむ美しさである。ここから10分程度で**三斗小屋温泉分岐**へ出る。左

へ行けば三斗小屋温泉、右が姥ガ平である。

しばらく登ると梵天岩が左手に見え、ひょうたん池分岐に出る。目の前の開けた所が**姥ガ平**である。振り返ると静かに姥ガ平を見守る姥の像がある。せっかくだからひょうたん池にも立ち寄ろう。

ここまでくると茶臼岳が目前に迫ってくる。噴煙を上げる茶臼岳の景観は特に素晴らしい。シャクナゲやガンコウランなどが見られる。紅葉の時期は絶景である。

沼原から流石山方面を望む

姥ガ平から**牛ガ首**までは歩きにくいガレ場を約30分登る。牛ガ首周辺では硫黄泉の噴出が見られ、硫黄の臭いが鼻を突く。昼食は姥ガ平か牛ガ首でゆっくりととりたい。姥ガ平には、木道やベンチも整備された。

帰りは日ノ出平を経て沼原湿原駐車場へ向かう。牛ガ首から日ノ出平の**南月山への分岐**までは約20分で着く。牛ガ首からこのあたりにかけては景観が素晴らしく、特に紅葉の美しいことで知られている。

右の沼原方面へと下るがしばらくは平らな道で、南に下っていた道が西へ向かうようになると展望が開け、白笹山や沼原調整池方面を望みながら心地よい下りが楽しめる。1時間ほど下り、小さな沢を渡るとすぐに**日ノ出平分岐**に出る。

帰路の別コースとしては、姥ガ平から牛ガ首に登り、南月山、白笹山を経て沼原駐車場へ戻るコースもある。

三斗小屋温泉
峰ノ茶屋
この一帯はツキノワグマの生息地なので、鈴、ラジオなどを持参することが望ましい
三斗小屋温泉分岐
梵天岩
池
無間地獄
山頂駅
木道・ベンチ
茶臼岳 1915M
ロープウェイ
姥ガ平
展
茶臼岳の展望がよい
牛ガ首
日ノ出平分岐
沼原 ← → 三斗小屋温泉
↓ 茶臼岳
ダケカンバ
ミネザクラ
ナナカマド
ゆるやかな登り
紅葉が美しい
南月山分岐
三斗小屋宿
ロープあり
なだらかな道
日ノ出平
道は荒れている
白ヤシオ
「沼原駐車場近道」の標識
牛ガ首からは茶臼岳への登頂も可能であり、峰ノ茶屋を通る北コースでも、ロープウェイ山頂駅経由の南コースをとっても片道約1時間の道のりである
7月ニッコウキスゲ
8月シモツケソウ
花
展望よし
ハイマツ
ミネヤナギ
ミネザクラ
シャクナゲ
湿原回遊路
あずま屋
沼原湿原
南月山 1775.8M
沼原調整池
三倉山、流石山の展望よい
P W 沼原駐車場 標高1275M
白笹山 1719M
0 1km

沼原湿原から隠居倉

ぬまっぱらしつげん いんきょぐら

1819M

熊見曽根分岐から見る隠居倉

▶**交通**　JR東北本線黒磯駅（新幹線の場合はJR那須塩原駅）から関東バス板室温泉行、終点下車。沼原駐車場まではアプローチが長いのでタクシー、または車利用が望ましい。終点の板室温泉バス停から沼原駐車場まで徒歩2時間40分

▶**歩行時間**　6時間50分

▶**コースタイム**　沼原駐車場（10分）沼原湿原（50分）麦飯坂（30分）林道（40分）三斗小屋宿（100分）三斗小屋温泉（70分）隠居倉（30分）朝日岳の肩（30分）峰ノ茶屋（50分）那須ロープウェイ山麓駅

▶**地形図**　那須岳

▶**三斗小屋宿**　近世、会津藩が開削した会津中街道の宿場町として、また白湯山信仰の拠点として栄えた。しかし、その後、会津西街道の復旧や戊辰戦争の戦災、また、交通事情の変化とともに衰え、昭和32年、最後の住人が転出し、その歴史に幕を閉じた

ＪＲ黒磯駅からタクシーで**沼原駐車場**へ出る。

沼原池を左に見ながら駐車場の北西端から下ると**沼原湿原**へ着く。木道が整備され散策できるようになっている。回遊路を散策して休憩所に出ると、道は二手に分かれる。右方向に三斗小屋温泉への標識があるが、左の木道、三斗小屋宿方面に進路をとる。木道をしばらく行くと、三斗小屋宿への標識が出てくる。ここは右へ行く。道は平坦でウラジロモミの林となり、広葉樹林が見えてくると急な下りになる。この坂を**麦飯坂**（ばくはんざか）という。

林をジグザグに下り、小沢を渡ると苦土川（にがどがわ）に出る。橋を渡りひと登りして樹林を抜ければ、**林道**に出る。ほとんど読み取れなくなっているが、「左ハ板室道右ハやまみち」と記された古い道標があり、昔がしのばれる。となりに新しい標識がある。三斗小屋宿まではゆるやかな登りで、やがて墓地が見えると、**三斗小屋宿**への入口である。さらに進むと広場に出る。

白湯山神社の社務所跡を過ぎると道は右へ曲がり、少し下ると再び苦土川に出る。ここは那珂川の源流である。白湯橋を渡り、針葉樹林のゆる

やかな道を行く。広葉樹林になるとやや急登になる。途中の清水沢の水は飲用できるが、次の湯川の水は飲めない。湯川より上の七曲がりを登り終え、左に大峠からの分岐を見るともう**三斗小屋温泉**に到着だ。

隠居倉へは湯川沿いに、煙草屋旅館の間を抜け石段を登り、温泉神社の裏手を沢沿いに歩く。荒地から噴気が上がっている通称カラ焼を過ぎ、灌木の間を登ると、やがてササ原となる。見上げると

沼原湿原から流石山を望む

隠居倉の斜面にミネザクラが見事だ。ここからは急登で、息を切らせ、ササと灌木の間をジグザグに登りきると**隠居倉**（1819メートル）に達する。目の前にどっしりとした威厳のある茶臼岳を望み、牛ガ首、南月山の峰々が連なる。

隠居倉の山頂をあとにして熊見曽根分岐へ向かう。クロマメノキやガンコウランの間を抜けると、熊見曽根分岐である。ここからは雄大な那須の山々が一望できる。

右折して、**朝日岳の肩**に向かう。朝日岳を横目で見ながらザレ場を下る。足場が悪いので慎重に進む。クサリ場を二カ所トラバースし、恵比寿岩、大黒岩を通り、剣ガ峰の前をトラバースする。秋にはエゾリンドウがきれいなところだ。前方には**峰ノ茶屋**が見えてくる。

峰ノ茶屋から**那須ロープウェイ山麓駅**までは50分ほどの下りである（『朝日岳』を参照）。

流石山から三倉山

ながれいしやま
みくらやま

1888M

隠居倉から流石山方面を望む

▶**交通**　会津鉄道養鱒公園駅からタクシーで林道終点へ。道路状況によって林道終点まで入れない場合はヨロイ沢橋手前まで

▶**歩行時間**　6時間50分

▶**コースタイム**　ヨロイ沢橋手前駐車場（20分）林道終点（30分）大峠（60分）流石山（60分）大倉山（45分）三倉山（75分）唐沢山（120分）音金

▶**地形図**　那須岳・甲子山

▶**アドバイス**　タクシー会社は南会津町または下郷町にある

▶大峠から流石山にかけては、栃木県でも指折りのお花畑になっている。6、7月ごろには、イワカガミ、ハクサンシャクナゲ、マイヅルソウ、ニッコウキスゲ、ウサギギク、ハクサンチドリ、8月ごろには、アカバナシモツケソウ、ハクサンフウロ、コバギボウシ、ヒメシャジンなどの花が見られる

栃木県側から流石山に行くには、三斗小屋温泉か三本槍岳経由で大峠に出てから登るのが一般的だが、ここでは福島県側から登るコースを紹介する。

会津鉄道養鱒（ようそん）公園駅からタクシーで大峠林道に向かう。十文字を通りシラカバ並木を過ぎると観音沼森林公園がある。野際新田からは林道を進み、沢（広河原）を越した分岐を右に行く。少し行くと日暮ノ滝が南側に見える。二カ所ほど左に行く道があるが、右へ右へヨロイ沢沿いに林道を進む。**ヨロイ沢の橋の手前に駐車スペース**がある。この先は崩落の危険性があり、車両通行止めとなっている。

ヨロイ沢の橋を渡りしばらく行くと**林道終点**である。道はすぐ狭くなり、小さな沢がある。大峠から先に水場はないので補給しておこう。

5分ほど行くと鏡ガ沼への道を左に分け、まっすぐ進む。道は下りになり沢を渡り、ブナの林を抜け、少し登ると急に視界が開け**大峠**に出る。南には沼原調整池、その左手には茶臼岳、隠居倉を望むことができる。

大峠でひと休みしたら出発しよう。ササの中の道を西に向かって登る。草付きの急斜

面だが、まわりの花々を楽しめる。ガンコウランのじゅうたんを過ぎるとササになる。やがて道はやせ尾根の楽な登りになり、会津の村々が一望できる。北側斜面は多雪帯特有のミヤマナラやヤマグルマなどが生育している。

道はほぼ水平になり、尾根を右に回り込むと、ハイマツの間に三角点のある**流石山**（1812・5メートル）に着く。

ここから少し登り、今度は少々歩きにくい道を下る。大倉山の登りにかかり、ひと登りした左側にキスゲ小沼という小さな池塘がある。その先右側にも低木に囲まれた池塘があり、五葉ノ泉と呼ばれている。ここにはサンショウウオやモリアオガエルが生息している。

1831メートルのピークを越えて登り返せば**大倉山**山頂（1885メートル）に着く。このあたりもハイマツやハクサンシャクナゲ、ウラジロヨウラクがいっぱいだ。

ゆるく下り登り返したところが三角点のある三ノ倉（1854メートル）だ。もう一度下り、少しの急登で**三倉山**（1888メートル）の山頂に着く。那須連山、日光連山、尾瀬の山々、北には飯豊連峰や磐梯山など、360度の大展望が楽しめる。さらに少し下りひと登りすれば一ノ倉だ。

ここから先はヤブが濃くなるが、忠実に尾根を行けば迷うことはない。もう一つピークを越し、三角点のある**唐沢山**（1691・9メートル）まで続く。「空沢山」と書かれた杭が立ててある。北側に展望が開け、下郷町や南会津の山々の眺望がよい。

ここから北に向かった尾根を下りて行く。1150メートル地点に標識があり、尾根を外れ西へ曲がる。しばらく下りジャリ道に出ると、「三倉山登山道入口」の案内板のある**音金**の中ノ坪に着く。ここからはタクシーを呼び、養鱒公園駅へ向かう。

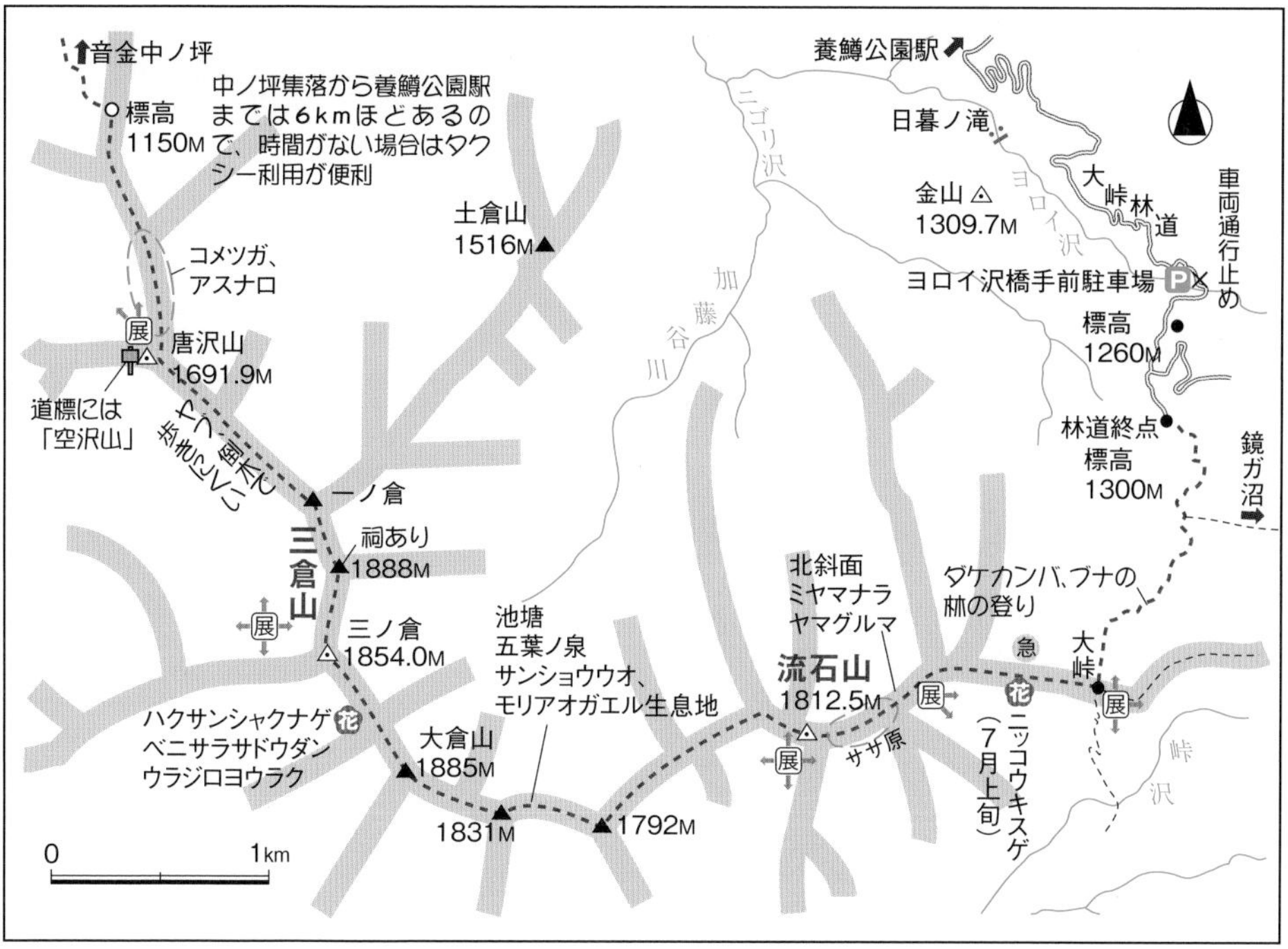

音金中ノ坪
中ノ坪集落から養鱒公園駅までは6kmほどあるので、時間がない場合はタクシー利用が便利
標高 1150M
コメツガ、アスナロ
唐沢山 1691.9M
道標には「空沢山」
ヤブ濃いが尾根忠実に
一ノ倉
三倉山
祠あり
1888M
三ノ倉 1854.0M
ハクサンシャクナゲ ベニサラサドウダン ウラジロヨウラク
大倉山 1885M
1831M
1792M
池塘 五葉ノ泉 サンショウウオ、モリアオガエル生息地
土倉山 1516M
ニゴリ沢
加藤谷川
流石山 1812.5M
北斜面 ミヤマナラ ヤマグルマ
ササ原
ニッコウキスゲ（7月上旬）
養鱒公園駅
日暮ノ滝
ヨロイ沢
金山 1309.7M
大峠林道
車両通行止め
ヨロイ沢橋手前駐車場
標高 1260M
林道終点 標高 1300M
鏡ガ沼
ダケカンバ、ブナの林の登り
急
大峠
峠沢
0 1km

那須自然研究路

なすしぜんけんきゅうろ

つつじ吊橋から茶臼岳を望む

▶**交通**　JR東北本線黒磯駅（新幹線の場合はJR那須塩原駅）から関東バス那須ロープウェイ山麓駅行、休暇村那須バス停下車

▶**歩行時間**　1時間40分

▶**コースタイム**　休暇村那須バス停（15分）道標（10分）矢隠岩（20分）八幡温泉（25分）展望台（20分）八幡温泉（10分）おだん上バス停

▶**地形図**　那須岳・那須湯本

▶**つつじ吊橋**　長さ130m、川からの高さ38m。なす高原自然の家の右手に続く遊歩道は平成17年に完成したつつじ吊橋まで続き新しい那須の観光スポットにもなっている。ツツジ以外の季節でも吊り橋からは四季折々の那須連山の眺望を楽しむこともできる

ここでは休暇村那須から八幡温泉まで下り、八幡園地を一周するコースを紹介する。

ＪＲ黒磯駅からロープウェイ山麓駅行のバスに乗り、**休暇村那須バス停**下車。休暇村那須の前に「白滝弁財天参道」と書かれた古い道標がある。その脇の鳥居をくぐり、階段を下ると左手奥に弁天温泉跡、下方に大きな吊橋が見えてくる。弁天吊橋である。吊橋を渡ると木製の展望台がある。那須スキー場と茶臼岳をバックにロープウェイが動いている風景が美しい。

沢を渡り、木道を進む。600メートルほど行くと**道標**が立っている。左に行くと県道に出て、北湯入口バス停からの研究路入口となる。この道標を木道に沿ってまっすぐ進み、階段を下って沢を渡る。道は明るい灌木に囲まれてくる。また、ナナカマドやシロヤシオが多く紅葉の時期は「紅」がたいへんきれいである。

案内板を過ぎ、木道の階段を下り大きく左に曲がるとミズナラの林に入る。

300メートルほど行くと分岐に出る。左手に曲がると階段状の道を少し登ったところに道標がある。この分岐を左に戻るように登ると**矢隠岩**とあずま屋がある広場に出る。ここ

からは朝日岳から那須岳、南月山、黒尾谷岳への山々が手に取るように見える。

再び先ほどの分岐に戻る。A・Bコースとも同じようではあるが、ここではBコースを進む。階段状の道を下って行く。ヤマツツジ、レンゲツツジ、シロヤシオの美しい道を進む。まもなく左手に大きなサクラがある。樹齢150年の「八幡のミネザクラ」である。少し進むとAコースとの合流点である。ミズナラの林の中の階段状の道を下ると、まもなく**八幡温泉**にある県営無料駐車場に出る。

八幡のツツジ

時間があれば八幡園地一周をおすすめする。なす高原自然の家の左手に道標があり、橋を渡ると県道側からの道と合流する。そこを時計と逆回りに右手方向に下る。木の橋を渡ると、観察路への案内板が立っている。さらに下るとあずま屋があり、このあたりが中間点である。

レンゲツツジやヤマツツジの中を進むと広場に出る。左手50メートルほど入ると**展望台**があり、ツツジの開花時期にはオレンジ色と紫のじゅうたんを敷きつめたような景色が周囲に広がる。また那須連山の山々、八溝山、那須野ガ原を一望できる。道はゆるやかな階段状の登りとなる。県道に沿って木道を行くとまもなく**八幡温泉**の県営駐車場に出る。

さらに自然遊歩道をつつじ吊橋まで行けば、**おだん上バス停**はすぐである。

大丸温泉
郭公沢
白戸川
大丸温泉
弁天温泉跡
道標
北湯入口
北温泉
休暇村那須キャンプ場
休暇村那須
標高1190M
弁天吊橋
苦土川
道標
矢隠岩
あずま屋
Aコース
Bコース
八幡のミネザクラ
八幡温泉
ヤマツツジ
レンゲツツジ
シロヤシオ
県道17号那須高原線
なす高原自然の家
なす高原自然の家
展望台
標高1026M
広場
ツツジの群落
あずま屋
つつじ吊橋
おだん上バス停
0　1km

矢隠岩
那須与一が源平合戦前、遠矢の練習場として使用したと伝えられ、この石に矢を隠していたところからそう呼ばれるようになった

八幡温泉付近はヤマツツジの大きな木が多く、5月下旬からピンクの花を咲かせる。6月になると、レンゲツツジが高原を朱に染める

弁天吊橋
弁天温泉跡のすぐ近く、苦戸川の源流部に平成8年に架けられた延長65m、幅員1.5m、水面からの高さ15mという立派な吊橋である。吊橋のかたわらには木製の展望台が設けられている

八幡のミネザクラ
下の木は樹高9m周囲1.6m、上の木は樹高8m周囲1.8mを誇る。樹齢150年とされ、ミネザクラとしては全国的にも大きい方である。例年5月10日頃開花する。栃木の銘木100選に選ばれている

那須平成の森

なす へいせいのもり

フィールドセンターと茶臼岳

▶**交通**　JR東北本線黒磯駅（新幹線の場合はJR那須塩原駅）から関東バス那須ロープウェイ山麓駅行、那須湯本温泉バス停下車、タクシーを利用

▶**歩行時間**　2時間35分

▶**コースタイム**　フィールドセンター（20分）南あずま屋（30分）ゲート（15分）駒止の滝観瀑台（10分）ゲート（30分）北あずま屋（20分）森の小径行き止まり（30分）フィールドセンター

▶**地形図**　那須岳・那須湯本

▶**フィールドセンター**　那須平成の森を利用するときの中心拠点となる施設。自然情報や地域の情報、プログラム情報などを紹介している。入館無料。開館時間　4月～11月は無休／9：00～17：00。12月～3月は水曜休館（祝日の場合は翌日）／9：30～16：30。TEL 0287-74-6808

那須平成の森は御用邸用地のおよそ半分にあたる約560㌶が宮内庁から環境省に移管され、平成23年に日光国立公園「那須平成の森」として開園した施設である。

那須の山々のふもとに広がる那須平成の森はふたつのエリアによって構成されている。自由に森を散策したり、自然体験が楽しめる「ふれあいの森」。環境を可能な限り守ることに力を置き、自由な立ち入りを規制したガイドウォーク利用専用エリアとなる「学びの森」。

ここでは無料で楽しめるふれあいの森を紹介する。

最初に**フィールドセンター**を訪れよう。ここでは那須平成の森の紹介・展示があるほか、いろいろなイベントも用意されている。

フィールドセンターから駒止の滝に向かって進む。遊歩道はふたつに分かれるが、左手の木立の中の道を20分ほど歩くと**南のあずま屋**に着く。ウッドチップが敷き詰められた小径で森林浴を満喫できる。

ゆるい傾斜を小鳥のさえずりを聞きながら、のんびりと歩いていくと、30分ほどのゴロゴロした少し広い道に合流する。それを左手に行くと**ゲート**に出る。まっすぐに進

むと雄大な茶臼岳と朝日岳がすぐ近くに見えてくる。ここから15分ほどで**駒止の滝の観瀑台**に到着する。

滝を楽しんだあとはゲートの方向に向かうのだが、来た道よりも左手のゆるやかな階段を登って行こう。そこにはベンチがいくつかあるので、展望を楽しみながら弁当を広げてもいいだろう。

そのまま道なりに進むと、さきほどの広い道と合流する。そこを左に行けばゲートである。帰りは来た道ではなく、そのまままっすぐに石のゴロゴロとした広い道を行こう。**北のあずま屋**までは約35分である。

駒止の滝に向かう散策路

ここで道はふたつに分かれる。右に行けばフィールドセンターだが、左の森の小径という案内に沿って進んでいく。300メートルほど行くと**行き止まり**になるので、右に方向を変えミズナラやブナの林を進む。ところどころに分岐があるので、フィールドセンターに用意してある散策マップを見ながら自由に散策してもよいだろう。

初心者向きの自然を楽しむコースなので、那須の山々を登ったあとのついでに楽しむこともできるし、すぐ近くの那須自然研究路と組み合わせて歩いてもよい。

このほかにある「学びの森」と呼ばれるエリアは「インタープリター」と呼ばれるガイド同伴で利用できるコースで事前の申し込みが必要であり有料である。

北温泉
駒止の滝
御用邸の森には豊かで多様な自然環境が残されており、ブナの自然林などが広がるほか、希少種をはじめ多くの動植物が生息・生育している
余笹川
駒止の滝観瀑台
標高1150M
駒止の丘（休憩ベンチあり）
急傾斜注
休憩ベンチあり
石のゴロゴロした広い道
行き止まり
甲子
ゲート
北のあずま屋
駒止の滝
平成の森が整備されて観瀑台ができる前までは「まぼろしの滝」と呼ばれ、一般の人には見ることのできなかった滝である。季節によってさまざまな色に変化する山肌とコバルトブルーの滝壺を見ることができる
森の小径
園路（バリアフリー）
大丸温泉
南のあずま屋
白戸川
フィールドセンター
標高1025M
行き止まり
0　200m
県道那須甲子線
那須温泉

カタクリの咲く静かな山

百村山

もむらやま

1085M

百村新田から百村山を望む

12

▶交通　JR東北本線黒磯駅（新幹線の場合はJR那須塩原駅）から関東バス板室温泉行、穴沢バス停下車

▶歩行時間　4時間

▶コースタイム　穴沢バス停（20分）光徳寺（90分）平坦地（30分）百村山（20分）平坦地（60分）光徳寺（20分）穴沢バス停

▶地形図　板室

▶光徳寺　護安(ごあん)和尚により室町時代の1521年（永正9）に開基された曹洞宗の寺。参道入口から杉並木が約100m続く。総数41本、樹齢300年、高さ約35m。一部に落雷などにより損傷しているものもあるが、こうした老大木が並木として現存しているのは、貴重である

百村山へはふもとの集落からの往復になるが、分かりやすく訪れる人も少ないので、静かな山行ができる。近くに板室温泉もあり、組み合わせて計画すればのんびりした山旅になるだろう。

ＪＲ黒磯駅から関東バス板室温泉行に乗り、**穴沢バス停**で降りる。西に見える山に向かって、水田の中の舗装道を１キロほど行くとＴ字路になる。左に曲がり１００メートルほどで東福寺、さらに３００メートル行くと、樹齢３００年のスギが40本ほどある**光徳寺**に着く。

登山道は光徳寺の隣の電気店の看板の横から入る。

ジャリ道を進むとすぐにスギの植林地になる。７〜８分で左に百村西水道記念碑を見ると、林道はヘアピンになっているが、ここからスギ林の山道へ入る。

ここには車を４〜５台おける広場がある。登山道を入ると、手製の標識が木にくくりつけられている。

ジグザグに登って行くと平らになり、春にはカタクリを見ることができる。さらにスギ林の中をジグザグに登って高度を上げて行く。林道を横切り、スギ林がヒノキに変わり、やがてモミの木やマツとなる。

さらに進み尾根らしいところに出ると、展望はないが、ミヤコザサの気分のよい植林地の歩きとなる。まもなく林道木ノ俣巻川線が百村山の東の稜線を南北に横切っているアスファルト道に出る。落葉期なら、これから登る百村山や鴫内山、那須連山などが見えるので、ここでひと休みしたいところだ。

林道を北に25メートルほど下った左手斜面の階段を登り、気持ちのよい尾根を登って行くと、ピークを一つ越し下りになる。春にはカタクリやイワウチワなどが咲く。少しの急登でまた平らになる。

ショウジョウバカマやヤシオツツジを見ながら少しのアップダウンを繰り返す。ゆるく登るとススキに覆われた**平坦地**に出る。以前は休憩には絶好のところであったが、現在は樹木が成長しあまり展望は期待できない。

再び平坦な道となり、雑木林のササの覆う道をゆるく下ると鉄塔があらわれる。鉄塔直下は展望はないもののヤブもなく小広いので、小休止によいだろう。

ここからまた登りになる。少し行くと左に下る道が、さらにその先にも右に下る道があるが、これらは送電線点検用の道なので注意する。忠実に尾根筋をたどっていくと、滑りやすい急登になる。このあたりにもカタクリが多い。まもなく道はゆるやかになり、やがて平らになれば三等三角点のある**百村山山頂**（1085・2メートル）である。

ここから、さらに尾根沿いに3時間ほどで黒滝山まで足をのばすことができる。頂上周辺はカタクリ保護のためトラロープが張られている。林に囲まれ展望はよくないが、落葉の季節には東側の小さな岩場から那須野ガ原が眺望できる。

下山は同じ道を戻る。時間があれば板室温泉でひと風呂浴びていくのもよい。

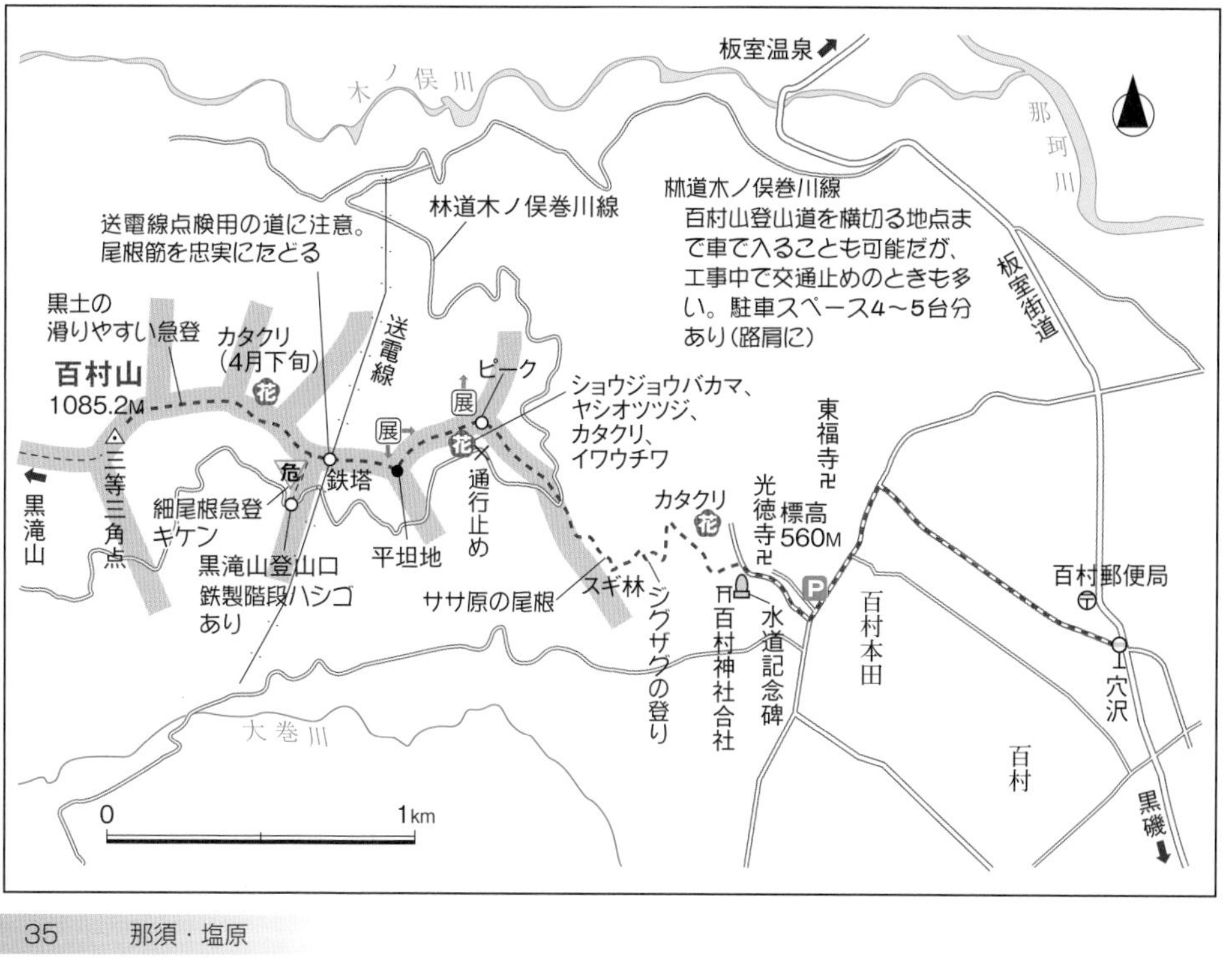

大佐飛山塊の深山にそびえる寂峰 ★★★

黒滝山

くろたきさん

1754M

13

河下山から見る黒滝山

▶**交通**　JR東北本線黒磯駅（新幹線の場合はJR那須塩原駅）から関東バス板室温泉行、穴沢バス停下車

▶**歩行時間**　8時間50分

▶**コースタイム**　光徳寺（60分）林道木ノ俣巻川線登山口（60分）百村山（80分）サル山（60分）山藤山（50分）黒滝山（140分）百村山（80分）光徳寺

▶**地形図**　板室・日留賀岳

▶黒滝山新登山口を利用することにより距離、時間の大幅な短縮が可能になった。黒滝山新登山口は板室街道より林道木ノ俣巻川線約6.3km地点。路肩に6～7台駐車可（5.7km地点にも鉄梯子に黒滝山登山口とあるが百村山経由で距離が長くなる）。カーブ手前にハシゴと標識あり。林道は落石や山腹崩落があるため事前に関係機関に確認願いたい

百村山山頂までは『百村山』を参照。百村山から黒滝山までは標高差が670メートルあり、登り3時間強、下り3時間弱かかるハードなコースなので、体力や体調を考えて行動してほしい。

百村山から西に延びる尾根に沿って歩き出す。4～5分で「黒滝山3・6キロ」「巻川林道→」など注意しないと見落としそうな小さな標識がある。そこが黒滝山新登山口からの合流点だ。尾根の南側はヒノキの植林地、北側はシラカンバなどの広葉樹の森だ。ササの林床の中をゆるやかに登る。

ササが背丈ほどになるとヒノキ林もなくなり、20分ほどで「大ブナ」に着く。トラロープの張られた小さな広場の中央に大きなブナの木が一本ある。深いササの急登はまだ続き展望がきかない。

足元が悪い急な尾根を直登し、「黒滝山へ3キロ」の標識をすぎると、まもなく「1257メートル　三石山」の山名板がある小ピークに出る。境界標識のある展望台である。南側の展望が開け、那須野ガ原の中に蛇尾川がクネクネと流れ下っている。

ここからはゆるやかなアップダウンの明るい森だ。やや

急登となるとトラロープが張ってある。登りきって出た尾根を左に折れ、南西に延びる尾根を登る。あたりにはシロヤシオが多い。右に折れて平坦地となると**サル山**だ。展望はなく、マイヅルソウが広場を埋めている。木に取り付けられた目立たない標識には「標高１４７０メートル、黒滝山まで２時間」とある。

ルートを北西方向にとり、尾根をゆるやかに下っていく。シャクナゲも見られるようになり、平坦な尾根歩きとなると、北側がぽっかりとあいている那須見台に着く。茶臼岳、朝日岳、三本槍岳から流石山、大倉山、三倉山の稜線がきれいだ。

いったん下ってから山藤山への登りとなるが、このあたりもブナやシロヤシオの大木が多く開花期は見事だ。

尾根の直登をトラロープでしのぎ、ゆるやかに登って平坦な道となると、三本の大きなコメツガの木のある**山藤山**である。ここも小さな広場で、左手奥には鳴内山から黒滝山への稜線が見えている。

少し下ると右手に、大佐飛山へ続く主稜線が長く続いている。下りきって明るいシラカンバやブナの森を登り、深いササの急な尾根を直登する。トラロープが長く続く、この尾根一番の大登りである。

登りきったピークには「黒滝山０・５キロ」の標識。ここから平坦な尾根となる。頂上手前のピーク河下山には、「標高１７００メートル、黒滝山まで20分」の標示がある。

少し下って最後の登りとなる。シャクナゲが多いコメツガの林の中を、ゆるやかに左へ回り込んで登って行く。左へ入り少し進むと、三等三角点標石（１７５４・１メートル）のある**黒滝山**山頂広場に出る。展望は南東方向に開け、那須野ガ原が眼下に広がる。

下山は来た道を戻ることになるが、長い下りと急降下に注意すること。

大佐飛山

男鹿山塊の最高峰

おおさびやま

★★★

1908M

稜線から見る大佐飛山

14

▶**交通**　公共交通機関の利用は困難で車かタクシー利用となる。県道369号線（板室街道）より林道木ノ俣巻川線の約6.3km地点。ここが黒滝山新登山口で路肩に6〜7台駐車可能である（「黒滝山」の項を参照）

▶**歩行時間**　10時間20分

▶**コースタイム**　新登山口（30分）百村山分岐（30分）三石山（80分）山藤山（50分）黒滝山（30分）西村山（60）大長山（70分）大佐飛山（60分）大長山（40分）西村山（30分）黒滝山（40分）山藤山（55分）三石山（25分）百村山分岐（20分）新登山口

▶**地形図**　板室・日留賀岳

▶**アドバイス**　無雪期の黒滝山から大佐飛山の間は、ヤブがありルートが不明瞭なので避けた方がよい。また残雪期でも地図が読める熟達者との同行が望ましい

大佐飛山は環境省の自然環境保全地域に指定されており、ほとんど人の手が加わっていない原生の状態が保たれている地域である。栃木県の山岳の中で一番奥深く遠くにある山とも言われる。だからハイキング気分で気軽に出かけられるような山ではない。周到な準備と、天候を見極めて計画をしなければいけない。

この山を目指すには、今は廃道となった塩那道路のひょうたん峠から藪をかき分けて入山するか、黒滝山方面から残雪を利用して入山するかのいずれかである。ここでは日帰りも可能な黒滝山からのルートを紹介する。

適期は雪が締まった3月後半から4月中ごろが望ましいだろう。黒滝山まではルートが整備されているが、この時期は雪に覆われているためルートは雪の下である。地図が読め、雪山経験豊富な熟練者と一緒に行動するのが望ましい。

三石山までは夏道をたどるが、そこから先は雪庇沿いにたどるルートが続くので、滑落に注意が必要である。雪質によっては、ここでワカンかスノーシューを装着する場合もある。**サル山**を経て**山藤山**からの尾根にはコメツガが目

立ってくる。ここから河下山への登りは急登なので、アイゼンの装着が必要な場合もあるので、これらの用具は必携である。（黒滝山までは『黒滝山』を参照）

黒滝山から西村山までは600㍍ほどであるが、赤布がたくさんあり過ぎて逆に迷いやすい。ここは西村山から鳴内山に至る尾根に乗ることを目標に進む。尾根に乗って右に方向を変えれば**西村山**の山頂である。山頂はコメツガ・ダケカンバの林で、そこから平坦な尾根を下ると左右が開け、雪庇が発達した尾根になる。右側は急斜面なので、滑落に注意しながら進もう。

西村山から大長山までは迷うところはない。ゆるやかな尾根を着実にたどれば、コメツガの樹林で展望のない**大長山**に到着する。そこから少し下がると、一気に大展望が広がる。前方にはこれから目指す大佐飛山が姿をあらわす。右手には那須連山のすべてを望むことができる。

ここからが雪の回廊と名付けたくなるような素晴らしい稜線歩きが始まる。しかし、うっかりすると地図上の標高1813㍍付近で、北東の平坦な尾根に引き込まれやすいので注意が必要である。

分水嶺である北西のコメツガの樹林帯の尾根に入り、ゆったりとした登りにはいる。時期によっては雪面の踏み抜きが多くなるので注意が必要である。そしてやっと**大佐飛山**山頂（1908・4㍍）に到着する。山頂はコメツガ・ダケカンバの樹林に囲まれて展望はない。北側に回り込めば男鹿岳方面を眺めることができる。帰りは標高1813㍍の鞍部に向けて下る。

本コースは、健脚者であれば充分日帰りは可能であるが、雪質によって歩行時間は大きく左右されるため時間の配分を考えて判断しよう。テントを背負っての山行なら無理のない行動となるだろう。

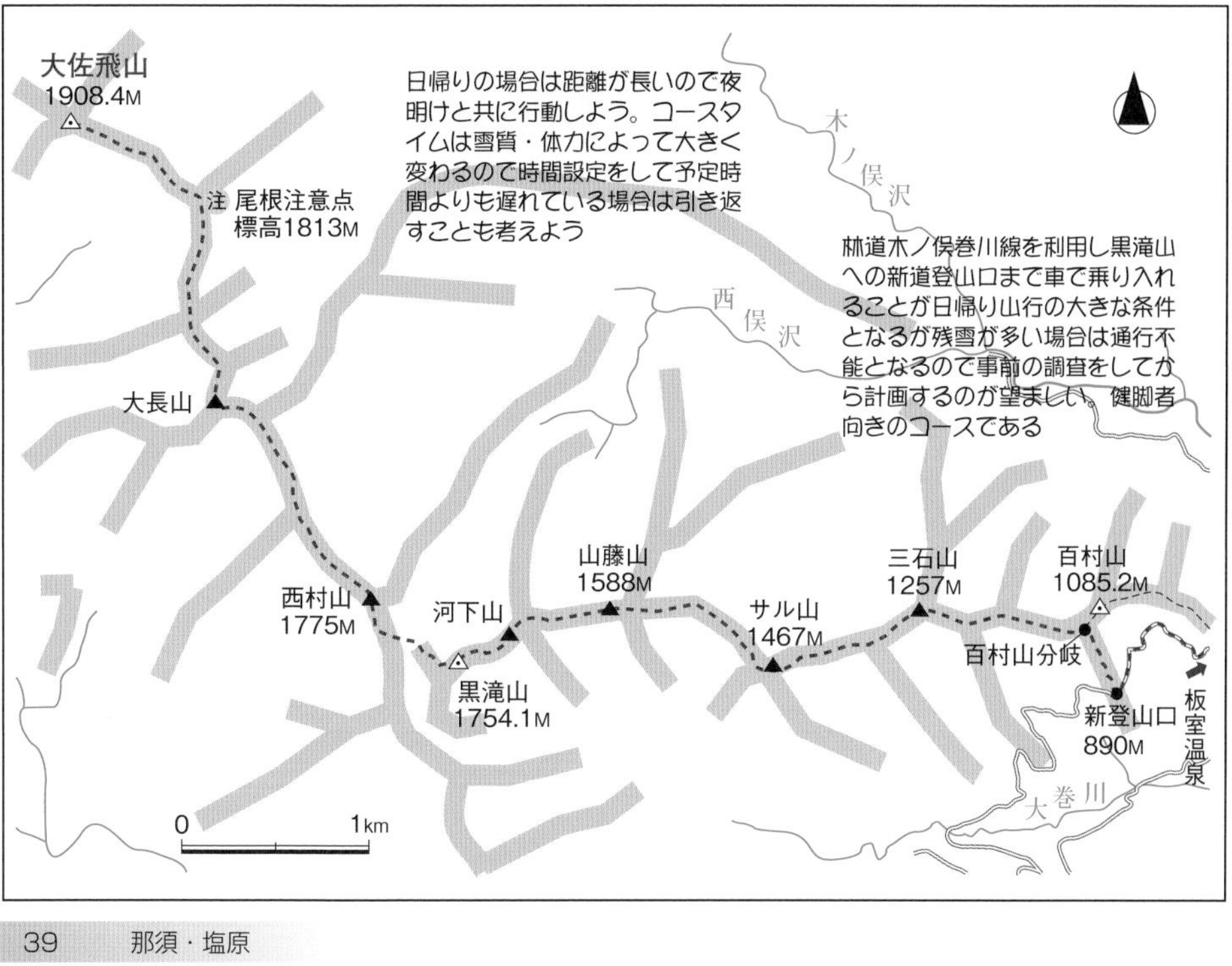

静かにたたずむ男鹿山塊の盟主 ★★★

男鹿岳

おじかだけ

1777M

塩那道路から見る男鹿岳（左）と女鹿岳

15

栃木県と福島県の県境にあり、かつては栃木・福島両県の県道で結ばれていた大川峠（男鹿峠）が男鹿岳への登山口であったが、両県側とも道路崩壊で廃道となってしまった。現在は南会津町田島からのルートが一般的で、栗生沢集落を通り大川峠から約12キロ手前の**滝沢橋ゲート**が登山口となる。車の乗り入れはここまでである。

この先もアスファルトの舗装路が続き、ほとんど平坦な道路を1時間ほど歩くと**釜沢橋ゲート**に出る。途中、道路が崩れ落ちていたり落石注意の看板もあるが、通行に支障はない。

釜沢橋から水無川に沿って中腹のカラマツ造林地の中の大川林道を歩く。路面はしっかりとしており、新緑や紅葉の季節は、静寂で心地よい。しかし進むにつれて土石の崩落も多くなり、路面もススキや雑灌木が増えてくる。**オーガ沢橋**の少し手前から、土石流で少しの区間路面が流されている。

ここから道は北北東に迂回して、男鹿岳から北西に張り出した尾根を巻くように登る。男鹿沢を男鹿沢橋と、すぐ先の白糸橋で渡り、さらに栗石山から張り出した小尾根

▶交通　会津鉄道会津田島駅からタクシーで滝沢橋まで

▶歩行時間　10時間40分

▶コースタイム　滝沢橋ゲート（60分）釜沢橋ゲート（70分）オーガ沢橋（80分）大川峠（90分）栗石山（60分）男鹿岳（40分）栗石山（60分）大川峠（60分）オーガ沢橋（60分）釜沢橋ゲート（60分）滝沢橋ゲート

▶地形図　栗生沢・日留賀岳

▶アドバイス　車の場合は、西那須野塩原ICから国道400号で南会津町を経由して栗生沢集落に入りさらに滝沢橋まで南下して付近に駐車

▶栗石山から男鹿岳の間は、ルート不明瞭であり地図とコンパスを使ったルートファインディングの技術とヤブコギの体力が必要である。単独の入山を避け、山慣れた人との同行が望ましい

を巻いて進む。小尾根の切通しを過ぎると、やがて県境の**大川峠**の広場に出る。

栃木県側は、踏跡も目視できないササヤブで、道路が崩れていて通行不能である。峠の広場から南に取り付く県境尾根沿いの登山道は、踏跡もあり、テープなどの目印もあるので迷うことはない。

木々の間から栗石山と男鹿岳が望めるが、すぐ木立に隠れてしまう。登るにしたがってブナが多くなる。登山道はヤブが濃くなり、テープを目印に踏跡とおぼしき道型を探してひたすら登る。

だんだんと傾斜がなだらかになり、オオシラビソが増えてきて、やがて立ち木の高い位置に標識板が見えてくる。ここが標高1701メートルの**栗石山**である。ここからは、男鹿岳の東側に、黒尾谷岳・白笹山・沼原調整池、そして南月山が一望できる。このピークは帰路のチェックポイントなので、地形を覚えておく。

少し下ると平坦なオオシラビソの疎林とササ原の鞍部となり、男鹿岳への登りとなる。道は一度ヤブを避けて狭いガレ場の窪を登ると、オオシラビソ林のササと灌木のヤブがゆるやかに山頂へと続いている。**男鹿岳**山頂（1777メートル）には立ち木に山名板があり、10メートルほど東側の開けたところには三角点と標識板がある。山頂は広く平坦なササヤブのオオシラビソ林である。ここからは那須連山や沼原調整池が真近に見える。

山頂から西の県境尾根はほとんど踏跡はないが、南に進めば女鹿岳（1754メートル）から今は廃道となった塩那道路に出られる。

帰路は地図とコンパスで、栗石山のチェックポイントや分水嶺の県境尾根を外さないように気をつけて下ろう。

塩原渓谷歩道

しおばらけいこくほどう

回顧の吊橋から見る箒川と回顧の滝

▶交通　JR東北本線西那須野駅（新幹線の場合はJR那須塩原駅）からJRバス塩原温泉バスターミナル行、終点下車。野岩鉄道会津鬼怒川線上三依塩原温泉口駅より那須塩原地域バス・ゆ〜バス塩原上三依線、源三窟下車

▶歩行時間　5時間55分

▶コースタイム
〔Aコース〕源三窟（30分）妙雲寺（65分）須巻富士（50分）天皇の間公園（5分）福渡温泉
〔Bコース〕福渡温泉（20分）不動の湯（50分）布滝（50分）大網温泉（15分）留春ノ滝（65分）回顧の吊橋（5分）回顧の橋バス停

▶地形図　塩原・関谷

▶塩原温泉　箒川のせせらぎに沿って12の温泉からなる塩原温泉郷開湯の歴史は、古く平安時代までさかのぼるといわれる。近代では尾崎紅葉をはじめ、多くの小説の舞台に取り上げられている

〔塩原渓谷歩道Aコース〕

塩原温泉バスターミナルから奥へ800メートル行った左手にある鍾乳石の洞窟、**源三窟**が出発点となる。

箒（ほうき）川沿いに行くと塩原もの語り館がある。箒川を紅の吊橋で左岸に渡るともみじの湯があり、川沿いに遊歩道を下ると**妙雲寺**である。境内のぼたん園では5月下旬にぼたん祭りが行われる。

妙雲寺から国道に出て、川に架かる八汐橋を渡り**須巻富士**へと向かう。山頂には川崎大師がある。ここをあとに林の中を左に下ると小太郎ガ淵に着く。美しい淵のそばには小太郎茶屋があり、4月から11月までは、ここの草団子でひと休みすることができる。

山道を下りバイパス道を行くと塩原温泉ビジターセンターがあり、その先に**天皇の間公園**がある。ここから**福渡（ふくわた）温泉**まではわずかである。

また、出発点の源三窟から中塩原へ足を延ばせば、国指定天然記念物の逆杉（さかさすぎ）や木の葉化石園を見ることもできる。

〔塩原渓谷歩道Bコース〕

渓谷と林の中とを交互に歩道が出入りする変化にとんだコースで、渓谷沿いの道には滝や巨岩、奇石が見られ、地

層も観察できる。案内板が整備され、初めての人でも歩きやすいコースである。

福渡温泉のバス停近くから箒川に架かる吊橋を渡って対岸に出ると渓谷歩道が続いている。露天風呂の岩の湯がまず目に入る。林の中を少し行くと音を立てて湯が落ちる**不動の湯**がある。さらに広葉樹の中を登って行くとあずま屋がある。このあたりの林道は新緑や紅葉時はことに美しい。スケートセンターの方へ左折すると木道になる。4月下旬ごろヤシオツツジがきれいなところである。やがて滝の音が聞こえてくると、**布滝**に着く。布滝観瀑台へは歩道から60メートル下ることになる。林間にはベンチがある。

箒川発電所の上を通って車道へ出て少し戻り、橋を渡って右手の沢沿いの道を500メートルほど入ると塩原一といわれる竜化（りゅうか）ノ滝がある。

車道を横断し、**大網温泉**裏を巻いて再び車道に出て猿岩トンネル手前を横断する。川へ降りる急な階段を下り、吊橋を渡ると右手に**留春（りゅうしゅん）ノ滝**がある。数ある滝の中でも指折の名瀑である。

階段を登りきると急な登りとなり、小さな山の頂に立つ。眼下に車道が白く見える。アスナロ、スギなどの林の中を下ると**回顧（みかえり）の吊橋**である。この吊橋から見下ろす渓谷美は、渓谷遊歩道のラストを飾るにふさわしいものである。吊橋を渡ると回顧の滝展望台がある。車道へ戻ると、**回顧の橋バス停**はすぐである。

留春ノ滝

妙雲寺のボタン
境内には2000株をこえるボタンが植えられており、花の見頃の5月中～下旬にあボタン祭りが催される。色とりどりのボタンは実に素晴らしい

竜化ノ滝
塩原の滝の中では最長で、130mある。3段に分かれたその姿が、天に昇る竜に見えることからその名が付いたといわれる（現在、途中落石のため通行止め）

回顧の吊橋
長さ約100m、高さ30m関東一の吊橋である。ゆったりとした水の流れと紅葉の組み合わせは 見事である

源三窟
天然にできた鍾乳石の洞窟で、全長40m。洞内の温度は15～16度。考古学・地質学の貴重な研究の場である

林道付近は新緑・紅葉時はたいへん美しい

塩原地区の登山道・遊歩道の状況は、ホームページ・栃木県北環境森林事務所の登山道・遊歩道情報で確認するとよいだろう

八汐ダム　中塩原　塩原温泉駅　足湯　塩原もの語り館　源三窟　無料駐車場　古町　門前　妙雲寺　標高570M　もみじの湯　八汐橋　畑下　塩釜　須巻　須巻富士　710M　690.7M　茶屋　塩の湯　塩原温泉ビジターセンター　バイパス　天皇の間公園　吊橋　岩の湯　福渡温泉　福渡　あずま屋　不動の湯　スケート場　アカヤシオ　ゴヨウツツジ　タマアジサイ　竜化ノ滝　布滝　箒川ダム　大網温泉　猿岩トンネル　がま石トンネル　留春ノ滝　吊橋　モミ　アスナロ　アカヤシオ（4月下旬）　回顧の橋　展望台　回顧の吊橋　Aコース　Bコース　箒川　鹿股川　不動沢　甘湯沢　0　1km

原生林に囲まれた大沼をめぐる ……★★

新湯富士

あらゆふじ

1184M

大沼から見る新湯富士

17

▶**交通**　JR東北本線西那須野駅（新幹線の場合はJR那須塩原駅）からJRバス塩原温泉バスターミナル行、終点下車。奥塩原温泉まではタクシー利用

▶**歩行時間**　4時間

▶**コースタイム**　奥塩原温泉湯荘白樺（60分）新湯富士（50分）大沼（80分）須巻富士（50分）塩原塩釜バス停

▶**地形図**　塩原

▶登山道・遊歩道の状況は、栃木県北環境森林事務所ホームページ「登山道・遊歩道情報」で確認すること

▶**新湯富士**　高原火山群の寄生火山であり、バス停から見上げる爆裂孔跡からは今も噴気が立ちのぼっている。本コースは「富士山」を2つ登るおもしろいコースでもある

塩原温泉郷の中心古町温泉から新湯の奥塩原温泉まではタクシーを利用する。

日塩もみじライン沿いにある**湯荘白樺**の右側に立つ自然研究路の案内板にしたがい、階段を登ると温泉神社である。研究路の林の中は、ミツバツツジの群落が美しい。すぐにヨシ沼コースを右に分け、左の新湯富士コースをとると噴火口跡の上に出る。噴火口跡では、火山ガスが発生するときがあるので、立ち止まらず速やかに通ること。

周囲にはヤマハンノキ、ホオノキ、ハリギリなどの雑木がある。ゆるやかなアップダウンの繰り返しで、緑のトンネルが続く。しばらく行くと、シダ類の多い窪地に入る。4月下旬ごろには、エンレイソウ、キクザキイチゲが斜面いっぱいに咲く。オシダの群落もあり、新湯富士は針葉樹林に包まれ左手に見える。ベンチがあり、ここでひと息入れるのもよいだろう。

分岐を左に折れるとジグザグの急登となる。大きな岩の

塩原塩釜
小太郎ガ淵
須巻富士
塩の湯
鹿股川

間をぬうように登って行く。大木が生い茂り、林の中の急な道をグングン登って行く。少しのアップダウンで**新湯富士山頂**（１１８４・１メートル）に着く。展望はあまりない。

山頂からのなだらかな下りの後、沢を右に見ながらゴツゴツした急坂を下りて行く。下りはじめて30分ほどで三叉路に出る。ここを左に曲がると急に道幅も広くなる。

車道を横断し、道標にしたがい大沼方面への道を進む。少し行くと右手の林間にミズバショウの群生地がある。ここから右に折れるとヨシの密生した湿原地帯に木道があり、ハルニレの林の中を歩き**大沼**に出る。

大沼を左に見ながら湖畔の山道を歩く。大沼を出て、林道を横切るとそこからはゆるやかな下り道となる。やがて、スギ林の中に入り、１時間ほど下って行くと、薄暗い林の中の十字路に出る。左は門前方面、右は小太郎ガ淵で、正面を進み、登り続けると**須巻富士**の山頂に出る。川崎大師の不動尊像が立つ富士山園地である。

小太郎ガ淵では名物の草だんごを賞味できる。ここからは右の塩釜方面へ車道を行く。砂利道を登って行き、三叉路を左へ。舗装道を道なりに下り、やがて、幅広の車道に出たら左へ下っていく。４００号バイパスを突っ切り、さらに細い車道を道なりに行くと塩湧橋に出る。橋を渡れば**塩原塩釜バス停**である。

小太郎ガ淵

新湯温泉
日塩道路の途中にあり、湯治場の雰囲気を持つ素朴な温泉。むじなの湯、寺の湯、中の湯があり、皮膚病によく効くという

小太郎ガ淵
暗殺された父の敵を討とうとした、塩原5代目領主小山小太郎が仇である家老の逆襲にあい、この淵に転落したという。滑らかな岩壁に清流が滑り落ちて淵をつくっている。新緑の季節・紅葉の季節は大変美しい

大沼
原生林に囲まれたひっそりとした沼。4月下旬になるとミズバショウが愛らしい花をつけ、初夏には天然記念物のモリアオガエルが木の枝に産卵する。沼畔には自然公園が整備されている

日塩もみじライン
大塩沢
追沢
湯荘白樺
噴火口跡
オシダの群落
新湯
標高950M
エンレイソウ
キクザキイチゲ
温泉神社
新湯富士
1184.1M
急
樹林が茂り
展望はない
道標
車道を横断する
ミズバショウ
（4月上旬）
標高
960M
林道を横切る
ゆるやかな下り
スギ林
紅葉
甘湯沢
大沼
伐採地で
行き止まり
0
1km

関谷から見る安戸山

塩原の花の山を訪ねる

安戸山

やすどやま

★★

1152M

18

▶**交通**　JR東北本線西那須野駅（新幹線の場合はJR那須塩原駅）からJRバス塩原温泉行、アグリパル塩原バス停下車。タクシー利用が望ましい

▶**歩行時間**　4時間

▶**コースタイム**　蟇沼（80分）小広場（40分）安戸山（30分）小広場（90分）アグリパル塩原（道の駅・湯の香しおばら）

▶**地形図**　関谷・塩原

▶**アドバイス**　道が不鮮明な箇所があるため、ルートファインディングが必要となる。地図を必ず持参したい。山頂からアグリパル塩原方面へ尾根伝いに下るルートは経験者向である

コースは蟇沼（ひきぬま）からスギ林を登り、北側から頂上に立つ。下山路は安戸山林道と送電線点検道を通り、アグリパル塩原に下りる。登山口の蟇沼までのバスはなく、タクシー利用が望ましい。

蟇沼の最後の民家前の道を左に曲がる。ジャリ道になり、スギ林の中に入って行く。まもなく左に貯水タンク、右に鎮守様、その奥に通水記念碑がある。車の場合、ここに2～3台は停められる。道が細くなり、右手から沢音が聞こえてくると林道に出る。右に進むと沢があり、丸木橋を渡る。この先に水場はないのでここで補給しておこう。

橋を渡ると沢沿いに左に行く道があるが、ここは右に曲がる。スギ林の中をジグザグに登って高度を上げて行く。しばらく行き支尾根を越し右に曲がると、大きなスギの木が二本立っており、壊れた祠もある。途中、崩落した旧道の下の新道を行く。

直進するとやがてスギ林が終わり、廃道化した林道に出る。林道を行くと、林道が南へまわり込む手前右側に**小広場**がある。ここで林道を左に見送り登山道を行く。気持ちのよい雑木林となり、このあ

たりは4月下旬ごろ、カタクリの花が一面に咲く。道は急斜面のトラバースになるが歩きやすい。イワウチワも咲いている。尾根に出たら左に曲がる。やせ尾根を過ぎるとササの広い斜面になる。やがて直登の急斜面になると、このコース一番の難所だ。イワウチワを踏まないようにあえぎあえぎ登る。

ササの道をゆるく登ると二等三角点のある**安戸山山頂**（1151・5メートル）だ。山頂からの展望はあまりよくないが、木々の間から黒滝山から鳴内山へ続く稜線、ふもとの村や牧草地が見える。

二等三角点のある安戸山山頂

下山は安戸山林道の**小広場**まで戻るが、急斜面を下るところを行き過ぎるとガケになってしまうので注意したい。落葉時期の林道は展望がよく、茶臼岳や関東平野が一望できる。しばらくは林道歩きが続く。幾度かカーブして下って行き、Y字路を左に曲がる。林道を下って行き、右側の送電線点検道に入る。ここを見落とすと林道は終点になり、道が分からなくなってしまう。

点検道を左に鉄塔、右に深い沢を見ながら、さらに下りていく。この下の沢には4月中旬ごろにニリンソウやカタクリが群生して咲くのが見られる。

小さな沢を渡り、ジャリ道に出て歩けば鷹八幡宮に出る。そこを右に曲がり田んぼの中の道を歩けば、目の前に道の駅**アグリパル塩原**が見えてくる。

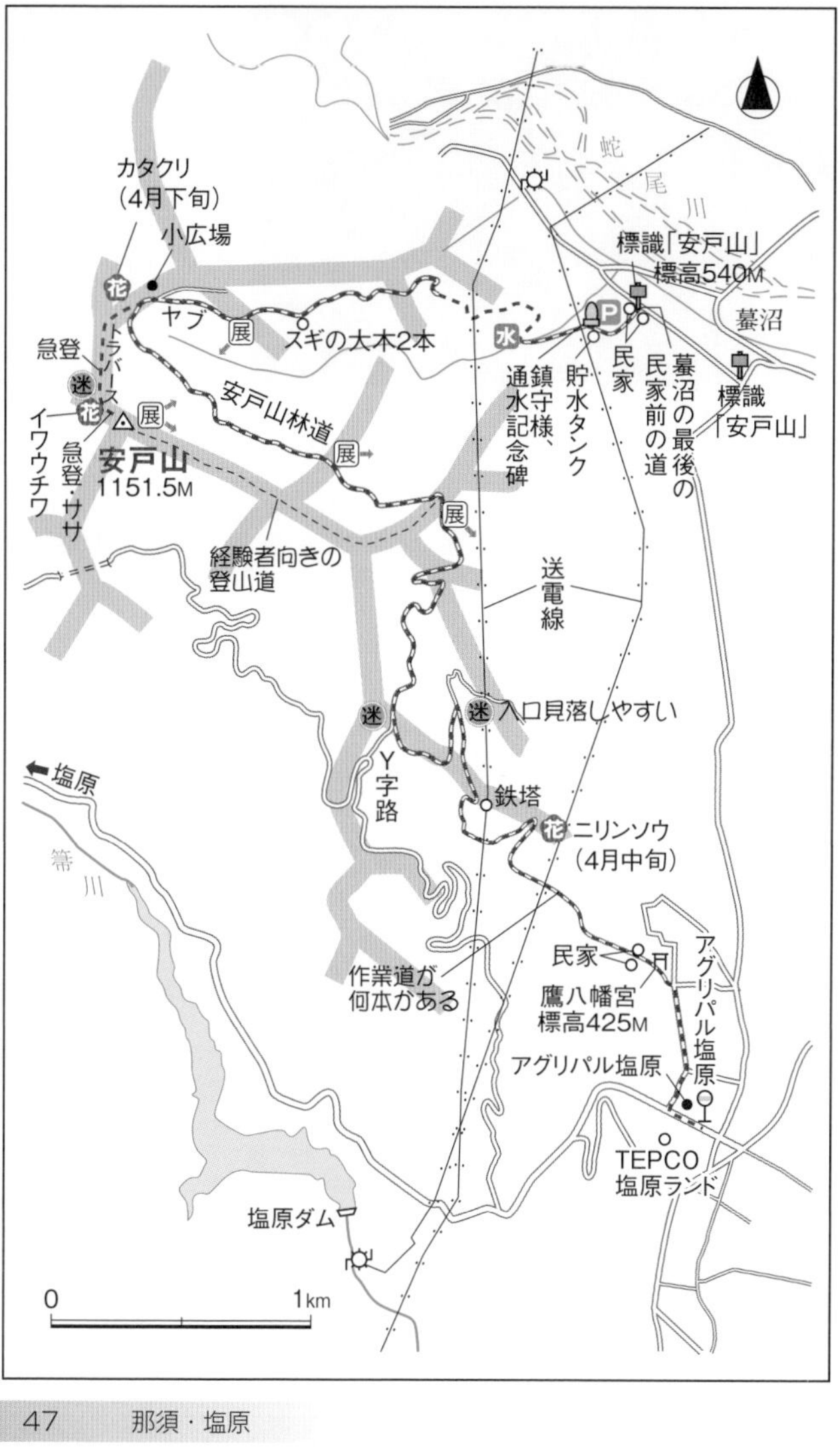

8号鉄塔から見る弥太郎山

弥太郎山

やたろうやま

1392M

★★

▶交通　JR東北本線西那須野駅（新幹線の場合はJR那須塩原駅）からJRバス塩原温泉バスターミナル行、終点下車。タクシーはJR西那須野駅前から乗るか、または塩原温泉郷内に営業所（畑下）があるので、前日に予約をしておくとよい

▶歩行時間　2時間15分

▶コースタイム　土平（30分）1297mピークの肩（45分）弥太郎山（40分）1297mピーク肩（20分）土平

▶地形図　塩原

▶現在、塩那スカイラインは廃道となり、車輌はもちろん歩行者も通行禁止となっているが、塩原側起点から土平まで8.4kmの区間は4月23日～11月30日までの午前8時から午後6時までは第1ゲートの鍵が開閉され通行可能となる。詳しくは大田原土木事務所まで。TEL0287-23-6611

塩原温泉郷の北側に位置し、山の西側には塩那スカイラインが走っていたが、現在は土平から先は廃道となり、弥太郎山への入山者も少なく、紅葉の秋やシロヤシオの大木が山頂北斜面に多いので春に訪れると静かな一日が過ごせる。

国道400号を右折し箒川を左岸に渡る。木の葉化石園を右に見て、箒川から2・2キロ地点の第一ゲート（通行規制がある）を通り、ヘアピンカーブの多い舗装道路をさらに6・2キロ登ると土平に着く。土平には駐車場と近くに土平園地が整備されているので、自家用車で土平まで登れる。

土平より東の尾根に向かう送電線巡視路のカラマツ林の中をジグザグに登って行く。道ははっきり付いている。途中、9号鉄塔への分岐があり、これを行くと尾根に出て9号鉄塔を通りピークの肩で合流する。展望がよいので、晴れた日はこちらを通るとよい。

右に塩原温泉街を見下ろしながら25分ほど行くと塩原自然歩道の道標があり、すぐベンチのある**1297メートルピークの肩**に着く。向かいの尾根上に目指す弥太郎山が見えてく

る。肩から道は山腹をトラバースし、8号鉄塔北側鞍部を回り込んでゆるやかに山腹を南下する。塩原自然歩道は窪地に下って登り返すルートになっているが、現在はあまり利用されていない。

小尾根に沿って反時計回りに窪地を迂回して、カラマツ林の巡視路を進む。自然歩道との合流点を通過し、ジグザグの急登を終えると、7号鉄塔ピークと弥太郎山の鞍部に出る。左折して北尾根のササの踏跡を登ると、三等三角点がある**弥太郎山**山頂（1392メートル）である。

日塩道路入口から土平・弥太郎山を望む

山頂は小灌木に囲まれて見通しがきかないが、落葉の時期は北側の木々の間から日留賀岳・大佐飛山を見ることができる。ここはさきほどの鞍部に戻り7号鉄塔を目指そう。高原山、日光連山、日留賀岳、大佐飛山などの山々の展望が広がっている。

下山は来た道を戻ることになる。塩原自然歩道が塩原温泉郷の福渡温泉に下るようになっているが、この先はほとんど道がない状態である。また尾根を東方面に進み、1222メートルピークより右にダムへ降りて行く道も、ダム工事現場が歩行者立入禁止になっているので必ず往路を戻ることにしよう。

春の時期、山頂北側斜面にはシロヤシオの大木が多いので、花を見てから下山してもよいだろう。

通行止ゲート
土平
標高1099M
10〜20台
案内板
カラマツ林
9号鉄塔
1297Mピークの肩
▲1297M
8号鉄塔
ジグザグの登り
弥太郎山
1392.0M
シロヤシオの大木多い
7号鉄塔
1222Mピーク
塩原自然歩道
東電巡視道
塩原自然歩道
この先はダム工事現場で歩行者立入禁止となっている
塩原自然歩道は福渡温泉に下るようになっているが、この先はほとんど道がない状態である
塩那スカイライン
第1ゲート
運動場
塩那スカイライン入口
箱森プレイパーク
遊湯センター
木の葉化石園
木の葉石入口
シラン沢川
ツル沢
赤沢
箒川
0
1km

春の花道と秋の紅葉

若見山

わかみやま

1120M

尾頭トンネルから見る若見山

20

▶**交通**　野岩鉄道会津鬼怒川線上三依塩原温泉口駅から塩原町営バス塩原温泉行、上塩原温泉バス停下車。またはJR東北本線西那須野駅（新幹線の場合はJR那須塩原駅）からJRバス塩原温泉バスターミナル行、終点乗り換え、ゆ～バス上三依塩原駅行、上塩原バス停下車

▶**歩行時間**　3時間45分

▶**コースタイム**　上塩原バス停（15分）登山口（60分）18号鉄塔（30分）巻き道地点（25分）若見山（20分）巻き道地点（60分）登山口（15分）上塩原バス停

▶**地形図**　塩原

▶**アドバイス**　山頂から17号鉄塔を経てそのまま下山するコースもあるが、別荘地の中は通行禁止になっている。このコースは使用しないこと

野岩鉄道上三依塩原駅発のゆ～バスに乗り、**上塩原バス停**で下車する。少し戻ってスノーシェルターを抜け、有明橋を渡ると、右側の石垣のところに**登山口**がある。しかし、道標はなく、旧道跡に高さ約1メートルの黄色いプラスチック製の柱があるだけなので見のがさぬように。車は2、3台なら置けるだろう。

ここからの登山道は、送電線の鉄塔管理のための作業道である。黄色い柱の18号とは、鉄塔の番号を表している。低山ではしばしば見かける柱なので、覚えておくと役に立つこともあるかもしれない。

南斜面をジグザグに登る。スギ、ヒノキ、雑木と、登るにつれて周囲の林は変わり、同時に展望も開けていく。足下に目を移せば山野草の花がかわいい。晴れた春の日なら、フデリンドウが開いているだろう。

西側に大きく回り込むと、雑木の丈が高くなり、樹下にイワウチワの群落が目立つようになる。4月中旬から下旬にかけては、斜面いっぱいがピンクに染まる。他の季節でも、ツヤのある深い色の葉は深山の趣だ。大切にしたい群生地である。

道が急になるとすぐ**18号鉄塔**に出る。南の高原山の展望が素晴らしい。4月下旬ならば遠くの山肌にぼうっと浮かぶピンクはアカヤシオの花だ。遠景を味わい、登山道を北に向かうと、ゆるやかな道沿いに春ならマンサクの黄、タムシバの白、ツツジの赤などが楽しめる。

ゴヨウマツの茂る尾根をたどり、アスナロの林を抜けると、プラスチックの階段がある。鞍部を過ぎると左手にはいく本ものゴヨウマツの大木やブナが目につく。右手は雑木林だ。

18号鉄塔から三依山（中央低い方）方面を望む

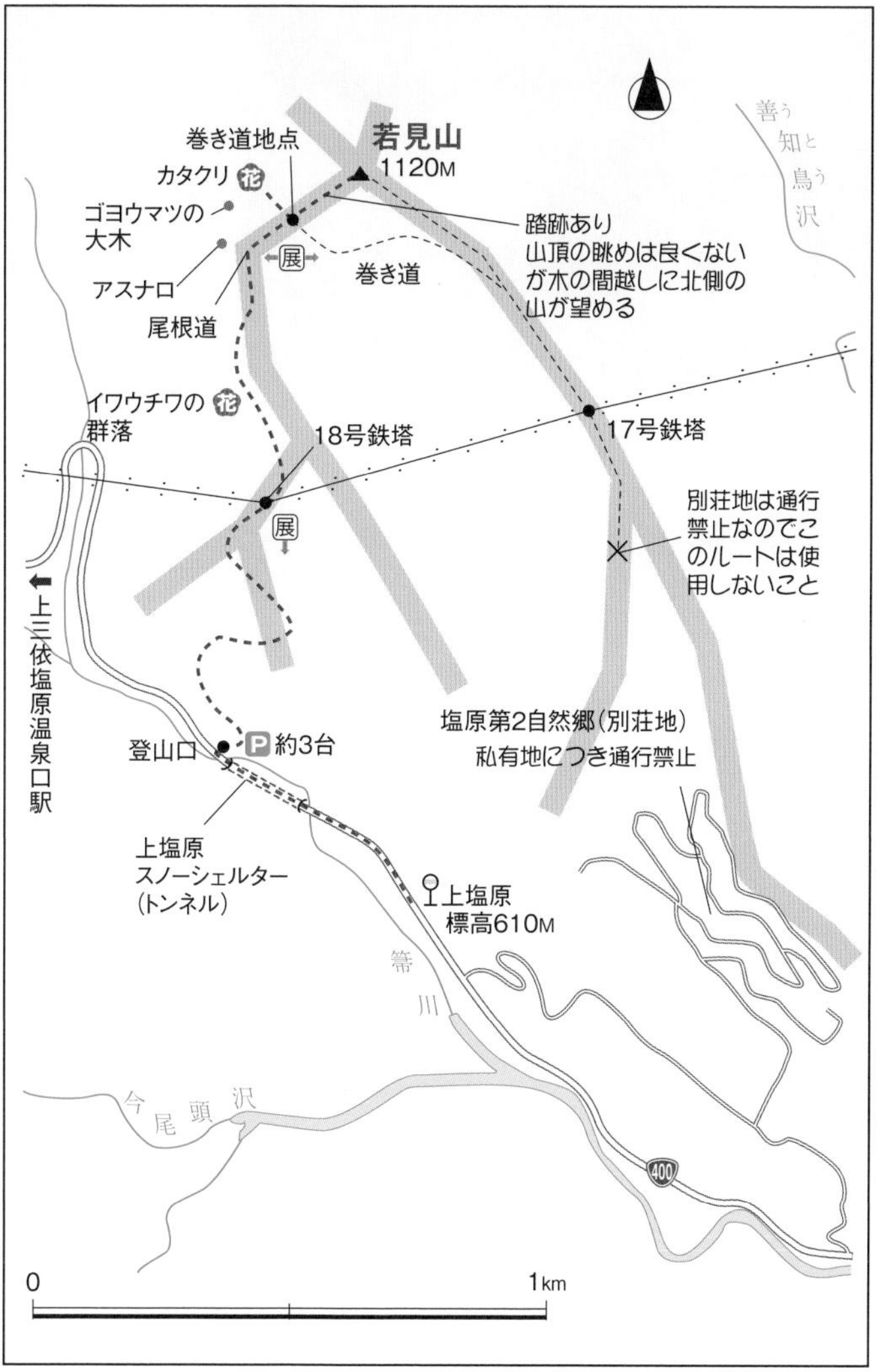

道の両側にカタクリの生える地点に入ると、**巻き道地点**に出る。山頂は落葉樹の中だが、踏跡のある尾根の北側を登るとよい。約25分で**若見山**山頂（1120メートル）に着く。花崗岩の境界標と大きな石がある。山頂からは、木の間越しにわずかに見え隠れするほどの眺めしかない。

山頂から引き返すことをすすめる。

帰路は、箒川の上流方向へ行くバスに乗れば上三依塩原駅に、また下流方向へ向かえば塩原温泉経由で西那須野駅または新幹線那須塩原駅に出られる。

なお、時間が許せば塩原温泉で入浴または一泊するのもよいだろう。

若見山
1120M
巻き道地点
カタクリ 花
ゴヨウマツの大木
アスナロ
尾根道
展
巻き道
踏跡あり
山頂の眺めは良くないが木の間越しに北側の山が望める
善知鳥沢
イワウチワの 花 群落
18号鉄塔
17号鉄塔
展
別荘地は通行禁止なのでこのルートは使用しないこと
上三依塩原温泉口駅
塩原第2自然郷（別荘地）私有地につき通行禁止
登山口
P 約3台
上塩原スノーシェルター（トンネル）
上塩原 標高610M
箒川
今尾頭沢
400
0
1km

原生林に包まれた県境尾根の山歩き……………★★★

21

日留賀岳

ひるがだけ

1849M

ハンターマウンテンスキー場から見る日留賀岳

木の葉化石園入口バス停から登山口の白戸集落まで3・5キロ、約1時間の道のりである。歩行時間やバスの便を考えると、前日にこの周辺に宿泊したほうがよい。

バス停より木の葉化石園の先を左折して細い道に入り、白戸集落に向かう。道なりにまっすぐ進み、浄水場の脇を通り、さらに進むと、日留賀岳登山口と書かれた手製の看板がある。ここを右に入る。林を過ぎ、道なりに進むと正面に小山氏宅がある。自宅の裏側に森があり、ここが**登山口**となる。車利用の場合は裏庭に置かせてもらえる。また、途中に水場がないので、ここで水を補給させていただいてから登ろう。

小さな祠の脇を通り、スギ、ヒノキ、タケの林を過ぎるとまもなく十字路に出合う。道標はないが、ここを左折して北に向かい、細い山道を登る。道の右側に「日留賀嶽神社改築寄進」と書かれた石碑がある。少し登ると送電線の鉄塔をくぐり**林道**へ出る。石ころ道の林道を右手にしばらく進むと**林道終点**となり、左へと林の中に続く小径に入って行く。

アスナロやヒノキの中を比津羅山の山腹を巻いて行く。

▶交通　JR東北本線西那須野駅（新幹線の場合はJR那須塩原駅）からJRバス塩原温泉バスターミナル行、終点乗り換え、那須塩原地域バス（愛称「ゆーバス」）上三依塩原温泉口駅行、木の葉化石園入口バス停下車

▶歩行時間　8時間50分

▶コースタイム　木の葉化石園入口バス停（60分）登山口（30分）林道（25分）林道終点（90分）木の鳥居（75分）日留賀岳（60分）木の鳥居（80分）林道終点（50分）登山口（60分）木の葉化石園入口バス停

▶地形図　日留賀岳・塩原

▶アドバイス　登山口にお住いの小山氏は、長年、日留賀岳登山道の整備や、山頂の石祠建立などに尽力されている。また、登山者のために10台分ほどの駐車場もつくられた。利用者は迷惑のかからないように利用されたい

伐採地や涸沢を過ぎ、カラマツ林の広い沢を渡り、ブナの林の斜面をジグザグに登る。道は狭まり、右手にシラン沢の原生林を見下ろしながら急登が続く。

ミズナラの原生林を過ぎ、1450メートルあたりから、ようやく急登から解放される。植生はアスナロやクロキに変わり、歩きにくい道をトラバース気味に行く。尾根を右に折れ、**木の鳥居**を過ぎ、その先の下った鞍部より最後の登りとなる。ここから山頂まで370メートルの標高差がある。

急な木の根の道を登りきると右から尾根を合わせ明るい主稜に出る。胸の高さまであるササをかき分け、ウラジロヨウラク、ベニサラサドウダンなどの低木の中を進むと一投足で山頂に達する。

標高1848・8メートル、二等三角点の置かれた広々とした**日留賀岳**山頂は、ハイマツ、コメツガに囲まれている。

山頂は十畳ほどの広さがあり、中央には日留賀嶽神社の石の祠が建っている。展望は360度で、南から西にかけて、高原山、日光連山、北には会津や尾瀬の山々、東には那須連山が見渡せる。近くに男鹿山塊の秘峰が迫り、緑の山々を眺めることができる。しかし、大佐飛山塊の山肌が塩那スカイラインの工事により無残に削られているのを見るのは痛々しい。

下山は往路を戻る。

帰りは、タクシーを呼ぶか、**木の葉化石園入口バス停**まで歩いてバスに乗る。

木の葉化石園入口から日留賀岳を望む

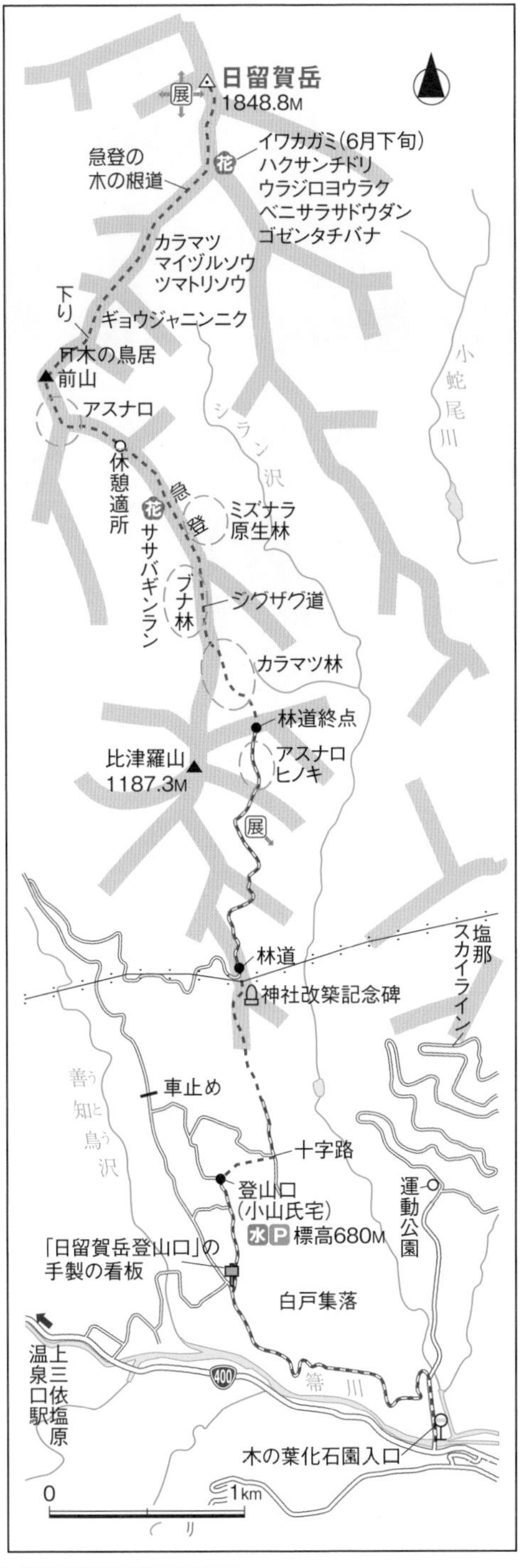

高原山の最高峰を登る……★★★

釈迦ガ岳

しゃかがだけ

1795M

霧降高原から高原山塊を望む（手前は月山）

22

▶**交通**　東武鬼怒川線鬼怒川温泉駅（新幹線の場合はJR那須塩原駅）からタクシー利用。またはJR西那須野駅からJRバス塩原温泉バスターミナル行、終点で下車しタクシー利用

▶**歩行時間**　5時間30分

▶**コースタイム**　登山口（80分）弁天沼（35分）鶏頂山（30分）明神岳分岐（55分）釈迦ガ岳（50分）明神岳分岐（80分）登山口

▶**地形図**　川治・高原山

▶赤い鳥居から登るコースもあるが、ガスがかかったりするとスキーコース内で道に迷うこともあり、あまりすすめられない

▶**高原山**　以前は鶏頂山と呼ばれていたが、現在は最高峰の釈迦ガ岳を含む山域全体を高原山と呼び、馬蹄形に連なる尾根の西端ピークが鶏頂山である。尾根の南側に爆裂口の跡を残す火山である

日塩道路の中間付近にある旧鶏頂山スキー場駐車場を**登山口**とする。駐車場を使う場合は、管理車両の出入りがあるので迷惑をかけないこと。

スキー場の入口で山に向かうと、左手の斜面に鶏頂山を指す標識が見える。指示にしたがい車の轍の残る斜面を登って行く。やがてスキーリフトの終点に出て、林の中に続く道を進むと、枯木沼と呼ばれる湿地帯に出る。初夏から初秋にかけていろいろな花が咲くところだ。

木道の十字路で標識どおり右手の林中に進み、しばらく行くと旧メイプルヒルスキー場のコース跡に出る。Y字コースの左側をトップまで登ると、リフト終点が右手に見える。左手の針葉樹林入口に鶏頂山への道標があり、はっきりとした道となる。道はやや下り、すぐに大沼への分岐がある。

このあたりの平坦地にはマイヅルソウの大群落がある。大沼までは往復20分程度なのでぜひ立ち寄りたい。これより針葉樹の林をゆるやかに登ると、明るい広葉樹の平坦地に出て**弁天沼**に着く。石祠や石碑があり、木製の鳥居をくぐって進む。すぐに右手に水場の表示があるが、水量が少

なくあてにならない。

　ここからいよいよ急登になる。かたわらに何々霊神と刻まれた石板碑（信仰登山時代の先達の名前）の多い道をジグザグに登って行くと、鶏頂山と釈迦ガ岳の縦走路の鞍部に出る。右へ爆裂火口に沿って行くと神社のある**鶏頂山**山頂（1765メートル）に着く。爆裂火口越しに、釈迦ガ岳が大きく見え、日光連山、関東平野なども見える。

　先ほどの鞍部まで戻り、火口に沿ってまっすぐに行く。

秋の枯木沼

ササに覆われ、右側は急斜面のガレなので足元に注意して進む。すぐに左側へ下る道に、弁天沼への近道という表示がある。少し登って平坦になったころ、左側に前黒山方面の道があらわれる。**明神岳分岐**である。御岳山は平坦でどこが頂上かわからないが、尾根の途中に小さな石祠がある。
　御岳山を過ぎ、少し下ると釈迦ガ岳への登りが待っている。きつい登りも、左側から八方ガ原方面よりの道を合わせると終わり、**釈迦ガ岳**山頂（1794・9メートル）の一等三角点に着く。高原山の最高峰であり、白い釈迦如来像が安置してある。気持ちのよい草原状で、展望もすこぶるよい。
　帰りは御岳山を越えたら、**明神岳分岐**から弁天沼への近道を下り、弁天沼以降は来た道を戻る。メイプルヒルスキー場跡から枯木沼に向かう道を間違えないこと。やがて**登山口**のスキー場駐車場に着く。

標高1295M
登山口
鶏頂山民宿村
旧鶏頂山荘
エーデルワイススキーリゾート
枯木沼
十字路
赤い鳥居
メイプルヒルスキー場跡
20台以上駐車できる
大沼分岐
マイヅルソウの大群落
大沼
ゆるやかな登り
明るく開けた草原
弁天沼
「左釈迦ガ岳1820m、右鶏頂山870m」
急登
明神岳
前黒山
明神岳へはハンターマウンテン・スキー場のゴンドラで上がることもできる
鶏頂山 1765M
鞍部
ヤブ 南面ガレ
明神岳分岐
御岳山
急登
八方ガ原
釈迦ガ岳 1794.9M
高原山
中岳
ほとんど歩かれていない
日塩もみじライン
0　1km

西平岳

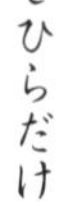

にしひらだけ

1712M

雨量観測所付近の林道から西平岳を望む

▶**交通**　東武鬼怒川線新藤原駅から雨量観測所まではタクシー利用が望ましい。なお、新藤原駅は東武鉄道と野岩鉄道が共同使用している駅である

▶**歩行時間**　5時間10分

▶**コースタイム**　雨量観測所（60分）西平岳登山口（120分）西平岳（90分）西平岳登山口（40分）雨量観測所

▶**地形図**　高原山

▶**アドバイス**　下山後、鬼怒川温泉や川治温泉の共同浴場で汗を流して帰るのもよいだろう

高原山塊には釈迦ガ岳や鶏頂山のほかにも、中岳や前山そして明神岳といった山々が連なっている。

ここでは牧場などがある釈迦ガ岳開拓から歩き始め、西平岳入口に直登するコースを紹介する。

東武鬼怒川線新藤原駅から出発点となる西荒川ダム高原**雨量観測所**があるところまでは、徒歩で2時間30分かかるため、新藤原駅からタクシー利用が望ましい。林道は雨量観測所の先まで続いているが、路面状態が悪いので、ここで降車するとよい。

雨量観測所がある分岐には「釈迦ガ岳、中岳、西平岳」と書かれた木製のポールが立っている。牧場の間を走る林道は、すぐにジャリ道となる。この林道から振り返ると、鶏岳方面などがよく眺望することができる。好展望の場所である。

この道沿いに歩き、途中のゲートを過ぎて、おおむね1時間で**西平岳登山口**に着く。道の左側に、登山届入れと思われるポストと、「西平岳入口」と書かれた木製のポールが立っている。ここが西平岳への登山口となる。

ここからは樹林の中を直登することになる。あまり変化のない登りであるが、「1300メートル」「1400メートル」と100メートルごとに標高が書かれた小さい板が、立木に吊り下げられていて目印となる。

右側は深い沢筋で、左側はなだらかな尾根である。1500メートルを過ぎたあたりから見晴らしがよくなる。登山口から2時間ほどで**西平岳**山頂（1712メートル）に到着するが、山名のとおり、なだらかなところに小さな山名板が置かれている。

ここから中岳方面へ5分ほど行くと見晴らしのよい場所に出る。目の前には中岳が、そしてその奥には堂々とした釈迦ガ岳や鶏頂山が見える。ここでしばらく眺めを楽しむとよい。

帰りは登ってきた道を戻る。踏跡ははっきりしていて、ところどころ目印となる赤いテープもあり、あまり迷うところはない。

しかし、1680メートル付近に、長さ10メートルほどの黄色と黒のトラロープが張ってある。ここは直進しないように、左側へ下るように注意が必要である。あとは踏跡と赤テープを見落とさなければ、**西平岳登山口**へと戻れる。ここからは、歩いてきたジャリ道を**雨量観測所**までたどることとなる。

なお、西平岳から、中岳を過ぎて釈迦ガ岳へ登り、前山を過ぎて西平岳登山口へ戻る周回コースや、釈迦ガ岳から剣ガ峰を通り、大間々台へと縦走するコースもとることができる。体力と技術、また時間を考慮して計画を立てるとよいだろう。

西平岳登山口からは途中にアカヤシオの木もかなり目立つので、花の咲く季節に訪れるのもよい。

晩秋から初冬にかけては、空気も澄み、筑波山など関東平野の眺望がよくなる。また、降雪の状況にもよるが、西平岳までの往復であれば、指導者に教えを受けながら、入門的な雪山として登ってみるのもよいだろう。

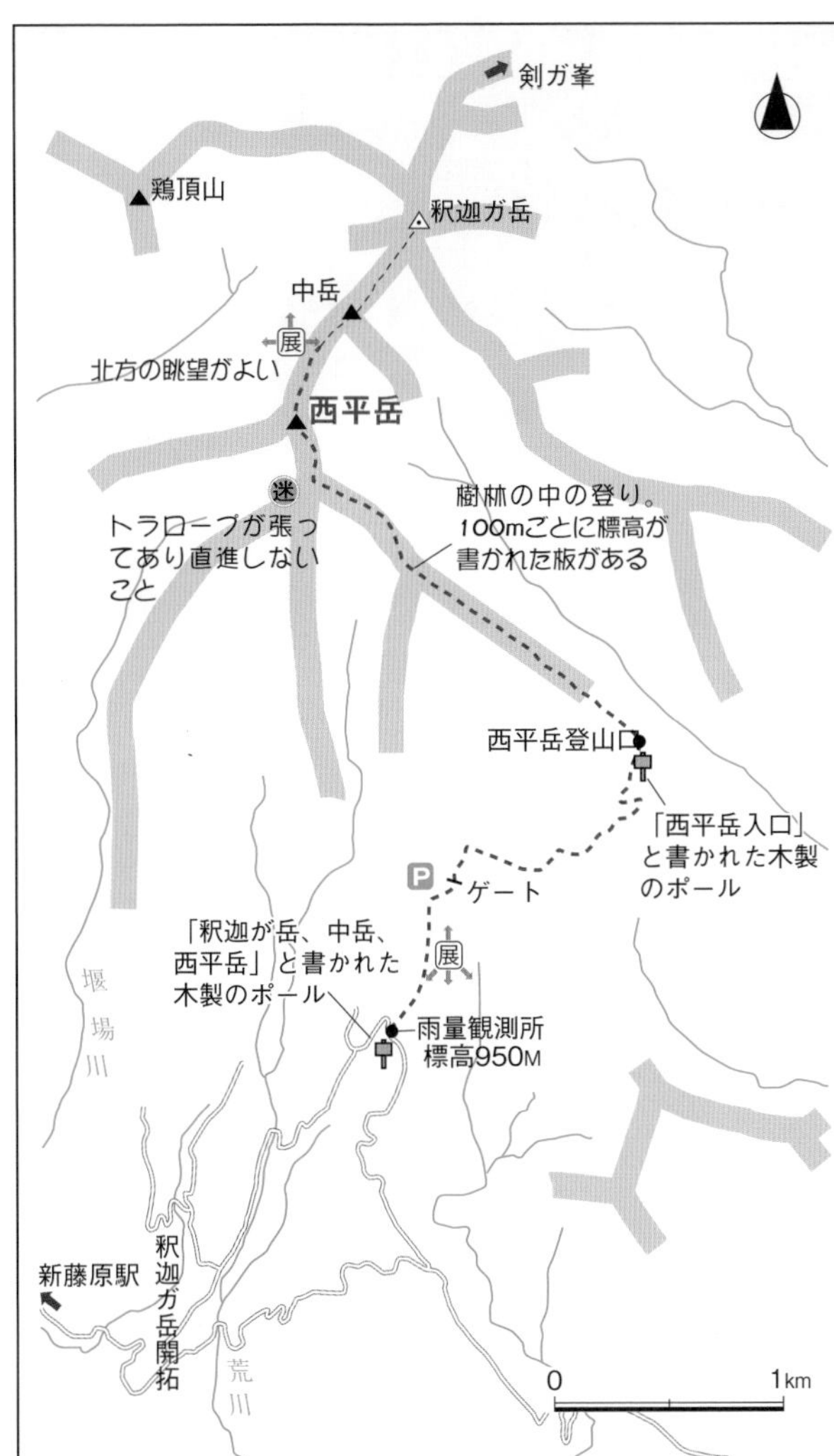

春、夏、秋と、高原の花や鳥を楽しむ……★

学校平から大間々台

がっこうだいら おおままだい

1278M

大間々台展望台から学校平方面を望む

24

▶交通　JR東北本線矢板駅から学校平までタクシー利用

▶歩行時間　55分

▶コースタイム　学校平（20分）小間々台（35分）大間々台

▶地形図　塩原

▶大間々台　標高1200mのこの台地はレンゲツツジの大群落で有名である。この地域は第二次大戦までは軍馬の放牧に使用されており、そのせいで毒性のあるレンゲツツジだけが残ったといわれる。6月中旬の開花期は、小間々台で100ha、大間々台で300haの大群落が一面朱に染まり、まさに圧巻である

▶山の駅「たかはら」　山の駅「たかはら」では四季折々にリクレーションが行われ、積雪期にはスノーシューによるトレッキングなども行われる

ＪＲ東北本線矢板駅から八方ガ原の学校平までは道路がよく整備されており、大型車でも乗り入れられる。大きな駐車場があり、ハイキングコースの基点となっている。学校平には山の駅「たかはら」があり、シーズン中は売店や食堂が開かれている。

学校平から小間々台を通って大間々台に至るコースは最も一般的なハイキングコースで、家族連れで楽しめるところである。

学校平から小間々台までは0・9キロ、なだらかな登りである。林の中に快適なハイキングコースがあり、20分ほどで**小間々台**の駐車場に通じる分岐点に到着する。

この近くには「小間々の女王」（トウゴクミツバツツジ）の大木がダケカンバの木に絡むように立ち、6月初旬には見事な花を咲かせる。小間々台からは大入道山へ通じる道もあり、大間々台へ行く道と交差し道が広がる。広場をすぎると、道はわかりやすい細道となる。

ここから大間々台に通じる1・6キロのコースは、灌木帯の中を抜けて草や鳥を観察しながら歩くことができる。道の両脇にはシモツケソウ、コメツツジ、ホトトギス、ギボ

シ、アザミなどのかわいい花が咲く。
　周辺の森には栃木県の県鳥のオオルリをはじめ、１００種類もの鳥類が生息している。その主なもので、四季を通じて見られる留鳥ではトビ、ヤマドリ、キジ、ハト、セキレイ、ヒヨドリ、モズ、ウグイス、ヤマガラ、メジロ、ホオジロなど、夏鳥ではヨタカ、サンショウクイ、冬鳥でジョウビタキ、ツグミなどである。栃木県のバードウォッチングの名所としても定評がある。

大間々台展望台から見る前黒山と大入道

　大間々台に着くと展望台があり、晴れた日には近くの高原山をはじめ、東に広々とした那須野ガ原や八溝山地、北には那須や塩原の山々、南には関東平野を眺めることができる。また遠くに富士山の見えることもあり、関東平野の広さを実感できる。
　標高１２００メートルのこの台地は、６月の開花期には約３０ヘクタールの高原にレンゲツツジの大群落を眺められることで有名で、訪れる人も多い。なお、レンゲツツジ以外の落葉樹も豊富である。秋はカエデ類をはじめ、ミズナラ、ブナ、シラカンバ、ダケカンバなどが色とりどりに紅葉する景色も素晴らしいものがある。
　大間々台からは１・２キロの中央遊歩道や２・２キロの外周遊歩道が設けられており、ベンチやテーブルも設けられている。往路と違ったコースをたどりながら学校平へ戻ることができる。

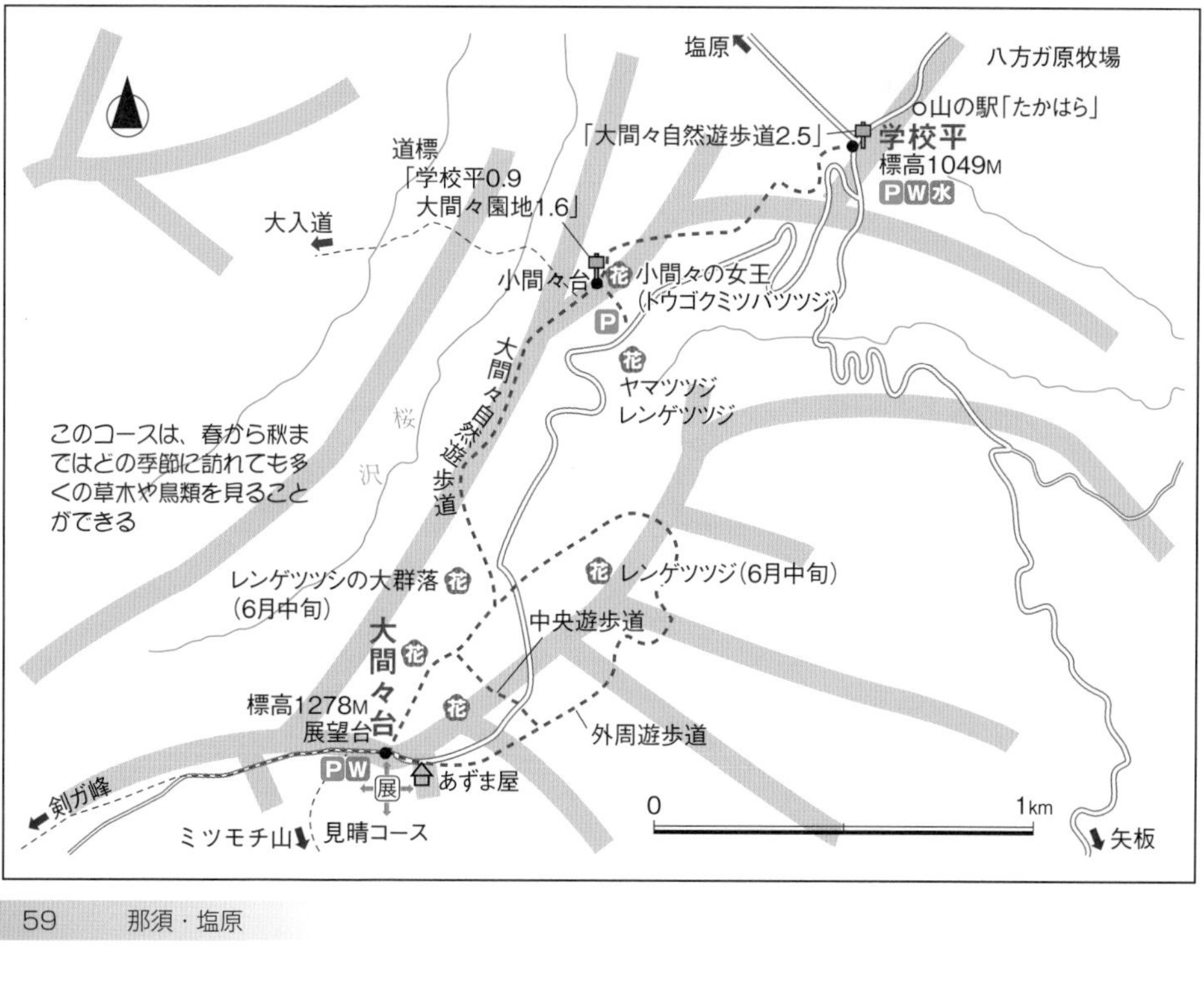

塩原
八方ガ原牧場
山の駅「たかはら」
「大間々自然遊歩道2.5」
学校平
標高1049M
道標
「学校平0.9
大間々園地1.6」
大入道
小間々台
小間々の女王
(トウゴクミツバツツジ)
大間々自然遊歩道
ヤマツツジ
レンゲツツジ
桜沢
このコースは、春から秋まではどの季節に訪れても多くの草木や鳥類を見ることができる
レンゲツツジの大群落
(6月中旬)
レンゲツツジ(6月中旬)
中央遊歩道
大間々台
標高1278M
展望台
外周遊歩道
あずま屋
剣ガ峰
ミツモチ山
見晴コース
0
1km
矢板

県民の森からミツモチ山

けんみんのもり
みつもちやま

1248M

学校平から見るミツモチ山

▶**交通**　JR東北本線矢板駅より県民の森キャンプ場までタクシー利用

▶**歩行時間**　3時間20分

▶**コースタイム**　キャンプ場駐車場（25分）第1展望台（25分）第2展望台（60分）ミツモチ山（60分）サクラ園（20分）緑の広場（10分）キャンプ場駐車場

▶**地形図**　高原山

▶**県民の森**　矢板市街の北西20kmの高原山中腹にある。森林、渓谷、岩石地などの変化にとんだ地形を持つ952haの広大な自然公園で、多くの動植物が生息している。昭和61年には「森林浴の森、日本の百選」「とちぎの景勝百選」に選ばれている

▶第2展望台下の「ツツジ園」は5月中旬が見ごろ

県民の森キャンプ場が出発点となる。バスの便がないのでJR東北本線矢板駅からタクシーを利用することになる。キャンプ場2キロ手前の管理事務所で、県民の森の案内図をもらっておくと便利だ。

キャンプ場駐車場北側の第一展望台まで0・9キロの道標がある歩道を入る。丸太で整備された道を行き、さらにスギ、ヒノキの樹林帯を登ると、標高870メートルの**第1展望台**に着く。南に関東平野と筑波山を望む。近くにはあずま屋があり、時折自動車もここまで登ってくる。

このあたりは、ヤマツツジ、ミツバツツジ、シロヤシオ、レンゲツツジが一面に見られ、4月から6月にかけて花の宝庫となる。

道標にしたがい階段を登り、25分ほどで送電線の鉄塔の脇を過ぎると930メートルの**第2展望台**に着く。大田原市街や八溝山などが眺望できる。

ここからゆるやかな広いジャリの林道を15分ほど歩き、再び遊歩道へ入る。蛇行する林道をいく度か横切りながら進むとやがて視界が開け、ミツモチ山の山頂が見えてくる。6月の上旬はシロヤシオの群落が白い花びらをそよ風にゆらせている。

まもなく林道が広くなり、かたわらに木製のテーブルとベンチが並ぶ山頂下に着く。ここから北へ50メートルほど登ると**ミツモチ山山頂**（1248メートル）で木組みの展望台がある。

ここからの展望は素晴らしい。関東平野を見下ろし、天気のよい日には富士山も見られる。東より八溝山地、筑波山を眺め、西に日光連山の横顔を見る。振り返れば、釈迦ガ岳、西平岳がそびえ立つ。

山頂下から南へ70メートルたらずのところには見晴しピークがある。ここも展望がよいので、ぜひ立ち寄ってみたい。

ミツモチ山山頂展望台

帰りは登路を戻り、途中、道標にしたがいキャンプ場方面に入り、ブナとミズナラの林の中をジグザグに下る。沢ひとつ越えるとまっすぐの遊歩道になり、さらに下ると**サクラ園**に出る。

そこを過ぎて林道へ飛び出したら左折し、すぐに右の林の中へ入る。トチノキの林を抜け、ヒノキ林を過ぎ鉄塔の脇を通ると、北側に石の階段のある**緑の広場**が見える。ここから舗装道路を左に行けば、登山道の入口をすぎ、**キャンプ場駐車場**に着く。

時間があれば、ミツモチ山頂から片道1時間ほどの大間々台に行ってもよい。また、鳥獣展示館の脇からキャンプ場までは森林浴が、野鳥誘致池ではバードウオッチングも楽しめる。管理事務所の裏には宮川渓谷があり、春にはカタクリやイチリンソウが咲き、滝などもある。

大間々台
大間々台
大間々台への近道コース
送電線
湯沢
ミツモチ山
1248.0M
蛇行する林道を横切る
展
見晴しピーク
アカヤシオ
シロヤシオ
ブナとミズナラの林の中のジグザグ道
展
ツツジ園
シロヤシオ
ヤマツツジ
第2展望台
フェンス
一般車輌進入禁止
ミツモチ山山頂からの展望はすばらしい。東に八溝山地・筑波山、西に日光連山。そして関東平野を一望し、天気の良い日には富士山も望める
サクラ園
あずま屋
展
第1展望台
トチノキ園
鉄塔
キャンプ場
緑の広場
W 水
P W
標高690M
少年自然の家
P W
全国育樹祭会場跡地
県民の森
0
1km

ツツジに囲まれた大間々台から関東平野を一望する……★

大間々台から剣ガ峰

おおまだい
けんがみね

1540M

大間々台から見る剣ガ峰

26

▶交通　JR東北本線矢板駅から大間々台までタクシー利用

▶歩行時間　2時間40分

▶コースタイム
〔見晴らしコース〕大間々台（10分）標識（50分）祠（25分）剣ガ峰（30分）祠（35分）標識（10分）大間々台
〔林間コース〕大間々台（30分）沢（30分）祠（25分）剣ガ峰（30分）祠（20分）沢（25分）大間々台

▶地形図　高原山

▶釈迦ガ岳に行く道は地形図上では剣ガ峰を通らず、下を巻くように通過して西へ向かっている。大入道との分岐には標識があり、分岐から少し登ると剣ガ峰のピークであるので釈迦ガ岳登山の人も立ち寄るとよい。ただし展望はない小広場である。地元山岳会の協力で釈迦ガ岳への登山道が整備され、歩きやすい登山道となった

バスの便がないので車、タクシーで八方ガ原**大間々台**まで入る。

剣ガ峰へのコースは北側の林間コースと南側の見晴らしコースがある。落葉の季節は見晴らしコースの眺めがよいが、ツツジの季節ならずとも林間コースもすてがたいものがあり、両方とも紹介したい。

〔見晴らしコース〕

案内看板と標識にしたがって広い林道から入る。左にミツモチ山方面への道程標識を見ながら10分ほど歩き、鳥居のある右の林に入る手前に登山届箱と、「八海山神社まで1・4キロ」と書かれた**標識**がある。ところどころ丸太の階段が付けられた雑木林の中を、ゆるやかに登る。だんだん登りは急になって岩混じりの道となる。

「八海山神社0・8キロ」の標識から左へ下るとミツモチ山へ、右に行くと道は平坦になり、西方向には雄大な釈迦ガ岳と、左手南方向に関東平野が見渡せる。「0・6キロ」の標柱あたりで樹林を抜け、登ると180度の大展望となる。北は那須方面から、南は宇都宮、西は日光方面までパノラマが広がる。

ほどなく八海山神社の**祠**が

あるピークに着く。祠のピークから10分ほどで1590メートルのピークに着く。以前は剣ガ峰の標識があったところだが、現在は矢板市最高峰の標識が立っている。

1590メートルピークから急下降し、左に大きく尾根を巻くようになると、釈迦ガ岳と大入道の分岐の標識が立っている。ここを大入道の方に少し登ると、基準点標石と小さな山名板がある**剣ガ峰山頂**（1540メートル）である。

〔林間コース〕

大間々台の駐車場のトイレの脇から林道に入り、わずかに下り気味の平坦な道を400メートルばかり歩き窪地をこえると、左に曲がりながらゆるやかな登りに変わる。

30分くらいして、小さな**沢**を渡ると登りはやや急になる。ミズナラを主体にダケカンバなどが交じる雑木林は「八海山神社まで0・7キロ」の標柱のあたりからウラジロモミの林に変わる。「0・4キロ」標柱のあたりからは再びミズナラやツツジが主となる。

見晴らしコースの一つ北の尾根を登ると、沢から30分ほどで突然林道が開け、八海山神社の**祠**の脇にでる。

なお、ミツモチ山からは、やしおコース、青空コースが約1時間で大間々台に通じている。また、剣ガ峰からは2時間ほどで、細尾根伝いに高原山の主峰、釈迦ガ岳まで行ける。時間の余裕や脚力に合わせて、いろいろな歩き方が選べるところである。

八海山神社の祠

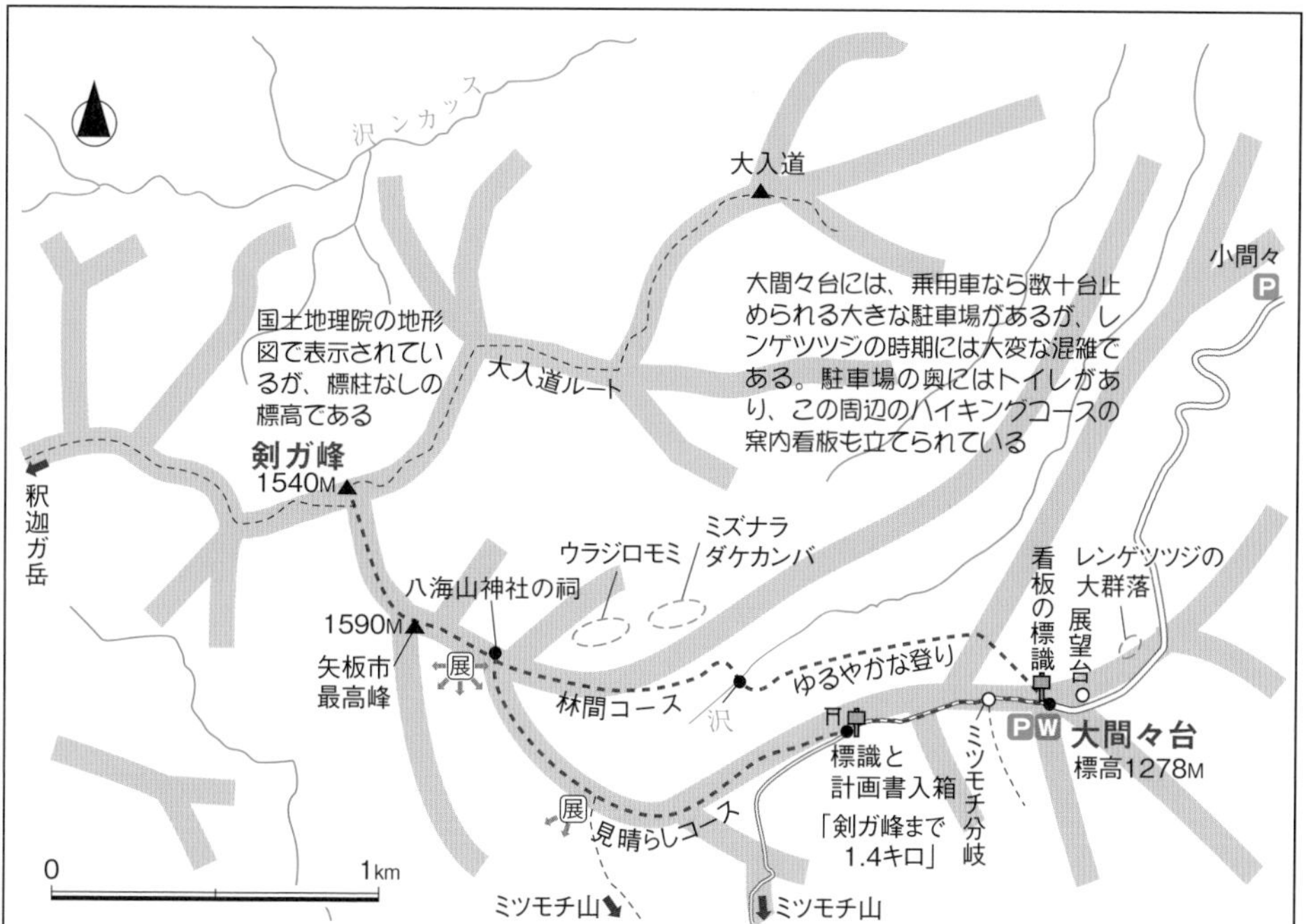

沢　ンカッス
大入道
小間々
大間々台には、乗用車なら数十台止められる大きな駐車場があるが、レンゲツツジの時期には大変な混雑である。駐車場の奥にはトイレがあり、この周辺のハイキングコースの案内看板も立てられている
国土地理院の地形図で表示されているが、標柱なしの標高である
大入道ルート
剣ガ峰
1540M
釈迦ガ岳
ウラジロモミ
ミズナラ
ダケカンバ
八海山神社の祠
1590M
矢板市最高峰
展
林間コース
沢
ゆるやかな登り
看板の標識
展望台
レンゲツツジの大群落
大間々台
標高1278M
標識と計画書入箱
「剣ガ峰まで1.4キロ」
ミツモチ分岐
見晴らしコース
0　1km
ミツモチ山
ミツモチ山

シロヤシオの巨木の中の尾根歩き ★★

剣ガ峰から大入道

けんがみね おおにゅうどう

1402M

大間々台から剣ガ峰を望む

27

▶交通　JR東北本線矢板駅から小間々台までタクシー利用

▶歩行時間　4時間

▶コースタイム　小間々台(35分)大間々台(60分)八海山神社(25分)剣ガ峰(60分)大入道(60分)小間々台

▶地形図　高原山・塩原

▶アドバイス　大間々台から剣ガ峰まではしっかりしたルートで、5月から6月にかけてのヤマツツジ・レンゲツツジ・シロヤシオの花期は駐車場も満杯の盛況である。これ以外にも、春から初秋には花が、秋には紅葉と展望が楽しめる

▶アドバイス　桜沢から小間々台の間は林間で平坦となるので、方向を確認しながら歩くようにしたい。また学校平から大間々台は、冬期車両通行止めとなる

ここでは**小間々台**から**大間々台**を経て、剣ガ峰から、尾根続きの一峰である大入道へ達するコースを紹介する。剣ガ峰までは『学校平から大間々台』『大間々台から剣ガ峰』を参照されたい。

標高1539メートルにある**八海山神社**の祠で休憩後、ササの中をゆるやかに登る。登りきったところが1590メートルの矢板市最高峰で、以前はここに剣ガ峰の標識が立っていた。少し進むともう一つのピークで左側が開ける。目の前に高原山の主峰、釈迦ガ岳が大きい。

ここから北へ向かう尾根を急下降する。この付近にもシロヤシオが多い。下りきってゆるやかに左に巻いていくと、釈迦ガ岳と大入道の分岐に出る。左に折れて少し登ると1540メートルピークで、現在はここに**剣ガ峰**の標識がある。小さな広場となっていて休憩するにはよいところだ。

右に折れながらダケカンバ、ササの中の斜面を急下降する。ところどころトラロープが張られている。雨の時などササの根が滑りやすいので注意する。

下りきると左側はスッカン沢へ切れ落ち、ダケカンバとササの尾根の縁に沿ってルー

トがついている。登り返すピークで右に折れる。

ゆるやかな登りから平坦な尾根歩きとなると1447メートルピークは近い。両側が開けた明るい尾根で、左手前方に大入道、右には剣ガ峰から1590メートルピークへの稜線が大きく見える。この付近からシロヤシオの古木が多くなる。

少し登り返して左に折れると急な下りとなり、ロープが付けられている。ブナの大木があらわれ、沢沿いにはミツバツツジやシロヤシオもある。

ゆるやかになった尾根を右へ回り込んでいくと登りとなり、短い急登ののち北側が開けた展望地に出る。スッカン沢を隔てた対岸の前黒山が大きい。すぐ先の尾根は左側へ切れ落ちているので注意。

東へ延びる尾根の急登を一気に登りきり平坦地に出る。三等三角点標石（1402・4メートル）のある**大入道**頂上である。樹林に囲まれ展望は得られないが、大勢の場合の休憩や昼食はやはりここがよいだろう。

下山は大きく東南へ延びる尾根を行く。ダケカンバとササの中に、ヤマツツジやシロヤシオが交じる明るい森である。

やがて小沢の左岸に沿ってゆるやかに下るようになる。何回か沢を渡り返すが、沢水はほとんどない。最後は右岸から本沢に出る。この本流の沢も水量はわずかで、コケむしたゴロゴロ石の沢床を渡って対岸へ出る。

わずかな急登で右岸の台地上の尾根に出る。スギ・ヒノキ・シラビソなどが茂る薄暗い針葉樹の森だ。ゆるやかに尾根を横切ってカラマツ林を下れば桜沢である。この沢も水流はほとんどない。

石の間をぬって対岸に渡り平坦なシラビソ林を抜ける。地図とコンパスで方向を確認しながら進むと、ヤマツツジの中を**小間々台**駐車場まで戻ることとなる。

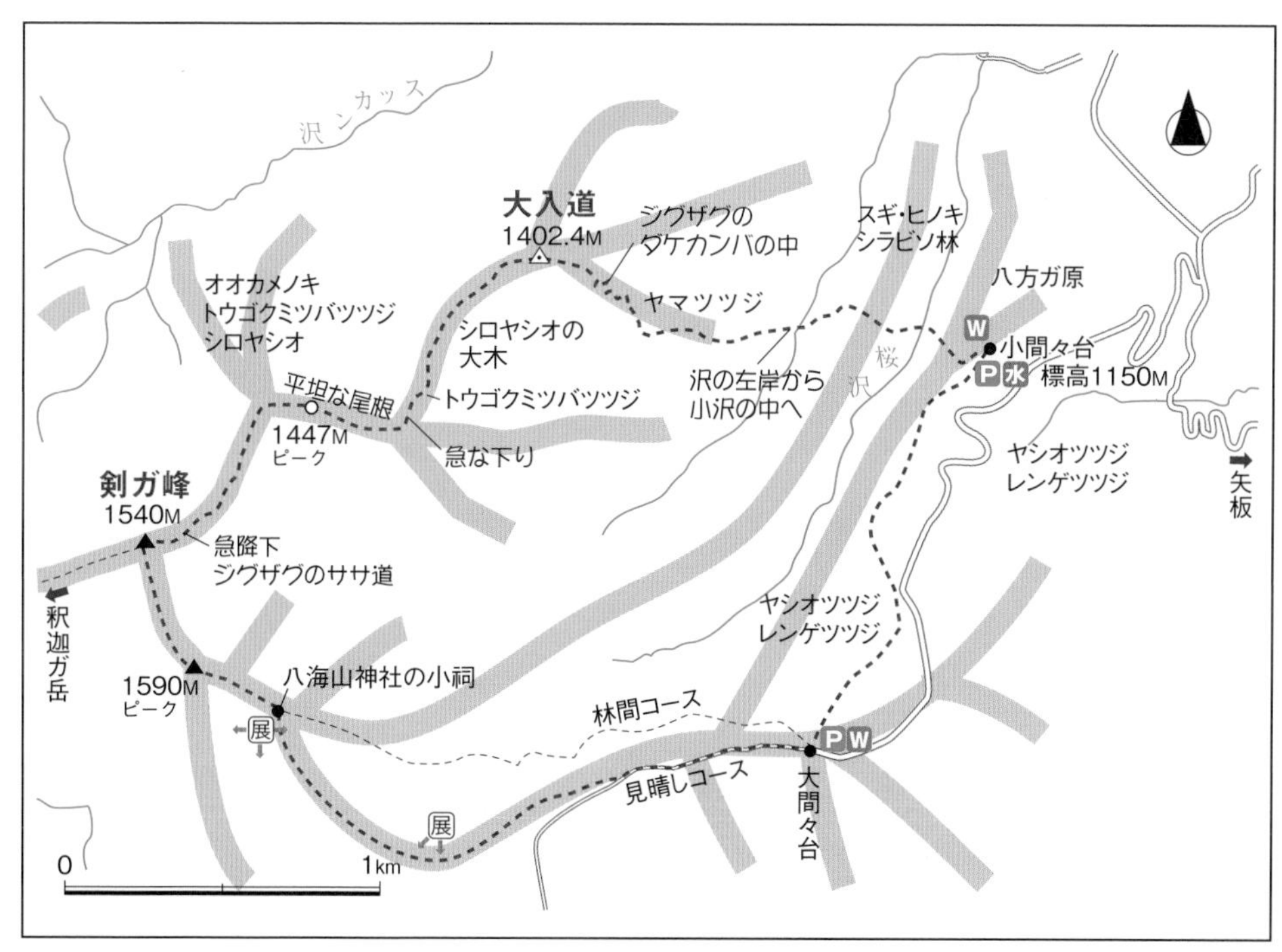

大間々台からミツモチ山

おおままだい
みつもちやま

1248M

大間々台のレンゲツツジ

大間々台までは車で入れる。レンゲツツジの咲く6月中旬から下旬にかけては、駐車場が満杯になるほど賑わう大間々台であるが、ここからミツモチ山をまわる周遊コースは、人もまばらで静かな山歩きが楽しめる。

大間々台から西へ林道を100㍍ほど入ると、左側に「やしおコース」「青空コース」の標識がある。「やしおコース」の案内にしたがい、ここを左折して樹林帯に入る。ヒノキと雑木の林をゆるやかに階段で下り、南へ向かって東斜面をトラバース気味に進む。林床がササとなるとブナ、ミズナラの林となる。

再び木の階段を下る。「ミツモチ山2・1㌔、大間々0・5㌔」の木柱があらわれる。コース全体として標識がしっかりしているので不安はない。沢を巻いて木の橋を渡り南へ進む。周囲は常緑針葉樹となり、多少暗くなって原生林の趣となる。樹種はコメツガ、ウラジロモミ、イラモミなどの針葉樹である。

「大間々1・0㌔、ミツモチ山1・6㌔」の木柱を過ぎると、樹林越しに那須野ガ原が見え隠れする。少し登りとなって小尾根に取り付くと「イラモミの木」の案内板。

▶**交通**　JR東北本線矢板駅から大間々台までタクシー利用

▶**歩行時間**　2時間25分

▶**コースタイム**　大間々台(50分)大丸(30分)ミツモチ山(40分)釈迦ガ岳説明板(25分)大間々台

▶**地形図**　高原山

▶**アドバイス**　天候が安定していれば気持ちのよい散策が楽しめるが、標高は日光の中禅寺湖畔と同じなので天候の急変に備え雨具を持参した方がよいだろう。学校平から大間々台は冬期車両通行止めとなる

▶コース途中には、「ミズナラの木」「ブナの木」などの説明標識が次々とあらわれる。標識を読んでいくだけで、楽しく学べるようになっている

丸太の階段で急登し、二度目の沢を回り込むと、ササ原の中の広葉樹林帯の広い尾根に出る。ここに「アカヤシオの群生地」の案内板がある。周囲はアカヤシオの群落で、5月上旬から中旬にかけては若葉が萌え出る前にピンクの花が一面に咲き誇る。少し進むと**大丸**の標識のある地点に出る。ここを直角に曲がり右へ進む。

　ササ原の中、尾根沿いの明るい道を進む。あたりはリョウブ、ミズナラ、アカヤシオなどの広葉樹とコメツガなどの針葉樹の混交林となり、樹林越しに矢板市街から関東平野への展望が開ける。南にはミツモチ山へと続くなだらかな稜線が見渡せる。

　南へ回り込むゆるやかな登りとなると「青空コースへの連絡路70メートル」の標識があらわれる。ここは「ミツモチ山0・7キロ」の標識にしたがって進む。ほどなくシロヤシオの案内板がある。このあたりは、アカヤシオより少し遅れて5月下旬から6月にかけて、白い花が新緑の葉とともに楽しめるところだ。

　ゆるやかにカーブしながら平坦地を歩く。クヌギ、コナラの林の中をぬって行くと、**ミツモチ山山頂**（1248メートル）にある展望台に突然出る。「ミツモチ」の案内板が立っており、北側に三等三角点がある。展望台からは北西から西にかけて剣ガ峰、釈迦ガ岳そして中岳、西平岳へ続く長い稜線、その左には男体山から女峰山へ続く表日光連山の展望が広がる。南側は県民の森から関東平野が広がっている。

　帰路は南へ下りて林道に出る。右に折れて2・9キロの青空コースを行く。林道歩きは単調だが、レンゲツツジの群落を楽しみ、「塩原八方自然ふれあいの道」の案内板や、自然や文化に関する問題などの案内板を見ながら歩く。「ミツモチ山1・2キロ、大間々1・7キロ」の木の標識のある地点には木のベンチがあり、正面には釈迦ガ岳からの稜線が広がっていてひと息入れるにはよいところだ。ここには修験道と**釈迦ガ岳の説明板**がある。

　林道はジャリが敷きつめられて多少歩きにくいが、やがてゆるやかな下り道となる。剣ガ峰に続く斜面を左手に下ると、やがて剣ガ峰見晴コースと合流する。さらに進み、カラマツや雑木林の平坦地となると、**大間々台**駐車場に出る。

金の鶏が飛んだ伝承の頂 ★

鶏岳

にわとりだけ

668M

29

西古屋集落から見る鶏岳と釈迦ガ岳（左奥）

東武鬼怒川線新高徳駅からしおや交通バス矢板駅行に乗る。**西船生（ふにゅう）バス停**で下車し、少し戻って船生第二駐在所前のT字路で右に入る。やがて白石橋を渡ると道は白石川の右岸に移る。高架の水路をくぐれば、右に鶏岳、左後方に鶏頂山が並んで見える。昔話によると、大きな金の鶏が飛んできてひと休みしたのが鶏岳で、行き着いた頂が鶏頂山だという。

道は西古屋（にしごや）集落に入る。火の見やぐら脇の十字路を直進し、次のY字路を右に折れると、金属製の鳥居がある。ここが**登山口**だ。バス停から約2・6キロ、農道がカーブする地点で送電線の真下にあたる。

なお、登山道は東の山口集落からも参拝道がついていたが、途中から廃道化している。

小道を下りて行くと、スギ林を抜けて白石川の河原に出る。小滝を右に見て、浅い流れを飛び越え、左の小道に入る。沢に挟まれた道をしばらく歩くと、古い**観音堂**がある。岩屋には石の観音が祀られている。奉納塔には江戸時代の年代が読みとれる。

よく茂った樹下の道には、春ならスミレ、アズマイチゲが美しい。流れを右に見ながらゆるやかに登る。堰堤があ

▶交通　東武鬼怒川線新高徳駅からしおや交通バス矢板駅行、西船生バス停下車

▶歩行時間　3時間15分

▶コースタイム　西船生バス停（30分）登山口（5分）観音堂（15分）林道出合（30分）山頂直下（30分）鶏岳（20分）山頂直下（20分）林道出合（10分）観音堂（5分）登山口（30分）西船生バス停

▶地形図　玉生・鬼怒川温泉

▶川霧の湯　西船生から一つ新高徳寄りの道谷原バス停から西へ約300m行った道沿いにある。鬼怒川の流れと日光連山を露天風呂から眺められる。宿泊、休憩ともに可

ちこちに造られている。

保安林の標識のところで踏跡が分かれているが、ここは左に入る。林道に出るまでは迷いやすいので注意が必要である。スギとヒノキの林を行くと再び道は分かれている。ここで左の尾根には入らないこと。右を選び、いったん沢に下りてから向かいの尾根に取り付く。しばらくは道幅も狭く、倒木が道をふさいでいたりして心配になるが、やがてしっかりした登山道になってくる。

鶏岳から日光連山を望む

林道に出たらひと安心だ。林道を横切り、尾根に付けられた石段を登る。分岐に出たら右、壊れた木の鳥居のある方の道に入る。雑木林の尾根道は、春にはツツジが目を楽しませてくれる。

スギやヒノキの林に変わったらもう**山頂直下**だ。大きな切り株があり、これから登る岩石の斜面も見える。頂上まで30分の急登をひかえ、ひと休みするのによい場所だ。

ここからは落石に気をつけながらロープに沿って登る。パーティの人数が多い場合は特に注意。しばらくは岩の間を選びながらのジグザグの直登が続く。急登が終われば、あとは100メートルも歩けば**鶏岳の山頂**だ。668メートルの三等三角点がある。大きな石祠は浅間神社だ。

鶏岳山麓の西古屋と山口集落では、毎年九月一日に風祭りを行い、鳥居に参拝し、五穀豊穣、無病息災を祈願する。西古屋では若者たちが山頂の神社に詣で、お供え物をする習慣が残っている。

鶏岳山頂からの展望は日光方面がすぐれている。主峰の男体山をはじめとして大真名子山、小真名子山。遠くは皇海山、袈裟丸山まで見渡せる。

帰りは往路を戻る。特に山頂からの足場が悪いので、注意してゆっくり下りはじめるとよいだろう。体を休める時間があれば、近くにある川霧の湯に寄るのもよい。

栃木県の高峰ベスト50

栃木県の高峰50座を標高順に並べてみました。あなたは、何座登っていますか？

No.	山　名	標高 M	登山道の有無	No.	山　名	標高 M	登山道の有無
1	白根山	2577.6	○	26	帝釈山	2059.6	○
2	男体山	2486	○	27	於呂倶羅山	2020.4	△
3	女峰山	2483	○	28	赤薙山	2010.3	○
4	帝釈山	2455	○	29	鋸山	1998	○
5	白根隠山	2410	○	30	引馬山	1981.7	△
6	錫ガ岳	2388	○	31	三股山	1980.2	△
7	五色山	2379	○	32	黒檜岳	1976	○
8	大真名子山	2375.4	○	33	宿堂坊山	1968	△
9	前白根山	2373	○	34	大平山	1959.6	△
10	太郎山	2367.5	○	35	奥袈裟丸山	1957.5	○
11	温泉ガ岳	2332.9	○	36	三岳	1944.8	×
12	根名草山	2329.7	○	37	田代山	1926.3	○
13	小真名子山	2322.9	○	38	三本槍岳	1916.9	○
14	金精山	2244	○	39	茶臼岳	1915	○
15	燕巣山	2222	○	40	大佐飛山	1908.4	△
16	外山	2204	○	41	庚申山	1901	○
17	高薙山	2180.7	×	42	朝日岳	1896	○
18	三界岳	2172.9	×	43	大倉山	1885	○
19	黒岩山	2162.8	○	44	前袈裟丸山	1878.2	○
20	皇海山	2143.6	○	45	三倉山	1854	○
21	鬼怒沼山	2140.8	○	46	手白山	1849.2	×
22	物見山	2113	○	47	日留賀岳	1848.8	○
23	山王帽子山	2077	○	48	大岳	1843.4	×
24	台倉高山	2066.7	○	49	シゲト山	1835	△
25	孫兵衛山	2063.8	△	50	社山	1826.6	○

○…登山道がある　△…登山道が踏跡程度　×…登山道が未整備

南会津・鬼怒

この地域の山々は福島県の南会津と境を接し、栃木県の奥座敷として知られる鬼怒川、川治温泉をはじめ、ひなびた川俣、奥鬼怒、湯西川温泉などたくさんの温泉が湧き出している。また、渓谷美、湿原などの自然に恵まれた山岳地帯で四季を通して訪れる人も多いが、鬼怒沼や県境の一部の山に登山道が付けられているものの、それ以外は整備されていない。しかし、野岩鉄道会津鬼怒川線の開通により交通の便が改善され、南会津の山も含めて県境の山々は、さらに注目を集める山域となった。

県境に腰を下ろす幽玄な山……★★★

荒海山

あらかいさん

1581M

荒海山頂上

▶**交通**　野岩鉄道会津鬼怒川線会津高原尾瀬口駅下車。登山口までのアプローチが長いのでタクシー、または車利用が望ましい

▶**歩行時間**　6時間50分

▶**コースタイム**　八総鉱山跡（10分）登山口（75分）町村界尾根鞍部（130分）荒海山（110分）町村界尾根鞍部（75分）登山口（10分）八総鉱山跡

▶**地形図**　荒海山

▶**八総鉱山**　昭和20～40年代に銅や鉛、亜鉛などを産出し、当時は2000人以上の人々が生活していた。電気や水道も完備され、学校や診療所もあった。現在は学校跡を教育施設が使用しているほかは、朽ちた木の鳥居の奥に小さな社がひっそりとたたずむのみである

登山口まではアプローチが長いので、車かタクシー利用となる。また、入山者が少ないため単独行は避けたい。

野岩鉄道会津高原尾瀬口駅から恋路橋を渡って左に折れ、国道352号を桧枝岐方面に1・3キロほどたどると、銅竜橋の手前左手に「荒海山入口」の案内板がある。途中廃鉱となった八総（やふさ）鉱山の社宅を過ぎ国道から約4キロで**八総鉱山跡**に着く。

車が入れるのはここまでである。ここには車10台分の駐車場がある。駐車場から400メートルで**登山口**だ。荒海川沿いに行き、数回渡渉しながらコンクリートの塊がゴロゴロした道を行く。

しばらく進むと「水源地域緊急整備事業」のプレートのある砂防ダムがあらわれる。ダムの右手を沢沿いに進む。やがて右への道標と赤い矢印があらわれ、きつい登りとなる。途中三カ所ほどロープが張ってあり、ここは慎重に登りたい。

沢の中の登りとなり、登山コースを示す道標がときおりあらわれる。ここを登りつめると**町村界尾根の鞍部**に出る。ここではじめて舘岩村側を見ることができる。

尾根には、山頂方向を示す

道標があり、指示通りに左手に進む。道はゆるいアップダウンで、ピークが見えるとややきつい登りとなり、倒木などで歩きにくくなる。

　1251メートル峰を越え、1350メートル地点になると突然目の前が開け、丸みを帯びて威風堂々とした東峰の次郎岳が目に入る。双耳峰の荒海山だ。

　30分ほどで、大きな岩と大木があらわれやせ尾根の急登となる。足元が岩壁となるので、慎重に行動したい。

　尾根に取り付き灌木の中を進むと、左手に南稜小屋があらわれる。小屋の中は約2畳ほどの広さでテーブルが置いてある。かつてロボット雨量観測施設だった小屋だ。小屋の屋根は会津南稜会の手によってふき替えられ、万一の場合は避難小屋として利用できる。

　荒海山山頂は、小屋のすぐ上にあり、「標高1580・4メートル、ARAKAIZAN」と書かれた山頂標識がある。石碑には「大河の一滴この地より生る阿賀野川水源の標」と刻んである。この山は双耳峰であり、手前が太郎岳、三角点がある左手（東峰）の頂が次郎岳と呼ばれている。三角点までは、ササや灌木の中を5分ほど進む。

　太郎岳の頂からは360度の好展望が得られる。南から南西にかけては奥日光の山々、その手前西寄りには田代山や帝釈山、さらに右手に燧ガ岳、会津駒ガ岳、そして北方間近には七ガ岳、さらに北東には男鹿山塊や那須連山が展望できる。

　下山は往路を戻ることになる。急な下りがあり滑るので、慌てずに慎重に下ろう。ロープが張ってある沢筋の下りは十分な注意が必要である。特に雨が降っている時は滑りやすい。春にはフキやウドなどの山菜が豊富に見られる。

荒海山の紅葉

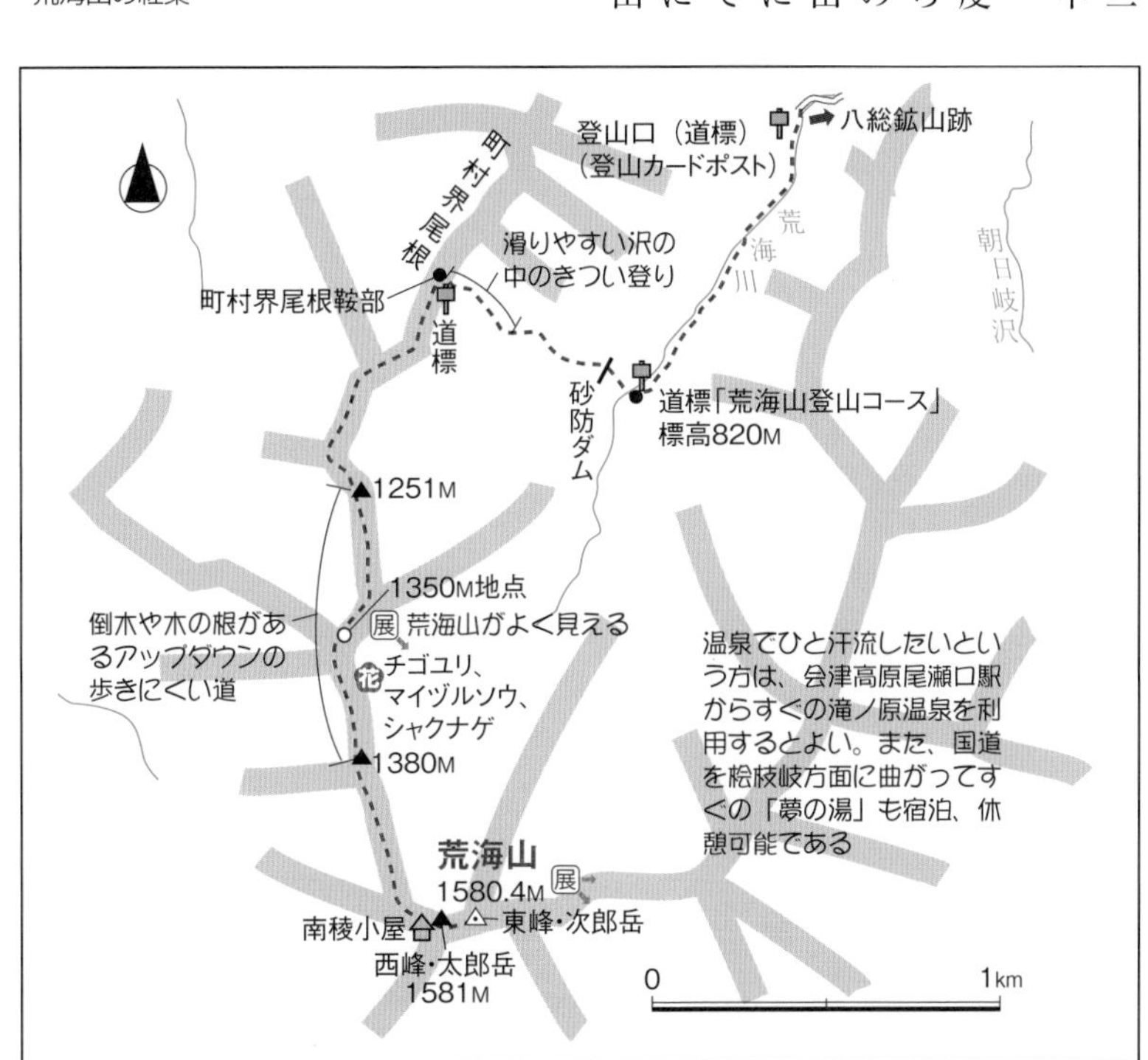

田代山

たしろやま

1926M

晩秋の田代湿原

▶**交通**　野岩鉄道会津鬼怒川線会津高原尾瀬口駅から会津バス湯ノ花温泉行のバスもあるが本数が少ない。湯ノ花温泉から猿倉登山口までは徒歩約2時間。タクシー、または車利用が望ましい

▶**歩行時間**　5時間35分

▶**コースタイム**　猿倉登山口(15分)水場(60分)小田代湿原(20分)田代山湿原入口(10分)田代山(15分)田代山避難小屋(70分)帝釈山(60分)田代山避難小屋(25分)田代山湿原入口(10分)小田代湿原(40分)水場(10分)猿倉登山口

▶**地形図**　湯西川・帝釈山

▶田代山避難小屋(弘法大師堂)は、約10畳ほどの広さで中央に火をおこせるスペースがある。ただし、板張りの床で水場もない。トイレは小屋の前に新設された。この山は弘法大師が開山したといわれている。落書きなどは厳に慎みたい

登山口の猿倉口までは車で入るが、栃木県側からも福島県側からも田代山林道を走ることになる。栃木県側から入る場合は、特に林道の状態を事前に確認してから出かけてほしい。また、栃木県側からはタクシーは入ってもらえないのでタクシーを利用する場合は、福島県の湯ノ花温泉側からとなる。一般的には湯ノ花温泉を経由して入山するのが便利だ。

駐車場は、林道沿いに二カ所ある。北側の駐車場にはトイレがあり、車は15台ほど駐車できる。南側の駐車場には立派な案内板があり「山頂まで2・0㌔」と書かれている。こちらは、車が20台ほど駐車できる。ここが**猿倉登山口**である。

湯ノ岐川を渡って登りはじめる。ここには登山者カードを入れる箱が置いてあるので計画書を入れておこう。沢沿いに登っていくと、右手に下ったところに**水場**がある。ここから先に水はないので補給しておこう。

道はジグザグの登りとなり、やがて急登となる。左手には県境の稜線が見えはじめ、高度をかせいでいるのがよく分かる。ここは、焦らずにゆっくり登ろう。

まわりの樹木が少なくなってササが多くなると、稜線からの見晴らしもよくなる。振り返ると日光方面の山々や高原山が望めるので、ひと息つくのにちょうどよい。

ゆるい登りになってくるとぬかるみが多くなり、木道となる。**小田代湿原**（こだしろ）はすぐだ。小田代湿原には「田代山山頂500㍍　猿倉1・5㌔」の道標がある。右手にも木道が延びているが、この道は現在廃道になっているので踏み込まないこと（湯ノ花温泉に至る旧ルートで途中で道がヤブに消えている）。

この小田代湿原には高山植物や湿原の植物が多いが、木道から外れての休憩や写真撮影は絶対にやめよう。

小田代をあとに少々きつい登りをこなすと、突然、広大な山上の湿原があらわれ**田代山湿原の入口**に着く。木道を少し進むと「帝釈山2・5㌔　猿倉2・0㌔」の道標があり、ここから一方通行になる。

木道を進むと池塘もあらわれ、シーズンには色とりどりのお花畑が広がる。なだらかで広い湿原からの展望はバツグンで、会津駒ガ岳や燧ガ岳、平ガ岳、振り返れば日光の山々の姿が望める。弘法沼を右に見て、木賊（とくさ）温泉からの道が右手から合流する地点が**田代山山頂**である。

さらに木道を進むと灌木があらわれ、ブナやオオシラビソなどの林の中を進むと弘法大師の像を祀った**田代山避難小屋**に出る。この付近は樹林帯の中なので展望はないが、休憩にはよい場所である。

この先、**帝釈山**（たいしゃくさん）（2059・6㍍）には小屋の左手を下る。木の根が露出し歩きにくい道であるが、時間に余裕があったら訪れよう。小屋からは往復で約2時間程度。帰りは往路を戻る。

なお帝釈山最短コースとしては、林道川俣桧枝岐線馬坂峠登山口からの直登コースがある。

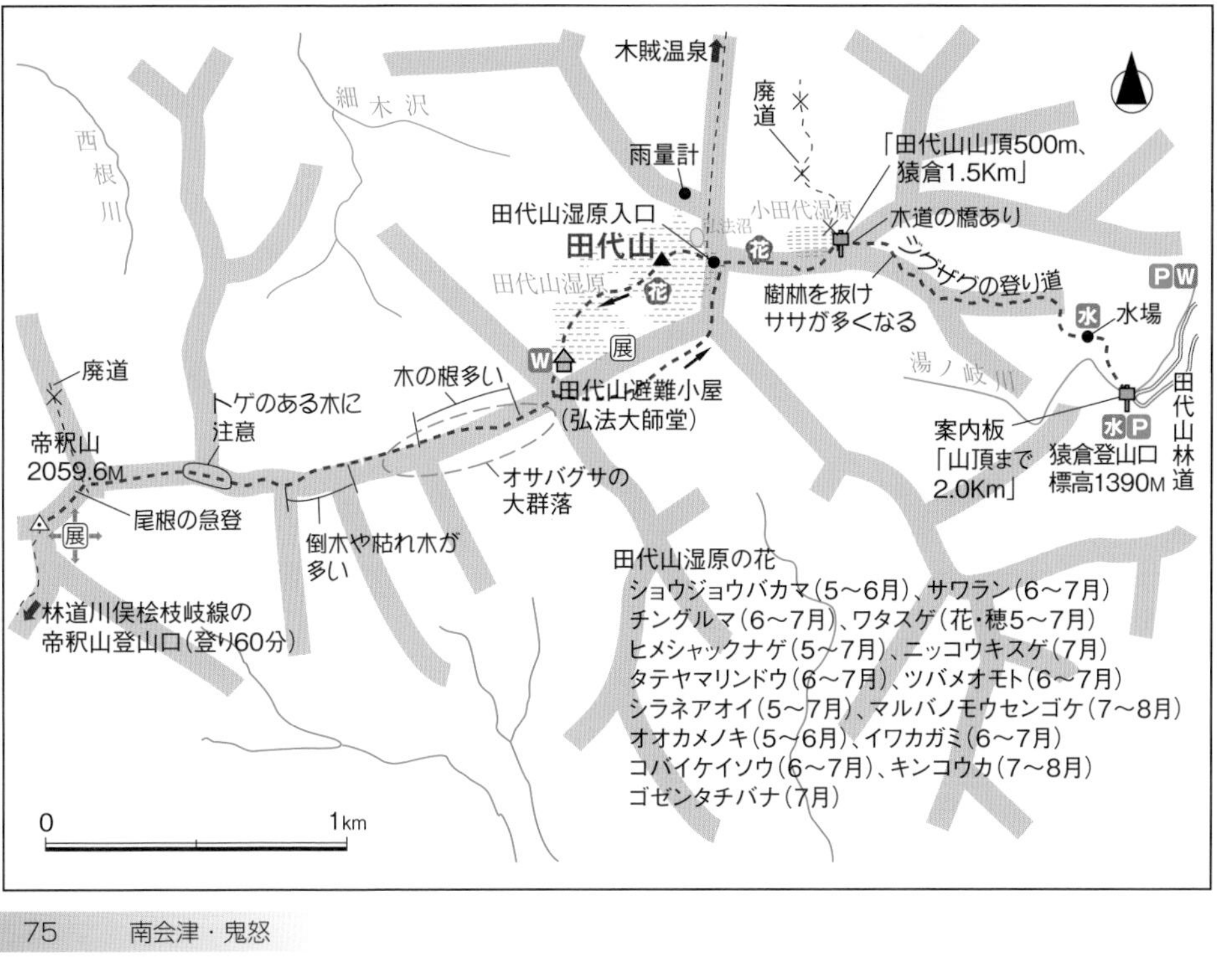

針葉樹に覆われた奥深い2000メートル級の山 ……★★

台倉高山

だいくらたかやま

2067M

帝釈山から見る台倉高山

32

▶交通　檜枝岐村から登山口までバスの便がなく、アプローチが長いので、車利用が望ましい。タクシー利用の場合は、野岩鉄道会津鬼怒川線会津高原尾瀬口駅から登山口まで約１時間40分

▶歩行時間　４時間10分

▶コースタイム　馬坂峠（20分）水場（20分）鹿の休み場（30分）三段田代（60分）台倉高山（60分）三段田代（25分）鹿の休み場（20分）水場（15分）馬坂峠

▶地形図　帝釈山

▶登山時期　６月中旬〜10月中旬（川俣桧枝岐林道は10月中旬から６月初旬まで通行止めになる。毎年６月中旬のオサバ草祭では期間中記念バッジが進呈される

台倉高山は尾瀬国立公園に属し、栃木・福島県境に横たわる帝釈山脈の一角にあり、北側の帝釈山と隣り合う２０６７メートルの高山である。近年、檜枝岐村からの林道や登山道が整備され、安全に登れるようになった。

山は全体が針葉樹に覆われ、林床にはシダ類が繁茂し幽玄な雰囲気の静かな登山が楽しめる。初夏には道端に白い清楚な花をつけるオサバグサの群生が見られ、湿原では高山植物が可憐な花を咲かせる花の山でもある。

国道３５２号を車で田島方面から檜枝岐村に入り、会津駒ガ岳登山口の道標を右に見送り、街中を過ぎるころ、左側に「尾瀬国立公園・台倉高山・帝釈山・田代山」の道標がある。ここから登山口まで約15キロ、車で40分ほどである。左折して川俣桧枝岐林道を進み、オートキャンプ場を過ぎると未舗装道路になる。しっかりしたジャリ道を延々と走り、左前方に帝釈山が見えてくると、間もなく登山口の**馬坂峠**に着く。ここには、立派なトイレと25台ほど駐車できる駐車場が設置されている。

南側が台倉高山の登山口であり、北側が帝釈山から田代

山に至る登山口となっている。道標にしたがい登山道に入ると、すぐにオオシラビソなどうっそうとした針葉樹林の中を歩くことになる。木道や木段が多く、濡れていると滑りやすいので気をつけたい。足元のオサバグサを見ながら県境尾根西側のゆるやかなアップダウンの道を進み、歩き始めて約20分で最初の沢を横断する。ここが唯一の**水場**であり、冷たい清水で喉を潤すのもよい。

　道は相変わらず樹林帯の中で、水場から約20分歩き斜面がゆるやかになってくると**鹿の休み場**に着く。

台倉高山山頂から燧ガ岳を望む

　さらに急な道を30分ほど登ると木道となり、少し進んだところが標高２０３３メートル付近で、**三段田代**と呼ばれ、三段に分かれた湿原になっている。雪融けの6月下旬ごろからワタスゲ、ゴゼンタチバナ、タテヤマリンドウ、ウメバチソウ、マイヅルソウ、モウセンゴケなどの花が楽しめる。一休みするにはよい場所である。

　三段田代からは、２０２８メートルピークを右に巻くトラバース道をたどる。小さな湿原を過ぎ、さらに山頂手前のピークを大きくトラバースして鞍部に出る。ここからは急登が続く。初夏にはアズマシャクナゲの花が見られる。

　台倉高山山頂（２０６６・７メートル）は10数名が休める広さで、３６０度の大展望が広がる。白根山など日光方面の山や、燧ガ岳、会津駒ガ岳など会津の山々が見渡せる。

　帰路は往路を戻ることになるが、トラバースが多いので往路と同程度の時間がかかる。また、木道やぬかるみに足を取られないように注意して下山したい。

　時間と体力に余裕があれば、帝釈山にも登ることをすすめたい。往復1時間30分ほどであり、台倉高山同様オサバグサの群生が見られる。

　また、帰路に檜枝岐村内の源泉かけ流しの温泉施設で汗を流すのもよい。

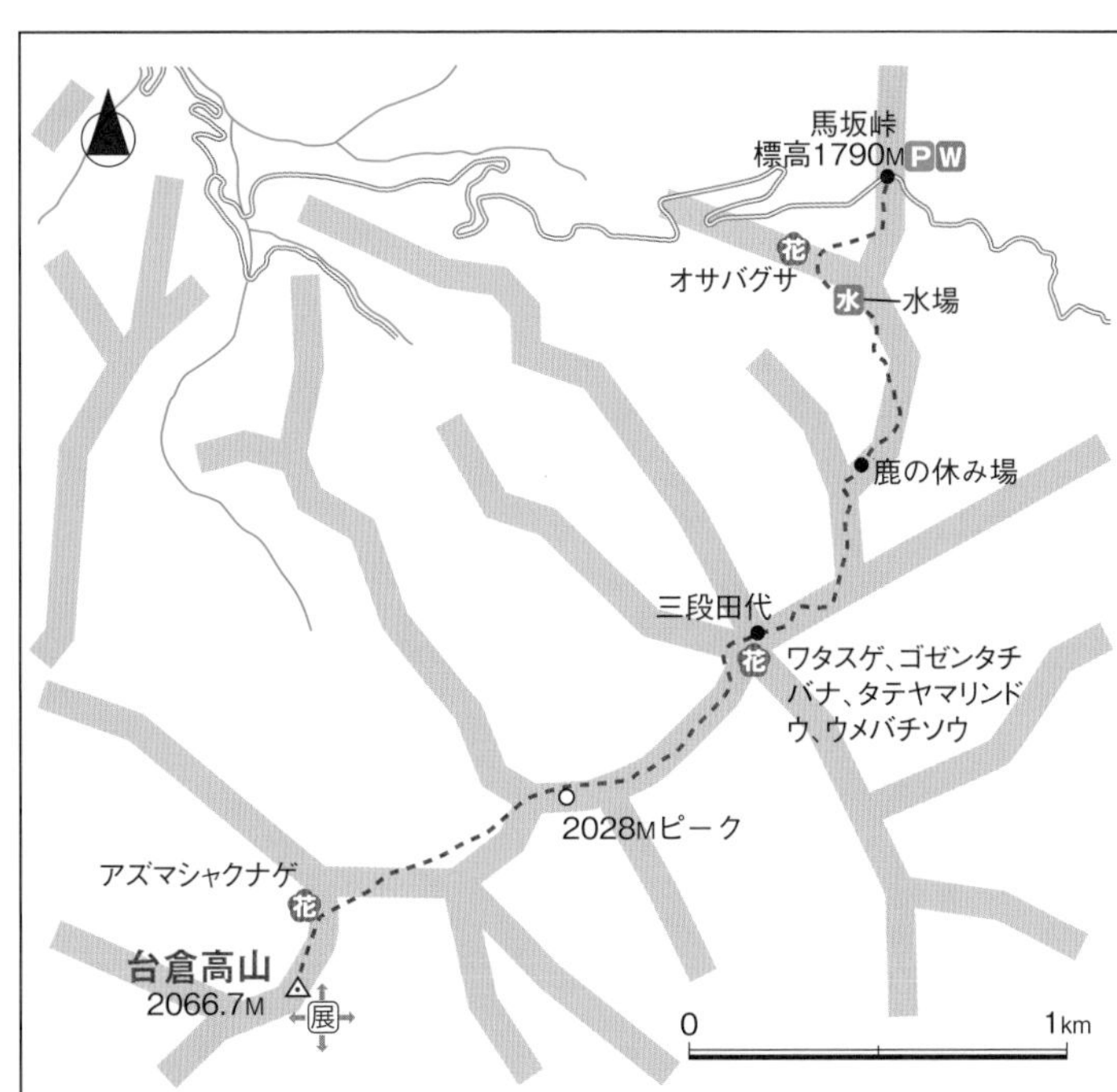

中三依を静かに見守る三角錐 ★★

芝草山

しばくさやま

1342M

中三依温泉駅前から見る芝草山

野岩鉄道会津鬼怒川線**中三依温泉駅**のホームから北西を望むと、正面奥に三角錐形をした芝草山が端然と座っている。その姿を目印に駅から西へ向かい、国道121号に出たら右折する。すぐに中三依橋を渡り、左折。ここからは入山沢左岸の入山沢林道を登山口まで歩くことになる。

三依中学校への道を右に分けて直進する。左下の小さな滝は「どんどん滝」である。見通沢への林道を右に見送り、見通橋を渡る。「三依渓流つり場、この先150メートル」の標識を過ぎ小沢を渡る。右手の小さな広場に中ノ沢林道の標識がある。駐車スペースは3～4台分、車ならここまで入れる。駅から3キロ、歩けば40分の道のりだ。

入山沢林道はここを直進し、右折すれば中ノ沢林道で車止めがある。正面は芝草山から南東へ延びる尾根の突端部で、ここが**登山口**である。

入山沢林道を約50メートル歩き、最初のカーブミラーから右の尾根に取り付く。登山カードを入れるボックスがあり、送電線巡視路が鉄塔までついている。

まず尾根の右側をトラバース気味に登り、次に左側のスギ林をジグザグに登る。少し

▶交通　野岩鉄道会津鬼怒川線中三依温泉駅下車。車の場合、入山沢川林道を登山口まで入れる

▶歩行時間　5時間25分

▶コースタイム　中三依温泉駅（40分）登山口（35分）鉄塔（45分）大岩下（10分）大岩上（40分）芝草山（35分）大岩上（10分）大岩下（40分）鉄塔（30分）登山口（40分）中三依温泉駅

▶地形図　荒海山・五十里湖

▶会津西街道　会津若松より関山・大内・田島・川島・糸沢・山王峠（902m）を越えて下野に入り、横川・中三依・五十里・高原・藤原・高徳・大桑などを経て日光街道今市宿に至る街道。1683年（天和3）大地震のため戸板山が崩れ、五十里宿は湖底に沈み、交通路が一部遮断された。代わる廻米路として「尾頭峠越え塩原街道」や「会津中街道」が使用された時期もある

33

下ってまた登るとマツ林の上方に送電線鉄塔が見える。

小さな伐採地を過ぎ、見晴らしのよい平坦地に着く。「東京電力塩原線No.33号**鉄塔**」が建っている。南西近くに大きな日向倉山、南東には高原山塊が望める。

巡視路を5分ほど歩くと、右側に道標があらわれる。道標を見落とすと34番鉄塔まで行ってしまうので注意しよう。登山道はそのままやせ尾根を登っていく。落葉期、正面に見える鋭い岩峰が大岩だ。広葉樹の林床にはヤマツツジやイワウチワが多く、新緑、紅葉それぞれに美しい。

やがて南から枝尾根が合流してくる。右折するようにして尾根を北へ向かう。このあたりは下山の時、まっすぐに下りて南の尾根に迷い込みやすいポイントである。

樹林越しの右に日留賀岳、左に荒海山が見えてくる。急登を登りきると**大岩下**に着く。大岩上までは短いが危険箇所なので、ここで少し休んでおきたい。

左手の斜面をトラバース気味に西側へ回り込む。30メートル先の赤テープで鋭角に右へ折れ、溝状の急斜面を30メートルよじ登る。登りきれば**大岩上**で、南側の展望がよい。

大岩上からの尾根道にはブナが交じる。尾根道をたどって北へ進む。ラスト100メートルは急登で踏跡が薄くなる。最後は、ゴロゴロした岩の間を通って**芝草山**（1341・6メートル）に着く。

頂上は5平方メートルほどの広さで三等三角点が置かれている。展望はあまりよくない。北西方向の樹林越しに、どっしりと構えた山が見える。荒海山である。芝草山は双耳峰なのでもう一つ先のピークもあるが、ヤブが濃い。帰りは来た道を慎重に下ろう。

紅葉を楽しむハイカーたち

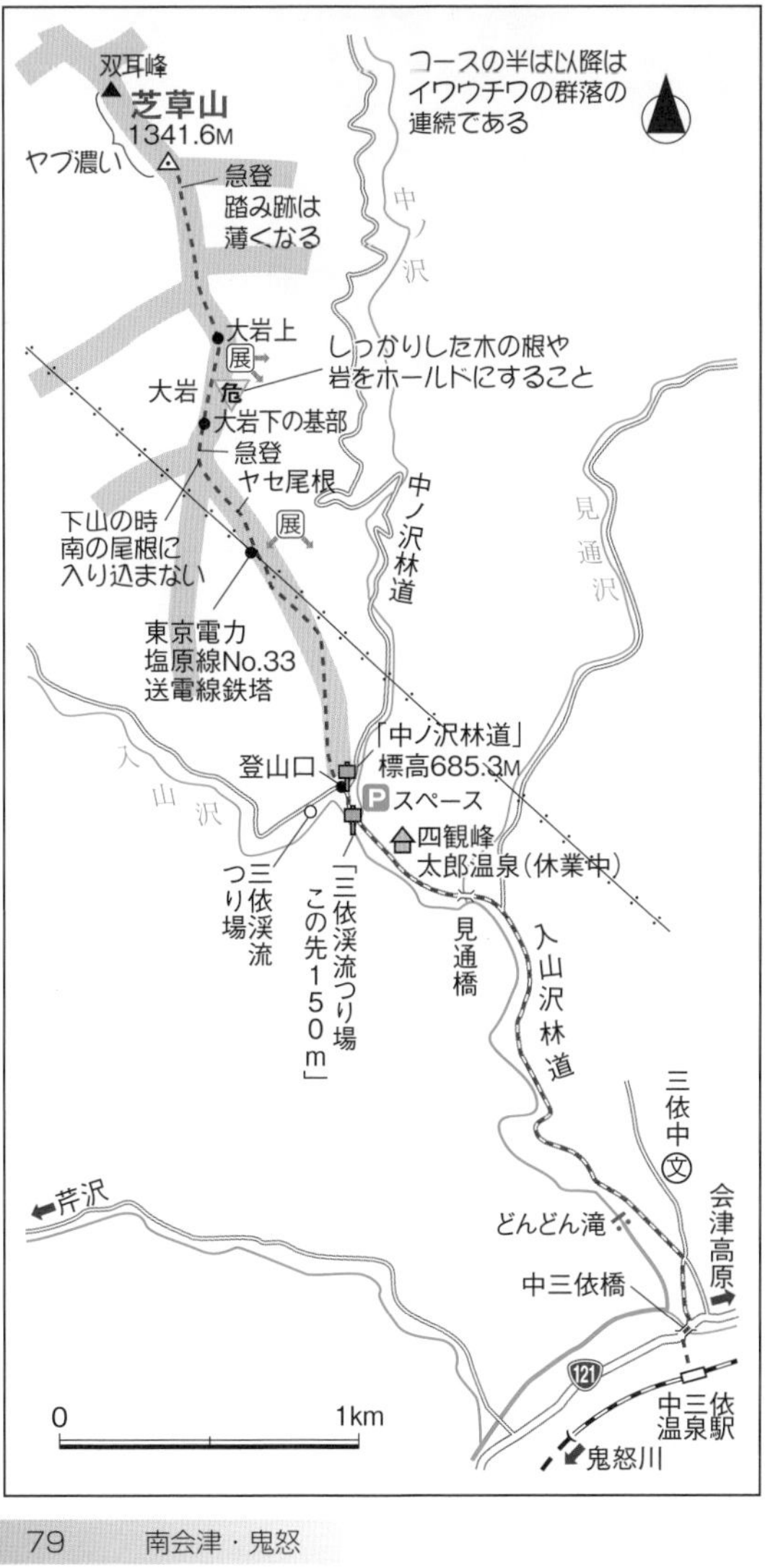

龍王峡

りゅうおうきょう

むささび橋から兎はね方面を望む

▶**交通**　野岩鉄道会津鬼怒川線川治湯元駅下車

▶**歩行時間**　2時間55分

▶**コースタイム**　川治湯元駅（20分）黄金橋（15分）南平山登山道分岐（10分）小網ダム（15分）逆川トンネル（15分）浜子橋（30分）白岩半島（25分）兎はね（10分）むささび橋（15分）底なし沼（10分）虹見橋（10分）龍王峡駅

▶**地形図**　川治

▶本コースは雄大な渓谷美もさることながら、新緑、紅葉の美しいところでもある。特に5月ごろはアカヤシオ、シオヤシオが咲き、秋にはイロハカエデやウリカエデなどの紅葉が美しい

▶時期によっては（6月中旬ごろ）ヒルが大発生し注意が必要である

ここで紹介する川治温泉から下るコースは起伏が少なく、よく整備されているので、家族連れでも楽しむことができる。龍王峡駅から入る逆コースの場合は、帰途、川治温泉にある黄金橋脇の岩風呂で汗を流すこともできる。

野岩鉄道**川治湯元駅**を出て左へ平坦な道を約100㍍進み、「薬師ノ湯P」の看板のあるT字路を右に下る。鉄道高架橋をくぐり、発電所に沿って進むと薬師ノ湯キャンプ場へ出る。正面に青い黄金橋が見える。岩風呂は橋の左にある。

川治温泉街からは男鹿川に架かる薬師橋を渡り、岩風呂の脇を通って黄金橋へ出る。

この**黄金橋**がハイキングコースの入口になる。橋を渡るとあじさい公園である。左側の木の間越しに青緑色に光る川面が見える。

途中、**南平山登山道分岐**を右に分け直進すると、25分ほどで舗装道路に出る。正面に**小網ダム**と川治温泉駅が見える。集落を抜け、川俣への道を右へ折れ、すぐに舗装道路を左折する。この道路からは、三つ続く**逆川トンネル**があるが、三番目の逆川第一トンネルの手前から渓流散策コースが左へ入っていく。7

34

00メートルで旧ルートと合流する。

トンネルを抜ける場合、すぐ左下に下る道があり、渓流散策コースと合流する。急坂を下ると**浜子橋**に着く。橋を渡ると道が左右に分かれる。左は逆瀬川バス停経由の道である。

すぐ右へ下る道に入る。ここからが龍王峡である。水力発電所を過ぎ、**白岩半島**までは右に川を見ながら多少の起伏を越えて歩く。雨上がりなどは岩が濡れて滑りやすくなるので注意が必要である。半島をまわると白岩バス停まで3分の道のりである。このあたりは紫竜ガ渕と呼ばれ、紫がかった岩が多くなる。道は起伏が少なくなり、整備されていて歩きやすい。

かめ穴を右に見て、ウサギが飛び越えられるほど川幅が狭いところから名付けられた**兎はね**を行く。まもなく岩が青味がかって見える青竜ガ渕に入る。ドーナツ形に削られた五光岩を経て、堀口大学の句碑が見えると**むささび橋**に着く。橋のたもとにむささび茶屋があって休憩によい。

しばらくすると岩は白っぽく変わり白竜ガ渕となる。ここからは川の左右に道があるが、右岸のほうが見どころが多い。対岸にはいくつも小さな滝がかかり、中ほどには暗緑色の水をたたえた**底なし沼**がある。

コースの終点、**虹見橋**に近づくと、豪快に落下する虹見ノ滝が迫ってくる。階段を登りきると土産物店が並ぶ**龍王峡駅**前に出る。

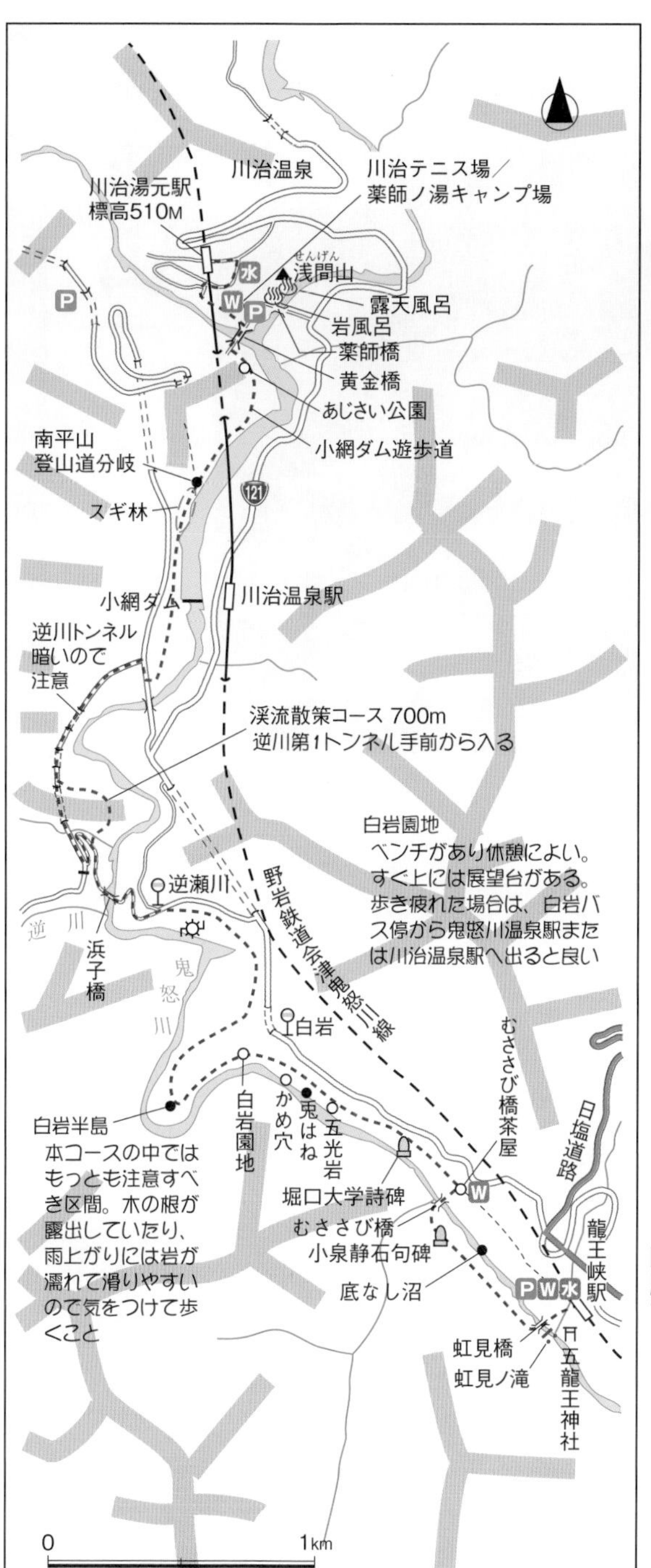

平家黄金埋蔵伝説の山 ★

南平山

なんだいらやま

1007M

川治温泉街と南平山

標高1007・4メートルの南平山は川治温泉の西に、ふっくらとした穏やかな山容を見せている。登山口から山頂までは案内板や道標が設置され、登山道も整備されているので家族連れでも楽しめるコースである。

　鬼怒川と男鹿川との合流地点にある**黄金橋**が出発点となる（黄金橋までは『龍王峡』を参照）。

　黄金橋を渡り、あじさい公園を抜け、小網ダム遊歩道を進む。明るい林の中の平坦な道で、左手には鬼怒川がゆったりと流れている。鬼怒川を越える鉄道高架橋を過ぎ、送電線の下を抜けた分岐点が**南平山登山口**である。案内板の脇の小さな沢には、かすかな音をたてて水が流れている。

　スギ林を抜け、送電線の下を曲がりながら登ると、砂金袋の絵が描かれた「南平山登山道　頂上まで3キロ」の道標があらわれる。この道標は200メートルごとに頂上まで続く。

　道標から5メートルほど先に左に分ける道があるが、これは送電線点検用の道で、登山道はまっすぐに進む。やや急登の山腹を右に左に曲がりながら進むと、まもなく**南平山東尾根の鞍部**に出る。送電線鉄塔が立ち、川俣温泉川治線の車

▶交通　野岩鉄道会津鬼怒川線川治湯元駅下車

▶歩行時間　5時間

▶コースタイム　川治湯元駅（20分）黄金橋（15分）南平山登山口（30分）南平山東尾根鞍部（30分）分岐（30分）あずま屋（40分）南平山（100分）登山口（35分）川治湯元駅

▶地形図　川治

▶南平山の黄金埋蔵伝説　南平山には平家落人による埋蔵金の伝承が残されている。約800年前、源平の合戦で敗れた平家の米沢淡路守一党は、鬼怒川を遡り、南平山山頂へと落ちのびた。しかし、源氏の追及の手は厳しく、さらに奥へと逃げ落ちて行くことになる。その際、平家の復興のために黄金を南平山のどこかに埋めたと伝えられている

35

道やトンネル、川治湯元駅や河川運動公園が真下に見渡せる。

南平山は少し細まった尾根の方へ進む。時おり樹間から見える高原山を望みながら、落葉樹林帯の中を延々と続くつづら折りの登山道を登ることになる。このあたりは紅葉の美しいところだ。

斜面がゆるくなったところで道が**分岐**している。直進は山頂まで１６００メートル、左は山頂まで１５００メートルとある。どちらへ進んでも大差のないコースなので、左へ進むことにする。相変わらずのつづら折りの道をゆるやかに登る。やがて山中に岩がゴロゴロしてくる。山頂まで約８５０メートルの地点に、四角錐のトタン屋根の**あずま屋**が建てられている。木造りで、ベンチも備えられているので休憩するのによい。

あずま屋を過ぎてまもなく、右手に先ほど分けた道が合流し、さらに右に左に曲がりながらゆるやかに登る。小さな尾根を越え、左に沢筋を見ると、山頂まで４００メートルの距離だ。

急登を登りきると**南平山**山頂（１００７・４メートル）に飛び出る。南平山黄金埋蔵伝説の案内板が登山者に夢を与えてくれる。東に高原山が大きく構え、南西には女峰山をはじめとする日光の山々が連なっている。

下山は往路をたどることになる。下山中、下方には登って来たつづら折りの道が何度も何度も姿をあらわす。登山道を離れて山中に分け入り、近道をしたい欲望に駆られるが、崩れやすい山肌であるばかりか、新しい道をつくることは自然破壊にもつながるので、登山者としてくれぐれもそれは差し控えたい。

出発点の黄金橋まで戻ったら、右手には女性用の岩風呂、その先の薬師橋のたもとには共同の露天風呂があるので汗を流すのもよい。

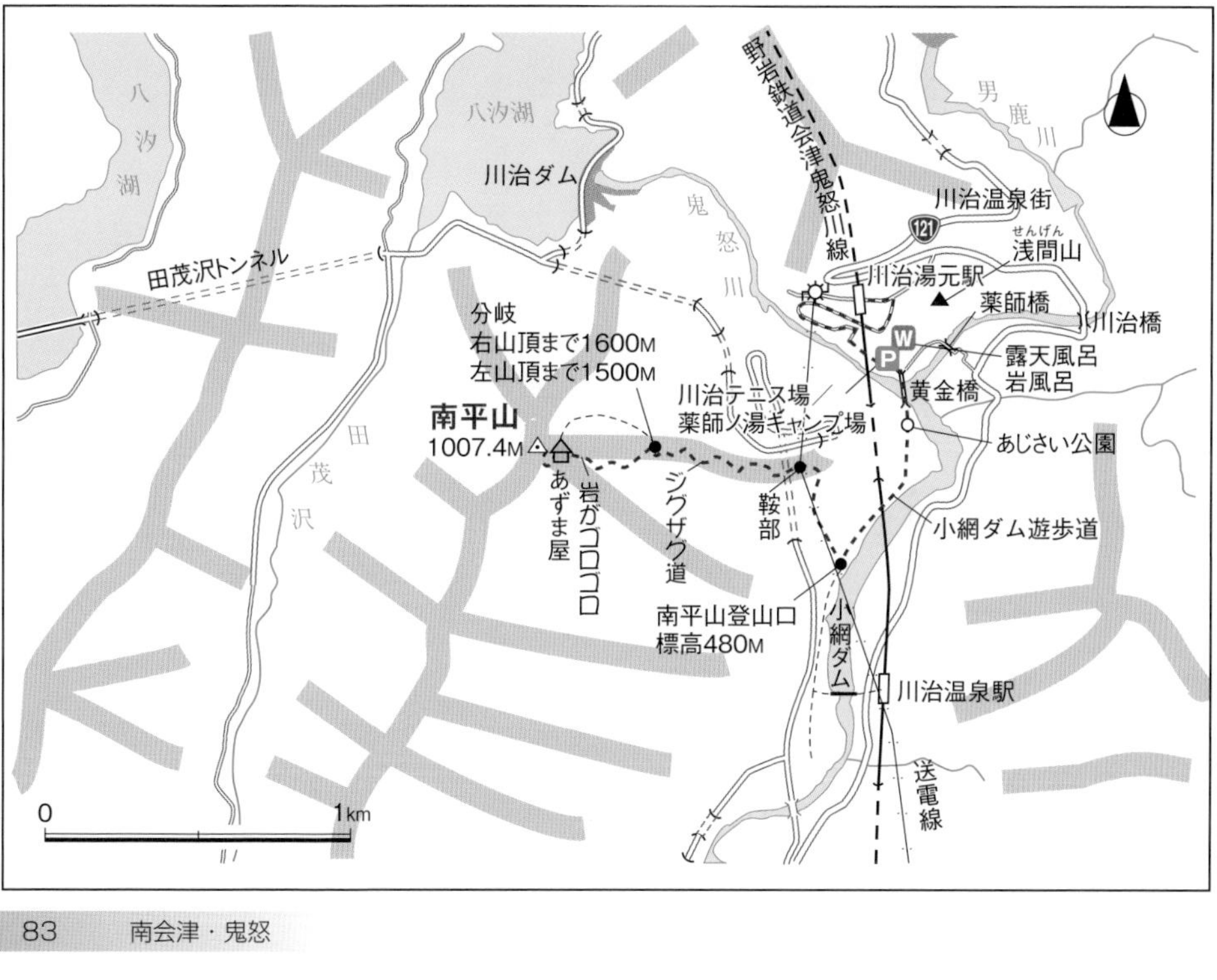

ブナの残る山をめざして ★★

塩沢山

しおざわやま

1264M

五十里海渡り大橋から見る塩沢山

▶交通　野岩鉄道会津鬼怒川線湯西川温泉駅下車、徒歩約1時間15分。湯西川温泉駅からタクシー利用。車の場合は独古沢ふれあい公園に駐車可能

▶歩行時間　4時間10分

▶コースタイム　登山口(25分)水場(30分)分岐(50分)1100mピーク(40分)塩沢山(30分)1100mピーク(35分)分岐(20分)水場(20分)登山口

▶地形図　五十里湖

▶付近には温泉施設があるので、汗を流して帰るとよい。
道の駅「湯西川」　TEL0288-78-1222
中三依温泉センター「男鹿の湯」TEL0288-79-0262

36

国道121号（会津西街道）を川治温泉から会津方面に向かい、五十里湖に架かる五十里海渡り大橋から前方に見えるのが塩沢山である。

公共交通機関を利用した場合、野岩鉄道会津鬼怒川線湯西川温泉駅から登山口までは約1時間15分ほど歩くことになるので車の利用が便利である。

駅を降り、県道249号線から国道121号を会津方面に向かって約5キロ歩くと左側の河川敷に独鈷沢ふれあい広場がある。そこから少し進んだ右側にガードレールが設置されているので、その先の小さなスルメ型の道標が**登山口**となる。分かりづらいので注意して探したい。車利用の場合は、独鈷沢ふれあい公園の駐車場を利用できる。

道路沿いの薄暗い植林地の中を沢沿いに進み、やがて左に折れジグザグに登り右にトラバースすると「遊ヶ水」と標示板の掛かる、コース中唯一の**水場**に出る。

この付近にはヒトリシズカが群生している。沢に架かる丸太の橋を渡り、さらにジグザグに登ると「一服ウチワ」の標示板のある小尾根に着く。この手前にはイワウチワが群生している。

尾根を左に少し進むと右側は植林地、左側は雑木林になり、直登の健脚コースと右にジグザグに登る一般コースとの**分岐**に出る。一般コースは針葉樹林の薄暗い中を登ることになるので、尾根を直登する健脚コースを進んでいくことにする。直登ではあるがそれほど苦労することもなく「遊雪の君」の標示板の掛かった小ピークに着く。

いったん下り、尾根の左側をジグザグに登って尾根に取り付き、さらに登っていくと**1100メートルピーク**に着く。

塩沢山山頂から高原山を望む

ピークを過ぎると道は東に向きを変える。このあたりからミヤコザサが多くなり、いったん下って小さなアップダウンを繰り返したあとは急登になる。このあたりは、左側斜面に伐採をまぬがれたブナがまとまって残っている。ここには「撫見坂」の標示板が掛けられている。

さらに急な斜面を登り切り、やや左に向きを変えた先が**塩沢山**山頂（1263・9メートル）で、まわりが背の低いササに覆われた平坦地である。山頂には三等三角点と山名板が設置されており、東側の樹木が伐採され目の前に高原山を望むことができる。

山頂から北に延びる尾根伝いに三依山へ縦走することもできるが、登山道が整備されていないので一般登山者向きではない。

帰りは登ってきた道を戻ることになる。下山後は、付近に多くの温泉施設があるので汗を流して帰るとよい。

↑中三依温泉
登山口から山頂までの登山道ははっきりしている。また、ところどころに小さなスルメ型の道標があるので迷うことはない
アラテ沢
塩沢山
1263.9M
撫見坂
1100M
野岩鉄道会津鬼怒川線
水場「遊ヶ水」
ヒトリシズカ
分岐
小ピーク「遊雪の君」
登山道の途中にはヒトリシズカやイワウチワの群生があり、春先には可憐な花を見ることができる。また、大部分が広葉樹林に覆われており、中でも山頂直下にはブナの古木がまとまって残っているのがこの山の見どころである
そば屋
男鹿川
登山口
標高
約600M
独鈷沢
ふれあい公園
イワウチワ
「一服ウチワ」
121
湯西川温泉駅には道の駅「湯西川」が隣接されている。独鈷沢ふれあい広場には12台分の駐車スペースがあるが、トイレがないので注意したい
大塩沢
0
1km
↓湯西川温泉

原生林の遊歩道

安らぎの森

やすらぎのもり

紅葉のつどいの森広場

▶**交通**　野岩鉄道会津鬼怒川線湯西川温泉駅から日光交通ダイアルバス湯西川温泉行、湯西川保育所前バス停下車

▶**歩行時間**　2時間55分

▶**コースタイム**　湯西川保育所前バス停（40分）安らぎの森四季（50分）安ガ森林道出合（15分）安らぎの森四季（20分）キャンプ場（20分）安らぎの森四季（30分）湯西川保育所前バス停

▶**地形図**　湯西川

▶**日光市湯西川『水の郷』観光センター**　平成23年にオープンしたこの施設は湯西川ダム水源地域整備事業の一環として整備されたもので、木造平屋建ての大きな施設内部には温泉浴場、物産コーナー、食堂、パン工房、そば打ち体験室、多目的ホールが設置され、さらに施設周辺には縄文式土器や古民具を展示する文化資料展示施設「湯西川くらし館」の他、足湯・野外広場などが整備されている

野岩鉄道の湯西川温泉駅から湯西川温泉まではバスで約30分。**湯西川保育所前バス停**で下車し、少し戻って「安らぎの森自然公園入口」の案内板にしたがい、舗装された広い安ガ森林道を北へ向かう。

道はウツルギ沢沿いに、いくつかの橋を渡りながらゆるやかに登る。左側にあずま屋のある広場を過ぎればほぼ半ば、高橋を渡るとまもなく安らぎの森入口だ。自然体験交流センター**安らぎの森四季**が見えてくる。

道路の左側に駐車場があり、車ならここまで入れる。センターは7月から10月末まで開かれ、宿泊（自炊）ができる。公園の管理事務所も兼ね、キャンプの受付もここで行っている。トイレはロッジの隣にあるが、ロッジの営業期間外は、キャンプ場のトイレしか使えない。

遊歩道はピークらしいところがないため、展望でコースを確かめることはできない。案内板をよく見てから歩き出すこと。ただし、どの道も下れば安ガ森林道に出るから、迷う心配はない。春たけなわの花々、新緑、夏は森林浴、そして秋の紅葉と、気軽に季節を味わえる。ここでは全長2・9キロの外周コースを紹介

するので、これを参考に他のコースも歩いてみよう。

ロッジ前、つどいの森広場の山側にある階段を登る。古びた二重の木の鳥居をくぐれば、山の神神社へと急な階段の参道が続いている。

山の神から大きく左に尾根を回り込み、トラバース気味のゆるい登りが続く。スギ林を抜けて小尾根の分岐に出たら左に折れる。木の階段を登ってすぐに再び分岐に出るが、左は作業道なので、ここは右をとる。交互にあらわれる植林地と雑木林を抜け、小尾根を回り込んで沢状の地点を越える。

スギ林を過ぎると下りになる。右から歩道を合わせ、木の階段を下りる。右に曲がってすぐの分岐で左折し、明るい斜面をトラバースする。次の分岐は右より道を合わせる形で直進。スギ林や沢地を抜けて少し登る。

広葉樹の尾根を越え、木の階段をジグザグに下れば、**安ガ森林道**に降り立つ。途中、ブナ、モミジ、マユミなどが季節の彩りを添えている。林道は右に進めば**安らぎの森四季**に戻れる。林道左側の、沢沿いのコースを歩くのも面白い。

キャンプ場は、ヌーグラ沢林道から左折して沢を渡り、桜並木をしばらく進んだ白滝沢沿いの草原にある。かつてこの地域で盛んだった炭焼き窯が再現されている。炊事場、トイレも完備しており、全体で100張以上のテントが張れる。

キャンプ場までで舗装は終わる。案内板にはさらに奥に「白滝」とあるが、今は道が荒れている。

帰りは来た道を戻る。時間があれば、湯西川温泉で平家落人にまつわる史跡散策や、鬼怒川方面に600メートルほど行った「湯西川水の郷」で、買い物や温泉を楽しむのもよいだろう。

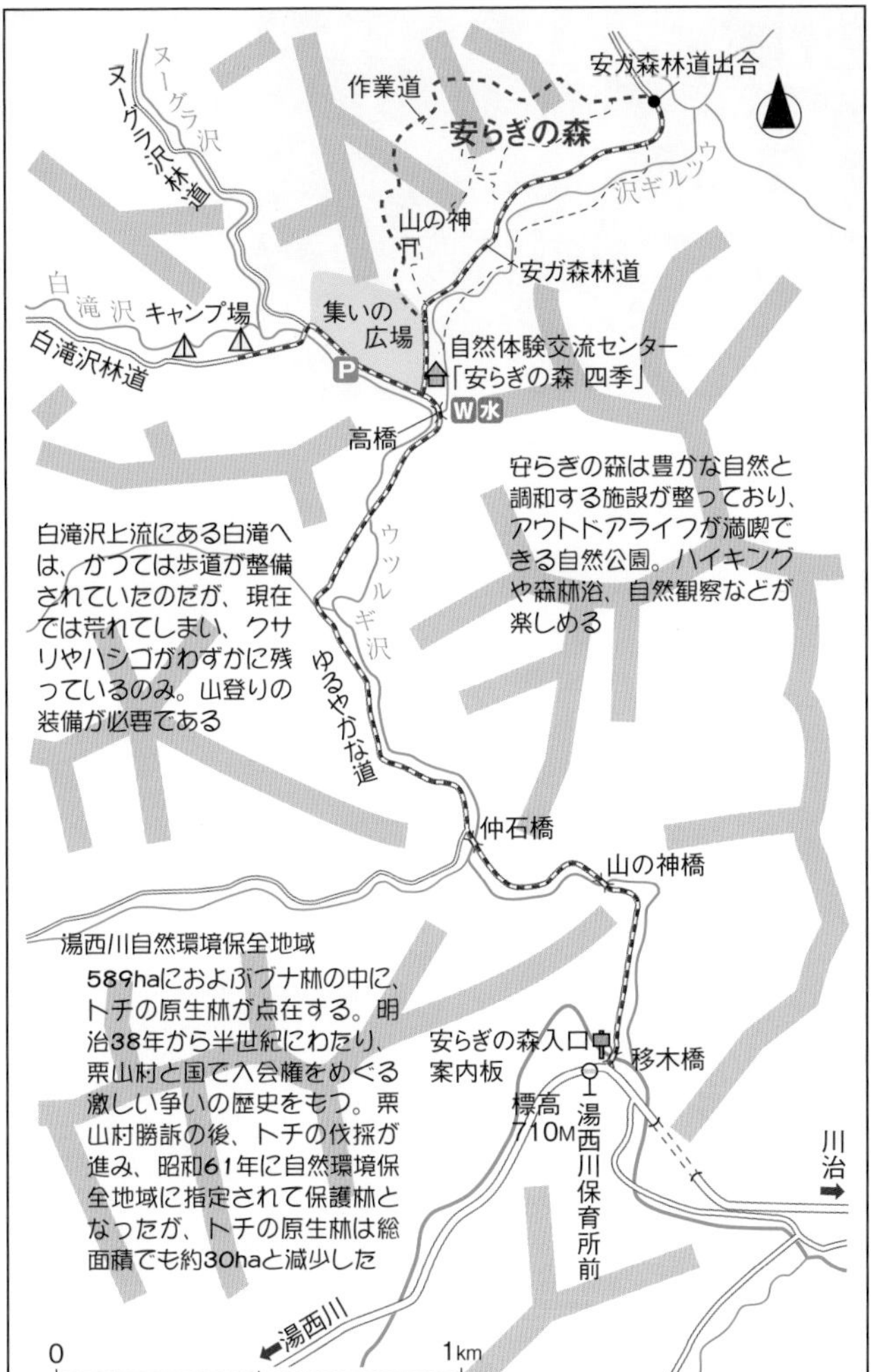

三つのダム湖を望むかっぱ七福神の山……★

葛老山

かつろうやま

1124M

葛老山山頂のあずま屋

38

▶交通　野岩鉄道会津鬼怒川線湯西川温泉駅下車

▶歩行時間　3時間5分

▶コースタイム　道の駅湯西川（30分）送電鉄塔（5分）第1休憩所（80分）葛老山（45分）第1休憩所（5分）送電鉄塔（20分）道の駅湯西川
サブコース　送電鉄塔（20分）日光市営西川住宅団地（30分）県道249号線（15分）道の駅湯西川

▶地形図　五十里湖

▶道の駅湯西川では国産第1号の水陸両用バスで行く「ダムとダム湖探検ツアー」が行われており、川治ダムのキャットウォーク体験や普段は入れないダム施設の見学、ダム湖遊覧クルージングなどが楽しめる

葛老山は五十里湖の西に位置する。近年、道の駅湯西川から葛老山へ登る遊歩道が整備され、初心者や中高年でも安心して駅から登れる約5～6キロのコースとなっている。

登山道は野岩鉄道会津鬼怒川線の湯西川温泉駅に併設された**道の駅湯西川**の右手奥の第3駐車場脇から始まる。

入口の案内図でコースを確認し、植林のなかの階段状の急登をしばらく行くと、自然林の様相が徐々に表れてくる。やがて急な沢に架けられた木組みの長い桟橋となり、それを過ぎると傾斜もゆるみ、秋は紅葉の美しい自然林に入る。

まもなく、湯西川のキャラクター河童をモチーフにした木彫りの「かっぱ七福神」の布袋和尚があらわれる。このあと山頂まで約400メートルごとにこの七福神があらわれ、よい道しるべとなる。

ジグザグの登りから2番目の福禄寿を過ぎてしばらくすると、**送電鉄塔**の下に出る。旧登山道でもある日光市営西川住宅団地からの鉄塔巡視路が右から合流する。秋の紅葉も美しく、五十里湖や鶏頂山などの展望がよい。

鉄塔を過ぎ、落葉樹の中のゆるやかな道を行くと、ほど

なくあずま屋の建つ**第1休憩所**（850・6メートル）に着く。ここも五十里湖が望め紅葉が美しいところだ。

少し下り登り返して、毘沙門天河童を過ぎると、なだらかな尾根歩きとなる。スギ、ヒノキの植林地を過ぎると、やがて明るいブナなどの落葉樹の林となる。弁財天河童を過ぎ、急斜面をしばらくジグザグと登ると恵比寿河童があらわれる。

やがて傾斜がゆるくなり、

五十里湖対岸から見る葛老山

大黒天河童を過ぎると、ほどなく寿老人河童の迎える**葛老山山頂**（1123・7メートル）に着く。落葉樹に囲まれ休憩所も建つ気持のよい山頂だ。二等三角点と山名板は休憩所の少し先にある。眼下に湯西川ダム、五十里湖、八汐湖（川治ダム）の三つのダム湖を眺める。また、木々の間からは鶏頂山、日光連山、南会津の山々も望める。

帰路は往路を下るが、途中の送電鉄塔から左に折れ、旧登山路を住宅団地に下ってもよい。遊歩道に比べるとやや歩きにくく、車道歩きもあり距離も長いが、五十里湖や対岸の山々の展望もよく変化があって楽しい。

下山口は住宅団地の外れにある。団地からは、展望のよい舗装道路を下り県道249号線に出て、歩道もある上野トンネルを抜けると、道の駅湯西川はすぐだ。足湯や日帰り温泉もあるので汗を流して帰るのもよいだろう。

五十里湖
打越沢
249
車道注意
送電線
湯西川温泉駅
道の駅湯西川
標高606M
五十里海渡り大橋
赤夕大橋
上野トンネル
展
サブコース
登山口
ここから車道
急な階段
湯の郷トンネル
日光市営西川住宅団地
送電鉄塔
第1休憩所
湯西川温泉
番号はかっぱ七福神の位置
① 布袋和尚
② 福禄寿
③ 毘沙門天
④ 弁財天
⑤ 恵比寿
⑥ 大黒天
⑦ 寿老人
葛老山
1123.7M
野岩鉄道会津鬼怒川線
121
352
海尻橋
0
1km

ヤマツツジの群落が広がる尾根道を行く……★

夫婦山

めおとやま

1342M

登山口から見る夫婦山

39

鬼怒川温泉駅から女夫渕（めおとぶち）行の日光市営バスに乗り、**日蔭（ひかげ）バス停**で下車。少し先に進み、日蔭牧場の案内板を左折する。しばらくは林の中のつづら折りの車道を歩くと、視界が開け、牧場に出る。牛の放牧中はゲートは閉めてある。ゲートを過ぎ、牧場管理棟から牧草地の中の道を進むと、道は再びつづら折りの登りとなる。しばらくは右に左にと高度をかせぎ、車道が直線になると上部の牧草地となる。左手牧柵内に小さな石祠が並んで立つ**夫婦岩**を見送り、さらに牧場の中を進むと、車道がいちばん高くなった地点で牧草地が終わる。ここに四つ目のゲートがある。ここが**登山口**となる。

ここからは有刺鉄線のある牧柵の外側に付けられた登山道を登る。カラマツ林を抜けるとヤマツツジの群落となる。右へ回り込みながら牧柵沿いに行くと枝尾根の上に出る。正面には栗山ダム、その右に月山の勇姿が望める。ここから牧柵の内側に入るがササが深い。テープを頼りに踏跡を着実にたどり、左に回り込みながらカラマツ林を登れば、再び牧草の中の平坦地へ出る。ササが非常に深く踏跡もよく見えない。枝につけら

▶交通　東武鬼怒川線鬼怒川温泉駅から日光市営バス女夫渕行、日蔭バス停下車

▶歩行時間　4時間35分

▶コースタイム　日蔭バス停（70分）夫婦岩（15分）登山口（70分）夫婦山（20分）大岩（40分）登山口（60分）日蔭バス停

▶地形図　川治

▶夫婦山の東側に揚水式の栗山ダムが完成し、ダムサイトの広場は駐車場、トイレ、あずま屋が整備され、家族連れの憩いの場となっている

▶夫婦岩　夫婦山の中腹にある夫婦岩は、夜になると寄り添うというい伝えがある

夫婦山山頂から栗山ダムを望む

れたテープを頼りに登る。

この地点に三本松がある。山頂から南西に延びる長い稜線の上には、チョコンと乗った大岩が見える。この三本松と大岩が下山時の目標となるので、確認しておく。

三本松を過ぎてすぐ右に折れ、しばらくは尾根の南東面をトラバース気味に進み、山頂から東へ延びる尾根の手前のササ原を鋭角に左折する。ササ原を少し進むと踏跡は消えるが、右のすぐ上が三等三角点を置く**夫婦山**山頂（1341・6メートル）である。

山頂の北側は樹林帯であるが、東から西にかけては膝くらいのササで覆われている。眼下にはヤマツツジの咲く牧場が広がり、その先に大笹山、霧降高原、赤薙山、女峰山が指呼の間に迫る。東側はダムの湖水の後方に鬼怒川方面の山並みが続いている。

下山はササを踏み分け、少し南西に進むと眼下に大岩が見える。それを目指し牧柵沿いに下る。左側はササと灌木、右側の柵の外は樹林帯でヤシオツツジが多い。ササの急坂を足元に注意しながら下ると傾斜がゆるくなり、まもなく**大岩**の下に出る。岩に登ればいままで見えなかった北側の明神ガ岳や馬老山や鬼怒川沿いの集落が望める。

この岩の基部から南へ三本松目指して急斜面を下る。道はしっかりしていて、平坦地となるとまもなく三本松に出る。あとは牧場の中を通って林道へ出て往路を戻る。

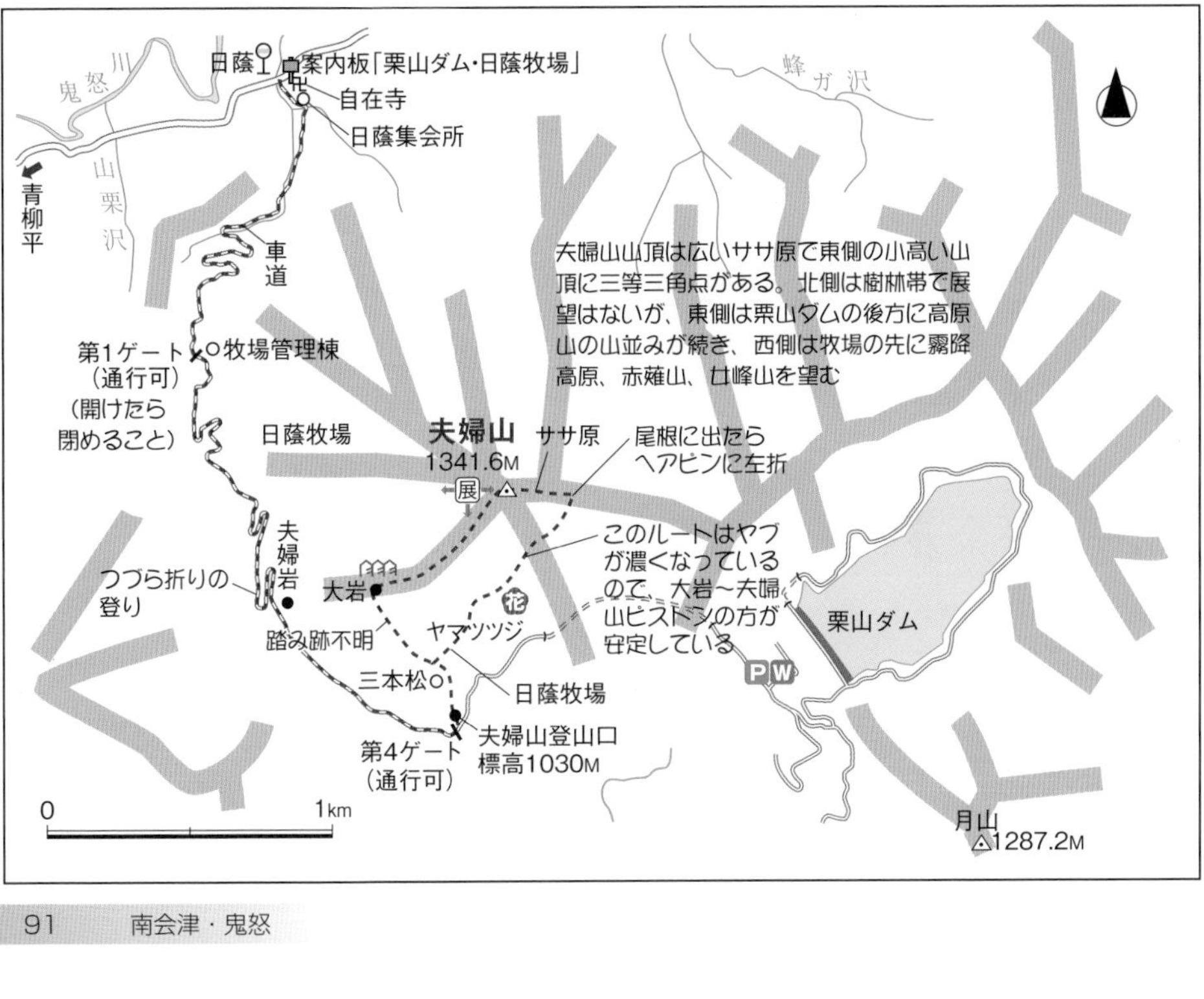

日蔭
案内板「栗山ダム・日蔭牧場」
自在寺
日蔭集会所
鬼怒川
蜂ガ沢
山栗沢
青柳平
車道
夫婦山山頂は広いササ原で東側の小高い山頂に三等三角点がある。北側は樹林帯で展望はないが、東側は栗山ダムの後方に高原山の山並みが続き、西側は牧場の先に霧降高原、赤薙山、女峰山を望む
第1ゲート（通行可）（開けたら閉めること）
牧場管理棟
日蔭牧場
夫婦山 1341.6M
ササ原
尾根に出たらヘアピンに左折
展
このルートはヤブが濃くなっているので、大岩～夫婦山ピストンの方が安定している
夫婦岩
つづら折りの登り
大岩
踏み跡不明
ヤマツツジ
栗山ダム
三本松
日蔭牧場
第4ゲート（通行可）
夫婦山登山口 標高1030M
0 1km
月山 1287.2M

山を染めるアカヤシオ

月山

がっさん

1287M

夫婦山から月山を望む

▶交通　東武鬼怒川線鬼怒川温泉駅から日光市営バス女夫渕行、日蔭バス停下車。鬼怒川温泉駅から登山口までタクシー利用が望ましい

▶歩行時間　5時間5分

▶コースタイム　日蔭バス停（85分）夫婦山登山口（20分）栗山ダムサイト広場（20分）月山登山口（50分）月山（60分）栗山ダムサイト広場（70分）日蔭バス停

▶地形図　川治

▶サブコース　月山山頂から南西へ延びる尾根に付いている踏跡を下る。アップダウンの尾根をたどり北にルートをとるとバーベキュー広場へ出る

▶アドバイス　2023年8月現在、夫婦トンネル内が崩落の危険があるため通行禁止。確認は日光市栗山観光課TEL 0288-97-1136

東武鬼怒川線鬼怒川温泉駅から日光市営バスに乗り、**日蔭バス停**で下車する。川俣方面に歩くとすぐ「栗山ダム・日蔭牧場」の案内板がある。ここを左折して、天台宗自在寺、日蔭集会所を左に見て、林に入る。沢を離れてしばらく登るとゲートがある。日蔭牧場の第1ゲートだ。閉じられていたら開けて、必ず元通りに閉めて通る。マイカーで通過する場合も同様である。ダムまでには四つのゲートを通る。

牧場管理棟を左に見て、広々とした牧草地を行く。つづら折りに登って上部牧草地に入ると、やがて左手の牧柵の中に夫婦岩が見えてくる。岩だけでなく石祠も仲良く並んでいる。牧草地が終わると四つめのゲートがあり、柵のすぐ外に**夫婦山（めおとやま）の登山口**がある。正面に見えているのが、目的の月山である。春、アカヤシオが盛りのころであれば、ここからも全体がピンクに染まって見えるはずだ。

車道は手前の山に向かい、トンネルに入る。全長７００メートル、電灯はついているが途中カーブもあるので、歩くときは車に注意する。逆に車で通過する場合は、特に歩行者に気をつけたい。

トンネルを抜けると巨大なロックフィルダムが目前だ。**栗山ダムのダムサイトの広場**には、駐車場やトイレの設備のほか、あずま屋、花壇もある。一般車が入れるのはここまでである。

広場を通り過ぎ、車道の分岐で左折する。登るにつれてダムの湖面が左に見えてくる。車止めを過ぎ、管理棟を左に見送り、少し進み次の分岐で右折してジャリ道に入る。突きあたったところが**月山登山口**だ。ヤブの中ではあるが、しっかりした踏跡が付いており、たどっていけば右手の尾根に取り付く。

尾根道はまもなく急登となる。あたりにはツツジ類が多く、4月下旬から5月にかけては花々をくぐりながらの登りに、息がはずむのも忘れるほどだ。特にアカヤシオは5月の連休が盛りで、近くも遠くもピンクの濃淡に染まる。少し遅れてシロヤシオがうつむき加減の白い花を開く。足元にはイワウチワ、イワカガミだ。ずっと尾根道だが、やせ尾根なので注意。西側から尾根を合わせるが、東側は切れ落ちたままである。

「栗山村」の案内板のあるピークを過ぎれば、次は**月山山頂**（1287・2メートル）だ。小さな石祠と三等三角点がある。展望は360度で、日光、足尾、高原山まで山並が広がる。頂上から少し南に下ると今市ダムも見える。

下山はどこもやせ尾根の急降下となるので、花に見とれずに注意して下ろう。尾根の合流地点まで戻り、西側の尾根に入る。「栗山村・月山」の標識を過ぎ、さらに下る。アカヤシオの足元にはショウジョウバカマが咲く。

急降下が終わるころにはササが多くなる。尾根を末端から下りたところがバーベキュー広場、**栗山ダムのダムサイトの広場**はすぐである。

あとは来た道を**日蔭バス停**まで戻る。

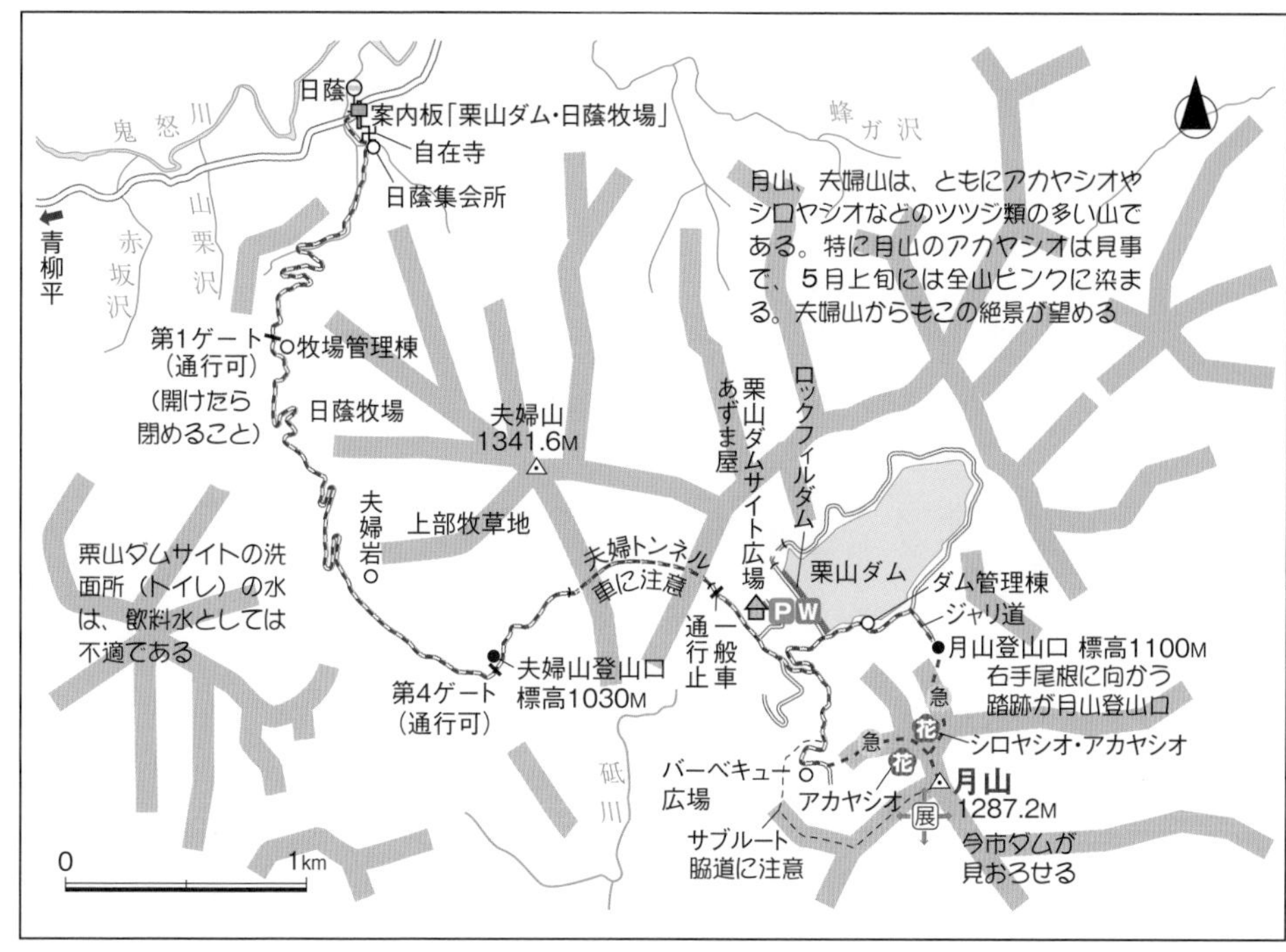

女峰山の秘谷、野門沢に落ちる幻の滝……★★★

野門から布引ノ滝

のかどぬのひきのたき

林道から布引ノ滝を望む（後方は帝釈山から女峰山への稜線）

▶**交通**　東武鬼怒川線鬼怒川温泉駅から日光市営バス女夫渕行、野門橋平家高原民宿村入口バス停下車

▶**歩行時間**　6時間30分

▶**コースタイム**　野門橋平家高原民宿村入口バス停（20分）民宿村（100分）林道終点（70分）布引ノ滝（90分）林道終点（90分）民宿村（20分）民宿村入口バス停

▶**地形図**　川俣湖・川俣温泉・日光北部・男体山

▶**中上級者向けコース**　三段目の滝から少し戻ったところにロープがたれさがっている。ロープをたよりに登って10分も歩くと一段目、二段目の滝を見ることができる。往復約25分である

41

東武鬼怒川線鬼怒川温泉駅から日光市営バス女夫渕行に乗り、野門橋手前の**野門橋平家高原民宿村入口バス停**で下車する。

眼下の鬼怒川本流に、右岸から野門沢が合流している。この野門沢を左手に見て車道を登る。約1キロで、家康の里**野門平家高原民宿村**に着く。

民宿村の中央には鳥居と石段があり、その上の小高い丘に栗山東照宮が建てられている。徳川家康と、男体山三社権現の御神体が祀られているという。

民宿村を過ぎると駐車場がある。車で来た場合はここに置こう。20台ほど駐車できる。車止めのゲート（ロープが張ってある）はもう少し先にある。

駐車場から約50メートル先の右手に「ミズバショウ入口、徒歩15分」の道標が立っている。余裕があればミズバショウ自生地を見てくるとよい。コースを一周して約30分、5月中下旬が花の最盛期である。

ゲートの先は、砂防工事用林道を歩くことになる。ヘアピンカーブを辛抱強く登って行くと、野門沢側のカーブ正面に展望が開ける。帝釈山から女峰山への稜線が大パノラマとなって広がる。正面に流

れる一筋の美しい滝が、目指す布引ノ滝である。

やがて**林道終点**となる標高1500メートルの鞍部に着く。「布引ノ滝遊歩道入口2・0キロ」と書かれた木の標識から登山道に入り、ジグザグ道を登る。地形図の通りに、ルートは尾根筋にしっかりついているので心配ない。

登山道は再び野門沢側となり、急斜面に沿って歩くようになる。「布引ノ滝を望む」の道標があらわれたら少し下ると展望台に出る。布引ノ滝は女峰山の北面を流れる野門沢の秘瀑で、落差128メートルを三段となって流下する。道標のある登山道を少し下るとさらによい景観が得られる。堂々と正面に落ちる一条の滝が圧巻だ。

ここから野門沢へと急降下して行く。いたるところに朽ちかけた木の階段があるが一気に下る。野門沢左岸の小沢をいくつも越えて野門沢に下り、そのまま左岸を進む。沢沿いの道で岩がゴロゴロして歩きづらいが、岩の間にルートをとり、コケむした樹林の中を上流へ向かう。

小高い丘のような樹林を越え、ガレ場を沢に下り立つと、目の前に**布引ノ滝**が大きく迫っている。左岸からの落石に注意しながら、轟音をたてる滝に眺め入る。

帰りも落石に十分注意して戻ろう。

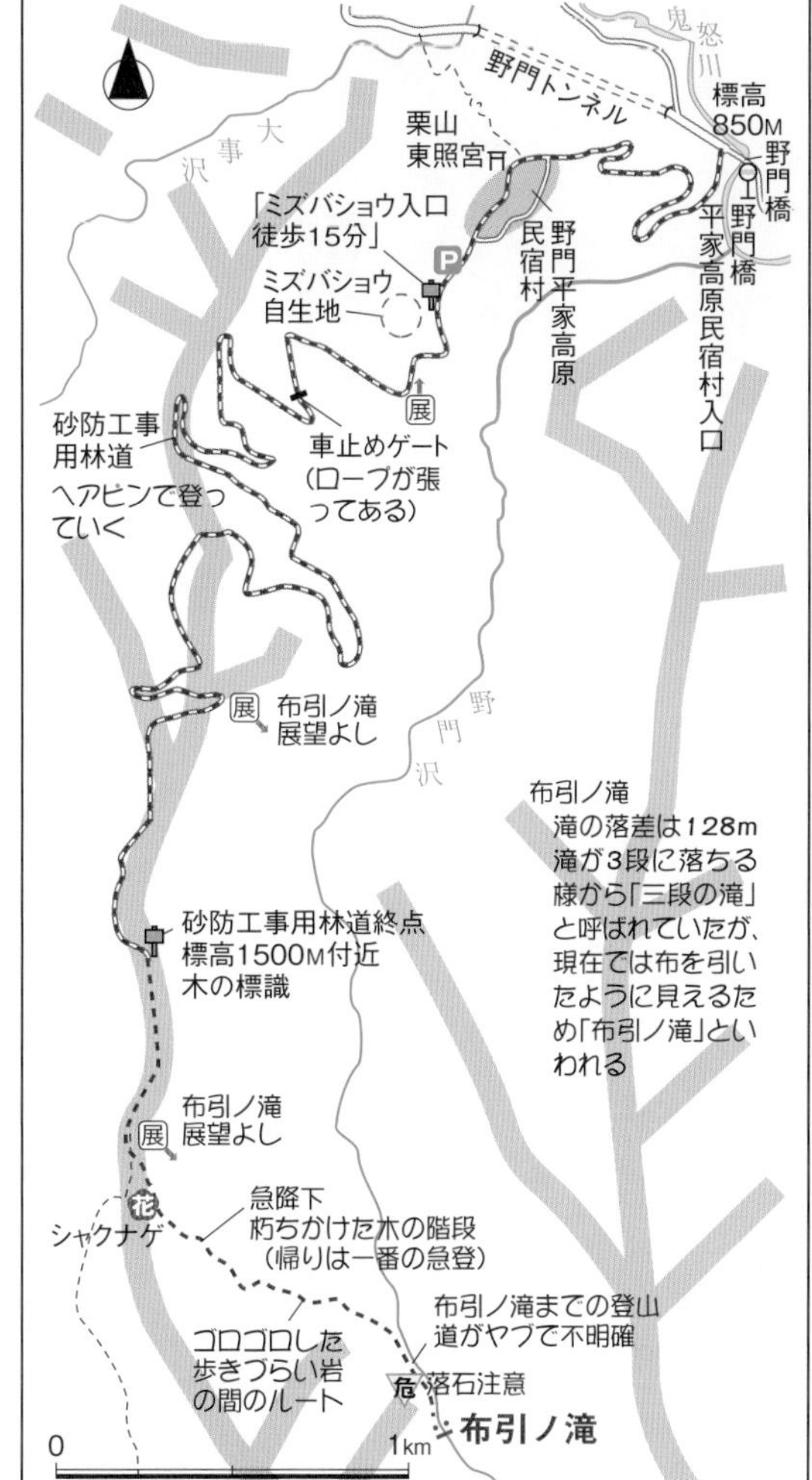

野門沢にかかる布引ノ滝

鬼怒沼

きぬぬま

2039M

高山植物が咲き誇る雲上の池塘群……★★★

42

早秋の鬼怒沼

▶**交通**　東武鬼怒川線鬼怒川温泉駅から日光市営バス女夫渕行、終点下車。バスの便は１日４往復のみ

▶**歩行時間**　６時間35分

▶**コースタイム**　女夫渕（80分）八丁の湯（10分）加仁湯（10分）日光沢温泉（20分）丸沼分岐（25分）オロオソロシノ滝展望台（90分）鬼怒沼（80分）日光沢温泉（80分）女夫渕温泉

▶**地形図**　三平峠・川俣温泉

▶**アドバイス**　車利用の場合、女夫渕温泉の市営駐車場を利用できる。これより奥、奥鬼怒スーパー林道が開通したが、許可車以外、女夫渕の先は通行禁止となっている

日光市営バスの終点女夫渕（めおとぶち）で下車する。林道の橋手前を右に入り約10分で奥鬼怒歩道絹姫橋と書かれた吊橋に着く。絹姫橋を渡り樹林帯のハイキングコースをたどる。歩行者用通路は下に降りると鬼怒川左岸の登山道となる。左

絹姫橋
（吊橋）
金属の階段
沢沿いの道
通行止め×
ルート崩壊
×通行止め
コザ池沢
出合い
鬼怒川
カッタテノ滝
P W 水
女夫渕
標高
1120M
ニツ岩橋
砥ノ岩橋
吊橋
鬼怒の中将
乙姫橋
イノマタ沢
奥鬼怒スーパー林道
日光市光徳温泉から群馬県片品村大清水までの44.6kmの林道。100億円以上の巨費を投じ、20年の歳月をついやして完成された
白山
49.2M

岸からの落石には注意が必要だ。

鬼怒川本流沿いの左岸を進み二ツ岩橋を渡り、再び左岸へ砥ノ岩橋を渡りかえす。堰堤のゆるやかな登りが終わると、中間点のコザ池沢出合いである。コザ池沢の木橋を渡る。

しばらくすると最初の秘湯**八丁の湯**に着く。最奥の日光沢温泉より八丁（約800メートル）下流にあるので、この名前が付いたという。

これよりさらに10分ばかり進むと、林道に架かる鉄橋の向こうに**加仁湯**の建物が見えてくる。鬼怒沼へは加仁湯の左側を上流へと向かう。

加仁湯から10分で山小屋風の**日光沢温泉**に着く。手白沢温泉とともに山の味わいが深く漂う一軒宿である。渡り廊下の下をくぐって裏に出て、20メートルも登らぬうちに道は分岐となる。「左側根名草山　右側鬼怒沼」の道標がある。

分岐点から少し歩くと吊橋があり、左岸に渡って鬼怒沼への登りがはじまる。流れに沿って、ゆるやかな登りを約15分で丸沼への道を左に分ける。**丸沼分岐**である。

これより樹林帯に入り、やや急な登りを約20分で**オロオソロシノ滝展望台**に着く。木製の展望休憩台があり、向かい側正面にオロオソロシ沢の細い白い流れが長々と落ち下っている。

ひと休みしてまた樹林中の急登にかかる。傾斜は徐々にゆるやかになり、しばらくすれば**鬼怒沼**（2039メートル）に着く。展望台から約1時間半である。小さな池塘が点在し、木道の上で振り返ると日光白根山が水面にその姿を映している。

帰りは来た道を引き返して、日光沢温泉、または手白沢温泉に一泊してみたい。さらには前夜と当日、それぞれどちらかに泊まる日程を立てると、味わい深い山行になること請け合いである。

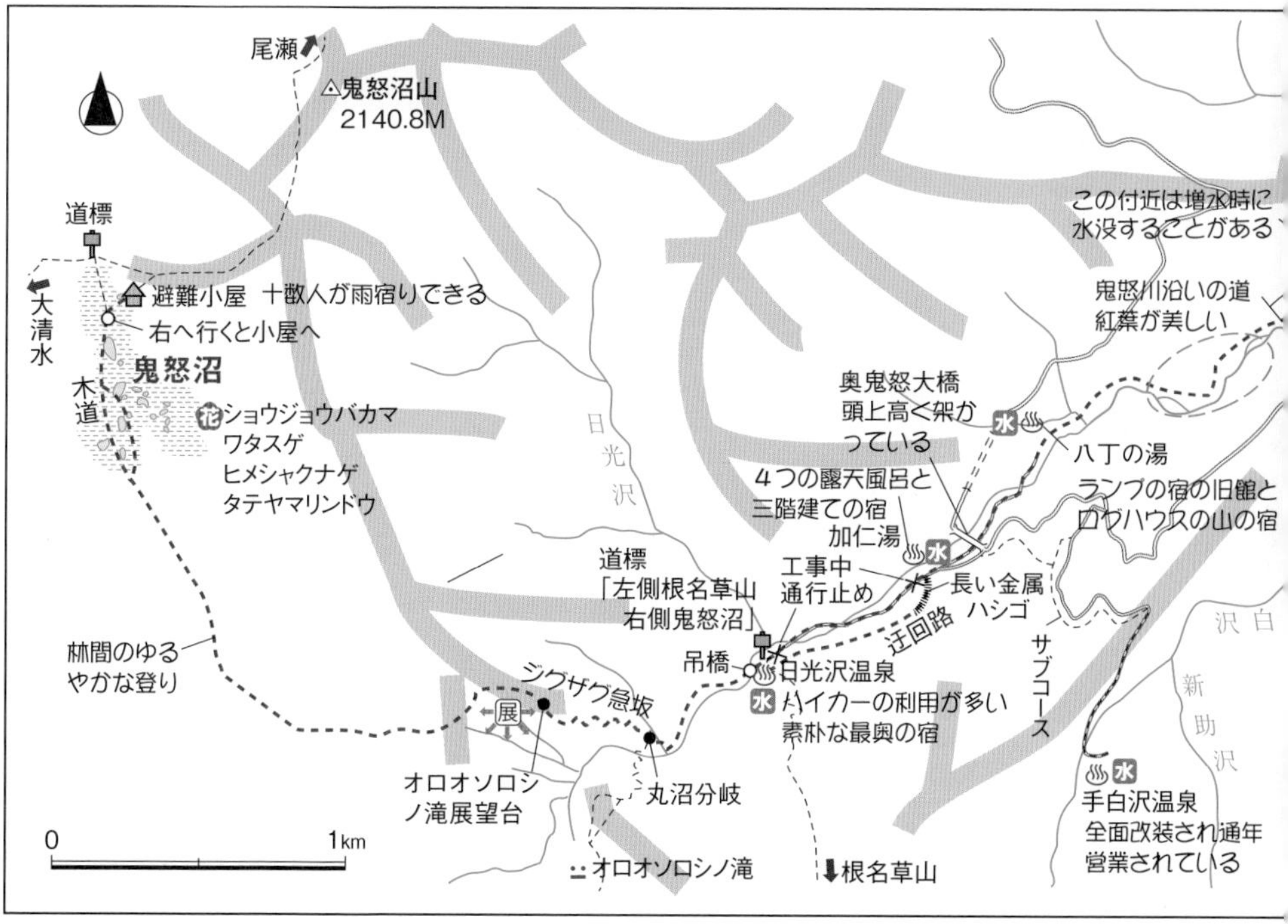

尾瀬
鬼怒沼山
2140.8M
道標
大清水
避難小屋　十数人が雨宿りできる
右へ行くと小屋へ
鬼怒沼
木道
ショウジョウバカマ
ワタスゲ
ヒメシャクナゲ
タテヤマリンドウ
林間のゆるやかな登り
ジグザグ急坂
展
オロオソロシノ滝展望台
丸沼分岐
オロオソロシノ滝
日光沢
道標
「左側根名草山
右側鬼怒沼」
吊橋
日光沢温泉
ハイカーの利用が多い
素朴な最奥の宿
工事中
通行止め
長い金属ハシゴ
迂回路
サブコース
根名草山
4つの露天風呂と
三階建ての宿
加仁湯
奥鬼怒大橋
頭上高く架かっている
八丁の湯
ランプの宿の旧館と
ログハウスの山の宿
この付近は増水時に
水没することがある
鬼怒川沿いの道
紅葉が美しい
白沢
新助沢
手白沢温泉
全面改装され通年
営業されている
0
1km

原生林から峠を越えて奥鬼怒の清流へ……★★

湯沢峠から奥鬼怒

ゆざわとうげ おくきぬ

湯沢峠直下から四郎岳を望む

▶**交通** JR日光線日光駅または東武日光線東武日光駅から東武バス湯元温泉行、終点下車(80分)。日光湯元から登山口までタクシー利用(30分)

▶**歩行時間** 5時間20分

▶**コースタイム** 環湖荘(120分)湯沢峠(60分)根名草沢(80分)オロオソロシ沢(20分)滝見展望台(40分)日光沢温泉

▶**地形図** 丸沼・三平峠・川俣温泉

▶**帰路交通** 日光沢温泉から女夫渕まで徒歩(80分)。女夫渕から日光市営バス鬼怒川温泉行、終点下車(105分)

▶**環湖荘** 丸沼の北岸に建つ一軒宿、閑静なリゾートホテルで、湯沢峠越え、四郎岳の登山口としても利用されている。入浴だけでも可能、奥に広い駐車場がある

43

JR日光駅または東武日光駅から東武バス湯元温泉行に乗り、終点で下車。湯元からはタクシーを利用して群馬県に入る。交通の便を考えると車利用が便利だ。金精峠トンネルは冬期間通行止(12月下旬~翌年4月下旬まで)となるので注意すること。

金精峠トンネルを通り、菅沼を過ぎると、丸沼高原スキー場が見えてくる。丸沼が近づいたら右折して丸沼温泉の**環湖荘**に向かう。

湯沢峠へは、環湖荘裏手の駐車場から湯沢に沿って登り始める。沢はすぐ湯沢と四郎沢に分かれるが、右手が湯沢で、広いジャリ道が続いている。峠まで500メートルの標高差があるからじっくり行こう。

登山道は湯沢の左岸にある。堰堤を越えるのに注意すること。堰堤を過ぎると湯沢の登りも急になり、やがて沢を離れて右の尾根に取り付く。

アスナロやモミの原生林の中、ジグザグの急登が続く。初夏なら足元にツバメオモトが咲き元気づけられるところだ。斜面を巻くようにしてしばらく登り、ヒノキ林の中を進んで行く。ササ原をトラバースしてカレ沢を越える。これは湯沢の枝沢で、西の方角に間近に見えているのは四

郎岳である。

アスナロやモミの林をまた急登する。やがて広葉樹が交じってきて、ササが多くなってくると**湯沢峠**に着く。標高1970メートル、標識も朽ちて山奥の感が深い。峠から燕巣山への稜線が大きく延びている。木々の間から、東に根名草山方面の山がわずかに見える。展望は限られているが、やはりここで大休止したい。

湯沢峠からは、広葉樹と針葉樹が交じる中、ジグザグ道を急降下する。足元の岩や木の根に注意しながら下ろう。枝沢を通り一気に下って**根名草沢**に出る。カモシカの生息する深山に、ぽっかりと明るい河原が広がり、ひと休みしたくなる。

道は徒渉して対岸に続き、しばらくは登りである。倒木を越え、枝沢をいくつも通過していく。ジグザグに急降下してアスナロ林の平坦な道を歩き、枝尾根を回り込みながら下ると**オロオソロシ沢**に出る。この沢水が少し下流で壮大なオロオソロシノ滝となるのだが、ここではまだ小さな沢の、静かな流れである。

オロオソロシ沢を渡り、ゆるやかに下る。やがてモミやヒノキの針葉樹林の中のなだらかな道となる。

やがて**滝見展望台**に出る。整備された展望台からは、鬼怒川本流の谷向こう、広葉樹の茂る中に一条の滝を見ることができる。オロオソロシノ滝の対岸にあるヒナタオソロシノ滝である。夏ならば緑の中で涼しさを増し、秋には華やかな紅葉をいっそう引き立てて美しい。

コースは展望台で直角に右折し、針葉樹林をゆるやかに下る。やがて左へジグザグの急降下が始まり、どんどん下って鬼怒川本流に出る。吊り橋を渡ると鬼怒沼との分岐がある。右へ行けば10分ほどで日光沢温泉に着く。ここからバスが発着する女夫渕までは80分の道のりである。

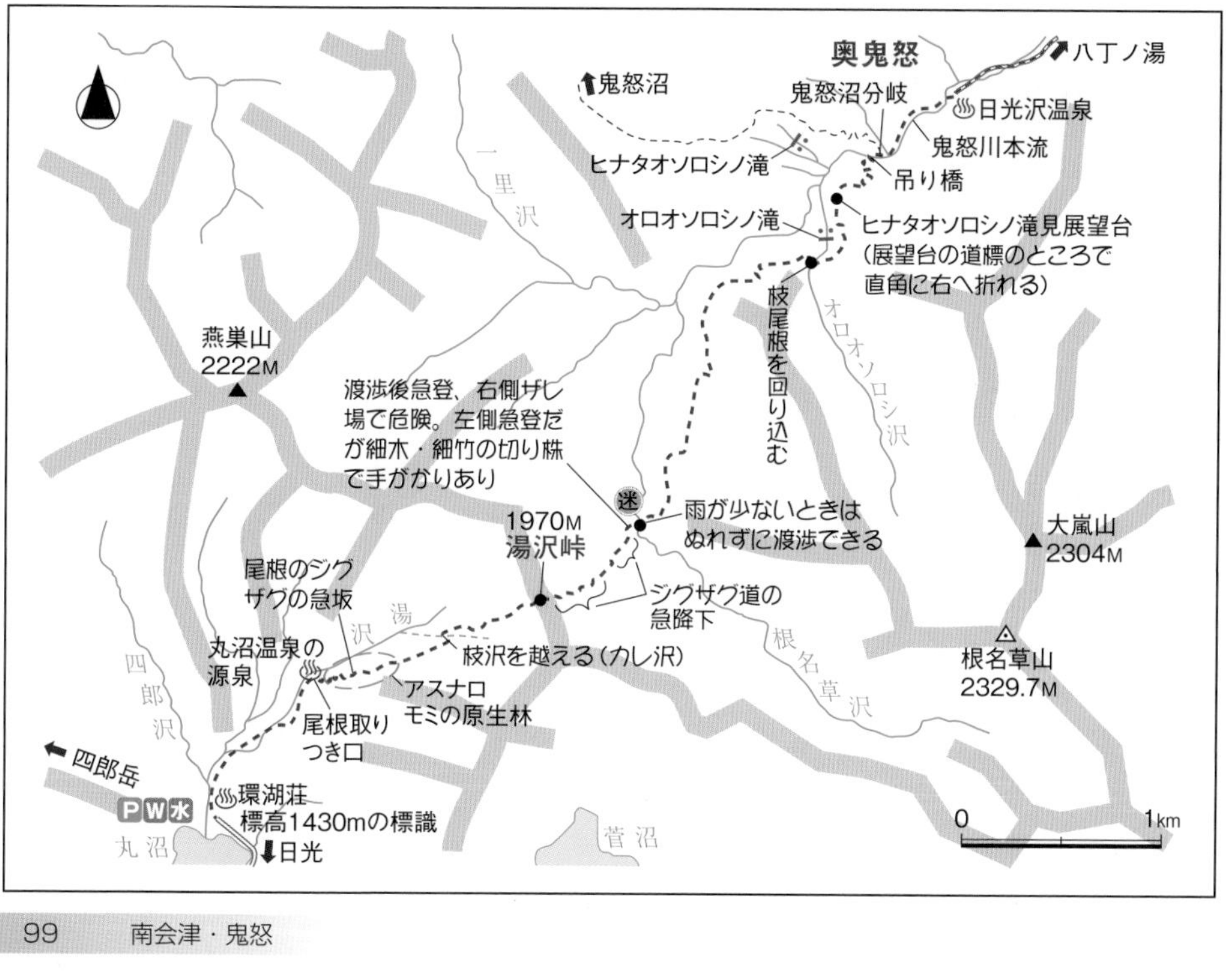

奥鬼怒
八丁ノ湯
鬼怒沼
鬼怒沼分岐
日光沢温泉
鬼怒川本流
ヒナタオソロシノ滝
吊り橋
オロオソロシノ滝
ヒナタオソロシノ滝見展望台
(展望台の道標のところで直角に右へ折れる)
一里沢
枝尾根を回り込む
オロオソロシ沢
燕巣山 2222M
渡渉後急登、右側ザレ場で危険。左側急登だが細木・細竹の切り株で手がかりあり
迷
雨が少ないときはぬれずに渡渉できる
大嵐山 2304M
1970M 湯沢峠
尾根のジグザグの急坂
ジグザグ道の急降下
湯沢
根名草沢
丸沼温泉の源泉
枝沢を越える(カレ沢)
根名草山 2329.7M
四郎沢
アスナロ モミの原生林
尾根取りつき口
四郎岳
環湖荘
標高1430mの標識
P W 水
丸沼
日光
菅沼
0 1km

原生林の奥に、吹き出す温泉がつくる天然記念物…★★★

湯沢噴泉塔

ゆざわふんせんとう

1330M

温泉が流れ込む湯沢上流

▶交通　東武鬼怒川線鬼怒川温泉駅から日光市営バス川治温泉経由平家平温泉下車。1日5往復。車の場合は、川治温泉経由で県道23号線で川俣湖を通るか、旧日光市から県道169号線で霧降高原道路を経由し日陰集落を左折し県道23号線で川俣湖を通り平家平温泉に向かう

▶歩行時間　5時間25分

▶コースタイム　登山口（95分）笹倉沢出合い（10分）広河原（50分）ボーリング跡（15分）湯沢噴泉塔（15分）ボーリング跡（50分）広河原（15分）笹倉沢出合い（75分）登山口

▶地形図　川治温泉

▶アドバイス　2023年8月現在、登山道は崩壊箇所があるため通行禁止。確認は日光市栗山観光課TEL0288-97-1136

湯沢噴泉塔は、旧栗山村平家平温泉の下流で、鬼怒川に南から流れ込む湯沢の上流約5キロに位置する。

ここでは、平家平温泉から湯沢を繰り返し渡渉して往復するコースを紹介するが、降雨となれば増水し、渡渉が困難となり危険を伴うので、注意が必要である。危険と判断したら、ただちに撤退すること。

鬼怒川温泉駅から日光市営バス女夫渕行に乗り、平家平温泉バス停で下車し、少し戻ったところが**登山口**となる。ここには、湯沢噴泉塔入口の標柱があり、数台の駐車スペースがあるので、車の場合はここに駐車する。

鬼怒川に架かる湯沢檀橋を渡り、湯沢に沿ってアップダウンを繰り返しながら、ブナ・ミズナラ・トチの広葉樹の中の登山道を進んで行くと、左下に最初の堰堤が見え、次いで巨大な堰堤があらわれる。

木製の階段を高巻きに進むと、登山道が崩落している。ここはいったん河原に降りてから再び左岸の登山道に取り付き進む。しばらく行くと、再び左岸上部が崩落し土石流がある。ここはこれを越えて湯沢に下って行けば、**笹倉沢**

44

湯沢噴泉塔を見下ろす

との出合いに着く。

ここから、渡渉が始まるので、登山靴を運動靴などに履きかえる。登山靴はビニールの袋に入れ、岩陰に置いておこう。

何回かの渡渉を繰り返していくと、右岸に岩山を切り落としたような大岸壁があらわれ、渡渉すると**広河原**に着く。ここには温泉ボーリングの跡があり、今も豊富な湯が出ているので、手作りの露天風呂を楽しむことができる。

さらに、山裾の樹林から右岸に渡渉し進むと、温泉のわき出るカニ沢に出る。木のハシゴを下り、シャクナゲやブナの大木の山腹を進み裏側に回り込むと、沢からかなり上部の崖に出る。ここは、少し崩落しており、クサリが設置されているが、滑落・落石に注意し慎重に通過する。さらに樹林の中を行き沢に出ると、左岸に最上部の**ボーリング跡**があらわれ、ここにも温泉が流れている。

ここは、昼食をとるのによい場所なので、ご飯やレトルトカレー、卵などを準備して温泉に浸けておくと、戻った時にちょうど食べごろになっている。

さらに、200メートル先にある噴泉塔に向かう。2度ほど渡渉し、小沢に入り、木の階段を登れば、前方に湯沢の滝と噴泉塔が見える。最後のガレ場を慎重に下れば**湯沢噴泉塔**（1330メートル）に着く。

噴泉塔の下方は流水により深くえぐられた地形になっているが、上流側は変化がなく、大岩の上下からは大量の温泉が湧き出している。

さて、天然記念物の噴泉塔一帯の奇観を楽しんだら先ほどのボーリング跡まで戻り、温泉に浸しておいた昼飯を食べて、登って来た登山道を戻ることになる。

登山道は多少の崩れがあるが、道標も要所要所にあり、渡渉の際も対岸にはテープや丸木橋の残骸があるので渡渉の目印となるだろう。

登山口「湯沢噴泉塔入口」
平家平温泉
1050M
女夫渕
鬼怒川
川治温泉
湯沢壇橋
平家平温泉
奥鬼怒スーパー林道
加仁湯
イノマタ沢
堰堤が見える
崩落地①
小湯沢
噴泉塔は明治41年に発見され、岩盤から噴出された94℃の炭酸カルシウム等が長い年月をかけて推積され小塔を作った物で、大正11年国の天然記念物に指定された
崩落地②
湯沢
広河原（温泉ボーリング跡）
大きな堰堤
笹倉沢出合い
渡渉①
笹倉沢
ボーリング跡
崩落クサリあり
湯沢噴泉塔
1330M
0　1km

栃木県の各市町最高標高点

栃木県の最高峰は日光の白根山。では各市町のいちばん高い場所は？

市　町	最高標高点名	標高 M	地図 1/25000	市　町	最高標高点名	標高 M	地図 1/25000
宇都宮市	古賀志山	583	大谷	那須烏山市		360	烏山
足利市	仙人ガ岳	663	番場	上三川町		87	上三川
栃木市	三峰山	605	仙波	益子町	雨巻山	532	真岡
佐野市	熊鷹山	1169	沢入	茂木町	雨巻山	532	真岡
鹿沼市	夕日岳	1526	日光南部	市貝町		248	烏山
日光市	白根山	2578	男体山	芳賀町		168	仁井田
小山市		50	小金井	壬生町		100	壬生
真岡市		283	岩瀬	野木町		25	古河
大田原市	八溝山山腹	835	八溝山	岩舟町	馬不入山	345	栃木
矢板市		1590	高原山	塩谷町	釈迦ガ岳	1795	高原山
那須塩原市	三本槍岳	1917	那須岳	高根沢町		196	仁井田
下野市		82	壬生	那珂川町	尺丈山	512	大子
さくら市		231	喜連川	那須町	茶臼岳	1915	那須岳

標高点名の入っていないところは国土地理院２万５千分の１地図に山名が載っていないか平地の場合です。地図で探して自分の住む町のてっぺんに登ってみてください。

市町村合併（2013年10月現在）

宇都宮市（旧宇都宮市、上河内町、河内町）
栃木市（旧栃木市、大平町、岩舟町、藤岡町、都賀町、西方町）
佐野市（旧佐野市、田沼町、葛生町）
鹿沼市（旧鹿沼市、粟野町）
日光市（旧日光市、今市市、足尾町、藤原町、栗山村）
真岡市（旧真岡市、二宮町）
大田原市（旧大田原市、黒羽町、湯津上村）
那須塩原市（黒磯市、西那須野町、塩原町）
さくら市（氏家町、喜連川町）
那須烏山市（烏山町、南那須町）
下野市（南河内町、国分寺町、石橋町）
那珂川町（馬頭町、小川町）

日光

この山域は、日光国立公園の中核を占め、関東以北最高峰の白根山や男体山をはじめとする火山群を擁している。また、中禅寺湖、戦場ガ原、華厳滝などの湖沼や湿原、滝などの自然美、東照宮に代表される建築美、あるいは温泉と、多くの観光資源に恵まれた国際的な観光地でもある。地域内の山々は登山道も整備されており、春から秋にかけては多くの登山者で賑わう。しかし、それだけに観光シーズンには道路が大渋滞をきたすことも多いので、時期をはずすなり、時間に余裕のある計画をたててほしい。

日光連山展望とアカヤシオの山 ★★

鳴虫山

なきむしやま

1104M

霧降高原から見る鳴虫山

▶**交通**　JR日光線日光駅または東武日光線東武日光駅下車

▶**歩行時間**　5時間

▶**コースタイム**　東武日光駅（15分）鳴虫山登山口（15分）天王山（50分）神ノ主山（70分）鳴虫山（20分）合峰（40分）独標（30分）含満ガ淵（30分）総合会館前（30分）東武日光駅

▶**地形図**　日光南部

▶**アドバイス**　本コースは、コース中すべての分岐、休息適地に道標があり、初心者でも安心して歩ける

▶**アドバイス**　合峰から銭沢不動尊を経て化け地蔵へ至るコースは、現在はほとんど歩かれておらず、道も迷いやすいため避けられたい

▶車利用の場合は日光郷土センター周辺に有料駐車場がある

東武日光駅前の大通りを右に神橋方面に歩き、日光郷土センター前バス停を左折すると天理教の教会に突きあたる。ここを左折してすぐ右に折れると志渡淵（しどぶち）川沿いの道となり、橋のたもとに大きな案内板がある。なお、このコースは途中、水場が一カ所もないので、登りはじめる前に水を補給しておく。

橋を渡って正面の石段の下を右折したところに**鳴虫山登山口**案内板があり、左の山道に取り付く。ジグザグ道を10分も登ると、**天王山**と呼ばれる高台に着く。右手に祠があり、日光市街が見下ろせる。

スギ林に入り少し行くと道は分岐するが、登り坂の左の道を進む。時々展望の開ける雑木林を行くと急登となり、左にJR日光駅方面から直登してくる旧道が合わさる。小ザサの道をひと登りすると**神ノ主山**（こうのすやま）の山頂（842メートル）だ。北方眼下には日光市街、杉並木、大谷川が望まれ、表日光連山、霧降高原、高原山が望める。

神ノ主山から鳴虫山までは眺望のきかない尾根道を登って行く。左手はスギとヒノキの人工林、右手は雑木とヤシオツツジの明るい林と対照的な道だ。

45

930メートルピークからの尾根の北斜面にはアカヤシオが多い。最後の急登で最高地点1103・5メートル、二等三角点がある**鳴虫山**山頂に到達する。山頂は広場となっており、展望は十分でないが、アカヤシオ越しに男体山と女峰山が望まれる。

山頂からの急な道を注意して下ると平坦な尾根となり、20分ほどゆるやかに登りきると標識がある**合峰**（1084メートル）に着く。

ここからは植林の急斜面を下るが、木の根が階段状になっていて足場はしっかりしており、立木に助けられながら降りて行く。黒木の山に入って軽く登ると925メートルの**独標**に着く。

最後の急坂を慎重に下り、広い原に着き、刈り払われた斜面を抜け出ると第一発電所に出る。日光宇都宮道路のガードをくぐり車道に出ると水門があり、川沿いに**含満ガ淵**への道が続いている。

含満ガ淵は大谷川が奇岩をぬって流れるところで、日光八景のひとつである。ここには等身大の地蔵が40体ほど並んでおり、その下流にも小ぶりの地蔵が40体余り並んでいる。数を数えると、その都度数が違うということから化け地蔵とも呼ばれている。

含満大橋を渡り、まっすぐ進めばバス道路に出る。西参道または**総合会館前**からバスで駅まで10分、歩き通しても2・5キロ30分で**東武日光駅**に帰着する。

色づきはじめた含満ガ淵

総合会館前
神橋
霧降高原
大谷川
日光市役所支所
日光郷土センター前
標高534M
東武日光駅
JR日光駅
含満ガ淵
送電線
日光郷土センター
天理教
発電所
化け地蔵
日光宇都宮道路
案内看板「鳴虫山登山口」
銭沢不動尊
天王山
志度淵川
合峰から銭沢不動尊を経て化け地蔵へ至るコースは、現在はほとんど歩かれておらず、道も迷いやすいため避けられたい
神ノ主山 842M
独標 925M
神ノ主山山頂からは、北には日光市街、杉並木、大谷川を眼下に見下ろし、表日光連山、霧降高原、高原山が望まれる
スギとヒノキの人工林
アカヤシオ
合峰（松立山）1084M
930M
鳴虫山
カタクリ
1103.5M
火戸尻山へのルート
0　1km

三つのピークとうねる稜線をたどる ★★★

火戸尻山

ほどじりさん

852M

鳴虫山南斜面から見る火戸尻山

▶**交通**　JR日光線日光駅または東武日光線東武日光駅下車。火戸尻山へ直接登る場合は東武日光線新鹿沼駅から鹿沼市営リーバス小来川森崎線終点で下車。便が少ないので注意

▶**歩行時間**　7時間20分

▶**コースタイム**　東武日光駅（15分）鳴虫山登山口（65分）神ノ主山（70分）鳴虫山（40分）996メートルピーク（35分）大平（25分）鞍部（40分）火戸尻山（60分）林道（70分）小来川森崎バス停

▶**地形図**　日光南部

▶本コースはルートファインディングを必要とするコースなので、余裕のある計画を立てることが望まれる。また、展望のきく場所では地形を確認すること

▶**アドバイス**　瀧茶屋Cafeから登るときは必ず鹿除けネットをくぐること。手前を右折しない

46

鳴虫山までのコースは、『鳴虫山』参照。ここでは鳴虫山山頂からのコースを案内する。火戸尻山までは、地図をよく確かめながら行かないと枝尾根に引き込まれる。コンパスは必携である。

尾根は南南西に延びている。左にヒノキ林を見ながら、疎林の中の急な道を10分ほど下る。このあたりから尾根は南に向かう。左側は伐採地で展望が広がり、右側は雑木の疎林である。鹿除けネット沿いに南に折れると、ゆるやかな下りに踏跡が続いている。

やがて道は急な登りになり、あたりはヒノキとマツの混在する林となる。登りきったところが996メートルピークである。

ピークから少し南へ下り、ヒノキ林と雑木林の境を下って行く。ヒノキ林が終わり、植林後の斜面に出る。ここから再びルートを確認する。すぐに小さな祠がある鞍部に出る。

右側の雑木林と植林地の間の、「栃森公」と書かれた境界杭に沿って鞍部まで下る。ヒノキ林に入ると道はゆるやかな登りとなる。目指す方角はずっと南。ヒノキ林を抜けるとササの中にマツが交じっ

てくる。919メートルピークは西の肩を巻いて越え、**大平**（おおだいら）に着く。ここは平坦な樹林で、動物が多いところだという。

大平の樹林が切れるあたりから左に出て、南に下る。右側は伐採地で広く展望が開け、日光方向の山々が見わたせる。さらに下のほうには「滝ガ原集落」も見える。

さらに行くと、右側は丈の高いヒノキ林に変わる。ここで左の植林地と分かれる。どんどん行ってしまうと左の尾根に引き込まれてしまうので注意。必ず右のヒノキの樹林に分け入って、西に寄りながらトラバース気味に尾根を南に下る。

鞍部までできたら、あとは雑木林の尾根を登るばかりだ。展望はないが少し長い尾根歩きが続く。左側がヒノキ林になると頂上も近い。**火戸尻山**山頂（851・6メートル）には三等三角点があるが、林の中で展望はきかない。

火戸尻山から南東方向に10分ほど下ると、分岐に出る。分岐に案内表示はないが、直進すると東小来川方向に下山する道であり、ここは右に折れる尾根道を滝ガ原方向に下る。分岐から15分ほど下ると山神の石仏が、さらに祠が二体あらわれる。

やがて急坂となり、展望地分岐に出たら、ここから九十九折りの下山路を下る。坂もゆるやかになると鹿除けネットがあらわれる。ネットをくぐりぬけて下ると、再び鹿除けネットがあるのでもう一回くぐりぬける。

「休憩舎12分」の看板にしたがい右へ行くと大滝**林道**へ出て、下山口となる「瀧茶屋Cafe」の前に到着する。県道を左折して、中小来川方面に3キロ強（1時間）ほど歩くと黒川神社の前にある**小来川森崎バス停**に着く。

展望はない火戸尻山山頂

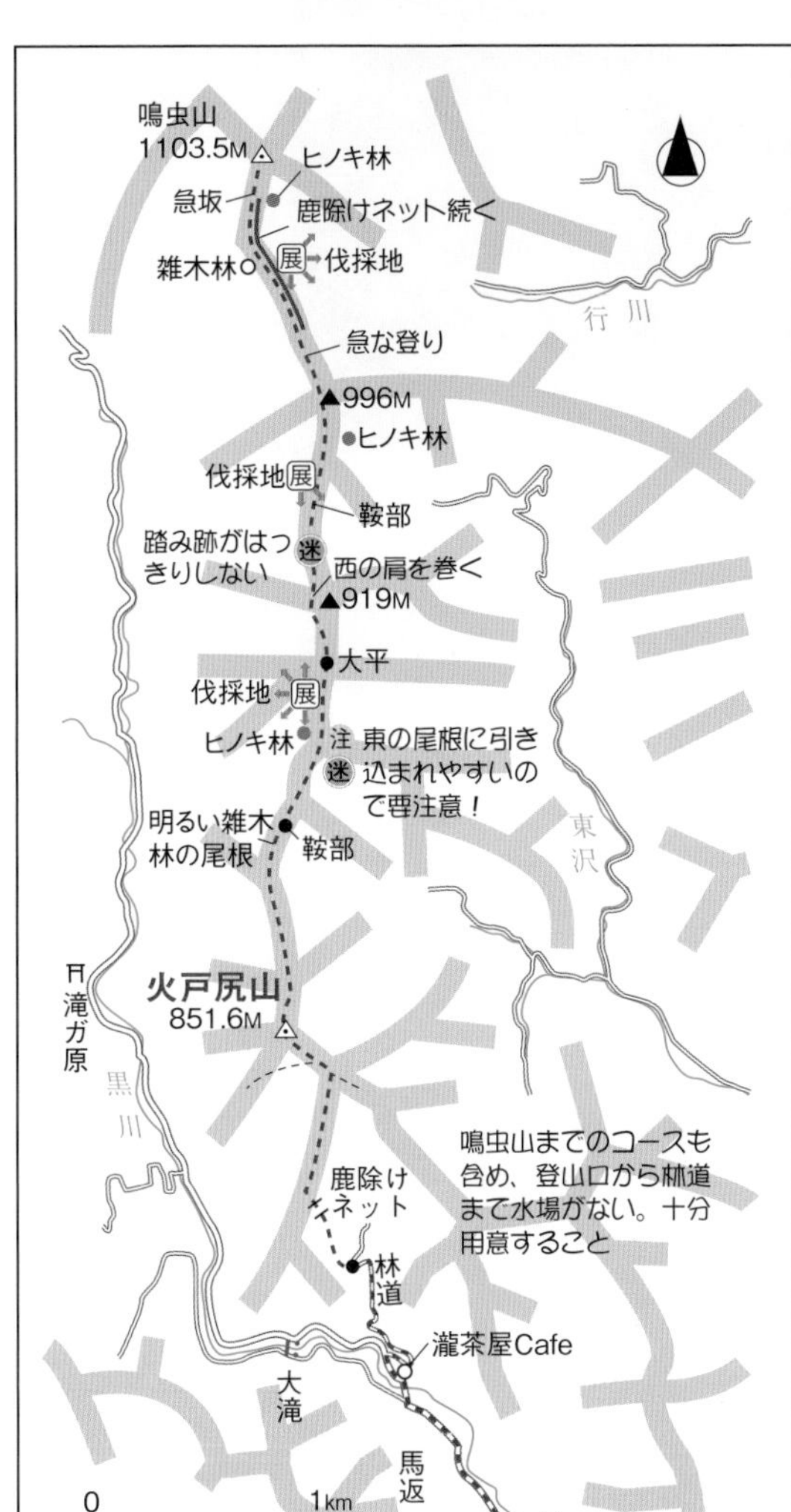

外山

とやま

880M

円錐形の独立峰・外山

▶**交通**　JR日光線日光駅または東武日光線東武日光駅から東武バス湯元温泉行、神橋バス停下車

▶**歩行時間**　1時間45分

▶**コースタイム**　神橋バス停(20分)登山口(35分)外山(30分)登山口(20分)神橋バス停

▶**地形図**　日光北部

▶**アドバイス**　新緑・紅葉・初冬のころがよく、特に5月ごろはツツジの花が山肌を染め、素晴らしい眺めを楽しめる

▶**小杉放菴記念日光美術館**　開館時間9：30～17：00(入館は16：30まで)。休館日毎週月曜日(祝日・振替休日のときは開館し、その翌日を休館)。入館料一般750円、大学生510円、高校生以下は無料(団体は20名以上10％割引)。TEL0288-50-1200

外山は日光の奇祭「強飯式」に盛られる飯のようなこんもりした独立峰で、山頂からの展望はよく、北側には女峰・赤薙山を間近に望め、また南側には日光市街地と鳴虫山、宇都宮市方面の山並まで見渡せる。山頂には毘沙門天が祀られている。正月3日には輪王寺の「福銭貸し」が催される。

JR日光駅から東武バス湯元温泉行に乗り**神橋バス停**で下車する。ここまでは歩いても30分ほどの距離なので、足ならしに歩くのもよい。車の場合は、神橋近くの市営上鉢石駐車場が使用できる。

日光の玄関口・神橋

神橋を左に見て大谷川を渡り、右折して右に小杉放菴記念日光美術館を通り過ぎ、霧降方面に向かう。登り坂の車道を500メートルほど歩き、稲荷

川を渡り、道なりに行くと、二つ目の角に「左外山参道」と刻まれた小さな石柱があらわれてくる。

外山へは石柱から左の道を進む。ほどなく右手に出版健保組合「つがのき」の看板が見える。

ここを過ぎて左のカーブミラーに「外山参道」の道標があり右手に入る。１００メートルも進むと舗装道路は林で行き止まりになるが、その林の中の細い道に入る。

外山山頂から望む女峰山・赤薙山

林の入り口に「外山毘沙門天参道」の道標があり、左に曲がる小道を約10メートル進み、木製の小橋を渡ると鳥居があり、ここが**登山口**（６６０メートル）である。

鳥居を四つくぐり、しばらく行くとヒノキの林の間を抜け、しばらく行くと五つ目の鳥居があり、そこからは広葉樹の中を行く。気持ちのよい雑木林の中を歩き、鉄柵のついたジグザクの急登で汗ばむころには毘沙門天を祀るお堂に到着する。ここからは日光市街、さらに右側に鳴虫山の展望が開けている。

お堂の裏の道を20メートル行くと**外山山頂**（８８０・２メートル）で、石仏が六体祀ってある。ここからは真正面に女峰、赤薙山の秀麗な山容が見え、展望が素晴らしい。

景色を十分に堪能したら、下山は来た道をのんびり下って行こう。なお、山頂より北側には途中までは踏跡があるが、しばらく行くと消えてしまうので、こちらには行かないこと。

この山は、家族連れで輪王寺、東照宮を見学してから足を延ばしての山歩きには手ごろだ。

時間があれば、平成9年に開館した小杉放菴記念日光美術館に寄ってみよう。展示品の中心となるのは小杉放菴の作品。東大安田講堂の壁画や「良寛」「水郷」などの代表作で知られる彼の作品は、幼少時に過ごした日光の風土に対する回想が基調になっているといわれている。山の思い出に残る一頁を加えるのも一興だろう。

古えの石畳を歩く

滝尾古道

たきおこどう

石畳の続く滝尾古道

▶交通　JR日光線日光駅または東武日光線東武日光駅から徒歩20分

▶歩行時間　3時間35分

▶コースタイム　神橋（30分）開山堂（30分）滝尾神社（20分）空烟地蔵（15分）日光奉行所跡（20分）釈迦堂（5分）蓮華石（10分）日光田母沢御用邸（10分）浄光寺（25分）含満ガ淵（50分）東武日光駅

▶地形図　日光北部・日光南部・今市

▶滝尾神社　820年（弘仁11）、弘法大師の創建。神社境内には興味深い見どころが多い。縁結びの願いを掛けた男女が片手の親指と小指だけを使って結び目を作ると願いが叶うという縁結びのササ、額束の穴に小石を三つ投げて、入れば願いが叶うという運試しの鳥居、願いをかければ子どもが授かるという子種石などがあり、歴史の古さを感じさせる

東武日光駅から神橋までは約20分。昔ながらの店が並んでいるので、帰りの土産の目星をつけながら歩くと楽しい。**神橋**を左に見て、国道を渡り、本宮神社の石段を登る。境内の本殿、唐門、透塀は重要文化財。四本龍寺の赤い三重塔がひときわ美しい。

観音堂の左の石段を下りると、そこはもう石畳の小道だ。右にしばらく歩いて、十字路で左に折れると、右側に小玉堂がある。続いて明治の館と駐車場を右に見ながら道なりに直進し、さらに南車道からの道を右にとる。正面の東照宮社務所の手前で右に折れると、教旻僧都（きょうびんそうず）の墓が左にある。右の道を見送るとすぐ養源院跡に出る。コケむした石積みが残っている。

少し先で右下からの道を合わせ、左に行けば**開山堂**だ。ここから最奥部の滝尾神社まで、静けさの中に石畳がはるかに続いている。神社までは約20分である。

途中、北野神社、手掛石、神馬の碑、大小べんきんぜいの碑、白糸ノ滝、影向石、運試しの鳥居などなど、名所旧跡が次々とあらわれる。**滝尾（たきのお）神社**の境内にも、縁結びのササ、酒の泉、子種石などの興味深い名前があり、まるで昔

48

話の目次を読んでいるようだ。

石畳の道を戻り、大小べんきんぜいの碑のところで右に折れる。石段を登り行者堂に出ると「女峰山」の道標がある。健脚の祖、本尊の役小角を拝んでから登ったものであろうか。

石段を下って南に向かう。**空烟地蔵**と**大猷院**の脇を通り、二荒山神社入口の先で右に折れる。輪王寺のところで国道120号に出たら右、奥日光方面に向かう。**日光奉行所跡**、日光真光教会、青龍神社を右に見ながら進むうち、

含満ガ淵に並ぶ化け地蔵

左に日光田母沢御用邸記念公園が見えてくる。田母沢御用邸は中に入って見ておきたい。

その向かい側の**釈迦堂**にもお参りしよう。大きな山門をくぐると、大きな墓石の群に驚かされる。徳川家の家臣の墓などである。

さらに国道を進む。八幡神社、寂光ノ滝への道を右に見送り、左側の**蓮華石**を見たら**田母沢御用邸**のところまで戻ってT字路を右に折れる。道なりに左に曲がり、坂道の中ほどで右に折れ、さらに十字路で右折すると、**浄光寺**の山門があらわれる。この寺には梵鐘や地蔵尊のほか、史跡も多い。これから向かう含満ガ淵の地蔵たちの、親地蔵尊御首も忘れずに見ていこう。

十字路まで戻って右に折れ、含満大谷橋で大谷川を渡る。川上に15分ほど歩くと大正天皇の歌碑がある。しだいに水音が激しくなれば清流渦巻く**含満ガ淵**だ。

岸に迫るスギの森に溶け込むように、コケむした地蔵が並ぶ。100体あったところ洪水などで流失し現在74体あるといわれる。数え直しても数が合わない化け地蔵としても有名である。

ここで来た道を戻る。含満大谷橋を左岸に渡り、十字路を右に折れる。旧市内の落ち着いた家並みの中に石畳の道が続く。磐裂神社で左折、次の十字路を右折すれば総合会館のところで国道120号に出る。向かいにバス停がある。

東武日光駅まで、朝来た道を歩いて戻っても30分である。

大山

おおやま

1158M

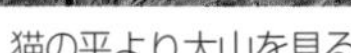

猫の平より大山を見る

▶交通　JR日光線日光駅または東武日光線東武日光駅から東武バス霧降高原行、終点下車。復路は同じ路線の霧降滝バス停から乗車

▶歩行時間　3時間40分

▶コースタイム　霧降高原バス停（5分）大山コース登山口（30分）合柄橋（55分）大山（40分）猫ノ平（30分）マツクラ滝（35分）ツツジガ丘（15分）霧降滝観瀑台（10分）霧降滝バス停

▶地形図　日光北部・鬼怒川温泉

▶霧降滝　華厳ノ滝、裏見ノ滝とともに日光三名瀑の一つに数えられる。80mの岩盤を、上部は一気に、下部はすそ広がりになり、二段に落下する。流れ落ちる水が途中で飛散して霧のように見えるところからこの名がついたという。新緑、紅葉、そして雪景色と、四季それぞれの美しさが楽しめる

ＪＲ日光駅から東武バス霧降高原行に乗り、終点**霧降高原バス停**で降りる。東に道路を下ると、**大山コース登山口**の道標がある。ここから登山道となり、５分ほど下って、道路の下をくぐると道標がある。

ゆるやかな下り20分ほどで道標を見る。そこを少し過ぎると崖崩れをした場所に出る。踏跡をたどり、崖崩れを迂回してもとの登山道に出る。すぐに**合柄橋**（がっからばし）の標識を見るが、橋はなく、岩ゴロゴロの涸沢を渡る。

これ以降は高原のゆるやかなアップダウンの道で、レンゲツツジとヤマツツジの群落の中を歩く。

畑原の牧場入口からは牧柵を越えて広々とした牧場の中の登りである。振り返れば、霧降高原から女峰山、男体山への展望が広がる。

大山山頂（１１５８メートル）には牧場入口から約20分で着く。山上の尾根一帯が牧場になっていて、ツツジの開花期にはあたり一面見事な景観をつくりだす。

頂上からは南へ少し下り、牧柵を越えて牧場内の舗装道路を歩く。10分ほどで再び山道に入り、牧場内の尾根通しに進むと広々とした**猫ノ平**で

ある。あずま屋があり、大パノラマが広がる。以前は猫ノ平から南東に下るコースがあったが、今は廃道になっている。

ゆっくり眺望を楽しんだあとは、「マックラ滝・玉簾滝」の道標にしたがいツツジガ丘を目指す。30分ほど急坂を下ると分岐に出る。「大山・マックラ滝・ツツジガ丘」の道標にしたがい右折し、マックラ滝へ向かう。道標から5分ほどで、車は通行禁止の舗装道路に出る。正面には**マックラ滝**が姿を見せている。

滝壺付近の水煙を楽しんだら、舗装道路に戻る。舗装道路から先ほどの分岐まで戻り、ツツジガ丘方面に向かう。時間が許せば、玉簾滝・丁字滝に立ち寄るのもよい（『霧降隠れ三滝』参照）。

ここでは舗装道路をそのまま下る。30分ほどでカタクリ橋を渡ると、右手に車止めのゲートがあり、舗装道路は終わる。車道に沿って左側に延びる尾根道を登り、15分ほど進めば**ツツジガ丘**に出る。ツツジの開花期には見事な花模様がくり広げられる。

さらに売店から少し尾根道を下ると日光三名瀑の一つ、**霧降滝観瀑台**に出る。観瀑台からは滝が正面に眺められる。その名のとおり、霧を降らせたような姿である。

新緑よし、紅葉よしの霧降滝は数多い日光名勝の一つで、春夏秋と訪れる人が多い。ここから**霧降滝バス停**までは数分の距離だ。

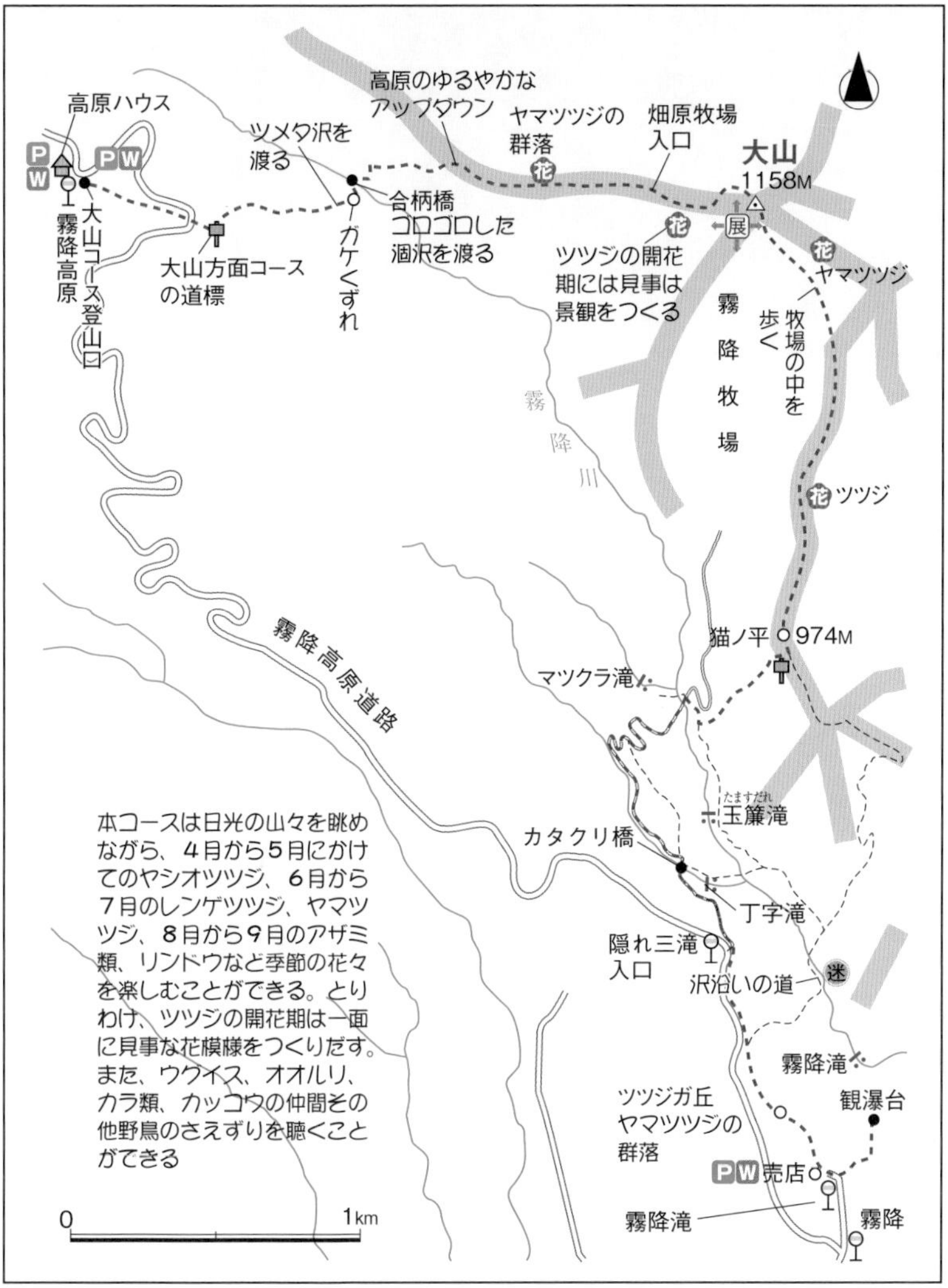

展望のよい高原散策 ★

霧降高原歩道

きりふりこうげんほどう

登山道から赤薙山を望む

▶**交通**　JR日光線日光駅または東武日光線東武日光駅から東武バス霧降高原行、高原歩道入口バス停下車

▶**歩行時間**　4時間

▶**コースタイム**　高原歩道入口バス停（80分）見晴台（30分）砂防堰堤群コース分岐（75分）滝尾神社（55分）神橋

▶**エスケープルート**　見晴台（90分）キャンプ場（40分）旧中学校駐車場

▶**地形図**　日光北部

▶車の場合、登山口である「見晴台2.1km」の道標地点から林道が延びていて、堰堤手前の広場まで入れる。2～3台の駐車スペースがある。ただし、かなりの悪路である。ここから見晴台までの往復は2時間40分程度。なお、刈り払いされていないときは、車の進入は困難である

ここで紹介するコースは、多少のアップダウンはあるものの、なだらかな地形の高原歩きで見晴台以降は下る一方の楽なハイキングである。しかし霧の多い地域なので、注意すること。なお、急な箇所もあるので足まわりはしっかりしてほしい。

ＪＲ日光駅から出る霧降高原行の東武バスに乗り、**高原歩道入口バス停**で下車する。運行時期に注意すること。

バス停のすぐ横に、「見晴台２・１㌔」の道標がある。車の通れる道を２００㍍ばかり進んだY字分岐で、左手に下って沢に架けられた粗末な丸木橋を渡る。流されて渡れない場合は、１００㍍ぐらい上流のコンクリートで固められた上が水深が浅いので、そこを徒渉する。

ややジグザグの登りとなり、カラマツ林とササの中を進む。季節にはキクザキイチゲなどの花も見られる。しばらく歩くと「見晴台１・４㌔」の道標があらわれる。登りつめたあたりからの六方沢方面の展望が素晴らしい。

やがて「見晴台１・０㌔」の道標があらわれる。このあたりから道は狭くなり、多少のアップダウンが続く。まわりはあいかわらずのカラマツ

50

林とササである。「見晴台0・2キロ」の道標があらわわれると、若干の登りとなる。「見晴台0・1キロ」の道標をさらに登ると**見晴台**に出る。

緩斜面の広い場所である。気持ちのよい場所なのでゆっくりとしたい。ただ、風が強いこともあるので注意しよう。

ここには「東武日光駅5・0キロ、滝尾神社3・4キロ」の道標がある。東武日光駅への道はササが深いところがあるので注意が必要である。ヤマツツジの花の多いコースである。約1時間半強の下りだ。

滝尾神社へは、カラマツ林とササの中の道を下る。右手にはヤマツツジがあらわれる。カラマツ林が終わって、ヤマツツジがトンネルのように両側にあらわれるころからは急な下りとなる。道がササでわかりにくいところもあるので注意して下る。

しばらくすると、「滝尾神社2・9キロ」の道標がある。このあたりからヤマツツジはまばらになる。この先、「滝尾神社2・7キロ」の道標あたりからカタクリの花があらわれる。

スギ林の脇の急な下りを過ぎると広い道に出る。ここには神橋、滝尾神社への分岐がある。滝尾神社の方へ右手に進む。この先稲荷川の砂防堰堤上を渡る。増水時には、無理せず神橋方面に下ることをおすすめする。

川を渡り、工事用の道路を進むと、**砂防堰堤群コース分岐**に出る。大正時代から作られ続けてきた砂防堰堤がたくさんあり、歴史を感じる。また展望もよく、特に紅葉のころはきれいである。1時間ほどで道は舗装された林道に合流し、**滝尾神社**に出る。この周辺は「もうひとつの日光」として紹介されているが、観光客は少ない。子種石、酒の泉、縁結びのササ、運試しの鳥居など変わった史跡が多い。将棋好きには、この先に香車（きょうす）堂がある。ただしここは、安産信仰のお宮で、正式には観音堂である。

さらに下ると、東照宮に出る。時間に余裕があればぜひ立ち寄ろう。

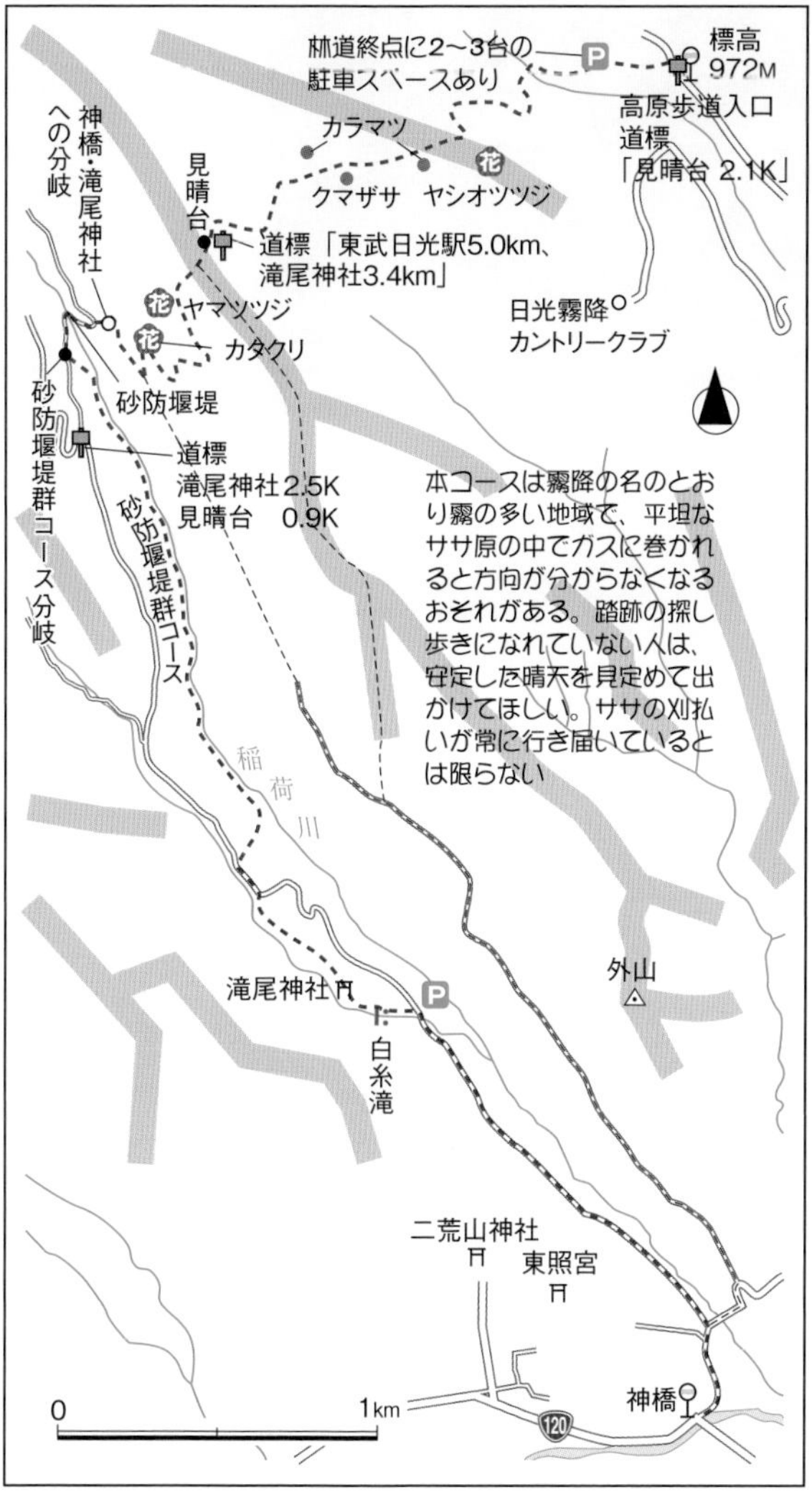

丸山

まるやま

1689M

キスゲ平から丸山を見る

▶**交通**　JR日光線日光駅または東武日光線東武日光駅から東武バス霧降高原行、終点下車

▶**歩行時間**　2時間40分

▶**コースタイム**　霧降高原バス停（70分）丸山分岐（20分）丸山（70分）霧降高原バス停

▶**地形図**　日光北部

▶**六方沢橋**　長さ320m、谷底までは134mあり、東洋一といわれる逆ローゼアーチ橋。橋上から渓谷を覗くと思わず足がすくんでしまいそう。アカヤシオの群落もあり、山並も美しい

▶**ニッコウキスゲ**　シカの食害により一時期壊滅状態となったが、シカの防止柵と人工的な増殖により完全に復活した

ＪＲ日光駅から霧降高原行の東武バスに乗り、終点の**霧降高原バス停**で降りる。ここが登山口となる。車利用の場合は、登山口近くに駐車場が三カ所（１００台程度）あるのでここに駐車する。

6月下旬から7月中旬にかけての土日曜は、キスゲ平までニッコウキスゲの観光に訪れる人が多く、駐車場はかなり混雑する。

平成25年にリフトが廃止され、よく整備された散策路が完成した。丸山への道は、高原ハウスの下から登る昔からの登山道を行った方が時間的には速いが、立派な散策路が完成したので、多くの花を見ながら、ゆっくり散策路を登りたい。

なお、高原ハウスから小丸山展望台まで１４４５段の木製の階段が整備されているので、この階段を一気に登れば40分程度で小丸山展望台まで到着する。

散策路の右手には名前のごとく丸い山が見える。**丸山分岐**を過ぎ、気持ちのよいササの道を進むと、ほどなく登りになる。大きな岩がゴロゴロして、その間をぬうように進む。かなり急で滑りやすいので要注意。

あえぎ出すころには**丸山**山

頂（1689メートル）だ。小高い広い山頂で、表日光連山、高原山塊、日光・今市の市街と展望が広がる。ここで弁当を広げて、心ゆくまで展望を楽しみたい。

下りは登って来た反対の道を北側へ下る。急な道で滑りやすいので注意して降りる。ほどなくして広いササ原の八平ガ原に出る。ここからは直角に右（南）に曲がり、林間の道をトラバースする。途中、沢があり、石がゴロゴロしているところがあるが、やがて登りの道に合流する。この道を下って車道に出てもとの**霧降高原バス停**に戻る。合流点から少し登って散策路に出ることもできる。

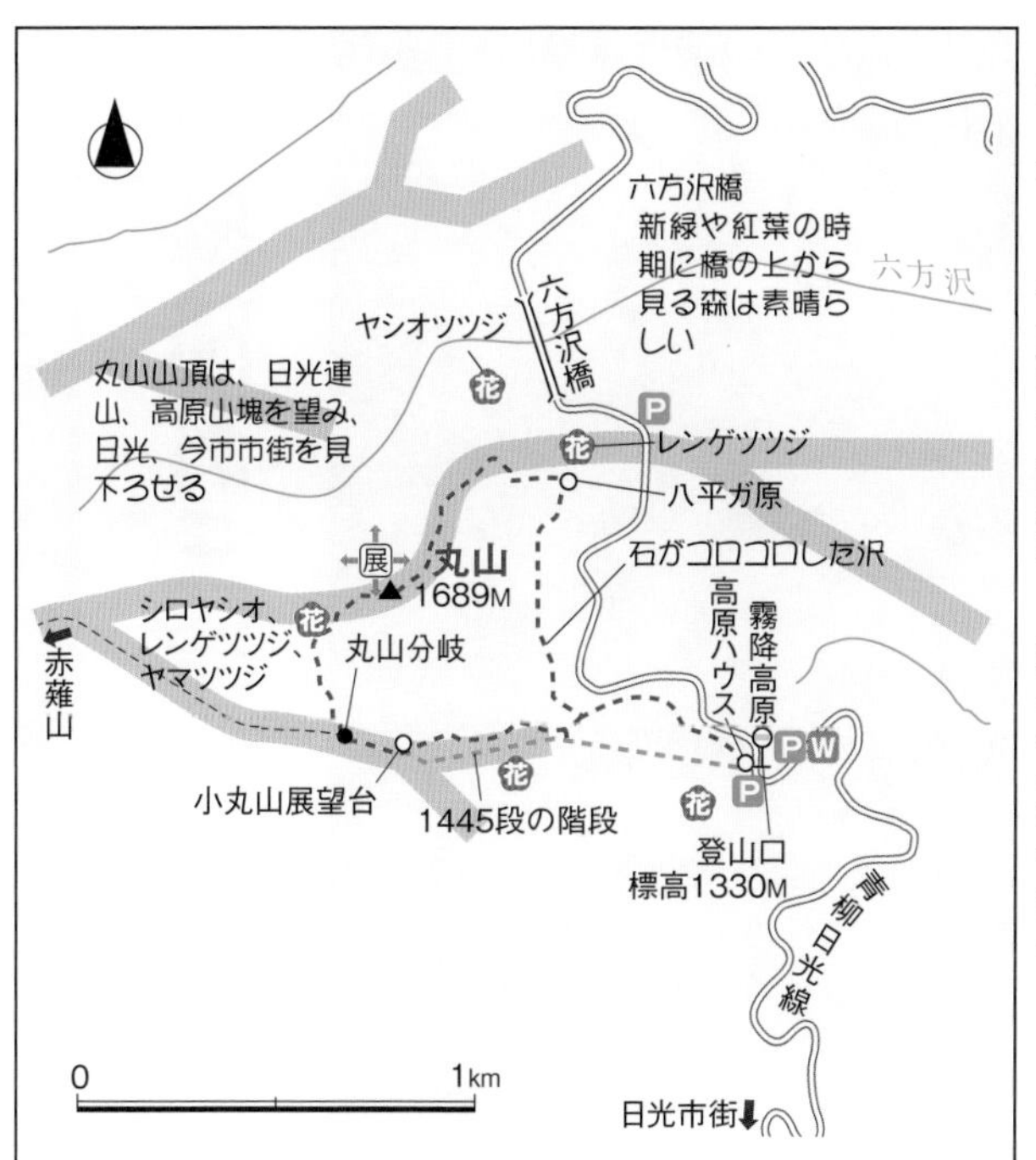

栃木県の山に咲く花の開花期（年によって１週間程度のずれがあります）

那須・塩原

八幡のヤマツツジ	5／下
ミツモチ山のシロヤシオ	5／下
日の出平のミネザクラ	5／下~6／上
マウントジーンズスキー場上部のシロヤシオ	6／上
大間々のレンゲツツジ	6／上~中
沼原のニッコウキスゲ	7／上
流石山のニッコウキスゲ	7／上~中
那須のエゾリンドウ	8／下~9／上
姥ガ平の紅葉	10／初

南会津・鬼怒

今市月山のアカヤシオ	5／上
田代山のチングルマ	6／中
田代山のコバイケイソウ	7／上~中
帝釈山のオサバグサ	6／中

日光

明智平展望台付近のアカヤシオ	5／上
霧降高原のヤマツツジ	5／中~下
女峰山麓のヤマツツジ	5／下
黒檜岳・高山のアズマシャクナゲ	5／下~6／上
戦場ガ原のズミ	6／上
千手ガ浜のクリンソウ	6／上~下
戦場ガ原のワタスゲ	6／中~下
白根山のシラネアオイ	6／中~下
霧降高原のニッコウキスゲ	7／上~中
小田代原のノアザミ	7／下~8／上
戦場ガ原のホザキシモツケ	7／下~8／上
中禅寺湖の紅葉	10／中~下

前日光・県央

羽黒山のロウバイ	2／上~中
古賀志山のカタクリ	4／上
古賀志山のヒカゲツツジ	4／上~中
石裂山のアカヤシオ	4／下
井戸湿原のヤシオツツジ	5／上~中
井戸湿原のヤマツツジ	5／下~6／上

八溝・芳賀

北金丸のザゼンソウ	2／中~下
那珂川町小川のカタクリ	4／上
富山のイワウチワ	4／上

足尾・安蘇

星野のセツブンソウ	2／下~3／上
三毳山のカタクリ	3／下
袈裟丸山のアカヤシオ	5／上~中
庚申山のコウシンソウ	6／中
太平山の紫陽花	6／中~7／上

水煙をあげるマツクラ滝

ひっそりと眠る三滝を訪ねて ★

霧降隠れ三滝

きりふりかくれさんたき

52

▶**交通**　JR日光線日光駅または東武日光線東武日光駅から東武バス霧降高原行、霧降滝下車

▶**歩行時間**　3時間10分

▶**コースタイム**　霧降滝バス停（20分）隠れ三滝バス停（10分）カタクリ橋（30分）マツクラ滝（40分）猫ノ平（40分）玉簾滝（10分）丁字滝（10分）カタクリ橋（30分）霧降滝バス停

▶**地形図**　日光北部

▶**アドバイス**　バス利用の場合は、霧降滝バス停先の、隠れ三滝入口バス停まで行けば、歩く時間を短縮できる。バスは本数が少ないので、要確認。車利用の場合は、霧降滝駐車場またはツツジガ丘駐車場に車を置き、そこから歩く

霧降高原には霧降滝(きりふりのたき)があり、観光客で賑わっているが、霧降滝の上流に、マックラ滝、玉簾滝、丁字滝があり、これらを霧降隠れ三滝という。この三つの滝を回るコースを紹介する。

霧降滝バス停からツツジガ丘に向かう。ツツジガ丘から大山に向かう山道を15分ほど歩くと、分岐がある。右側は大山への沢コースであるが、今は廃道であり通行止の標識がある。左手の車道に沿って尾根道を進むと、車の入れない舗装道路に出る。左側に車止めのゲートと**隠れ三滝バス停**がある。舗装道路を10分ほど下っていくと**カタクリ橋**に出る。

橋を渡ると、すぐに、「丁字滝・玉簾滝」と書かれた道標がある。ここから三滝をめぐる一周コースをとるが、右回りでも左回りでも大差はない。ここでは左回りコースを紹介する。

マックラ滝へは、左手の舗装道路を進む。ゆるやかな登り坂を20分ほど行くと峠に出て、そこから道なりに下ると、コンクリートの橋（きりふり橋）に出る。橋を渡った左側にマックラ滝の道標がある。すぐに角材を束ねた橋があり、それを渡ると**マックラ**

滝は眼の前である。隠れ三滝の中では最も落差があり、滝壺付近では水煙があがっている。

滝を見たら、舗装道路まで戻る。反対側に「猫ノ平・大山」への案内板が木にくくりつけられているので、それにしたがって山道に入っていくと、5分ほどで大山方面への分岐に出る。急坂を30分ほど登れば**猫ノ平**に出る。猫ノ平は広々とした牧場の最も高いところにある。

猫ノ平からは同じ急坂を分岐まで引き返す。ツツジガ丘の道標にしたがって下って行くと、ほどなく赤い岩を落ちる**玉簾**(たますだれ)**滝**に着く。滝を見る展望台があるが、そこから100メートルほど下ったところから滝壺に行く道があるので、近くまで行ってみるのも一興である。

玉簾滝の滝壺に行く道から10メートルほど下ったところに、丁字滝の分岐点があり、道標がある。川に下りて丸木橋を渡る。下流に向かって道をさがして行くと、すぐに**丁字滝**が見えてくる。丁字滝は真夏でも涼しい滝である。

丁字滝から少し戻ると、チロリン村への道標があり、そこから丁字滝の上流に向かって歩いて行く。10分ほどで、周回コース出発点の「丁字滝・玉簾滝」と書かれた道標に出る。**カタクリ橋**を渡り、来た道を**霧降滝バス停**まで戻る。

丁字滝

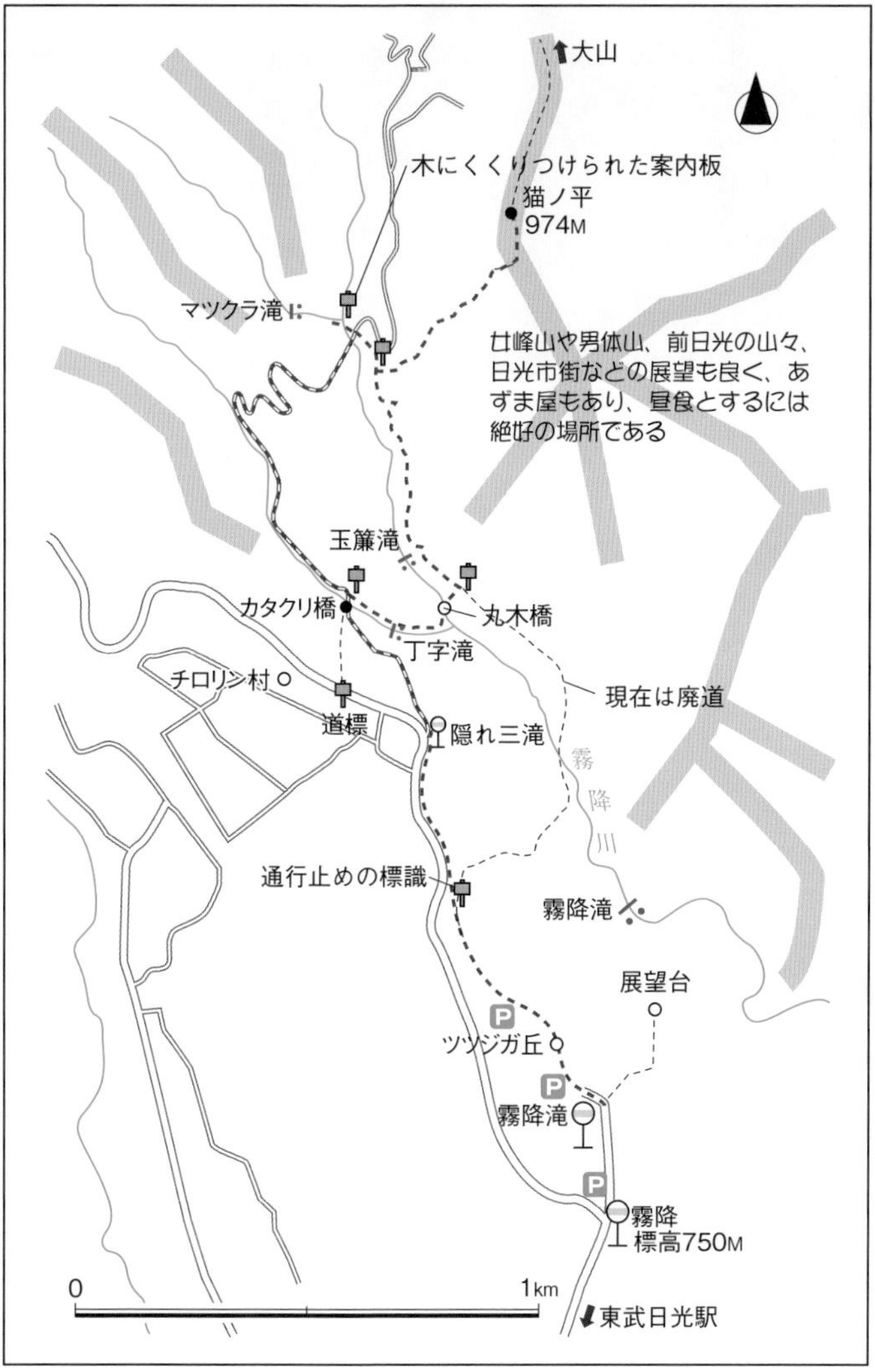

大山
木にくくりつけられた案内板
猫ノ平
974M
マツクラ滝
女峰山や男体山、前日光の山々、日光市街などの展望も良く、あずま屋もあり、昼食とするには絶好の場所である
玉簾滝
カタクリ橋
丸木橋
丁字滝
チロリン村
道標
現在は廃道
隠れ三滝
霧降川
通行止めの標識
霧降滝
展望台
ツツジガ丘
霧降滝
霧降
標高750M
0
1km
東武日光駅

茶臼山から毘沙門山

ちゃうすやま
びしゃもんやま

587M

ヒノキに囲まれた茶臼山山頂

▶**交通**　東武鬼怒川線大谷向駅下車

▶**歩行時間**　3時間40分

▶**コースタイム**　大谷向駅（5分）国道交差点（25分）茶臼山ハイキングコース入口（20分）茶臼山（35分）十字路（45分）毘沙門山（40分）県道青柳今市線分岐（45分）国道交差点（5分）大谷向駅

▶**地形図**　今市・鬼怒川温泉

▶車道歩きが長くなるので、毘沙門山から同じコースを引き返すのもよい

東武鬼怒川線**大谷向**（だいやむこう）**駅**で下車する。駅前の道は、日光街道の旧道、会津西街道である。駅から左方向へ、旧道を10分も歩けば**国道121号との交差点**に出る。信号を直進すれば県道青柳今市線、左は大谷橋を渡って今市市街へ、右は鬼怒川温泉へ通じている。ここは交差点を右折し、国道121号の左側歩道を鬼怒川温泉方面に歩きはじめる。

左手にすぐ今市第二小学校があり、北方の山にはテレビアンテナや反射板が遠望される。国道に沿ってスーパーや警察署が並んでいる。T字路信号を越えても店が続くが、目の前はもう茶臼山だ。緑の中に秋なら赤や黄の紅葉が交じり、大きな岩肌が迫る。

「山野草盆栽」と書かれた看板から50メートルほど先に、「茶臼山ハイキングコース」と書かれた小さな道標があり、小道を入ると、右手にカラオケハウスがあり、となりが駐車場である。

正面に**「茶臼山ハイキングコース入口」**と書かれた道標が立っている。道はすぐに階段となり急登が続く。岩肌の露出した道を登り、まもなく尾根に出る。左手は樹間越しに国道方面が望まれる。ピークを下り、登り返して再び

ピークに出る。ここが**茶臼山**の山頂（517㍍）である。ヒノキに囲まれて展望はない。次のピークではヒノキの樹間から右方向に塩原方面の山々が遠望できる。

ヒノキ林の中を歩くので、まわりはうす暗い。30分ほど歩いて、次のピークの手前に**十字路**があり、標識がある。毘沙門山へは左に進む。

このピークにはテレビ中継局が建っているので往復してみよう。ピークに立ち右方向を望むと、東側の展望が開けている。

毘沙門山山頂からの展望

十字路の分岐へ戻り、西の斜面を少し下る。うっすらと踏跡のある巻き道をゆっくりと10分も歩くと、テレビ中継局の建物の北側の尾根の標識にたどり着く。ピークから北側にある道を下っても同じ道に合流する。

そのまま尾根を次のピークへ進むと、登山道は直角に西へ曲がり、急降下する。途中に階段もある。10分ほどで次のピークに達し、また西方向へ下り、次は急登になる。

15分も進むと道標があって、北東へ進むと西側に大きな反射板のあるピークに出る。二等三角点のある**毘沙門山山頂**（586・7㍍）である。東に高原山や遠く八溝の山々が望まれる。

山頂からは北へ下る。秋には紅葉が少し見られるが、やせ尾根ですぐにヒノキに変わる。「降り口」の道標にしたがって15分も下ると**県道青柳今市線との分岐**に出る。途中、階段や出口近くに五台分くらいの駐車スペースがある。ここから県道を左へ約3㌔歩くと、大谷向の**国道121号の交差点**に出て、まもなく**大谷向駅**に着く。

板穴川
分岐
ヒノキ林の下り
毘沙門山頂上からは東に高原山・八溝の山々が望まれる
毘沙門山 586.7M
展
急降下と急登
十字路標識
テレビ中継局
県道青柳今市線
道標「茶臼山ハイキングコース入口」
茶臼山 517M
標高380M
ピークを下り登り返す
階段
カラオケハウス
急登
「山野草盆栽」の看板あり
小さな道標あり
所野
121
会津西街道
東武鬼怒川線
今市市立第二小学校
国道121号交差点
461
大谷川
歩道橋
大谷橋
だいやむこう
大谷向駅
0
1km
今市市街

★★

丹勢山

たんぜやま

1398M

やしおの湯から見た丹勢山

▶交通　JR日光線日光駅または東武日光線東武日光駅から東武バス湯元温泉行または中禅寺温泉行、清滝行、清滝駐在所前バス停下車

▶歩行時間　5時間20分

▶コースタイム　清滝駐在所前バス停（90分）沼ノ平（30分）大きな溝の分岐点（40分）野州原林道（15分）丹勢山（10分）野州原林道（30分）大きな溝の分岐点（25分）沼ノ平（80分）清滝駐在所前バス停

▶地形図　日光南部

清滝駐在所前バス停から北に入り、清滝丹勢町の古河電工の旧社宅街跡地付近に入ったら「表男体林道」の標識にしたがい、先に進む。林の中に入ると「丹勢山麓散策路案内図」がある。現在「一般車通行止」の看板があり、車の場合は、3〜4台とめられる。

つづら折りのアスファルト林道を登ると、やがて日光市街や鳴虫山の展望が開けてくる。途中「丹勢1・5キロ、沼ノ平4・0キロ」と書かれた木柱の標識があり、このあたりからはジャリ道となり、沼ノ平が近くなると平坦になる。

再びアスファルト道を通り「丹勢5・0キロ、裏見滝7・0キロ、沼ノ平0・5キロ」の木の標識が立っている地点に出る。左へゲートをくぐり、カラマツ林の中を行けば、日光テレビ中継放送局のアンテナと建物がある。さらに少し進むと日光市街と鳴虫山の稜線がよく見える。

先ほどの標識の地点まで戻り、今度は直進すると、林道が右にヘアピンカーブとなる。以前は車でここまで入れたが、今は入れない。この付近一帯はカラマツ林の平坦地となっており**沼ノ平**と呼ばれている。

カーブには「丹勢山国有林」

と書かれた木円柱がある。標識の脇からササの中の踏跡に入る。カラマツ林の中、トラバース気味のゆるやかな登りとなる。登るにつれて沼ノ平が望め、道はほとんど水平となる。カラマツ林越しに薬師岳から三ノ宿、夕日岳の稜線が見渡せる。

シロヤシオ、アカヤシオなどのツツジ類との混交林となると、登山道が切れて**大きな溝**が目の前にあらわれる。沼ノ平から30分ほどである。この溝状の分岐点から右へ登る。ササの中、沢に沿ってジグザグの快適な登りが続く。大きな岩が正面にあらわれたら右へ沢沿いに進む。だんだん踏跡がうすくなってくるが沢筋を離れないようにする。

沢の源頭部のような、ゴロゴロ石の急登を越えると、カラマツ林の中のゆるやかな登りとなる。ササは胸くらいまで深くなる。沢筋をたどれなくなっても、沢沿いのルートを守ればよい。右のカラマツ林の方へ多少沢から逃げると歩きやすいだろう。

ルートは北から東へ向かう。正面が明るくなり木々の間から空が見えてきたら、右手の小高い丘の下の鞍部を目指す。この鞍部を抜けてササの中を下って行くと、野州原林道と、丹勢山のピークが見えてくる。

野州原林道を横切り、尾根の西端から高みへ、カラマツとヤマツツジなどの灌木の間をぬって登る。上がるにつれて展望はよくなる。振り返れば社山、黒檜岳、中禅寺湖の湖面が光る。巨大な男体山は目の前だ。**丹勢山**山頂（1398メートル）はササの中の広場で、大休止にはもってこいだ。

下山は同ルートを戻ってもよいが、ゆっくり野州原林道を下るのもよい。林道からは、鳴虫山から薬師岳、三ノ宿、夕日岳の前日光の山々が見渡せる。近くは沼ノ平やテレビ中継局の建物を望みながらの下山となる。

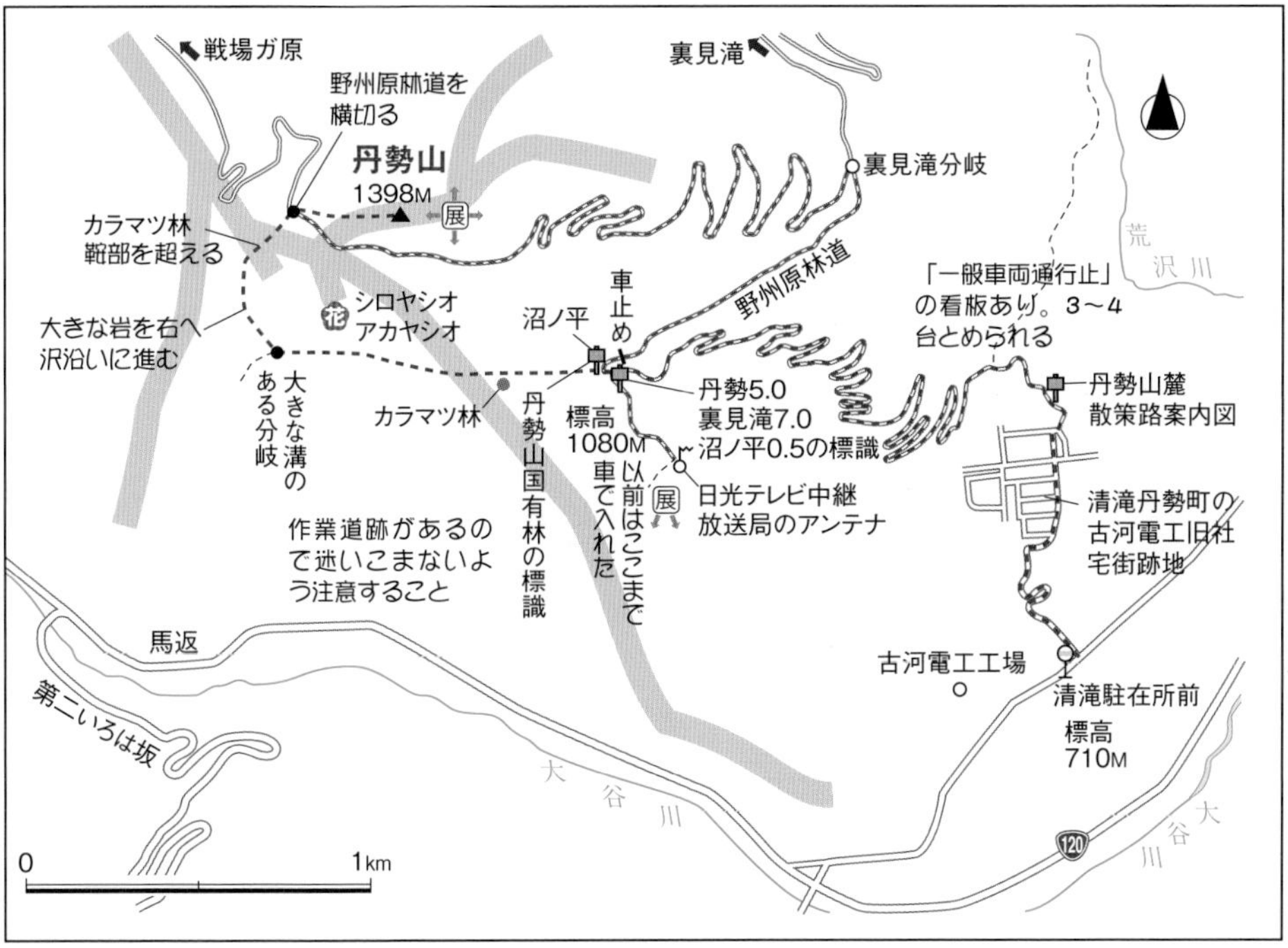

寂光ノ滝から、その源流域を目指す ★★

寂光沢源流

じゃっこうさわげんりゅう

寂光ノ滝でくつろぐハイカーたち

▶**交通** JR日光線日光駅または東武線日光駅から東武バス湯元温泉行、田母沢バス停下車

▶**歩行時間** 3時間40分

▶**コースタイム** 田母沢バス停(30分)寂光ノ滝駐車場(5分)寂光ノ滝(70分)寂光沢源流(10分)聖天ガ岩(75分)寂光ノ滝駐車場(30分)田母沢バス停

▶**地形図** 日光北部

▶**寂光寺跡** その昔、寂光ノ滝で修行をした弘法大師が寂光寺を開いたという。明治以前は若子神社と一緒であったが、神仏分離で分かれた。明治10年の火災で、若子神社以外はすべて焼失した

▶**聖天ガ岩** 聖天とは、ヒンドゥー教の神でガネーシャのこと。ガネーシャを仏門に帰依させたのが十一面観音といわれている

田母沢バス停で下車し、中禅寺湖方面に少し進み、日光自然環境事務所手前の一般県道寂光滝線を右折。**寂光ノ滝駐車場**まで約2キロ、30分ほどを歩く。車の場合、この大きな駐車場まで入れる。

石の鳥居をくぐり石段を上がると、若子(じゃっこ)神社の本殿が杉木立の中に建っている。左手を見れば、杉木立の向こうの沢に大きな滝が流れ落ちている。下れば**寂光ノ滝**の滝壺である。高さ50メートル、幅6メートル、7段の滝が目の前だ。

源流へは、若子神社の本殿の左側から、尾根沿いについている女峰山へのルートをたどる。すぐに「宇都宮営林署」の標識があり、そこから50メートルほど行くと、左に尾根から河原に下りる踏跡がある。寂光ノ滝の上部の滝が左手に見えている。

滝の上部の河原に出ると、左岸に道が続いていて、いくつかの小滝を左に見て進む。連続して落ちている小滝は、右側から小高い丘を回り込み、平坦な広葉樹の広場に出る。休むにはよいところだ。

右に回り込んで北に進路をとる。最後まで左岸(上流に向かって右側)を歩くことになる。やや沢がせばまると急斜面を高巻くルートとなる。

55

踏跡は、ところどころわかりにくくなっているが、注意深く踏跡をさがしながら歩く。道はわかりにくくても、向かって左側には川が流れているし、危険な場所もない。

ここを抜け出てゴロゴロした岩の間を登ると、ササ原の平坦な広場に出る。周囲はコナラ、クヌギ、ブナ、カエデなど美しい広葉樹の森だ。ゆっくり休憩したい場所である。

まとまった水流となった本流に沿い左岸を登る。やや急な登りを過ぎると正面にかわいいナメ滝があらわれる。右から高巻いて上部に出ると、湿地帯のような広い平坦地に出る。ここが**寂光沢源流**である。右側の斜面から何本もの水流が流れ出ている。

左岸をさらに進み、一つ上のササ原の平坦地へ出る。薄い踏跡は広葉樹の森に続いているが、見上げるとクマ棚や木登り跡がある。クマの運動場を歩いているわけなので十分気をつけよう。

踏跡をさらに進むと、正面に垂直の岩壁があらわれる。ゴロゴロ石の中を壁の基部まで登って行く。**聖天ガ岩**（しょうてん）である。岩壁には洞穴がある。ここで昼食にするのもよい。新緑や紅葉も美しいところだ。

これから先、女峰山からの登山道に出るまで、ほとんど道らしい道はない。コンパスをたよりに歩くことになるが、自信のない人は、ここから引き返すのが無難である。

岩棚の縁を東に向かい、シロヤシオの中を急登する。ササ原の中、きれいに植樹されたカラマツ林のトラバースルートは、はっきりした道はないため、コンパスをたよりに東へ進み、女峰山からの道に合流する。合流点はササでおおわれてわかりにくくなっているので十分注意してほしい。

合流点を右に折れてカラマツ林をゆるやかに下る。ヤマツツジやシロヤシオも見られる。急な下りとなり広葉樹の森に入ると、寂光沢から瀬音が聞こえてくる。広い尾根道を下って石祠のある平坦地に出る。主尾根から右の枝尾根に入り、沢状の窪地を急降下する。やがて**寂光ノ滝駐車場**が見えてくれば山道は終了だ。**田母沢バス停**まで、もと来た道を戻る。

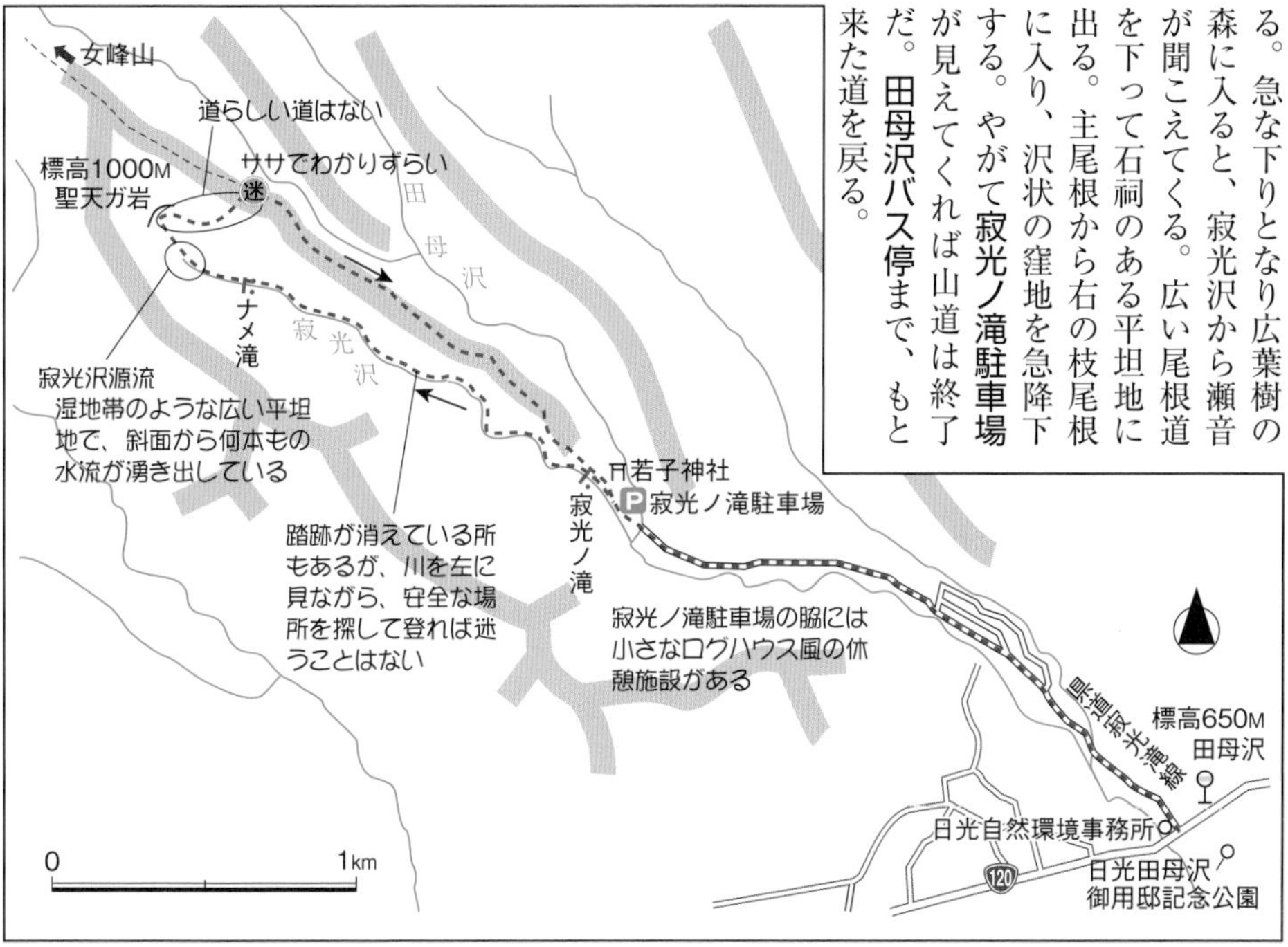

★★★

薬師岳から三ノ宿山

やくしだけ さんのしゅくやま

1420M

薬師岳山頂から男体山方面を望む

▶交通　JR日光線日光駅または東武日光線東武日光駅から東武バス湯元温泉行、または中禅寺温泉行、中禅寺温泉バス停下車

▶歩行時間　7時間30分

▶コースタイム　中禅寺温泉（50分）茶ノ木平（60分）細尾峠（40分）薬師岳（100分）丸山（25分）大木戸山（35分）三ノ宿山（140分）やしおの湯

▶地形図　中禅寺湖・日光南部

▶やしおの湯　日光市の施設。泉質はアルカリ性単純泉。露天風呂、大浴場、低温サウナなどがあり、広い休憩室や食堂も完備されている。開館時間は10時〜21時。木曜日休館（祝日の場合翌日）。入館料は700円（日光市民は300円）。TEL0288-53-6611

▶車利用の場合はやしおの湯に許可を得て車を置いて、バスで中禅寺温泉まで行くとよい

日光市内を抜けていろは坂に向かう途中、左手に見える山々は、禅頂行者道の薬師岳から日光南部の鳴虫山へと続く尾根筋である。１２００メートル前後のピークが連なり、稜線上からは表日光連山の全容を目の当たりにすることができる。また初夏には、ヤシオツツジを代表とするツツジいっぱいの花の道となる。コースの大部分は踏跡がしっかりしているが、ササに隠れているところやはっきりしないところもあるので、注意深く踏跡を確認しながら進みたい。

スタートは**中禅寺温泉**であるが、コースの前半、**茶ノ木平**から**細尾峠**、薬師岳にかけては『茶ノ木平から半月山』および『禅頂行者道』を参照されたい。

行程のほとんどは、ツツジの木にブナ等の落葉樹が交じる林になっており、夏期は展望が悪く、ルートの確認も難しいところもあるので、地形図とコンパスでよく確認しながら進む。地形図には偏角に合わせて磁北線を記入しておくほうがよい。

薬師岳（１４２０メートル）から東に向けてササの斜面を下り、すぐに前方の林の中に入る。１２２１メートル地点は下りの途中にあり、登り返した１１

59メートル地点は平坦地で、いずれもピークと感じないが、石祠があって展望もよい。鞍部から、ひとしきり急登で丸山（1242メートル）に着く。展望はあまりよくない。

このあと水平に近い尾根道がしばらく続き、急登をちょっと登って**大木戸山**（1286・6メートル）。頂上は展望がないが、少し東に進んだ尾根は北側が開けていて、目の前に男体山をはじめ日光の山々がよく見える。

大木戸山から急降下し、登り返して40分ほどで**三ノ宿山**（1229メートル）に着く。三ノ宿山の次の1188メートルピークから北西に下れば細尾ドームリンクに出るが、本コースでは北東の1158メートルピークから1047・7メートルの三角点ピークに向け、念入りに地図で尾根をひろって進む。

1047・7メートル三角点ピークの手前20～30メートルのところに左に進むように小さな標示板があるので見落とさないように注意したい。ここから送電線鉄塔に向けて急降下するが、途中尾根筋が不明瞭になり間違いやすい場所に表示があるので、表示にしたがい鉄塔までくると右下に日帰り温泉施設やしおの湯の黒い屋根と駐車場、また左手には今歩いてきた尾根筋を見ることができる。

鉄塔からは、巡視路を下って舗装道に出れば目の前がやしおの湯で、行程は終わりになる。日光宇都宮道路と国道の下をくぐり、旧国道まで5分ほど歩けば、清滝一丁目のバス停に出られる。

丸山山頂

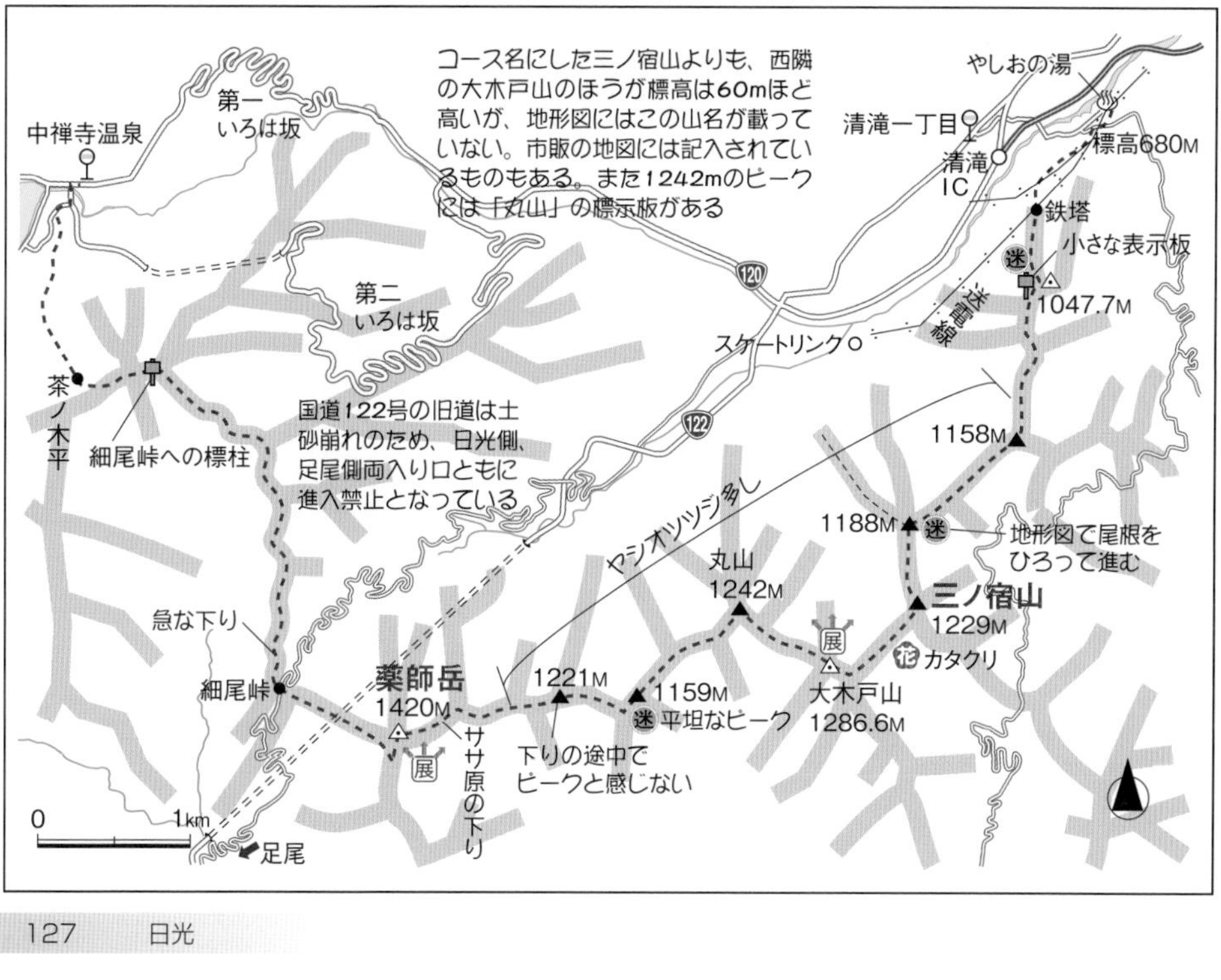

コース名にした三ノ宿山よりも、西隣の大木戸山のほうが標高は60mほど高いが、地形図にはこの山名が載っていない。市販の地図には記入されているものもある。また1242mのピークには「丸山」の標示板がある

やしおの湯
清滝一丁目
清滝IC
標高680M
鉄塔
小さな表示板
1047.7M
送電線
スケートリンク
中禅寺温泉
第一いろは坂
第二いろは坂
120
122
茶ノ木平
細尾峠への標柱
国道122号の旧道は土砂崩れのため、日光側、足尾側両入り口ともに進入禁止となっている
1158M
1188M
地形図で尾根をひろって進む
ヤシオツツジ多し
丸山 1242M
三ノ宿山 1229M
カタクリ
展
大木戸山 1286.6M
1159M
平坦なピーク
1221M
下りの途中でピークと感じない
薬師岳 1420M
ササ原の下り
急な下り
細尾峠
0 1km
足尾

華厳滝に迫る絶景パノラマコース ★

明智平から茶ノ木平

あけちだいら
ちゃのきだいら

1620M

広々とした茶ノ木平を歩く

▶交通　JR日光線日光駅または東武日光線東武日光駅から東武バス湯元温泉行または中禅寺温泉行、ザ・リッツカールトン日光バス停下車

▶歩行時間　3時間

▶コースタイム　ザ・リッツカールトン日光バス停（10分）登山口（30分）送電線鉄塔（20分）茶ノ木平分岐（15分）明智平展望台（15分）茶ノ木平分岐（20分）観瀑台（15分）細尾峠分岐（15分）半月山分岐（10分）茶ノ木平北展望台（10分）半月山分岐（20分）茶ノ木平遊歩道入口バス停

▶地形図　日光南部・中禅寺湖

▶帰りは、中禅寺温泉と半月山を結ぶバスで中禅寺温泉へ戻る。ただし、この路線は、季節運航のためバスが少ない。バスがない場合は茶ノ木平に戻り直接中禅寺温泉に下るとよい

明智平展望台へは明智平からロープウェイがかかっているが、まったく別のルートから歩いて登ることが可能である。歩いて明智平展望台まで行き、そこから茶ノ木平まで登り、茶ノ木平遊歩道入口バス停に下るまでのコースを紹介する。アカヤシオやシロヤシオの群生する登山道を歩くコースで、展望もよく、5月上旬から中旬にかけてのアカヤシオ、5月末から6月上旬にかけてのシロヤシオは見ごたえがある。

バスで行く場合は明智平の次の、**ザ・リッツカールトン日光バス停**で下車し、明智第二トンネル入口まで500メートル程度戻る。北側に車が4～5台置ける駐車場があり、その奥が**登山口**である。

登山口に道標はない。踏跡が東へ向かっている。この道は上の送電線の鉄塔に向かってのびている道である。道が登り坂になってくるとアカヤシオやシロヤシオの木が多くなってくる。アカヤシオの開花期には一面がピンク色にそまる。30分ほど登ると上部の**送電線鉄塔**の下に出る。周辺は広々としていて展望がよく、北側に男体山が大きく見え、中禅寺湖も見渡せる。

送電線の鉄塔からゆるやか

57

な登りを行くと、20分ほどで明智平展望台から茶ノ木平に向かう登山道にぶつかる。**茶ノ木平分岐**である。道のすみに「茶ノ木平1・8キロ」と書かれた木の標柱がある。

ここから明智平展望台までは15分程度なのでぜひ往復したい。

分岐点を左に曲がり、2番目の鉄塔に向かって歩く。鉄塔から、5分ほど下り、また登り返した場所は華厳滝と白雲滝の見えるところで、アカヤシオの咲くころは、たくさんのカメラマンが撮影をしている、絶好の撮影ポイントである。

明智平展望台から華厳滝・中禅寺湖を望む

ここから**明智平展望台**までは5分程度で、ここからの展望は華厳の滝、中禅寺湖、男体山、鳴虫山などが見え、360度の展望である。近くにトイレもある。

ここからロープウェイで明智平に下ることも可能で、1時間30分程度の簡単なハイキングとなる。

明智平展望台から**分岐点**まで戻り、茶ノ木平に向かう。20分ほどで**観瀑台**に出るが、木が茂って、華厳滝は一部しか見えない。そこから15分ほどで、標識のある**細尾峠分岐**へ出る。ここからは平坦な道となる。まもなく**半月山分岐**にぶつかる。

分岐を右に折れて進むと「明智平」と書かれた標識があるが、この道はササが茂って通れないので注意したい。

茶ノ木平北展望台は広々としていて男体山や女峰山、中禅寺湖などが見渡せ、気持ちのよい場所である。ここからは直接中宮祠に下る道があり、1時間10分程度で登山口の駐車場に戻れる。

茶ノ木平から**半月山分岐**まで戻る。ここを直進し、ゆるやかな坂を下って行く。アカヤシオなども咲いている展望のよい道である。30分ほどで展望台に出る。ここからは中禅寺湖や男体山、白根山などの展望が素晴らしい。

展望台のすぐ下が**茶ノ木平遊歩道入口バス停**である。

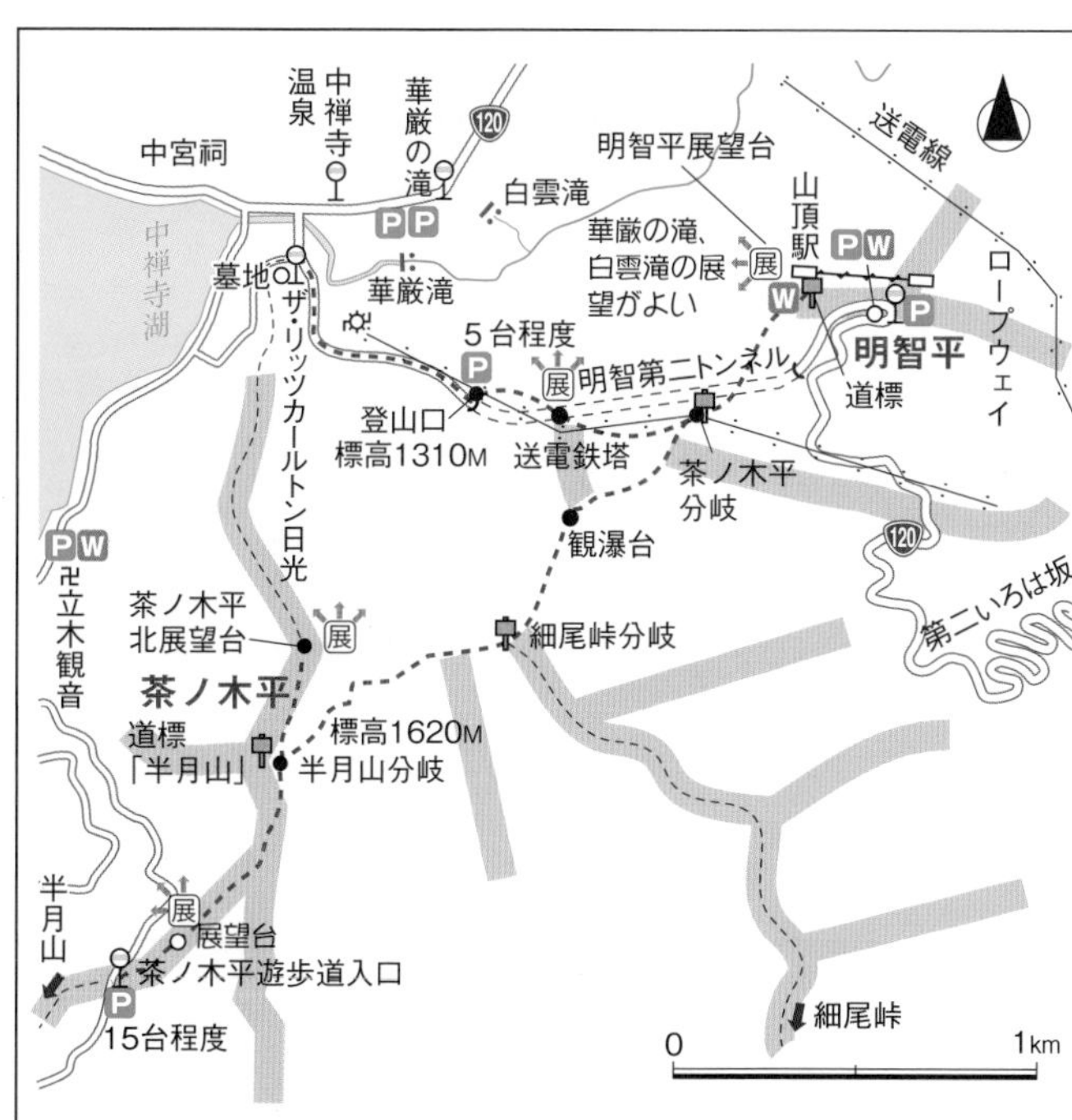

茶ノ木平から半月山

ちゃのきだいら はんげつさん

1753M

半月山西側岩場からの展望

中禅寺温泉ザ・リッツカールトン日光前から歌ガ浜に抜ける道の左側、墓地の外れの山の斜面に茶ノ木平方面と記された案内板がある。ここが登山口となる。

小尾根の急登気味の道を30分ほど登ると尾根に合流する。ここは右側尾根筋の道を登る。登山口から約50分ほどで、**茶ノ木平**に着く。標高1600㍍、湖面からは300㍍以上ある。茶ノ木平は全体に丘状の地形である。

道標を頼りに半月山に向かってゆるやかな丘状の樹林帯を越えて進む。やがて道は急な下りになっていく。

約25分で**中禅寺湖スカイライン**に出る。車道を横断して向かい側の短い急坂を登る。左手に時々関東平野を望みながら、20分ほど登ると**狸山**（むじなやま）に着く。樹林帯の中で展望はない。これからダケカンバの中を約7～8分下るとスカイラインの**駐車場**に出る。

駐車場からは、正面に中禅寺湖、眼下に八丁出島、向こう岸は千手ガ浜、その上に白根の山々、右前方には男体山が一望できる。展望を楽しんだら、旧休憩所兼売店の建物の裏手から再び山道に戻る。入口に「半月山へ1・3㌔」と記された道標がある。

▶**交通**　JR日光線日光駅または東武日光線東武日光駅から東武バス湯元温泉行または中禅寺温泉行、中禅寺温泉バス停下車

▶**歩行時間**　6時間

▶**コースタイム**　中禅寺温泉（60分）茶ノ木平（40分）中禅寺湖スカイライン（30分）狸山（15分）駐車場（50分）半月山（25分）半月峠（40分）阿世潟峠（20分）阿世潟（20分）狸窪（40分）立木観音（20分）中禅寺温泉

▶**地形図**　日光南部・中禅寺湖

▶茶ノ木平周辺はウラジロモミ、ダケカンバ、コメツガ、ブナ、ヤシオツツジなどが多く、また、野鳥の宝庫でカッコウ、カケス、オオルリ、メボソムシクイ、シジュウカラなど、そのほか多くの鳥の姿や声を楽しめる場所である。また、野生のサルやシカを見かけることが多い

低いササの茂った道を登ってコメツガの林に入り、やがてアップダウンの少ない尾根道となる。尾根の下を南から西の斜面に巻くように登って**半月山**山頂（１７５３・１メートル）に着く。

十数人が休憩できるほどの平坦な場所で、三等三角点があるが、周囲は樹林帯のため展望はきかない。山頂から20メートルほど西へ行くと岩場があり、岩の上からは中禅寺湖や男体山を望める。ここから西へ約5分下ると木製の展望台があり、背後の半月山以外、左右前方グルリと、さえぎるものもない大展望である。

なだらかな茶ノ木平

表日光から前日光の山々、そして遠く富士山。中禅寺湖も眼下に収まり、手前の岸から八丁出島がその名の通り約1キロ細長い半島を湖面に突き出している。大パノラマを十分に楽しもう。

展望台からは左前方の細い道を下る。ダケカンバ、ヤシオツツジ、カラマツ、ナナカマド、コメツガなどの交じった低中木帯の道で、季節毎に花や新緑、紅葉を楽しみながら20分たらずで**半月峠**に着く。

これより右に下れば狸窪（むじなくぼ）で、湖畔の道を東に行くと約40分で立木観音に着く。半月峠からさらに西へ向けて登り返して下ると約40分で**阿世潟峠**に着く。峠から右に約15分下ると**阿世潟**で、**狸窪**までは約20分の道のりである。ここから**立木観音**を経て**中禅寺温泉**へと帰路に着く。

中禅寺湖

ちゅうぜんじこ

春・夏・秋と自然を満喫できる湖岸一周……★★★

1269M

阿世潟より男体山を望む

▶**交通**　JR日光線日光駅または東武日光線東武日光駅から東武バス湯元温泉行または中禅寺温泉行、中禅寺温泉バス停下車

▶**歩行時間**　8時間

▶**コースタイム**　中禅寺温泉（70分）中禅寺湖畔ボートハウス（30分）竜頭滝（40分）赤岩（50分）千手ガ浜船着場（70分）梵字岩（20分）白岩（50分）松ガ崎（60分）阿世潟（30分）狸窪（40分）立木観音（20分）中禅寺温泉

▶**地形図**　中禅寺湖

▶**アドバイス**　このコースは運動靴でも歩けないことはないが、アップダウンや岩道もあり、歩行時間も長いので、軽登山靴で歩くほうが楽である。休憩時間を入れると、8時間以上になるので、出発時刻はできるだけ早目にしたい

中禅寺湖の湖岸を一周すると約24キロあるが、新緑、シャクナゲ、紅葉と、通年楽しめるハイキングコースである。

ＪＲ日光駅より東武バス湯元温泉行に乗り、中禅寺湖の東端、**中禅寺温泉**バス停で下車、ホテルや土産品店の並ぶ湖岸の道を歩きはじめる。10分も歩くと店が途切れ、二荒山神社中宮祠の前に出る。

湖岸をさらに10分ほど歩き、日本両棲類研究所前からは国道の湖岸寄り、一段低い水際の歩道を行く。左手、湖の対岸には半月山、社山、黒檜岳などの南岸の山々がなだらかな山並みを見せている。

一時間ぐらい歩いたところに無料の**中禅寺湖畔ボートハウス**があり、お茶も飲める。ここからの中禅寺湖の展望は素晴らしい。

菖蒲ガ浜遊覧船発着場で湖岸歩道は途切れるので一度車道に戻って竜頭滝方面に向かう。**竜頭滝**を見てから、滝の橋を渡って竜頭滝バス停を左に入る。企業の山荘やホテルの並ぶ中を湖岸に向かうと、千手ガ浜へのハイキングコースの案内板がある。

ここからまた湖岸歩きが始まり、約40分で**赤岩**に到着。湖面から10～20メートルの高さの小道を約50分歩けば千手ガ浜の

北端にある**船着場**に出る。定期船は4月上旬から11月末まで運行している。

千手ガ浜は湖の西端の広い砂浜である。西からの清流を二つ三つ渡って砂浜が終わり、山道に入ると千手堂があり、ここから南岸歩きが始まる。約10分歩くとシャクナゲの大きな群落があり、千手堂より約50分で**梵字岩**(ぼんじいわ)に着く。しかし風化したのか、梵字らしいものは見あたらない。

このあたりは湖岸線の出入りが多く、山肌が湖岸に迫っているところは針葉樹が多く、山が退いたところはゆるやかな斜面の落葉樹林になっている。

赤岩からの眺望

梵字岩を過ぎると、やがて広い樹林帯に出る。10〜20メートルおきにある赤いプラスチック製の小さな杭を目印に進む。

白岩は岩の岬で、白根山や高山、男体山などの眺めがよい。白岩から25分、また、広い樹林帯に出る。白岩から50分で**松ガ崎**、さらに20分で大日崎だ。あたりにはシャクナゲの小さな群落がある。

これよりコース左手の湖水中に中禅寺湖唯一のかわいらしい小島、上野島(こうづけじま)が見える。

大日崎より50分ぐらいで**阿世潟**(あぜがた)キャンプ場に着く。木立の中、最後ののんびり歩きを楽しもう。晩春、八丁出島の山裾あたりは、シロヤシオの花が目を楽しませてくれる。

やがて**狸窪**(むじなくぼ)を過ぎ、右上から下りてきた中禅寺湖スカイラインと合流すると、**立木観音**はもうすぐそこである。

千手ガ浜へのハイキングコースの案内板あり
紅葉の頃美しい
竜頭滝
菖蒲ガ浜
中禅寺湖畔ボートハウス
男体山
日本両棲類研究所
二荒山神社中宮祠
船着場
赤岩
行止まり
遊覧船発着場
湖岸歩道
千手ガ浜
砂浜
クリンソウの群落 (6月上〜下旬)
中禅寺湖
標高 1310M
中禅寺温泉
千手堂
俵石
梵字岩
白岩
展
松ガ崎
大日崎
シャクナゲ群落
シャクナゲ群落
日光開山の祖、勝道上人の分骨を納めた聖地
歌ガ浜船着場
ゲート 一般車輌進入禁止
立木観音
上野島
八丁出島
英国大使館別荘記念公園
イタリア大使館別荘記念公園
社山 1826.6M
阿世潟
狸窪
阿世潟峠
0 1km

中禅寺湖の南岸からは樹林越しに、あるいはそれぞれの岬から湖面に映る男体山や白根山を望むことができる。また、シャクナゲの群落やシロヤシオの花などが目を楽しませてくれる

社山

しゃざん

1827M

中禅寺湖から社山を望む

▶**交通**　JR日光線日光駅または東武鉄道東武日光線東武日光駅から東武バス湯元温泉行または中禅寺温泉行、中禅寺温泉バス停下車

▶**歩行時間**　5時間50分

▶**コースタイム**　中禅寺温泉（20分）立木観音（60分）阿世潟（20分）阿世潟峠（90分）社山（60分）阿世潟峠（20分）阿世潟（60分）立木観音（20分）中禅寺温泉

▶**地形図**　中禅寺湖

▶社山の読み方は「シャザン」と「ヤシロヤマ」の二通りが紹介されているが、半月山にある日光市の案内板には「シャザン」と記されている

▶**イタリア大使館別荘記念公園・英国大使館別荘記念公園**　現在は4月1日から11月30日の期間は公開されており、内部の様子や窓辺から湖畔の景色を見ることができる

中禅寺温泉でバスを降り、中禅寺湖の東岸沿いに約20分歩くと、**立木観音**で有名な中禅寺がある。遊覧船の発着所があり、広い歌ガ浜駐車場があるので、車利用の場合はここに車を置くことができる。トイレも湖岸側にある。

中禅寺スカイライン入口手前から右斜めに入る湖岸沿いの道を**阿世潟**に向かう。立木観音から阿世潟までは約1時間の行程である。

阿世潟から道標にしたがって湖岸を背にし、樹林帯の中の道を約20分も登ると**阿世潟峠**に着く。左手は半月山に続く尾根道で、社山は右手の尾根を登る。古くは足尾方面に下る道として利用されていたが、いまは荒れて、歩く人は少ない。

ひと息入れて登りはじめる。カラマツ林が散在していて、初夏の芽吹きのころはとても美しい。途中、足尾側の崩壊地があり、注意しながら進もう。カラマツ林を登ると裸岩の展望地に出る。休憩にはよいところだ。

ササの茂った尾根はかなりの急登が続くので、時々足を止めて後方の景色の変化を楽しみながらゆっくり進もう。さえぎるものもない展望コースで、右手は表日光連山、左

60

手は足尾から前日光の山々、遠くには富士山も姿をあらわす眺めを一望に収めるぜいたくな尾根歩きである。尾根道に起伏があるため、頂上かと思うピークにたどり着くと、また次のピークが見える。ピークの上り下りを何度か繰り返すが、あせらずに行こう。

モミの木とシャクナゲの混じった低樹林帯が見えたら1826・6メートルの三等三角点のある山頂はすぐである。阿世潟峠から約90分の道のりだ。

社山登山道からの眺望

しかし**社山**山頂からの展望はあまりよくない。少し西に進んで樹林帯を抜けるとササ原の広々とした南西向き斜面に出る。左右の展望のほか、正面に黒檜岳や白根の連山が見渡せる。時刻によってはここで昼食としてもよいが、時間に余裕があれば、一つピークを越えた先のカモシカ平まで足を延ばしてもよい。

ゆるやかな尾根の先には黒檜岳が女性的な山容を間近に見せている。ゆっくり休憩したら、下山は来た道を引き返すことになる。

時間と体力に余裕のある人はさらに進んで黒檜岳に登り湖の西岸、千手ガ浜に下るコースをとることもできる。ただし、黒檜岳の尾根は樹林帯で展望もなく、ササ道の中に無数のシカ道があってルートを間違えやすいので、一般向きではない。初心者は千手ガ浜から登るピストンコース(『黒檜岳』を参照)を利用されたい。

黒檜岳

くろびだけ

1976M

中禅寺湖対岸から黒檜岳を望む

▶交通　JR日光線日光駅または東武日光線東武日光駅から東武バス湯元温泉行、赤沼バス停下車。奥日光低公害バス乗り換え千手ガ浜下車

▶歩行時間　4時間40分

▶コースタイム　千手ガ浜バス停（25分）千手堂（5分）黒檜岳登山口（120分）黒檜岳（100分）千手堂（30分）千手ガ浜バス停

▶地形図　中禅寺湖

▶小田代・千手ガ浜行バス　戦場ガ原入口赤沼から千手ガ浜に至る車道は、平成5年から一般車輌の進入が禁止され、代わりにハイブリッドバスの運行が開始されたので、これを上手に利用するとよい。大人500円（小人250円）均一で自由に乗り降りできる。運行本数が変わるので事前に調べておくこと。4～11月まで運行問合せ先は日光自然博物館TEL 0288-55-0880

黒檜岳は社山とつなげた尾根歩きで紹介したガイドブックも多いが、やや健脚向きとなるので、ここでは千手ガ浜からの往復を紹介する。

黒檜岳の登山道は、中禅寺湖から分かれてすぐに、展望のない、きつい急登となる。山頂からの展望もなく、苦労する割には面白くない山という印象を持ってしまうが、この山の最大の魅力は、アズマシャクナゲの大群落があることである。

標高1350メートルから1750メートルぐらいまで次々と群落があらわれる。開花期は5月の下旬から6月上旬あたりだが、年によって開花期は変動するので、うまく開花期にぶつかれば幸運である。また、中腹にはシロヤシオの群落もあり、開花期はアズマシャクナゲの開花期とほとんど同じである。

この山は山頂に登るのを目標にするのではなく、花を見ることを目標に、途中まで登るという登山計画もよい。

千手ガ浜までは菖蒲ガ浜から歩いて行くことも可能だが、行程が長くなるので、赤沼から千手ガ浜までバスを利用する。バスの時間は季節や曜日で変化する。あらかじめ時間を調べておいて、早めに

出発したい。

千手ガ浜は美しい浜で、特に朝は人影もほとんどなく、清流が中禅寺湖に流れ込み、素晴らしい風景が広がっている。ここはクリンソウの群落が有名で、開花期にはたくさんの観光客が集まる。開花期は6月上旬から下旬にかけてである。

千手ガ浜バス停から湖岸を南に向かう。南岸の山に近づき清流を渡ると、少し登ったところに**千手堂**がある。ここから5分ほど行くと**黒檜岳登山口**の標識が立っている。

千手ガ浜のクリンソウ

疎林に踏跡程度の道がゆるやかに登っている。数十メートルごとに木の幹に赤と黄色に塗り分けた十数センチ角のプレートがつけられている。これを目印に進むこと３００メートル、左手の尾根に向けて黒檜岳を指す標識があり、道もはっきりしてくる。

沢の右岸を少し登り、やがてガレっぽいこの沢を注意して渡るとシャクナゲの大きな群落があらわれる。黒檜岳登山口から30分ほど登ると尾根に出る。「千手ガ浜・黒檜岳」と書かれた道標が立っていて、ここからシャクナゲの群落やシロヤシオの群落が次々とあらわれる。

樹林中の単調な登りのあと、登山口から2時間弱で千手ガ浜・社山を示す道標があらわれる。**黒檜岳**山頂へはここを直進して10分程度で着く。山頂は樹林帯の中で展望はなく、「黒檜岳１９７６メートル」を示す山名標識がいくつか打ちつけてある。コメツガ林の中であり、奥日光でも特に深山の趣がある山頂である。

下山は同じ道を戻るが、急坂が多く道が荒れているところもあるので、ゆっくり、慎重に下ろう。千手ガ浜に下山して、時間に余裕があれば、西ノ湖から西ノ湖入口バス停まで歩いてもいいし、中禅寺湖の湖畔を竜頭ノ滝まで歩くのもいい。

赤岩滝
小田代原
標識
西ノ湖入口
大学村
竜頭滝
千手ガ浜
標高1270M
外山沢川
桟橋
千手ガ浜
吊橋
千手ケ原
柳沢川
中禅寺湖
西ノ湖
中山 1519M
クリンソウの群落（6月上～下旬）
千手堂
西ノ湖
中禅寺湖の西方約2kmに位置する周囲1.6kmの湖。周囲には樹齢1000年近いミズナラの巨木もある。原生林に囲まれた静かな湖である
黒檜岳登山口
標高1269M
阿世潟
迷
「千手ガ浜・黒檜岳」
シャクナゲ（5月下旬～6月上旬）
黒檜岳から社山へは、地図とコンパスをたよりに約3時間の長い尾根歩きとなるので、気軽な気持ちでは行かないようにしてほしい
シロヤシオ
シャクナゲ
0　1km
黒檜岳 1976M
1835M

赤岩滝

あかいわのたき

豪快に滑り落ちる赤岩滝

▶交通　JR日光線日光駅または東武日光線東武日光駅から東武バス湯元温泉駅行、赤沼バス停下車、奥日光低公害バス乗り換え、西ノ湖入口バス停下車

▶歩行時間　3時間40分

▶コースタイム　西ノ湖入口バス停（60分）柳沢渡渉地点（50分）赤岩滝（100分）西ノ湖入口バス停

▶地形図　中禅寺湖・男体山

▶クマの出没　千手ガ浜から西ノ湖、柳沢一帯は動植物の宝庫でクマの生息域でもある。近年クマの出没情報があるため、スズや笛、熊よけスプレーなども必要である

▶千手ノ森歩道　整備された遊歩道で、千手ガ浜まで30分ほど。シラカンバ・ミズナラ・ハルニレなどの林を通る。炭焼き跡や山ノ神の石祠があり、奥日光の自然環境や文化の学習ができるよう、標識が設置されている

赤沼駐車場から奥日光低公害バスで30分の**西ノ湖入口バス停**が出発点となる。

外山沢川に架かるあざみ橋を渡り西ノ湖に向かって進む。シラカンバやカラマツ林の中をまっすぐ進む。

ほどなく「赤岩滝4・3キロ」の標識のある柳沢林道分岐である。ここから西ノ湖方面への道を離れ、右の柳沢林道へ入る。

カラマツ林の中の林道を行くと、すぐ右手に鳥居と山の神の石祠があらわれ、左手に宇都宮営林署千手の森事業詰所のログハウス風の建物が見えてくる。カラマツ林を抜けて柳沢の左岸に出る。沢音が大きくなり、最初の堰堤が柳沢にかかっている。このあたりは右上部の斜面からの落石に注意が必要。

ここからは柳沢左岸に沿った林道歩きとなる。カラマツ林の中を進むとすぐに二番目の堰堤。この後も右上部斜面からの落石に注意しながら進むこと。三番目の堰堤の先には右から沢が入り、無名沢橋が架かっている。

四番目の堰堤から上は林道が荒れ、落石跡や崩壊地が多くなる。五番目の堰堤で柳沢右岸からネギト沢が合流。ヘアピン状の林道のところは斜

62

面を直登して上の道に出る。

林道の中央に水が流れ沢状になっている。そのまま登って行くと岩の間から清水が流れ出ていることに気づく。六番目の堰堤の先で河原に下りる。**柳沢渡渉地点**では、ストックや木の枝を頼りに右岸へ慎重に渡ろう。

上流を見ると二つの堰堤が続いて柳沢の水を落としている。左側から上部に抜け広い河原に出る。小石の石積みがあり、ルートの目印となる。

右岸の河原を左に回り込むと、今度は左上部の斜面からの落石に注意が必要だ。次第に河原から離れ、小尾根のような樹林の中のゆるやかな登りとなる。さらに左に回り込み、平坦な樹林の中、ゴロゴロ岩の河原を歩く。

柳沢本流に近づき、二番目の徒渉地点で左岸に渡り返す。ここから本流から離れて右沢の赤岩沢に入る。

左岸の小さな尾根上にルートを進めると、すぐ目の前に左手から落ちている滝の一部が見えてくる。ここから赤岩沢の右岸へ渡り、ナメ滝は右岸の岩を乗り越えて滝の落ち口に降り立つ。正面には落差100メートル、幅7メートルの**赤岩滝**が、轟音とともに豊かな水を落としている。新緑の時も紅葉の時も素晴らしく、時間を忘れて見とれてしまう。

十分満足したら渡渉、落石地点に注意しながら戻ろう。

帰りは同じコースを戻るが時間があれば西ノ湖から千手ガ浜まで歩き、千手ガ浜から低公害バスで帰るのもよい。

柳沢川を渡渉するハイカーたち

赤岩滝
右岸へ渡りナメ滝を越すと赤岩滝基部
赤岩沢を左岸へ渡渉
小さな尾根上のルート
左岸へ渡渉
右岸の樹林の中の道
広い河原、石積みのケルンがルートの目安
柳沢渡渉地点
岩の間から清水
ヘアピン部
柳沢林道
（左岸を行く）
柳沢では石づたいに渡渉できるが、不安定である。水量の多いときなど引き返す勇気も必要だ
カラマツ林
山の神
柳沢林道分岐
標識「赤岩滝4.3km」
宇都宮営林署千手の森事業詰所
あざみ橋
西ノ湖入口
標高1304M
奥日光低公害バスは均一制。片道大人一回500円（小人250円）。4月～11月運行
ネギト沢
柳沢川
外山沢川
千手ガ浜
千手の森
千手の森歩道
千手ガ浜
伊藤宅
中禅寺湖
西ガ浜
西ノ湖
クリンソウの群生地
0 1km

戦場ガ原

せんじょうがはら

1394M

戦場ガ原のホザキシモツケ

竜頭滝入口バス停でバスを降り、地獄茶屋のそばを流れ落ちる竜頭滝に沿って石段を5分ほど上ると滝上に出る。右手に駐車場があり、車利用の場合は、ここから歩きはじめてもよい。林道左手に「湯元まで7・5㌔」の大きな道標が目につく。

湯川沿いの道はカラマツ、ズミ、ミズナラの林に、ササの下生え、せせらぎと鳥のさえずりが、俗界を忘れさせてくれる。このあたりは、解禁日になるとマスの釣人でいっぱいになる。10分ほど歩くと、小田代・西ノ湖方面への車道が湯川を渡る**シャクナゲ橋**に出る。車道を横切り、さらに湯川沿いに進む。

約10分ほどで「湯滝4・0㌔」の**赤沼分岐**の道標が目に入る。右手は小川に沿って赤沼へと続く道である。小川に架かる木橋を渡り、初夏にはまっ白な花をつけるズミの木の間を進むと目の前に戦場ガ原が広がる。湯川沿いのズミの木の下には、テーブルとベンチが置かれている。まわりを見回すと右手から男体山、大真名子山、小真名子山、太郎山、山王帽子山などが間近に見える。6月下旬には、ワタスゲの大群落が見られ、7月から8月にかけては、ホザ

▶交通　JR日光線日光駅または東武日光線東武日光駅から東武バス湯元温泉行、竜頭滝入口バス停下車

▶歩行時間　3時間

▶コースタイム　竜頭滝入口バス停（15分）シャクナゲ橋（10分）赤沼分岐（50分）青木橋（20分）泉門池（35分）湯滝（50分）湯元

▶地形図　男体山

▶戦場ガ原　男体山の噴火によりできた湖水が流出した土砂で埋められて湿原となった。戦場ガ原の名称は、男体山の大蛇と赤城山のムカデがこの地で戦ったという伝説に由来する

▶竜頭滝　戦場ガ原を流れてきた湯川が中禅寺湖に流れこむ直前の滝で、全長210m。水しぶきを上げながら岩を呑みこむように流れる様子が、竜に見えるところから名付けられた

キシモツケの大群落を見ることができる。

湯川に沿って50分ほどで**青木橋**に出る。木道が続くこのあたりは高山植物が豊富だ。また湿原の中のシラカバ、立枯れの木などは、写真撮影の格好なポイントになっている。

湿原が終り樹林帯に入ると、「左に小田代2・1キロ」の分岐道標がある。さらに5分ほどで**泉門池**（いずみやどいけ）に出る。落ち着いた雰囲気の場所で、いくつものベンチがおかれている。ミズナラの樹林帯をさらに進むと分岐道標に突きあたる。左が湯元、右は光徳方面で、国道120号のバス停に出る。ここでは左に行く。

流れが早くなった湯川に沿って歩く。滝の音が聞こえ、湯滝まで400メートルと1・0キロの道標がある。どちらのコースでも**湯滝**に出る。湯ノ湖から落ちる高さ45メートルの滝の豊富な水量に圧倒される。

滝の右手の階段を登ると湯ノ湖畔に出る。目の前に金精山の山並みが荒々しくそびえている。

兎島のある東岸を歩いても、西岸の山沿いの静かな湖岸遊歩道を歩いても50分ほどで**湯元**に着く。せっかくだから温泉に浸ってから帰りたい。また、湯の源泉のある温泉神社に立寄ってみるのもよいだろう。

湯川の紅葉

湯ノ湖
日光の最奥にあり、標高1478mに位置する周囲3kmの湖。湯元温泉の宿泊客でいつも賑わっている。湖の南西岸はアズマシャクナゲの自生地で、新緑のころにはピンクに彩られる

戦場ガ原の高山植物
6～8月にかけて多くの高山植物が花開き、日光でいちばんの花の見どころとなる。
6月ーズミ、レンゲツツジ、ワタスゲ
7月ーアヤメ、ホザキシモツケ、ハクサンフウロ、
8月ーアキノキリンソウ、クサレダマ、ノアザミ

湯元温泉　兎島　湯ノ湖　シャクナゲ　湯滝　湯滝入口　木道　泉門池　道標「左湯元、右光徳方面」　光徳入口　道標「左に小田代2.1Km」　三本松園地　戦場ガ原　三本松　青木橋　自然研究路　見晴台　小田代原　道標「赤沼分岐」　赤沼　幕張峠　シラカバ林の美しい道　一般車輌進入禁止　シャクナゲ橋　高山 1667.5M　竜頭滝入口　竜頭滝　標高1300M

さわやかな草原の自然散策路 ★

小田代原

おだしろがはら

1410M

秋の小田代原

▶**交通**　JR日光線日光駅または東武日光線東武日光駅から東武バス湯元温泉行、光徳入口バス停下車

▶**歩行時間**　2時間20分

▶**コースタイム**　光徳入口バス停（30分）自然研究路分岐点（10分）泉門池（20分）小田代原手前分岐（60分）シャクナゲ橋（20分）竜頭滝上バス停

▶**地形図**　男体山

▶**小田代原**　戦場ガ原と同じように湿原であったが、乾燥化が進み、湿原から草原へと変わったものである。戦場ガ原とはミズナラの林で隔てられていて、山と林に囲まれた盆地状の地形である。また北西辺のカラマツ林は樹齢200～300年を数え、国内有数のカラマツ美林である。貴婦人と呼ばれるシラカバが小田代原の中央にあり、カメラマンの撮影ポイントとなっている

64

標高１４１０メートル、面積１２０ヘクタールの小田代原は、草花や広々とした景色が四季折々にその表情を変え、訪れる者の目を楽しませてくれる。

ＪＲ日光駅から湯元温泉行のバスに乗り、**光徳入口バス停**で下車する。バス停から湯元方向に歩き、逆川橋の手前左に遊歩道の入口、「泉門池光徳線歩道」の道標がある。入口からしばらくはズミなどの木々の間を歩く。まもなくすると道は木道に変わる。木道は戦場ガ原の湿原の北の端を横切るように延びて、その両側には一面にアシが茂る。6月ごろならノビタキの姿をよく見かける。

湿原を過ぎると樹林の中に入る。湯川に沿って歩くと**自然研究路との分岐点**があり、小田代原の方向に足を進める。湯川に架かる橋を渡ってしばらく歩くと**泉門池**に到着する。池のほとりにはベンチがあり、マガモなどを見ながらひと休みしたい。

泉門池を出てしばらくすると分岐になるので、右に進みミズナラの原生林の中に入って行く。静かな林の中の道はゆるやかな登り道となる。

ミズナラの林を抜けると、前方に小田代原が開けてくる。シカ除けの回転扉を抜け

ると**小田代原の手前に分岐**があり、一方は草原の東側の縁を、もう一方は西側の縁を歩くコースになる。どちらを歩いてもよいが、花が多い西側（右側）のコースを進む。歩道を境に、左が草原、右がカラマツの林の中を歩いて行く。

小田代原を回り込むように歩くと、やがて舗装道路に出る。竜頭滝に行くには林の中の遊歩道を歩く。ミヤコザサが地表を一面に覆い、適当な間隔をおいてミズナラが立ち並ぶ美しい林である。途中に戦場ガ原展望台があり、休憩に適している。遊歩道を2キロほど歩くと、戦場ガ原の中を流れてきた湯川に合流し、まもなく**シャクナゲ橋**に到着する。

ここから竜頭滝までは湯川に沿って遊歩道を下って行く。国道に出て、**竜頭滝上バス停**からバスに乗ることもできるが、国道を横断して湯川沿いをさらに下り、竜頭滝を見学してから帰路につくのもよい。

小田代原に咲くノアザミ

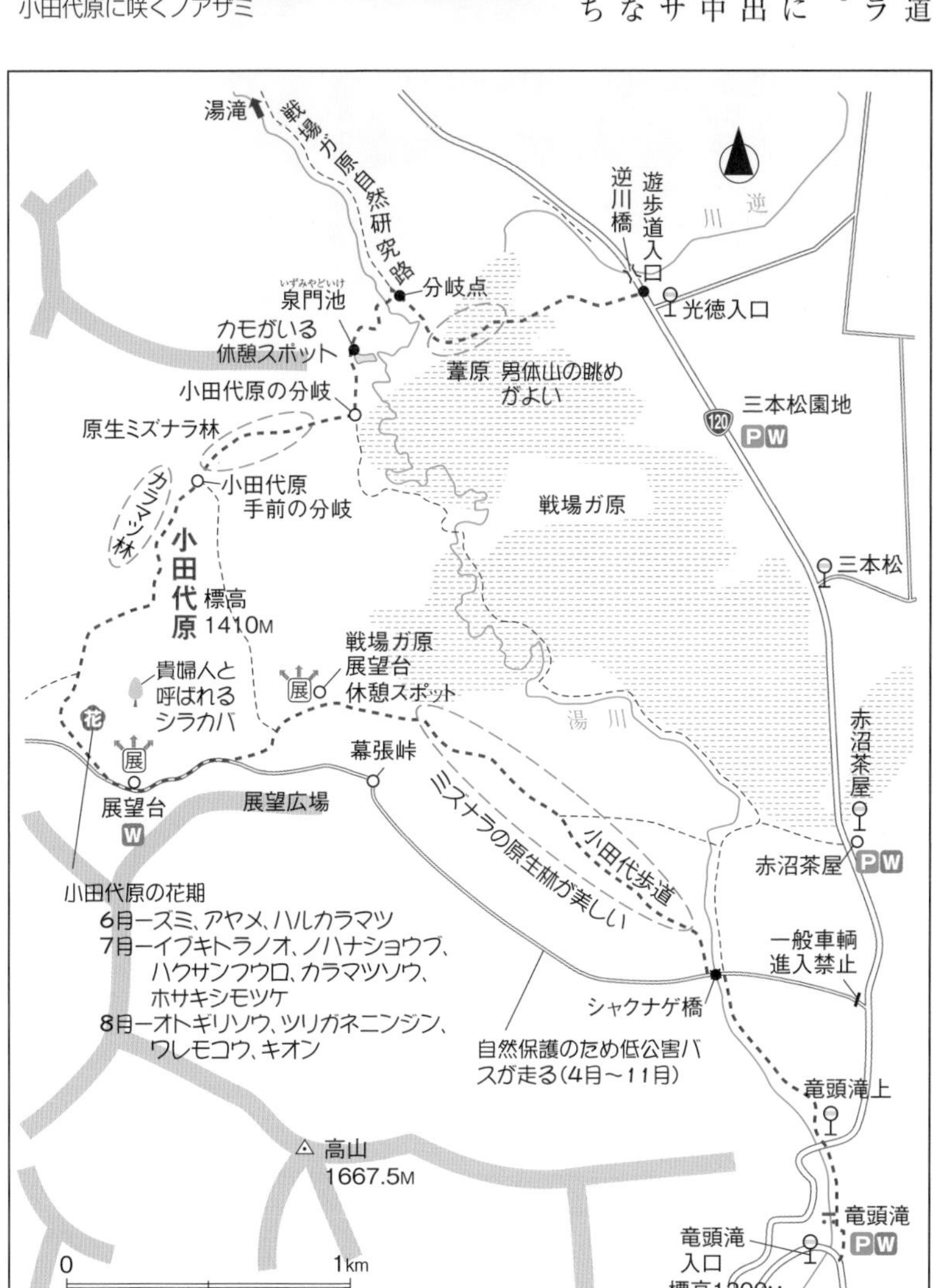

小田代原から千手ガ浜

おだしろがはら せんじゅがはま

千手ガ浜から黒檜岳を望む

▶**交通**　JR日光線日光駅または東武日光線東武日光駅から東武バス湯元温泉駅行、赤沼バス停下車、奥日光低公害バス乗り換え、小田代原バス停下車

▶**歩行時間**　3時間

▶**コースタイム**　小田代原バス停（10分）弓張峠（60分）林道出合い（30分）西ノ湖入口バス停（20分）西ノ湖（50分）千手ガ浜（10分）千手ガ浜バス停

▶**地形図**　中禅寺湖

▶**アドバイス**　このコースはクマの生息域で、登山口にも熊注意の看板が立っている。熊鈴は忘れずに持っていきたい

▶西ノ湖西側の西ガ浜へは、以前は道があったのだが、途中から大水で流され消えてしまっている。浜が見えているので、行くことは可能だ。北側の浜から往復で20分程度である

小田代原から千手ガ浜までは奥日光低公害バスの通る舗装道路が通じているが、それとは別にあまり歩かれていない登山道がある。近年整備されて歩きやすくなってきているので紹介する。

出発地点の小田代原までは赤沼から奥日光低公害バスで行ってもいいし、歩いても1時間10分程度である。ゆとりのあるコースなので、小田代原では風景や花などをゆっくり楽しんでから出発したい。

小田代原バス停から舗装道路を西に10分ほど行くと、**弓張峠**である。峠を過ぎると、直接下る階段があるので、そこを下る。20メートルほど先に、「西ノ湖・千手ガ浜」の道標があるので、それにしたがって山道に入る。

登山道は整備されて歩きやすい。15分間ほどは平坦な道で、木の橋を渡って少し行くと、急な登りとなる。登り終えると再び平坦な道となるが、やがて、下りとなる。道は、斜めになった丸木橋を渡る。滑りやすいので、注意して渡ろう。

下り終えてからは、小さな登り下りをくり返しながら行くと、**林道**にぶつかる。林道の反対側に、「西ノ湖2・5キロ」の道標がある。

千手ガ浜のクリンソウ

林道を横切り、木道を行くと、大きな岩がゴロゴロしている涸れた沢に出る。歩きにくいが注意して渡る。やがて整備された歩きやすい道になると、ほどなく舗装道路に出る。**西ノ湖入口バス停**までは10分程度である。

西ノ湖への遊歩道に入る。長い吊橋を過ぎると**西ノ湖**の北側の浜に出る。ここでゆっくり休憩しよう。

千手ガ浜へは吊橋まで戻り、千手ノ森歩道を歩く。登り下りのない樹林帯の散歩道で、よく整備されていて歩きやすい。

千手ガ浜近くで、林道にぶつかる。左に行くと、千手ガ浜バス停である。林道を横切り直進すると、ほどなく**千手ガ浜**である。

千手ガ浜は広々とした眺めのよい浜である。近くにはクリンソウの大群落があり、6月の中旬から7月の初めにかけて、たくさんの観光客が集まる。ここから**千手ガ浜バス停**までは10分程度である。

小田代原
弓張峠
赤沼
木の橋
周囲は美しい樹林帯が続いている。年月を経た倒木もあちこちにあり、原始の雰囲気のある道である
標高1400M
小田代原
ツメタ沢
外山沢川
奥日光低公害バスは均一制。片道大人一回500円（小人250円）。4月〜11月運行
「西ノ湖2.5km」の道標
林道出合い
高山 1667.5M
菖蒲ガ浜までは歩いても1時間30分程度のみちのりである。このコースも新緑や紅葉の時期はきれいである
西ノ湖入口
千手ガ浜
菖蒲ガ浜
柳沢林道
標高1270M
吊橋
遊歩道
外山沢川
千手ノ森歩道
千手ガ浜
中禅寺湖
柳沢川
西ノ湖
西ガ浜
クリンソウ群落
千手ノ森歩道
春や秋も良いが、真夏でもほとんどが木陰なので涼しく歩くことができる
0 1km
シャクナゲ群落

高山

たかやま

1668M

戦場ガ原から見る高山

▶**交通**　JR日光線日光駅または東武日光線東武日光駅から東武バス湯元温泉行、竜頭滝上バス停下車

▶**歩行時間**　4時間20分

▶**コースタイム**　高山登山口（90分）高山（40分）中禅寺湖・小田代原分岐（40分）熊窪（50分）赤岩（40分）竜頭滝

▶**地形図**　男体山

▶**中禅寺湖**　東西約6km、南北約3kmの大きな湖面は水深が最大163mと深いため、氷点下10度の気温が珍しくない厳冬期でもめったに結氷することはない

▶戦場ガ原や小田代原などを含めて、雪が積れば初心者向きの雪山ハイキングが楽しめるところであるが、平成9年1月には、高山への登りの北斜面での雪崩でハイカーが1人亡くなっている。雪山経験者や、経験豊富なリーダーとの同行が必要である

ここでは、竜頭滝の上部から登り中禅寺湖岸に下るコースを紹介する。

このコースは、バス利用でも車利用でも便利がよい。出発地点の近くには日光三名瀑のひとつ竜頭滝がある。

高山登山口は、竜頭滝上部の橋の手前を左に入るところからはじまる。橋の先には無料駐車場やバス停がある。「竜頭山の家」の看板が立つ車道の入口に「高山歩道入口」の道標が立っている。

車道を少し登り、山の家のすぐ手前で左側の茂みに入って行く。ササとカラマツ林の中の道で、ツツジやマイヅルソウもある。季節によってはスミレも見ることができる。

20分から30分ほど歩くとジグザグの登りとなり、振り返ると男体山が木々の間から姿を見せている。

鞍部に出ると、やや急な登りとなり、アップダウンがしばらく続く。シャクナゲが姿を見せはじめ、木々の間からは、左手に中禅寺湖、右手に戦場ガ原が望める。

ブナの木々があらわれはじめると平坦で空が抜けるような場所に出る。この先、シャクナゲの群落を過ぎ、山頂への登りがやや急になるあたりから樹間に中禅寺湖が見

66

える。

1667・5メートルの三角点のある**高山**の山頂は平らだが木が高く、あまり展望は得られない。それでも、中禅寺湖、男体山、戦場ガ原が望める静かな山頂である。ここまでの所要時間は約2時間である。

しばしの静寂を楽しんだら、中禅寺湖方面（西）へ下ろう。やや急な道には倒木や岩が多く歩きにくいが、花の時期にはアカヤシオ、続いてシロヤシオが目を楽しませてくれる。

竜頭滝に咲くミツバツツジ

途中の道標を過ぎるころからササとブナの中の歩きやすい道となる。少し進むと**中禅寺湖・小田代原分岐**があらわれる。分岐を左手の中禅寺湖方面に進む。

途中、沢を渡り、しばらく進むと、中禅寺湖岸の**熊窪**（くまくぼ）に出る。右手が千手ガ浜方面で、左手が菖蒲ガ浜方面である。ここでは、左手の菖蒲ガ浜方面に向かう。

40分ほど進むと**赤岩**に出る。「千手ガ浜2・4キロ、菖蒲ガ浜1・4キロ」の道標がある。ここは、眺めのよい場所なのでひと息つきたい。

道なりにさらに進めば菖蒲ガ浜だ。付近には、**竜頭滝**のほかマスの水産試験場などもある。

高山だけでは歩きたりない人は、中禅寺湖や小田代原などの散策と組み合わせるとよいだろう。また、冬ともなれば雪に親しむ絶好のフィールドとなるが、雪斜面歩きの技術や知識が必要となる。

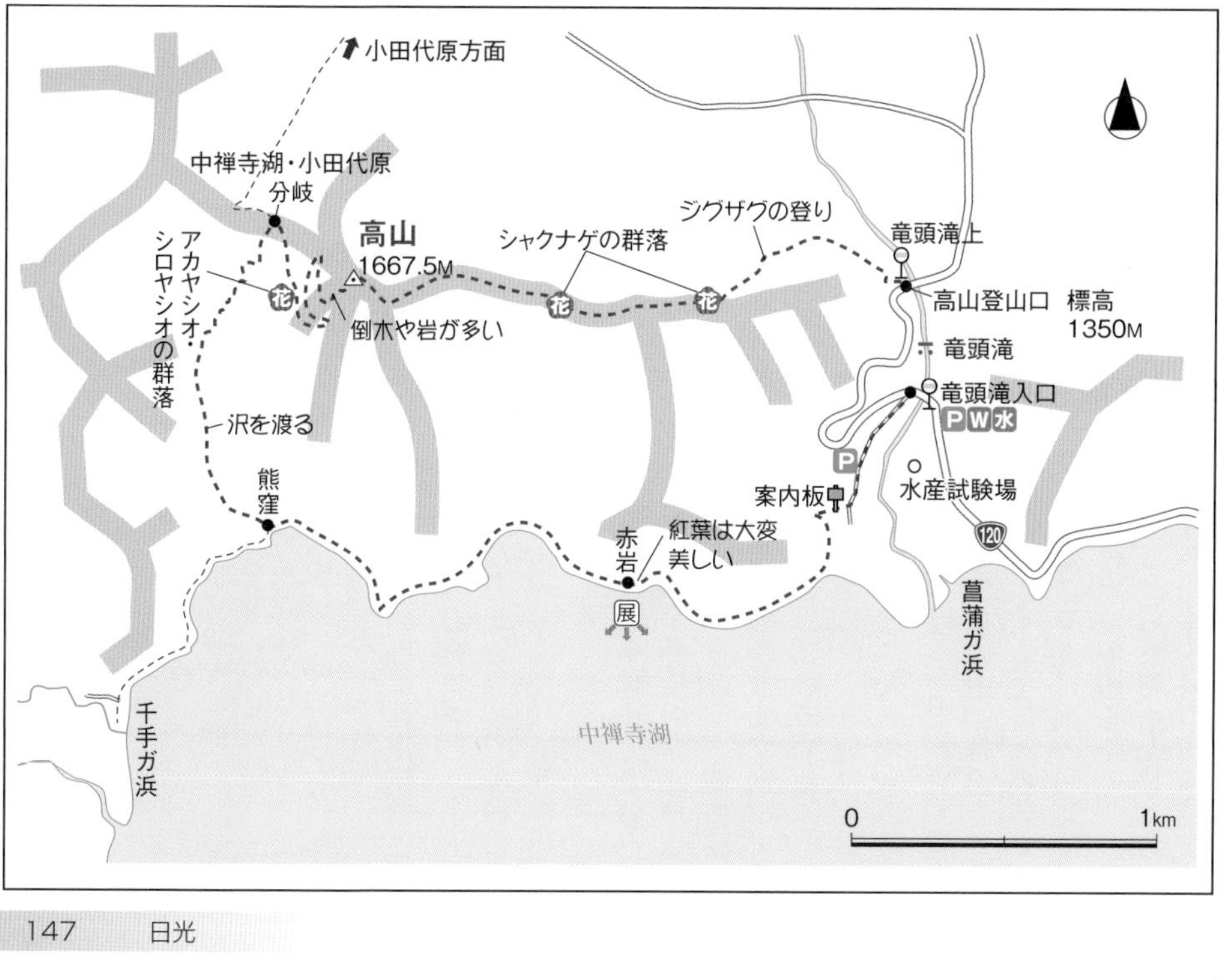

小田代原方面
中禅寺湖・小田代原
分岐
高山
1667.5M
シャクナゲの群落
ジグザグの登り
竜頭滝上
高山登山口　標高
1350M
アカヤシオ・
シロヤシオの群落
倒木や岩が多い
竜頭滝
竜頭滝入口
沢を渡る
水産試験場
案内板
熊窪
赤岩
紅葉は大変
美しい
菖蒲ガ浜
千手ガ浜
中禅寺湖
0
1km

刈込湖から切込湖

かりこみこ きりこみこ

静けさに包まれた切込湖

▶**交通**　JR日光線日光駅または東武日光線東武日光駅から東武バス湯元温泉行、終点下車

▶**歩行時間**　4時間15分

▶**コースタイム**　湯元温泉バス停（45分）小峠（35分）刈込湖（30分）切込湖（30分）涸沼（30分）山王峠（50分）光徳牧場（15分）光徳沼（20分）光徳入口バス停

▶**地形図**　男体山

▶**日光山温泉寺**　788年（延暦7）、勝道上人がこの地に温泉を発見し、日光山輪王寺の別院として開基した寺である。反対側の源泉から湯を引いてある温泉付きの寺でもある。法事がないときは一般の人でも入湯可能である。入浴料500円（8時～17時）。不定休。12月～4月中旬は休業。TEL0288-62-2531

戦場ガ原から北に向かう一帯は、太陽の光に若葉が輝く初夏から白銀のススキと紅葉に彩られる晩秋、そして冬には光徳牧場のクロスカントリースキーコースと一年中豊かな自然を満喫できる。

湯元温泉バス停から温泉寺の方へ歩く。境内の手前を右折し、アシの密生する湯の平湿原を横切ってT字路を左へ曲がると湯元の源泉地帯である。源泉地の中ほどに刈込湖・切込湖コースの案内板があり、ここが登山口となる。

金精道路まで10分ほど階段を急登し、道路を横断、案内板脇のササの茂る道を登って行く。玉石をコンクリートで固めた道を急登し、**小峠**に出ると視界が開け、高薙山が迫ってくる。

小峠には小休止できるベンチがあり、林道の合流地点でもある。林道は湯ノ湖の脇から刈込湖の手前まで延びているが現在は荒れている。

小峠からは、5分ほど進んで左の歩道に入り、木の階段を登るとまた林道と合流する。原生林の中、林道を10分ほど行くと終点に道標があり、ここを左に入って行く。足場の悪い沢道を下り、分岐に出ると**刈込湖**（1617メートル）である。刈込湖には砂浜があ

り、弁当を広げるには最適の場所だ。

切込湖は、刈込湖の奥にあり、幅20メートルくらいの水路でつながっている。

その昔、村人を苦しめていた大蛇を、日光開山の祖、勝道上人が征伐し、切り殺して湖に沈めたという伝説が切込・刈込の名の由来という。

明るく広々とした涸沼

山間の湖の雰囲気は、そんな話に真実味を感じさせるものがある。

切込湖をあとに、木の根が露出し起伏のある山道を進むと突然視界が開け、広々とした**涸沼**に着く。小高い山に囲まれた擂鉢状の湖水跡である。明るく広々としていてベンチもあり、ゆっくり休みたいところである。

山王峠への道は、急登の階段を登る。山王峠からは、山王林道には出ずに手前の分岐の脇道を道標に沿って下って行く。長い下り坂で、雨天時は滑りやすいので注意しよう。

下りきったところが**光徳牧場**である。コースは放牧風景を右に眺めながら柵ごしに進む。途中、ズミの木々に囲まれた小さな**光徳沼**がある。平坦な道を逆川沿いに歩けば**光徳入口バス停**に出る。

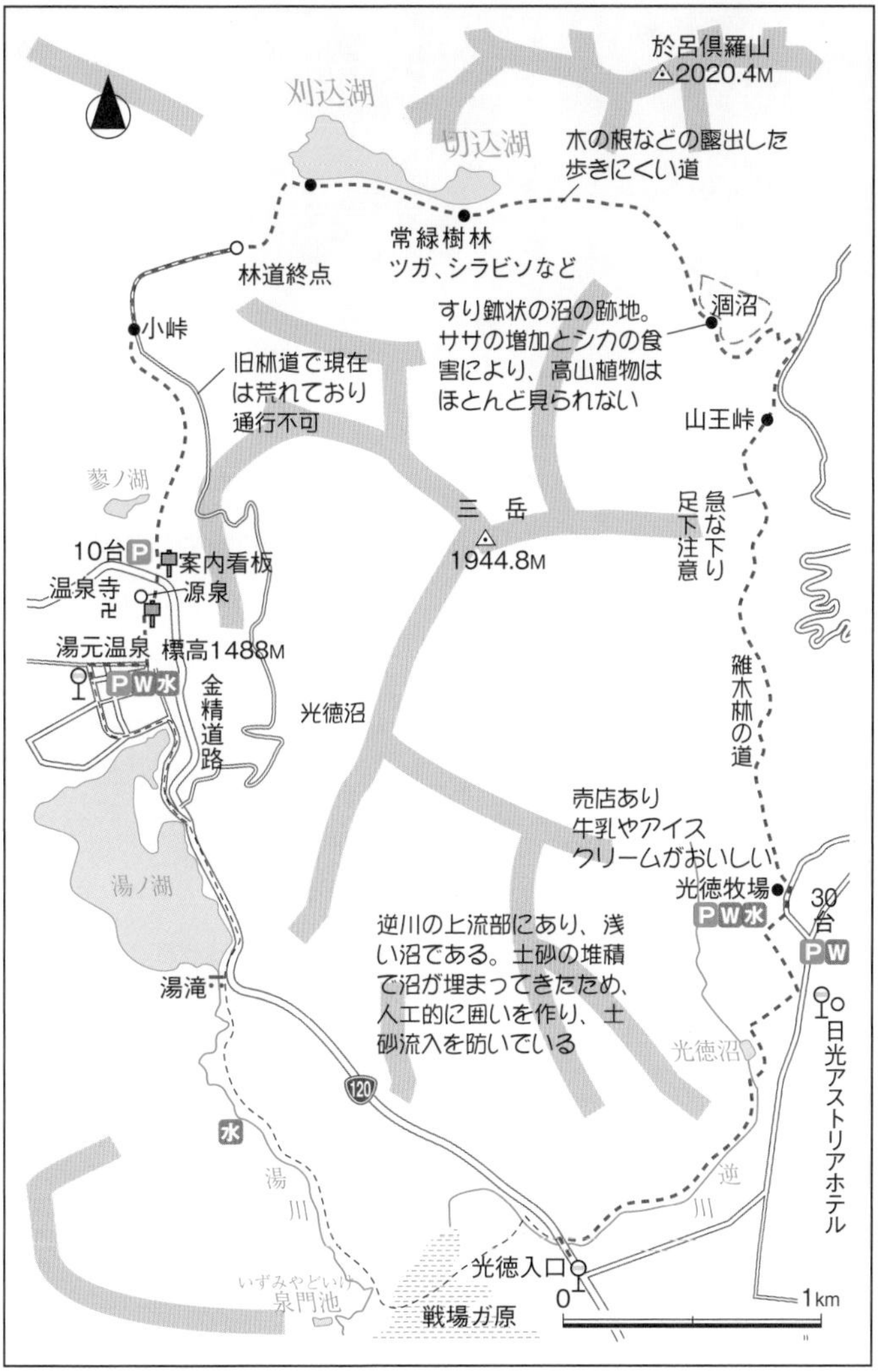

お花畑に彩られた奥日光の別天地……★★★

太郎山

たろうさん

小田代原から見る太郎山

2368M

▶**交通**　JR日光線日光駅または東武日光線東武日光駅から東武バス湯元温泉行、光徳温泉・日光アストリアホテルバス停下車

▶**歩行時間**　8時間30分

▶**コースタイム**　光徳温泉・日光アストリアホテルバス停（70分）山王峠（70分）山王帽子山（40分）ハガタテの頭（60分）小太郎（30分）太郎山（30分）小太郎（40分）ハガタテの頭（50分）山王帽子山（60分）山王峠（60分）光徳牧場（40分）光徳温泉・日光アストリアホテルバス停

▶**地形図**　男体山

▶**新薙ルート**　長い林道を歩き戦場ガ原に出る道があるが、健脚向きである。特に冬期は雪崩の危険があるため、入山しないよう警告されている。新薙沿いの急降下で滑りやすく、新薙〜湯倉で落石等の危険もあるので慎重に行動しよう

ＪＲ日光駅から東武バス湯元温泉行に乗り、光徳温泉・日光アストリアホテルバス停で下車する。時間に余裕がある場合は、一つ手前の光徳入口で下車し、光徳まで歩くのもよい。光徳まで歩いても約40分ほどの道のりだ。車道を歩いてもよいが、左側の逆川（さかさ）沿いに歩き、光徳沼を経て**光徳牧場**まで歩くのもよい。

光徳牧場の売店から車道を進み、よく整備された遊歩道を行くと、やがて山王峠への登山口に出る。道標にしたがい、切込・刈込湖への道を行く。ゆるやかに、ミズナラ・シラカンバの明るい広葉樹の森を登って行く。登りがきつくなり、オオシラビソの森を登っていくと、**山王峠**に出る。広場にはベンチが置かれているが、展望はあまりない。

右に進み、切込・刈込湖への道を分けて山王林道へ出る。車はここまで入れるが、駐車場はないので、充分スペースのある路肩に置くことになる。山王林道を少し右へ戻ると、太郎山への道標が立っている。山王帽子山への登山口となる。

登山道は九十九折りになってササの中の道だが、しだいに展望がよくなる。コメツガ林の中の登りが続く。**山王帽**

68

子山の頂上はコメツガの中だが、北側の広場からは、日光連山から奥鬼怒方面の山の連なりが展望できる。

山頂からは下りとなる。鞍部から急登を登り返すと**八ガタテの頭**に出る。なお、ハガタテ沢直登コースは、現在通行禁止である。

これからはツガやシラビソの原生林のゆるやかな登りが続く。初夏にはゴゼンタチバナやイワカガミが散見される。やがて樹間から右前方に男体山を望み、ハガタテの頭から約1時間で**小太郎**（西峰）に着く。樹林が切れて素晴らしい展望が広がる。

大真名子山から太郎山を望む

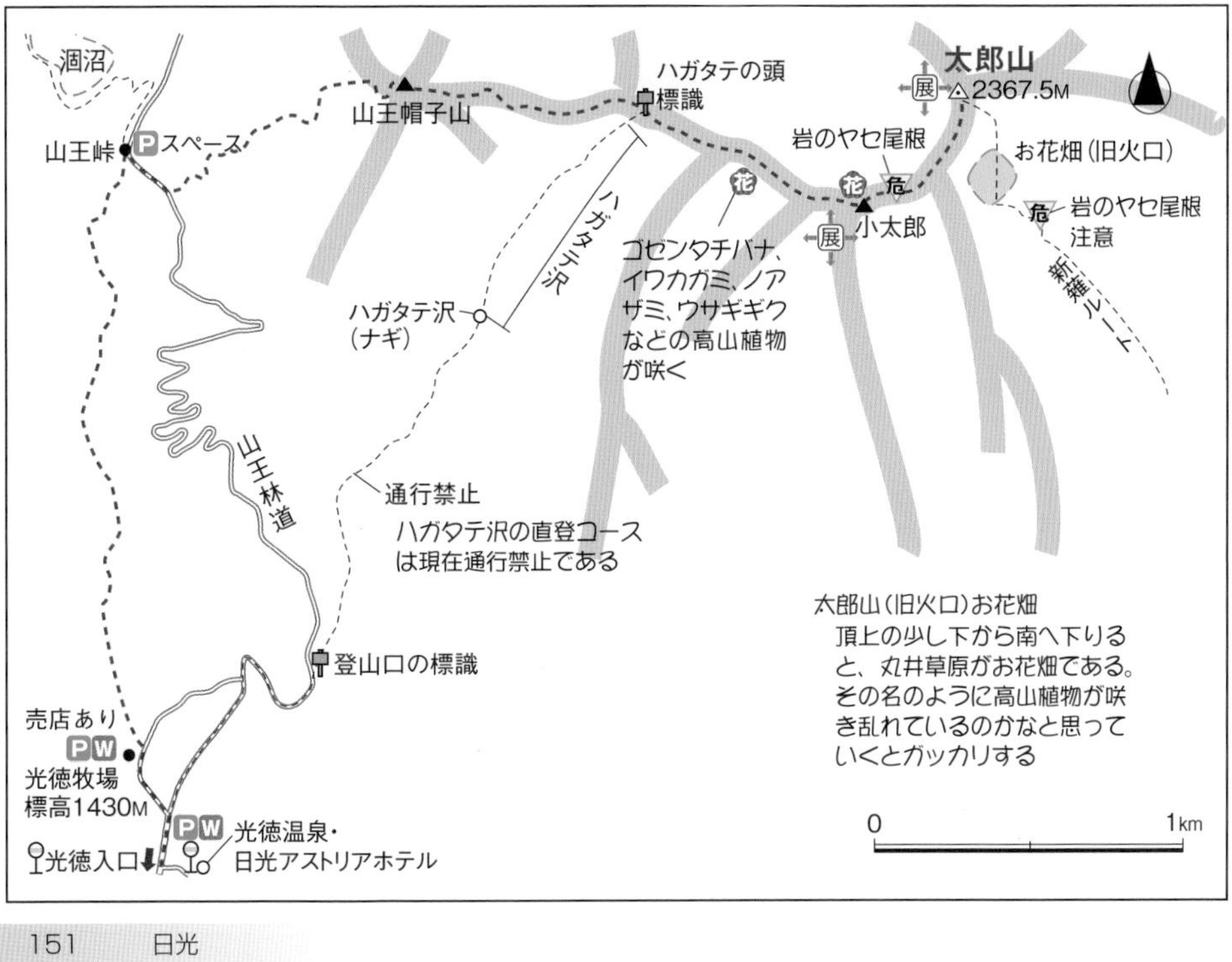

東から南へかけて女峰山、小真名子山、大真名子山、男体山、南西方向眼下に戦場ガ原、西方に白根山、そして北西方向に尾瀬の山々が望める。太郎山はシーズン中でも比較的静かな山域で奥日光の自然を満喫できる別天地のひとつである。

小太郎から太郎山の山頂までは、見晴らしのよいガレ場のやせ尾根（剣ガ峰）を乗り越えて行く。途中、右手下方に円形の湿原となった旧火口（お花畑）を望みながら30分たらずの行程だ。

太郎山山頂（2367・5メートル）には中央北側に三角点と太郎山神社の石祠があり、展望は小太郎と同じく360度の大展望で、山王帽子山の右に温泉ガ岳、その手前に切込湖、刈込湖もチラリと見える。

下山は来た道を**光徳牧場**まで引き返す。

涸沼
山王峠
スペース
山王帽子山
ハガタテの頭
標識
太郎山
展
2367.5M
岩のヤセ尾根
お花畑（旧火口）
花
危
小太郎
岩のヤセ尾根注意
新薙ルート
ハガタテ沢
ゴゼンタチバナ、イワカガミ、ノアザミ、ウサギギクなどの高山植物が咲く
ハガタテ沢（ナギ）
山王林道
通行禁止
ハガタテ沢の直登コースは現在通行禁止である
太郎山（旧火口）お花畑
頂上の少し下から南へ下りると、丸井草原がお花畑である。その名のように高山植物が咲き乱れているのかなと思っていくとガッカリする
登山口の標識
売店あり
光徳牧場
標高1430M
光徳温泉・日光アストリアホテル
光徳入口
0　1km

男体山

なんたいさん

2486M

阿世潟から男体山を望む

▶**交通**　JR日光線日光駅または東武日光線東武日光駅から東武バス湯元温泉行、二荒山神社前バス停下車

▶**歩行時間**　7時間50分

▶**コースタイム**　二荒山神社前バス停（10分）中宮（120分）四合目（150分）男体山（80分）四合目（100分）中宮（10分）二荒山神社前バス停

▶**地形図**　男体山

▶男体山の史実に残る初登頂は約1200年前の782年（天応2）3月、勝道上人によって果たされた。各地の山の例にもれず、信仰による登山がそのはじまりで、現在でも毎年7月31日深夜から一週間行われる登拝登山には、全国各地から集まった信者その他大勢の人々が、太鼓の音を合図に一斉に頂上を目指し、早朝の山上は御来迎を拝む人々で、たいへんな賑わいをみせる

ＪＲ日光駅より東武バス湯元温泉行に乗り、**二荒山神社前バス停**で下車する。

男体山は二荒山神社の御神体であり、登山者も**中宮**の社務所で志納金を納める。山中に水場はないので境内で水を補給しておこう。

本殿右側にある門をくぐって表参道を登ると、一合目の遥拝所に着く。ここから樹林帯の中の山道となる。地肌のむき出た急傾斜の直登で、二合目、三合目を越え、工事用の車道に出る。ひと息入れたら、車道を歩いて**四合目**の鳥居に向かう。

四合目からまた急な山道に戻り、鉄パイプ製の手すりに助けられながら樹林帯の中を約20分、粗末な掘立小屋がある場所が五合目である。五合目を過ぎて十数分もすると、樹林が切れて、倒木の散在する急峻なガレ場になる。展望も開け、眼下に中禅寺湖が広がり、南岸の山々、前日光から遠く関東平野まで見えはじめる。

八合目までは岩場、ガレ場が続くので、浮石など足元に注意しよう。途中、七合目にも小屋があるが、やはり掘立小屋の域をでない。八合目には滝尾神社の小祠があり、このあたりは岩場の樹林帯であ

る。九合目の石板の道標を過ぎると広い細砂礫の斜面となり、足元がグズグズ崩れて登りにくい。

やがて上方に見えてくる黒いゴツゴツした岩をひと越えすると**男体山**山頂の奥宮である。奥宮の左手には、平成8年9月に建立された高さ4メートルの青銅製の二荒山神像が目をひく。奥宮の右側には登拝祭など以外は無人の社務所がある。少し右奥の低い鉄塔に半鐘が下がり、東側の岩の上には大剣が天を突いて立っている。山頂は2486メートルあるが、2484・4メートルの一等三角点標柱がとなりにある。

山頂からの展望は素晴らしいの一語につきる。眼下には中禅寺湖から戦場ガ原。女峰山、太郎山、白根山などの日光連山。上越、上州の山々、そして条件がよければ富士山まで一望できる。

下山は来た道を引き返す。ガレ場の下りは足元に注意したい。

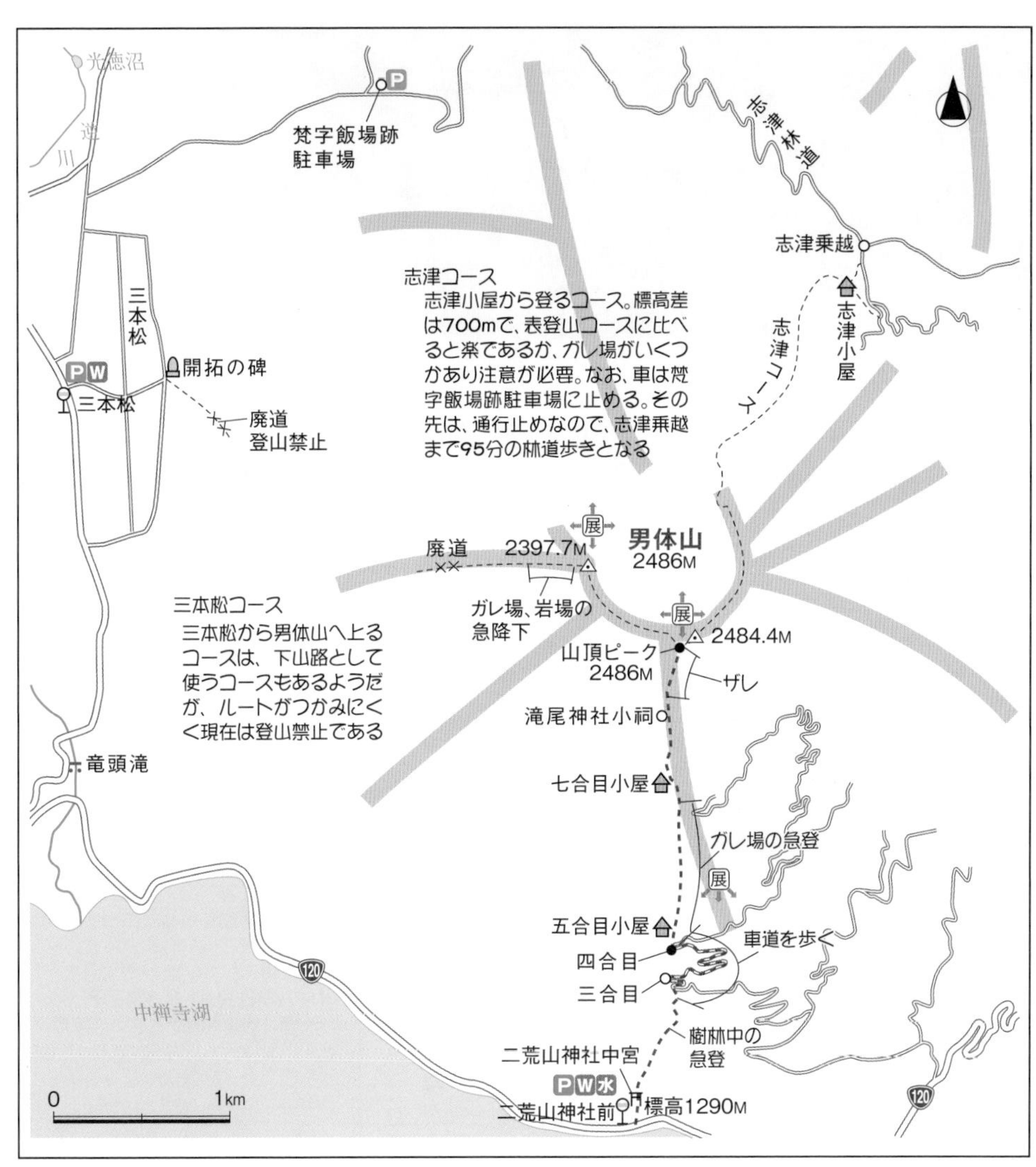

大真名子山から小真名子山

おおまなごやま
こまなごやま

2375M

女峰山から見る大真名子山・子真名子山

> **▶交通**　JR日光線日光駅または東武日光線東武日光駅から東武バス湯元温泉行、三本松バス停下車。アプローチが長いので梵字飯場跡駐車場まで車利用が望ましい
>
> **▶歩行時間**　9時間30分
>
> **▶コースタイム**　梵字飯場跡駐車場（95分）志津乗越（120分）大真名子山（50分）鷹の巣（50分）小真名子山（40分）富士見峠（70分）馬立（60分）志津乗越（85分）梵字飯場跡駐車場
>
> **▶地形図**　日光北部
>
> **▶アドバイス**　日光アストリアホテルや、少し離れるが中禅寺温泉や湯元温泉で宿泊し、三本松バス停から裏男体林道を経て大真名子山、小真名子山を往復すると、歩行時間は約11時間となる。また、志津小屋は無人ではあるが、小屋泊りのコースを計画してみるのもよい

表日光連山の中間に位置するこの両山は登山口までのアプローチが長く、バスを利用しての日帰り登山は無理がある。ここでは車利用の日帰り登山を中心に紹介するが、前日宿泊の予定を組めば、バスでのアプローチも可能である。

　中禅寺湖を経て戦場ガ原を湯元に向かう国道120号を光徳入口バス停で右折し、光徳牧場方向にしばらく進むと道路が大きく左にカーブする。ここから右に分岐する裏男体林道がこのコースの取り付きになるので入口を見落とさないようにしたい。

　林道に入って約2キロほど走ると左側に車が15台ほどおける**梵字飯場跡に駐車場**がある。ここから志津乗越まで95分の林道歩きとなる。現在、志津乗越まで車は入れない。

　バス利用の場合は東武バス湯元温泉行に乗り、三本松バス停で下車する。ここから志津乗越まで、2時間の林道歩きが必要となる。

　志津乗越から、大真名子山の道標のある方へ歩き出す。ところどころに青銅像が立っており、山岳修験のコースであることがうかがえる。

　やがて日光山嶮のひとつと言われ、千鳥返しと呼ばれる鉄バシゴやクサリ場を越え

70

る。志津乗越から約2時間の急登で**大真名子山**山頂（2375・4メートル）である。山頂には、御嶽神社と蔵王権現の青銅像が建ち、周囲を見渡すとまさに日光の山々の中心に立っている感じがする。

　下降路は青銅像の後ろへ回り、シャクナゲの多い平坦な尾根道をしばらく進む。やがて倒木の多い急下降となり、**鷹の巣**と呼ばれる鞍部に着くと、今度は小真名子山まで1時間弱の急登である。

大真名子山山頂付近から男体山を望む

小祠のある**小真名子山**山頂から（2322・9メートル）は、女峰山、帝釈山、そしていま越えて来た大真名子山が大きな山容を見せている。ここには三等三角点がある。少し尾根を進んだ電波反射塔の立つ場所では、西方の展望が開けている。

　下山道はゆるい下りがすぐに終わって、急傾斜の大きなガレ場に出る。浮石、落石に十分注意しながら下って行こう。本コース中いちばんの難所であるが、約30分で通過する。傾斜もゆるやかになったころ、**富士見峠**に着く。北側へ下る道があるが、整備されていない。

　下った道を正面に登り返すと女峰山の西峰、帝釈山へ続く尾根道であるが、ここでは富士見峠から南へ下って、**馬立**（うまだて）へ向け林道を歩く。

　馬立からは、途中、野州原林道を左に分け、約1時間の下りで**志津乗越**に着く。

川俣
時間に余裕があれば、光徳の日光アストリアホテルで、温泉入浴（露天風呂もある）や光徳牧場での新鮮な牛乳やアイスクリームなどもおすすめである
電波反射板
富士見峠 2036M
ガレ場
帝釈山・女峰山
表日光連山縦走というと、男体山から大真名子山、小真名子山を経て女峰山から赤薙山、霧降高原へと抜けるコースと、この逆をたどるコースとがあるが、どちらにしても途中、山中泊が必要となる。県内有数の中身の濃いコースである
小真名子山 2322.9M（三等三角点）
林道荒れている
鷹の巣 2110M
大真名子山の山頂には文久3年の銘が入った蔵王権現の青銅像や御嶽神社の祠が建っている
大真名子山 2375.4M
馬立 女峰山への登山口
鉄のハシゴとクサリがあり、千鳥返しと呼ばれ、日光三嶮のひとつといわれている。実際はそれほどではない
三本松
梵字飯場跡駐車場
梵字飯場跡駐車場には15台の駐車スペースがあり、志津乗越まで約4kmである
大真名子山登山口 1785M
志津乗越
志津小屋 無人・宿泊可
男体山
志津林道
車止めのゲート
野州原林道
0　1km

林道利用でアプローチを短縮 ★★★

女峰山

にょほうさん

2483M

女峰山山頂を見上げる

▶交通　JR日光線日光駅または東武日光線東武日光駅から東武バス湯元温泉行、光徳入口バス停下車。アプローチが長いので梵字飯場跡駐車場まで車利用が望ましい

▶歩行時間　9時間30分

▶コースタイム　梵字飯場跡駐車場（95）志津乗越（60分）馬立登山口（70分）水場（15分）唐沢小屋（35分）女峰山（30分）帝釈山（60分）富士見峠（60分）馬立（60分）志津乗越（85分）梵字飯場跡駐車場

▶地形図　日光北部・男体山

▶馬立からは寂光滝・裏見滝へのルートが下っている。ゆるやかなカラマツの尾根を下ると、モッコ平となり、大樺分岐で裏見滝へのルートとの分岐となる。さらに左へ下って行くと寂光滝に出る

標高2483メートルの女峰山はその大きさ、高山植物の豊富さなど、どれをとっても表日光連山を代表する山である。また、その山名とはうらはらに山容は変化にとみ、何度登っても新鮮な感動を与えてくれる。

ここでは林道を利用したアプローチを紹介する（志津乗越までは『大真名子山から小真名子山』を参照）。

梵字飯場跡駐車場から**志津乗越**に向けて、志津林道を歩くことになる。途中の野州原林道との分岐では左手の山側の道をとり、志津乗越から約1時間で**馬立（うまだて）の登山口**に着く。なお林道途中に車止めのゲートがある。

道路右側のササの中に「女峰山登山口」と記された道標がある。ここから下方へ50～60メートル急坂を下ると、大岩のゴロゴロした涸沢に出る。二つの沢の合流点に出るが、山に向かって右側の沢の右岸を登る。

コメツガを主体にダケカンバが交じる疎林帯で足元にはササが茂っているが、テープやロープが張ってあるので道は分かりやすい。

一、二回の小休止を入れて、70分も登ると涸沢のガレに出る。この沢を横切り反対

志津林道から女峰山を望む

側のコメツガの斜面に取り付く。100メートルほど登ると**水場**があり岩から水が噴き出している。冷たくて喉を潤すには最高だ。

この水場から**唐沢小屋**まではほんのひと登りで、小屋の水場ともなっている。疎林帯は続くが足元のササはなくなる。唐沢小屋は無人であるが二階建てのしっかりした小屋で20人以上収容できる。

女峰山へはここから約40分ほどの距離であり、馬立からのピストンなら荷物を小屋に置いて往復するのもよい。

樹林帯の中を7、8分ほど登ると草木のまったくないガレ場に出る。浮石が多く、砂で滑りやすいので落石には十分注意すること。

ガレ場を横切り、ガレの端をジグザグに登って行くと、やがてガレ場は灌木帯に変わり、コメツガの低木にハイマツが交じってくる。遭難碑のプレートを過ぎ、15分も登ると**女峰山**山頂（2483メートル）に飛び出す。

山頂は岩稜で小さな祠が建っている。晴れていれば360度の大展望で、南には大真名子山、小真名子山、男体山の山並が、右前方には戦場ガ原、太郎山、その奥に白根山、さらに尾瀬の山々が手にとるように望まれる。

下山は登路を戻ってもよいが、時間と脚力に余裕があれば小真名子山に連なる帝釈山への岩稜を経て富士見峠に下り、ここから林道を下るコースとしたい。

帝釈山まではやせ尾根の岩稜のアップダウンの中、シャクナゲやコケモモなど、初夏には花々も豊富でミニアルペンルートが楽しめる。途中、振り返れば三角錐の女峰山が天に突きあげている。

帝釈山からはコメツガの樹林中の急な下りである。**富士見峠**からは林道歩きで、**馬立**から**志津乗越**を経て**梵字飯場跡駐車場**へ向かう。

奥社手前から見る女峰山

赤薙山から女峰山

あかなぎさん にょほうさん

2483M

霧降高原から表日光連山の縦走に挑戦……★★★

JR、東武日光駅から東武バス霧降高原行に乗り終点の霧降高原バス停で下車する(『丸山』を参照)。

登山口から約30分で道はだんだん急になり、後方の展望が開けてくる。樹林を抜ければ**小丸山展望台**に出る。上方は表日光の山々、下方は日光、今市の市街から遠く関東平野へと、大展望の稜線である。低木の交じるササ原の尾根をゆるやかに登って行く。

小丸山展望台から30分で**焼石金剛**に着く。コメツツジの群落の中である。さらに明るいササ原の斜面を見ながら登ると、コメツガなどの亜高山帯の樹林の尾根の急登となる。広い尾根にはいくつかの踏跡があるが、尾根をはずさずに登って行く。

やがて焼石金剛から30分ほどで**赤薙山**山頂(2010・3メートル)に出る。三等三角点標石と赤薙山神社の木の鳥居と石祠のある小さな広場であるが、展望はない。

山頂から道は下りになる。このあたりは初夏にピンクのコイワカガミが見られる。赤薙山を出て三回、約30分の周期で下りと登りを繰り返すが、赤薙山から二つめのピークが**奥社跡**で、女峰山とキスゲ平方向を示す道標がある。

▶**交通**　JR日光線日光駅または東武日光線東武日光駅から東武バス霧降高原行、終点下車。アプローチを短縮するためにタクシー利用が望ましい

▶**歩行時間**　10時間35分

▶**コースタイム**　登山口(40分)小丸山展望台(30分)焼石金剛(30分)赤薙山(50分)奥社跡(90分)水場(90分)女峰山(30分)唐沢小屋(30分)箱石金剛(40分)黒岩(80分)水場(60分)殺生禁断碑(35分)行者堂(20分)二荒山神社(10分)西参道バス停

▶**地形図**　日光北部

▶**アドバイス**　赤薙山から女峰山方面へ少し下ったところに「キスゲ平」「女峰山」の標識があるY字路の旧道分岐に出る。反対に女峰山から下山してきた場合、このY字路をよく踏まれた右側に入ると赤薙山山頂である

ここから少し下ってまた登り、女峰山に続くゆるやかな尾根に取り付く。

赤薙山より約2時間で**水場**に着く。このあたりから右前方に女峰や帝釈の山頂が見えはじめる。やがてハイマツが目立ちはじめ、水場から1時間半で**女峰山**山頂（2483メートル）に着く。山頂からの展望は素晴らしいの一語につきる。

さて帰路は唐沢小屋方面へ下る。途中ガレ場の浮石に注意して30分で**唐沢小屋**に着く。

女峰山山頂

小屋の正面の道を下ると水場を経て馬立に出るが、ここでは小屋を左に見て直進し、黒岩、二荒山神社への道を下る。ガレ場が二カ所あり、危険なところをトラバースしたあとは、高低差の少ない樹林の道を30分で**箱石金剛**。これより急降下し、ササ原になってからも、急な下りが続く。約40分で雲龍渓谷の展望台**黒岩**に着き、これからは、開けた斜面を下る。

黒岩より1時間で樹林中に入り、30分で**水場**に着く。さらにゆるい下りを50分ほどで大きな**殺生禁断碑**を見る。これより20分あまりで**行者堂**の建物が見えるが、**二荒山神社**まではさらに石畳の道を20分ばかり下る。二荒山神社を下れば**西参道バス停**に出る。

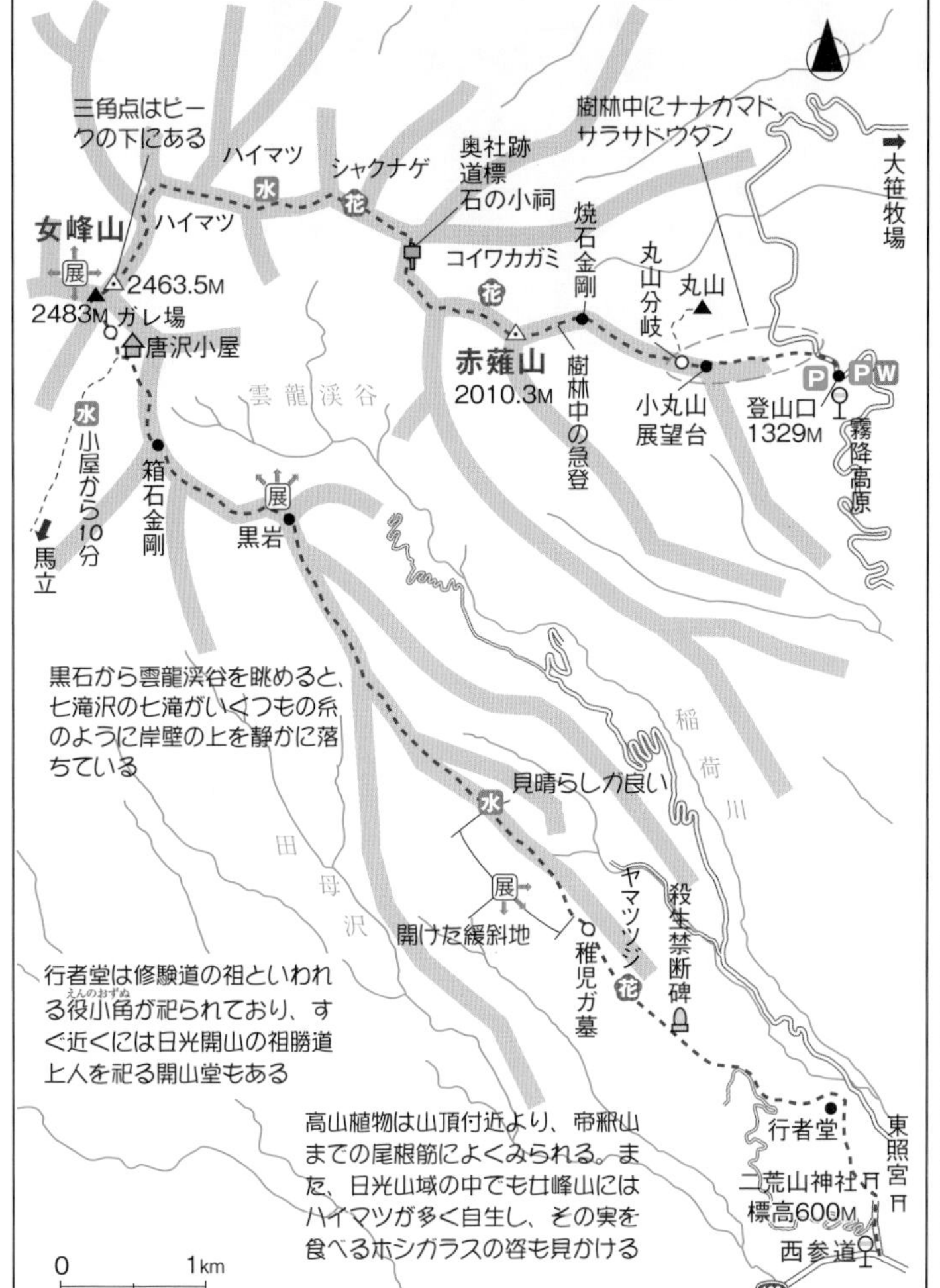

五色山から前白根山

ごしきやま
まえしらねさん

2379M

前白根山山頂から白根山を望む

▶交通　JR日光線日光駅または東武日光線東武日光駅から東武バス湯元温泉行、終点下車、関越交通バス日光白根山ロープウェイ行または鎌田行乗り換え、金精峠トンネル駐車場バス停下車。関越交通バスは季節運行のため確認が必要で、運休の場合はタクシーまたは車利用が望ましい

▶歩行時間　5時間30分

▶コースタイム　金精峠トンネル駐車場（30分）金精峠（75分）国境平（40分）五色山（35分）前白根山（30分）天狗平（90分）リフト終点（30分）湯元温泉

▶地形図　男体山

▶白根沢コース　湯元温泉から白根沢を登って天狗平へ出るコースは、かつて雪崩による事故も多く発生しているため、一時閉鎖されていた。積雪期の利用は避けること

登山口の金精峠までは、前夜湯元温泉に一泊して翌朝早く歩き出すか、タクシー利用となる。湯元温泉からのバスは季節運行で、本数も少ないため事前に確認のこと。徒歩の場合、湯元から金精峠までは約1時間の道のりだ。車利用の場合は**金精峠トンネル駐車場**に置くこともできる。

登山口には海抜1843メートルの案内板が立てられている。駐車場の右奥の道標が立っている登山口から丸太の階段を登りはじめる。

すぐ急な登りとなり、足場も悪いのでゆっくりと注意して登ろう。急登が終わり、左手に金精神社が見えてくると両側をササに覆われた道に変わる。ゆるやかな道を下ってまもなく**金精峠**に着く。ここには道標が立っている。左がこれから向かう金精山・五色山方面である。

金精神社の左側を通り金精山に向かう道は、秋になると木の葉も落ち好展望のコースになる。シャクナゲが多く、初夏にはミヤマカタバミをはじめ可憐な花を見ることができる。しばらく進むと金精山の北側を巻くように道は急な登りとなる。金精山への登りはガレ場で浮石も多いので特に注意が必要だ。

前方に白根山、後方には鬼怒沼湿原が見えるころ、金精山（2244メートル）に着く。コメツガの樹林帯を少し下ったところが**国境平**である。ここから湯元温泉まで1時間30分の下山コースもある。

国境平からササの道を登って行くと、**五色山山頂**（2379メートル）に着くが、展望は山頂手前のほうがよい。平らな山頂には花々も多く、間近に白根山を見ることができる。

ここから前白根山に向かう。ハイマツの稜線をゆるやかに下る。上り道になるとダケカンバの林に変わり、しばらく急登すると、ケルンの積まれた**前白根山山頂**（2373メートル）に着く。西に白根山を見上げ、眼下に五色沼を見下ろす眺めは白根山展望コース中でも絶好の場所である。

前白根山からは東に向かい、広い稜線を下ると、展望のあまり得られないカラマツとダケカンバの林に囲まれた**天狗平**である。コメツガ林をゆるやかに下り、やがて急下降になるころ、旧道と新道との分岐があらわれる。ここでは、右側の新道を下る。外山の鞍部からは荒廃が進んでおり、浮石も多いので滑落や落石に注意が必要である。左側の旧道は白根沢を下る道だが、ほとんど使われていない。

右前方にスキー場が見え、白根沢の水音を左に聞き、ササの中を右に巻くと、**リフト終点**に出る。スキー場内の作業道を下って**湯元温泉**に着く。

金精峠手前から見る金精山と金精神社

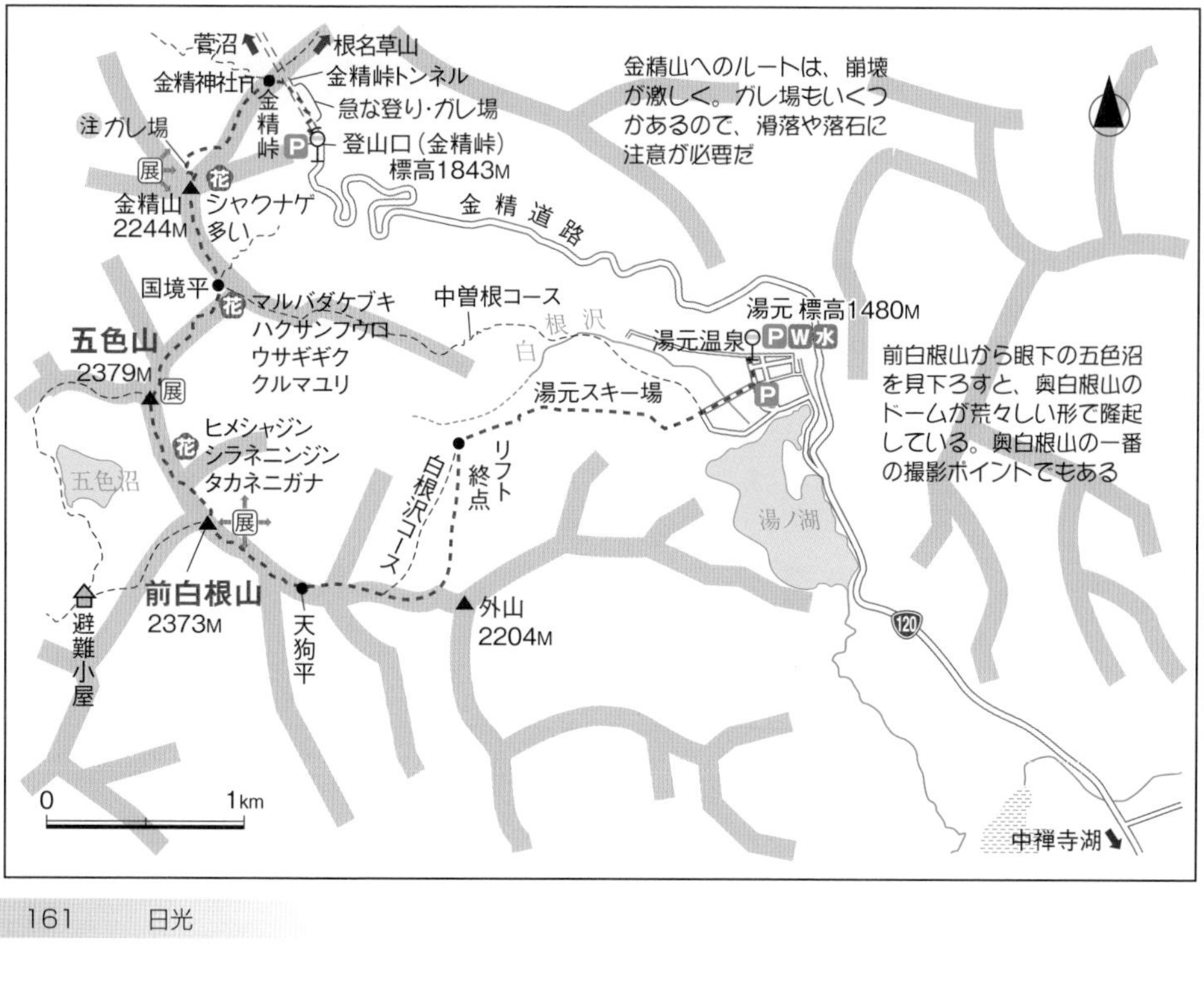

金精山へのルートは、崩壊が激しく。ガレ場もいくつかあるので、滑落や落石に注意が必要だ

前白根山から眼下の五色沼を見下ろすと、奥白根山のドームが荒々しい形で隆起している。奥白根山の一番の撮影ポイントでもある

菅沼　根名草山　金精神社　金精峠　金精峠トンネル　急な登り・ガレ場　登山口（金精峠）標高1843M　注ガレ場　金精山 2244M　シャクナゲ多い　金精道路　国境平　マルバダケブキ　ハクサンフウロ　ウサギギク　クルマユリ　中曽根コース　白根沢　湯元 標高1480M　湯元温泉　五色山 2379M　湯元スキー場　ヒメシャジン　シラネニンジン　タカネニガナ　五色沼　リフト終点　白根沢コース　湯ノ湖　前白根山 2373M　避難小屋　天狗平　外山 2204M　120　中禅寺湖　0　1km

鞍部から見る白根隠山

白根隠山

しらねかくしやま

雲上の稜線歩きで白根山外輪山の最高峰へ…………★★★

2410M

74

▶**交通**　JR日光線日光駅または東武日光線東武日光駅から東武バス湯元温泉行、終点下車

▶**歩行時間**　8時間15分

▶**コースタイム**　湯元温泉バス停(25分)登山口(110分)外山分岐(30分)天狗平(35分)前白根山(25分)避難小屋分岐(40分)白根隠山(35分)避難小屋分岐(20分)前白根山(25分)天狗平(25分)外山分岐(100分)登山口(25分)湯元温泉バス停

▶**地形図**　男体山

▶**駐車場**　湯元温泉に市営の駐車場がある

▶**他のコース**　前白根山より五色山・国境平へ回り湯元スキー場に周回するコースもある。また、時間に余裕があれば、外山分岐より往復25分で外山に登ることもできる

白根隠山は、地図には標高も山名も登山道も記入されていないが、時期には多くの高山植物が咲き、雲上の稜線歩きができる素晴らしい静かな山である。ここでは湯元温泉から前白根山を経由して白根隠山を往復するコースを紹介しよう。

東武日光駅から湯元温泉行に乗り、終点の**湯元温泉バス停**で下車する。車の場合は、湯元温泉内にある南駐車場に停める。標識にしたがい**登山口**となる湯元スキー場を目指す。スキー場内を行くと白根沢と五色沢の合流点に着き、白根山への標識にしたがい左へ進む。少し行くと「白根登山道」と彫られた石標があるが、これは遭難碑である。

ここから先は、樹林の中であまり展望もなく、かなりの急登なうえ浮石が多いので慎重に登って行く。**外山分岐**に着くころはすこしなだらかになり、標識もあるので迷うことはない。尾根を西へ進むと広い空き地の**天狗平**に到着するが、展望はない。

やがてダケカンバや針葉樹林になると、白根隠山の稜線と白根山が目前にあらわれ、**前白根山**(2373メートル)に着く。360度の好展望である。山頂直下の「五色山—白根山」の標識を白根山方面に行く。いよいよ、ここからの稜線は、素晴らしい展望と、静かな雲上の歩きができるコースとなる。

前白根山の直下は、急降下でガレているので、踏跡にしたがい慎重に下ろう。このガレ場には、鮮やかなコマクサが咲く。右には、ドーム型の白根山の裾にエメラルドグリーンの五色沼、左には、男体山の裾に中禅寺湖が浮かびあがって見える。

やがて**避難小屋分岐**に着くが、ここでは直進し稜線を行く。少し行くと観測小屋に着く。周辺はダケカンバと草地、そして地を這うような丈の低いシャクナゲの群生地で、開花期は見事だ。歩きやすい稜線を2385メートルピークに向かう。広い草原だが、ケルンが積まれ、これに導かれて進む。少し下り最後の急登をいけば、**白根隠山**山頂（2410メートル）だ。ケルンが積まれ山名板がある。

草原の中の山頂は、360度の展望が広がっている。南は錫ガ岳・皇海山へと県境尾根が広がり、白根山の横には燧岳や上州武尊、そして日光の山々が勢ぞろいしている。ゆっくり眺望を堪能しよう。

下山は、来た道を戻る。また、時間があれば外山分岐から、外山によることをおすすめしたい。展望はあまりないが、全山シャクナゲの群生地で、開花時期（7月中旬ごろ）には見ごたえがある。

帰りは、湯元温泉で汗を流すのもよいだろう。

白根山と五色沼

菅沼
金精道路
金精沢
120
国境平分岐
湯元温泉
P W 水
湯元スキー場
P
五色山
2379M
五色沢
尾根取付
湯元スキー場
登山口
標高1500M
五色沼
リフト最上部
展
前白根山
2373M
白根沢コース
湯ノ湖
天狗平
避難小屋
避難小屋分岐
展
花 シャクナゲ
外山
2204M
外山分岐
中禅寺湖
観測小屋
花 シャクナゲ多い
2385M
白根隠山
展
2410M
0
1km

シラネアオイの咲く関東以北の最高峰 ★★★

白根山

しらねさん

2578M

弥陀ガ池から見る白根山

▶**交通**　JR日光線日光駅または東武日光線東武日光駅から東武バス湯元温泉行、終点下車、関越交通バス日光白根山ロープウェイ行または鎌田行乗り換え、菅沼バス停下車。関越交通バスは季節運行のため確認が必要で、運休の場合はタクシーまたは車利用が望ましい。菅沼には有料駐車場あり

▶**歩行時間**　6時間35分

▶**コースタイム**　菅沼茶屋（140分）弥陀ガ池（70分）白根山（45分）五色沼避難小屋（50分）弥陀ガ池（90分）菅沼茶屋

▶**地形図**　男体山

▶白根山頂から西へ下るのが丸沼高原コースである。丸沼高原よりロープウエイが6月上旬より11月下旬まで運行されている。これにより、標高2000mの山頂駅から約2時間30分で白根山へ登ることが可能となった。道も整備され、道標も完備されている

75

国道120号沿いの**菅沼茶屋**の左側が登山道の入口である。数10メートル奥まで道幅が広いので車利用の場合はここに駐車できる（駐車は有料）。

平坦な草原に入り、登山口の案内板を過ぎると広葉樹の沢沿いの道となる。やがてあたりはコメツガ、アスナロの針葉樹林帯になり、ジグザグの道を1時間ほど登ると展望のよい場所に出る。ジグザグの道から座禅山を巻き、平坦な道を行くと**弥陀ガ池**に着く。シラネアオイ、コマクサ、クルマユリ、マルバダケブキ、ショウジョウバカマ、レイジンソウなどの高山植物が咲き誇る。

ここから少し登ると座禅山の鞍部に出る。これより左に向かい急な登りに入る。森林限界を過ぎるころ、眼下には弥陀ガ池、菅沼、丸沼、遠くに尾瀬、会津の山々が望める。やがてガレ場になるのでます急になり、はるか上方に落石に注意したい。道はます見上げていた大きな岩の間をぬって登ると、二等三角点の置かれた関東以北の最高峰、**白根山**山頂（2577・6メートル）に着く。巨岩が積み重なった山頂はあまり広くはない。360度の大展望は、日光連山、会津駒ガ岳、錫ガ

岳、皇海山、燧ガ岳、武尊山、至仏山、平ガ岳、冬には富士山の姿まで望見できる。

火口原の砂地を囲んでいくつかの小さいピークがあり、その一角に小さな祠がある。

このあたりの砂地には、夏にはシラネニンジンが白い花を咲かせ、砂と岩との日本庭園をつくる。しかし砂地に踏跡も多く、山頂がガスった時は道を見失うこともあるので注意したい。

山頂からは、五色沼避難小屋に下るルートをたどる。砂礫の丘から急な下りに入る。森林限界に入ると白い立ち枯れの木が目立ち、その間に広葉樹の低木が交じる。一気に沢まで下ったところで左に進み、ゆるやかな道を下ると**五色沼避難小屋**に着く。鉄骨造り二階建ての20人ぐらいは入れる小屋である。トイレはない。小屋の前の道を右に登ると前白根山から、天狗平を通り湯元のスキー場、温泉に抜けるコースとなる（『五色山から前白根山』を参照）。

小屋から五色沼に向かう沢沿いの道はゆるやかな下り道で、まもなく広々とした草原と、その向こうに幽玄な五色沼がある。イワカガミのお花畑も楽しい。左後方には白根山、前方には五色山、前白根山を見上げて、沼のまわりの広葉樹は春の新緑、秋には見事な紅葉が美しい。

五色沼からは急な登りになり、樹林帯を行くと、まもなく草原に出る。再び次の草原に出たところに、五色山からの道が合流する。ここから少し下ると**弥陀ガ池**に出る。**菅沼茶屋**までは、もと来た道をゆるやかに下ればよい。

前白根山から白根山と五色沼を望む

菅沼
金精道路
菅沼キャンプ村
120
菅沼
菅沼茶屋
標高1740M
案内板
金精峠トンネル
金精山
シラネアオイ
白根山で発見されたので、この名がつけられた。1属1種の日本特産種であり、7cmほどの淡紅紫色の大輪の花であるが、時には白色の花を見ることもある。シカの食害から防ぐため栃木県側では群落の一部を電気柵で囲い、保護に努めている
座禅山
シラネアオイ
弥陀ガ池
五色山
座禅山との鞍部
五色沼
イワカガミの群落
ガレ場
白根山
2577.6M
前白根山
ガレ場
チシマザクラ
五色沼避難小屋
樹間の急降下
0
1km

歴史とロマン、大眺望の白錫尾根を行く……………★★★

錫ガ岳

すずがたけ

2388M

白檜岳の下り稜線から見る錫ガ岳

錫ガ岳は、日光白根山と並んで見える形のよい山で、日光屈指の深山である。それでも錫ガ岳を目指すのは、歴史とロマン、そして白錫尾根から目にする眺望の魅力があるからであろう。登山道はヤブで不明瞭なところもあり、地形図とコンパスは必携である。ここでは、菅沼登山口から白錫尾根をピストンするコースを紹介する。

国道120号沿いの菅沼茶屋の東側が**登山口**で、20台ほどの駐車スペースがある。

菅沼登山口から**弥陀ガ池**に向かう（『白根山』参照）。そこから五色沼分岐、さらに五色山分岐の道標にしたがい**五色沼**に出る。白根山や五色山、前白根山を見上げながら進み、標識にしたがい沢沿いの道を登ると五色沼避難小屋に着く。

小屋の裏手から急な山道を登ると、前白根分岐のある白錫尾根に出る。右に白根山や燧ガ岳、左に男体山などがよく見える。尾根をたどると左にブリキ板の観測小屋があらわれる。

やがて2385メートルピークに達する。そこを登り返すと**白根隠山**（2410メートル）だ。雄大な白根山の姿が眼前に迫る。稜線をたどり、ほどなく

▶**交通**　JR日光線日光駅または東武日光線東武日光駅から東武バス湯元温泉行、終点下車、関越交通バス日光白根山ロープウェイ行または鎌田行乗り換え、菅沼バス停下車。関越交通バスは季節運行のため確認が必要で、運休の場合はタクシーまたは車利用が望ましい。菅沼には有料駐車場あり

▶**歩行時間**　11時間15分

▶**コースタイム**　登山口（90分）弥陀ガ池（35分）五色沼（70分）白根隠山（30分）白檜岳（60分）水場分岐（45分）錫ガ岳（45分）水場分岐（85分）白檜岳（35分）白根隠山（70分）五色沼（30分）弥陀ガ池（80分）登山口

▶**地形図**　男体山

▶**錫ガ岳へのルート**　登山口は菅沼のほか、金精トンネル、湯元が考えられるが、錫ガ岳からの帰りが遅くなった場合を考えると菅沼コースが一番安全と思われる

76

左折してガレ場を下る。

歩む先に岩山があらわれ、登りにかかるとシャクナゲの大群生だ。やがて低いササの道となり、倒木や段差が隠れているので注意する。尾根伝いにシラビソの枯れ木が続き、道がササで不明瞭になってくる。しばらくすると、左前方に皇海山をはじめ、庚申山や袈裟丸連峰が目に入ってくる。なだらかな**白檜岳**（2394㍍）の頂上は一面ササに覆われ、山頂の標識が最奥にあり分かりづらい。

白檜岳から先は最低鞍部まで下る。ササ道が不明瞭になるが、目印に注意しながら進む。ササ道はますます険しくなる。尾根の右側の目印が頼りだ。先に歩を進めると、シャクナゲ群生地に出る。奥にロープウェイの建物や白根山の姿が見える。

白根隠山をめざして

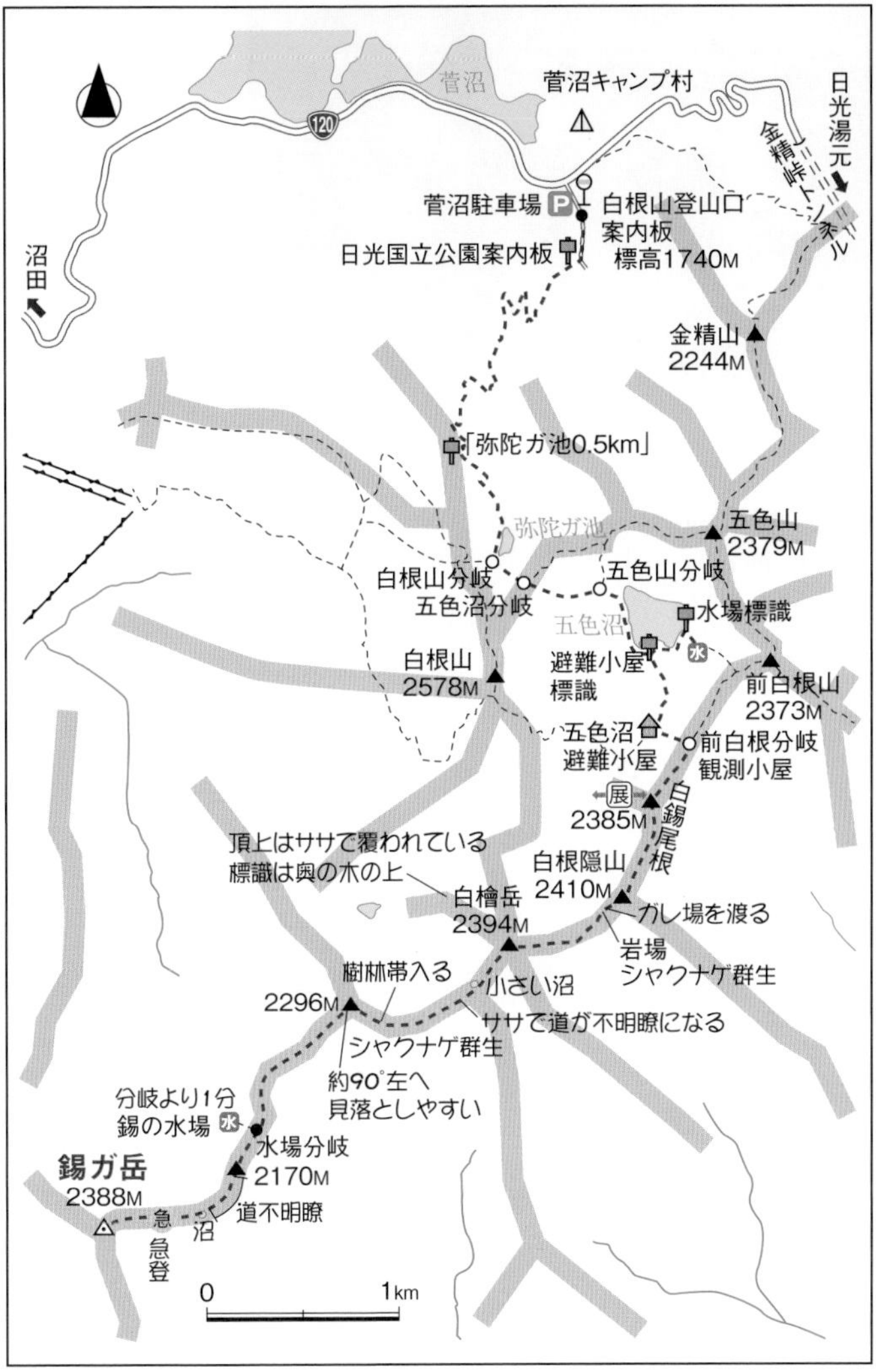

やがて樹林帯に入り、2296㍍ピークにさしかかる。分岐を左に90度曲がり、山を下る。下り切ったころ、**錫の水場分岐**のある広場に出る（1分で水場）。ほどなく2170㍍ピークだ。

やがてヤブがひどい登りになり、池があらわれる。そこからササ道の急登になり、汗して登ると**錫ガ岳**（2388・0㍍）の頂上だ。御料局三角点と国土地理院の三角点があり珍しい。眺望は、南側に皇海山が望めるにすぎない。

復路は、来た道を戻る。

県境稜線をたどり奥鬼怒温泉郷へ……★★★

温泉ガ岳から根名草山

ゆせんがたけ ねなぐさやま

燕巣山から見る根名草山

2330M

77

▶交通　JR日光駅または東武日光駅から東武バス湯元温泉行、終点下車後、関越交通バス日光白根山ロープウエイ行または鎌田行に乗り換え、金精トンネル下車。季節運行のため要確認。早朝便はなく、日帰りの場合は湯元温泉から金精峠口までタクシー利用が望ましい。帰路は女夫渕より日光市営バス鬼怒川温泉駅行、終点下車

▶歩行時間　8時間20分

▶コースタイム　金精峠トンネル駐車場（40分）金精峠（50分）温泉平（80分）旧念仏平避難小屋跡（70分）根名草山（100分）手白沢温泉分岐（50分）日光沢温泉（20分）八丁の湯温泉（80分）女夫渕

▶地形図　川俣温泉・男体山

▶念仏平避難小屋　平成20年11月に新設され快適な小屋となった。栃木県勤労者山岳連盟に委託され管理を行っている

日帰りの場合は**金精峠トンネル駐車場**（『五色山から前白根山』を参照）を早朝に出発し、帰路の予定を考えて、鬼怒川温泉まで1日4往復する女夫渕（めおとぶち）発鬼怒川温泉行の日光市営バスの時刻に合わせて計画したい。

登山口から金精峠までは濡れていると危険なので注意したい。**金精峠**からゆるやかな登りが始まりオオシラビソとコメツガの林の道を進む。右側はササの斜面が広がり、ジグザグの登りとなる。後方には白根山を望み、丸沼、菅沼の左奥には武尊山が見えてくる。

ゆるやかなオオシラビソ林の先に温泉ガ岳分岐がある。温泉ガ岳（2332・9メートル）の山頂の東側を巻くように進む。ササが多く歩きにくいが、やがて**温泉平**（ゆせんだいら）に着く。

巻き道が終わると、深いササに覆われたゆるやかな道を登り、また下る。歩きにくい登山道を下ると**旧念仏平避難小屋跡**に出る。小屋の前は広場になっている。ここで水を補給し、ゆっくり休みたい。

小屋を出発して、沢を渡りオオシラビソの林の中に枯れ木が目立ってくると道はゆるやかな登りとなる。このあたりは自然のままの原生林が残

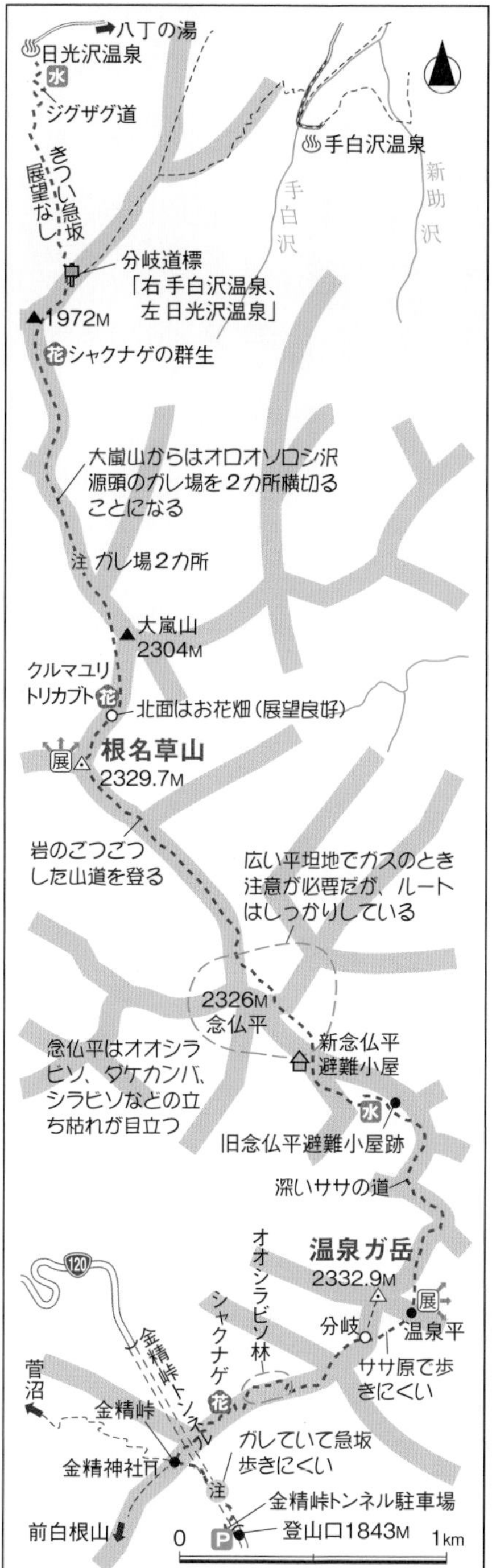

り、念仏平に出ると新念仏平避難小屋があらわれる。オオシラビソとダケカンバの道を下り再び登ると、左後方には白根山が大きく見え、菅沼、丸沼が美しい。

岩のゴツゴツした山道を登れば、**根名草山山頂**（2329・7メートル）である。日帰りの場合は、ここから同じ道を引き返す。山頂には三等三角点がある。南面は樹林帯に覆われて展望は得られないが、北西には燧ガ岳、鬼怒沼湿原が望める。北面の草原にはクルマユリ、トリカブトなどのお花畑もある。ここから奥鬼怒温泉郷までは約2時間30分の下りである。

明るいササの斜面を尾根よりやや左側を下る。大嵐山の南面を巻くように進むと、オロオソロシ沢の対岸のガレ場が見える。大きなガレ場を3回ほど横切り、尾根上の樹林帯を進むと根名草山から約2キロの行程で「右手白沢温泉、左日光沢温泉」と示された**分岐**の道標に出合う。

左に道をたどり、深い樹林帯の道をジグザグに下り、間近に沢の音が聞こえる林の中を過ぎると奥鬼怒温泉郷最奥の**日光沢温泉**に着く。奥鬼怒温泉郷には他に、手白沢温泉、加仁湯温泉、八丁の湯温泉がある。

帰りは、日光沢温泉から**八丁の湯温泉**を経て**女夫渕**まで歩き、バスで鬼怒川温泉に出る。日帰りをするには時間的にきついコースなので、一泊して次の朝、鬼怒沼に登り昨日歩いた根名草山、温泉ガ岳などの山を眺め、湿原の花を楽しむ計画がよい（『鬼怒沼』を参照）。

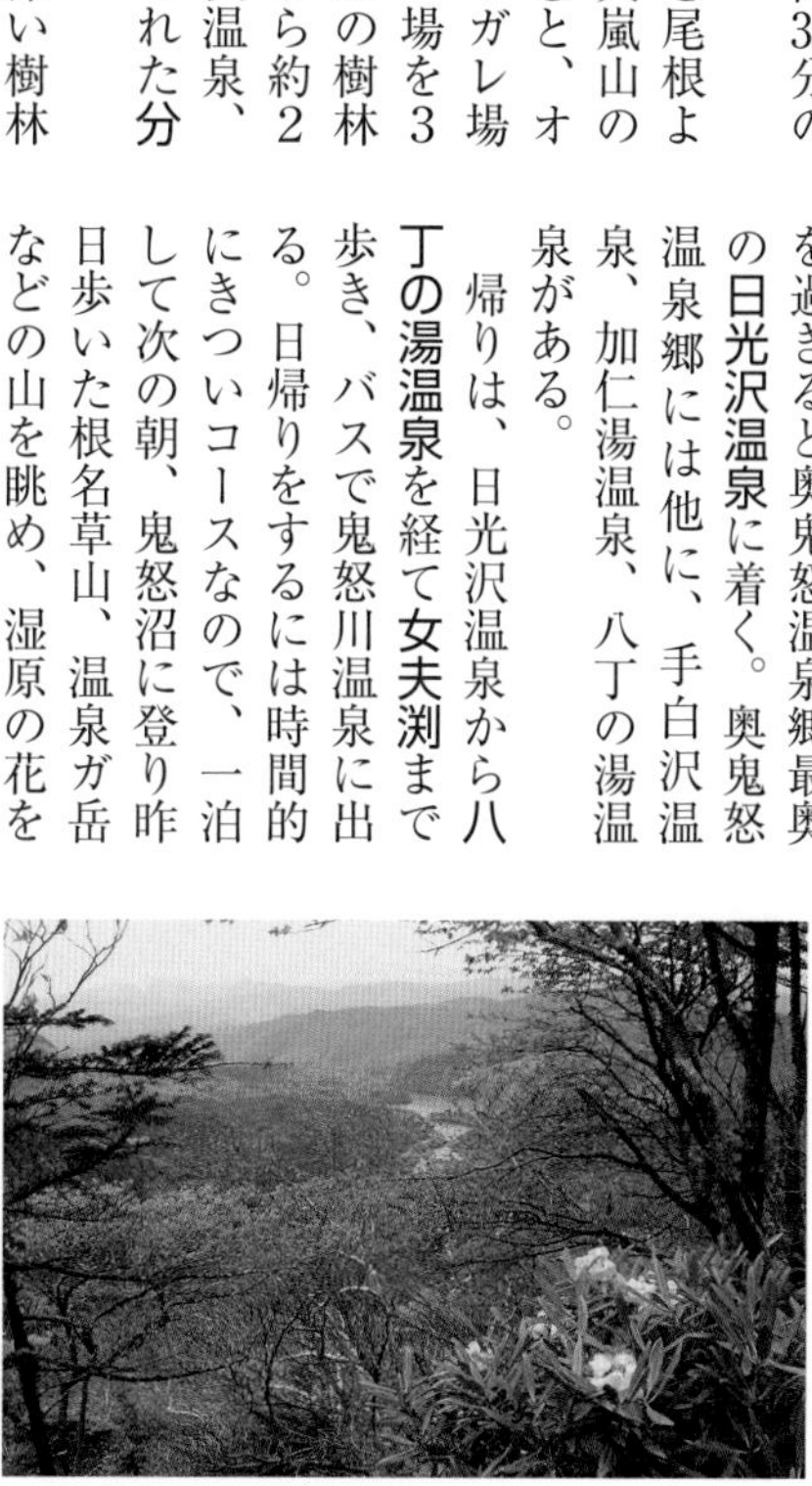

念仏平への道から菅沼を望む

栃木県の一等三角点

一等三角点とは

国土地理院で行われている地図作りの基準として全国に三角点が設置されており、一等三角点、一等補点以下四等三角点まで五種類の区分がある。一等三角点本点は見通しのよい山頂などを利用して、ほぼ45キロくらいの間隔で選定されており、さらに25キロくらいの間隔で補点が置かれている。

あなたは何カ所踏査しましたか？

本点	①	三本槍岳	1916.9M
	②	八溝山	1021.8M
	③	釈迦ガ岳	1794.9M
	④	男体山	2484.2M
	⑤	松倉山	345.4M
	⑥	八幡山	158.7M
	⑦	晃石山	419.1M
補点	⑧	稲荷山	298.4M
	⑨	早乙女	206.1M
	⑩	羽賀場山	774.5M
	⑪	袈裟丸山	1878.2M
	⑫	大鳥屋山	693.1M
	⑬	磯山	104.8M

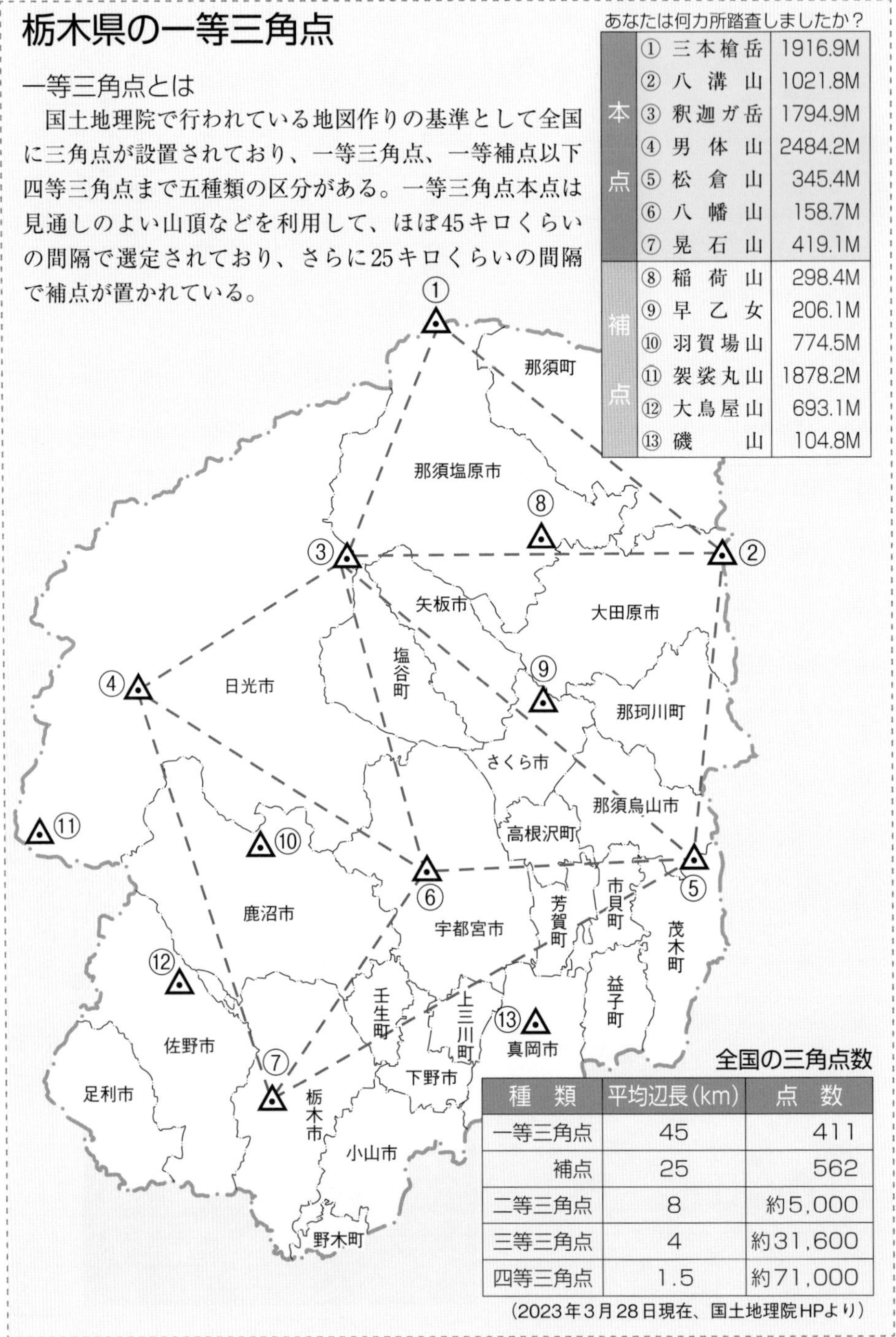

全国の三角点数

種類	平均辺長(km)	点数
一等三角点	45	411
補点	25	562
二等三角点	8	約5,000
三等三角点	4	約31,600
四等三角点	1.5	約71,000

（2023年3月28日現在、国土地理院HPより）

前日光・県央

古峰原高原を中心とした前日光県立自然公園は、かつて勝道上人の開山以来、山岳修験の日光入山の経路として栄え、ゆかりの旧跡が多い。古峰原周辺は登山道も整備されているものの、それをはずれると、案内板などはほとんどなく、地図とコンパス頼りの登山になるが、またそれだけ静かな山歩きが楽しめる。県中央部の宇都宮市周辺は、ロッククライミングの好ゲレンデ古賀志山をはじめ標高500m前後の低山が連なり、日光連山の展望台として、秋から春にかけてのハイキングには格好の地域である。

ハシゴと岩稜をたどる信仰の山……★★

石裂山

おざくさん

879M

西剣ガ峰から望む石裂山

ＪＲ鹿沼駅より登山口まではリーバスを利用する。荒井川に沿って約50分の道のりだ。ここには**加蘇山神社社務所**があり、トイレと水道が設けてある。この先に水場はないので、水筒に水を満たしておこう。

社務所から大水沢沿いの林道を10分ほど歩くと加蘇山神社の下ノ宮の広場に出る。ここには駐車場と案内板がある。ここから加蘇山神社の石段を上っても横の沢沿いの道を進んでもその先で道は一つになる。

うっそうとしたスギ林の中を一ノ橋、二ノ橋と渡ると三ノ橋の先に清滝（4メートル）が落ちている。五ノ橋を過ぎると、雨乞ノ滝ともいわれる竜ガ滝の休憩所に着く。

休憩所を過ぎると、すぐに右手より月山（つきやま）からの周遊コースと合わさる。ここは斜め左に進む。沢はしだいに細くなり、やがて谷いっぱいに枝葉を広げる栃木県天然記念物の**千本かつら**を右手に見る。

沢が伏流となるあたりから急登が始まる。沢を何度か徒渉し、最後に沢を横切り右に出ると岩場が出てくる。そこを登り切ると**中ノ宮**の休憩所に着く。ここから御沢峠（おざわとうげ）まではハシゴとクサリを使った

▶交通　JR日光線鹿沼駅または東武日光線新鹿沼駅からリーバス（鹿沼市営バス）上久我石裂山行、終点下車。バスの本数が少ないので加蘇山神社社務所までタクシー、または車利用が望ましい

▶歩行時間　3時間55分

▶コースタイム　加蘇山神社社務所（40分）千本かつら（20分）中ノ宮（50分）東剣ガ峰（30分）石裂山（15分）月山（50分）休憩所手前分岐（30分）加蘇山神社社務所

▶地形図　古峰原

▶アドバイス　この登山コースは、過去に転落死亡事故も数件おきているのでヘルメット装着を推奨する

▶東剣ガ峰と西剣ガ峰のハシゴは65段以上あり、落ち着いて下りよう

▶竜ガ滝の休憩所を過ぎるとコースのポイントごとに道標と回遊コースの案内板があり安心できる

岩場登降の連続なので慎重に行動しよう。ここではしっかり休息し、ストックをしまうなどの準備をする。

ハシゴとクサリのある行者返しの岩を登ると、すぐに一枚岩があらわれる。これを登り、階段を上がると洞窟があり、加蘇山神社の奥ノ宮が祀ってある。奥ノ宮から沢を横切ってトラバースすると急斜面のやせ尾根に出る。急坂を木の根を頼りに登りつめるとヒゲスリ岩の岩場に出る。ここにはアルミ製の手すりと足場が整備されている。

しばらく登ると早春にはカタクリの花でピンクに染まる斜面に出る。道標に沿って左に進むとまもなく稜線だ。4月中旬にはヤシオツツジでピンクに染まる。稜線を右に曲がり約10分進むと**東剣ガ峰**に着く。本コース中最大の難所である。アルミハシゴの急下降からすぐに登り返すと見晴台のある西剣ガ峰に着く。眼前に石裂山の岩壁がそびえる。西剣ガ峰からハシゴを下ると鞍部になり、御沢峠の道標がある。

峠から右へ巻いて登りつめた尾根上に出ると月山への分岐に着く。左へ2分ほど行けば三等三角点の**石裂山**（879・4メートル）の山頂だ。山頂は広葉樹林の中にあり狭いが、これからたどる月山がすぐ目の前に見え、日光連山方面の眺望がよい。ゆっくり休憩するには最適だ。

月山へは先ほどの分岐まで戻り、道標通りに左に行くと10分で着く。**月山**山頂には月読命（つきよみのみこと）を祀る祠と天狗岩がある。ここからは、日光連山と遠く尾瀬の山並みが眺められる。

月山からは東へ延びる尾根沿いに10分くらい急下降し、さらに薄暗いスギ林の中の滑りやすい道を急降下し、沢を何度か徒渉すると、再び竜ガ滝の**休憩所の手前の分岐**に出る。あとはもとの道をたどり**加蘇山神社社務所**へと帰る。

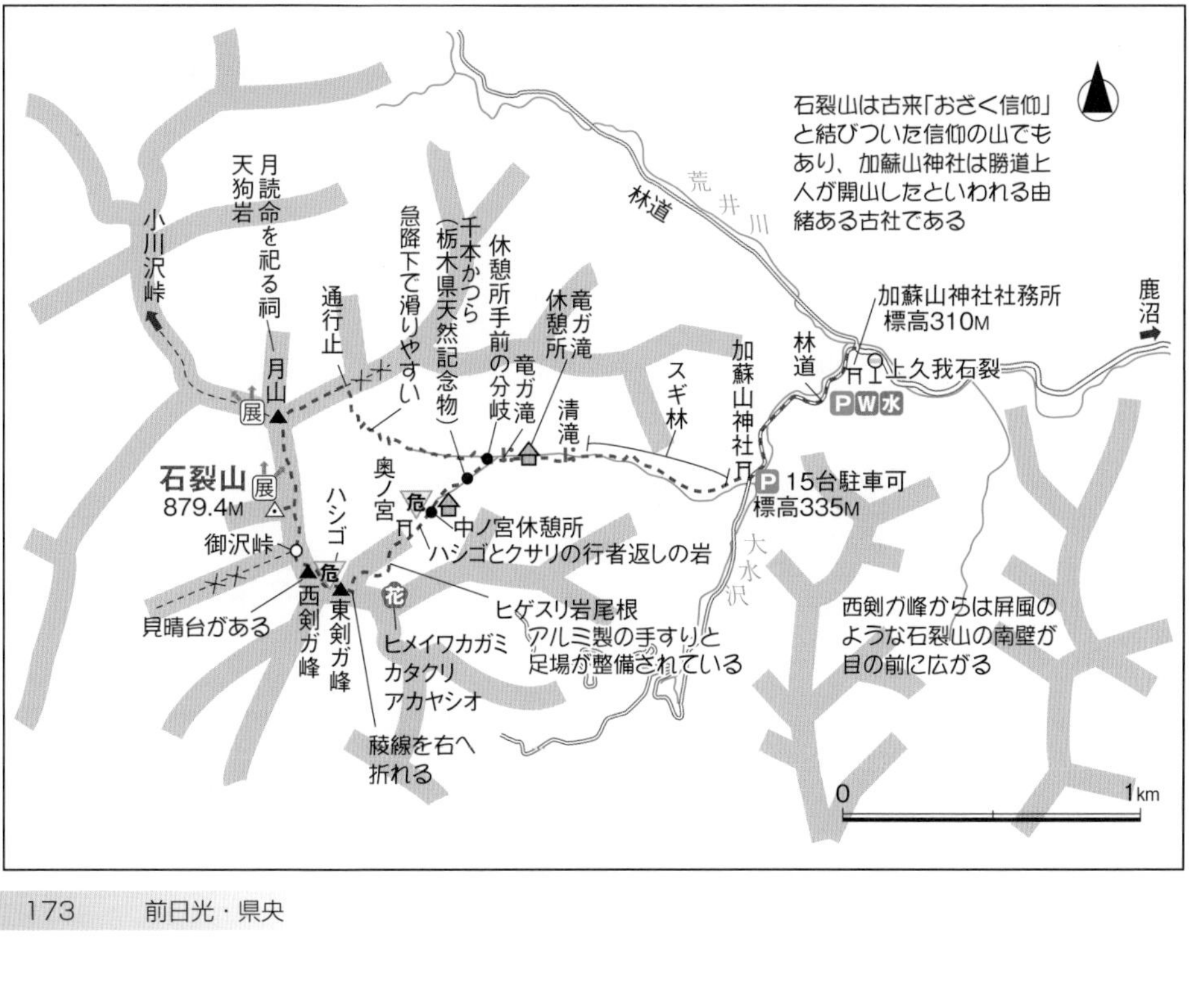

鳴蟲山

なきむしやま

久我小学校から見る鳴蟲山（中央奥の鉄塔のあるピーク）

725M

▶交通　JR日光線鹿沼駅または東武日光線新鹿沼駅から、リーバス（鹿沼市営バス）上久我線、上久我石裂山行、法長内下車

▶歩行時間　3時間20分

▶コースタイム　法長内バス停（30分）鉄塔（30分）464mピーク（25分）556mピーク（25分）紅白の鉄塔（5分）鳴蟲山（5分）紅白の鉄塔（20分）556mピーク（20分）464mピーク（20分）鉄塔（20分）法長内バス停

▶地形図　文挟

▶鹿沼市高齢者福祉センター
JR日光線鹿沼駅から鹿沼リーバス運動公園行、福祉センター下車（30分）／営業時間　9:00～20:00（受付～19:30）／休業日　月曜日、5月3日～5月5日、海の日は夕方より営業（浴室、休憩室のみ開放）／料金：小学生以上600円、乳幼児無料／電話0289-62-7691

ＪＲ鹿沼駅よりリーバス上久我線に乗り、**法長内バス停**で下車する。ここが登山口となる。

ここから北西方向の尾根に、送電線の鉄塔が２本、重なり合って見える。手前にあるのがこれから登る尾根の鉄塔（送電線名は「新栃木線」）で、奥の紅白の鉄塔（送電線名は「南いわき幹線」）が、鳴蟲山山頂直下にある送電線の鉄塔である。

バス停から北の方向に林道小佐部線が延びているので、ここから歩き出す。10分ほど歩き、林道と別れて沢に架かるコンクリート製の橋を渡る。すぐに左へと作業道のジャリ道に入る。

少し歩くと左前方に送電線巡視路の黄色のポールが見えてくる。「新栃木線２０９号に至る」と書かれている。ここを左へ入っていくと、５分ほどで尾根に取り付く。尾根上を忠実に登っていくと、先ほどバス停から見た送電線の**鉄塔**に出る。ここまで30分ぐらいだ。ここで小休止をするとよいだろう。

尾根を忠実にたどり、木の幹に人の高さくらいの防護ネットを巻いた植林帯を通り過ぎると、**４６４㍍ピーク**に出る。鞍部へと少し下り、登り返すと**556㍍ピーク**となる。この付近からようやく紅白の鉄塔が樹林の間に見えてくる。

556㍍ピークから少しの急登で右からの尾根と合流する。道は平坦となり尾根に沿って送電線の巡視路を歩くようになると、紅白の鉄塔は間近である。**紅白の鉄塔**に着いたら、頂上は目前である。この鉄塔からは直進しても、また左から巻いてもよい。

やがて三等三角点のある**鳴蟲山**山頂（724・6㍍）に着く。ここには石祠がある。山頂は針葉樹に囲まれ、眺望はよくない。**紅白の鉄塔**のところまで戻り眺望を楽しもう。近くの里山、石裂山、二股山、羽賀場山などが間近に見える。また、遠く筑波山を見ることもできる。

眺望を楽しんだら、登ってきた道を戻る。下りは、里山特有の尾根が入り組んだ道を下るので、分岐では必ず、地図とコンパスで下る尾根を確認して進むようにしたい。一カ所での方向違いが、予定のところと違うところに降りてしまうことになるので、十分に注意したい。

また、送電線の巡視路があったり、作業道があったりと、進行方向に戸惑うところもあるが、できるだけ尾根を拾って歩きたい。

556㍍ピークを過ぎ、鞍部へと降りて少し登り返し、**464㍍ピーク**を過ぎ、防護ネットを巻いた植林帯を通ると再び送電線の**鉄塔**に着く。ここからは送電線の巡視路を下り作業道を通り、沢に架かるコンクリートの橋を渡れば、**法長内バス停**は近い。

このコースは、全体がほとんど眺望がなく、ところどころに赤テープの目印などがある程度で、明確な標識や登山道がない。そのため、地図とコンパスを使ったルートファインディングの技術が必要である。

帰りには、鹿沼市高齢者福祉センターなどで、汗を流してから帰るのもよいだろう。

鉄塔から二股山方面を望む

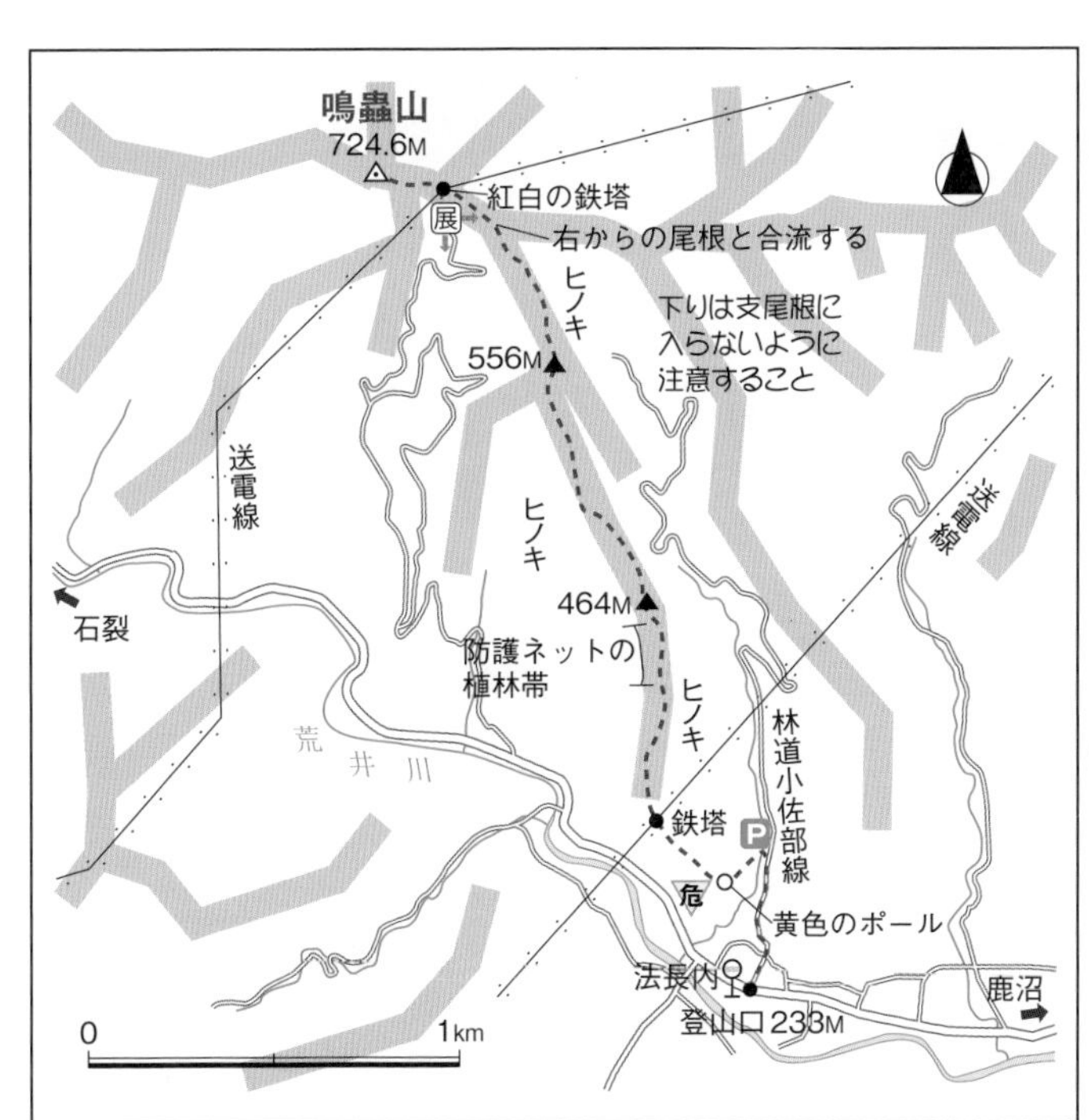

古峰原高原

こぶがはらこうげん

1144M

秋の古峰原湿原

▶**交通**　JR日光線鹿沼駅または東武日光線新鹿沼駅からリーバス（鹿沼市営バス）古峰原行、終点下車

▶**歩行時間**　4時間35分

▶**コースタイム**　古峯神社（40分）登山道入口（10分）へつり地蔵（30分）古峰原高原（15分）深山巴の宿（15分）古峰原高原（45分）天狗の庭（10分）三枚石（110分）古峯神社

▶**地形図**　古峰原

▶**古峯神社**　日本武尊を祀り五穀豊穣、火防水防、また盗難除けの神様として由緒深い神社である。宿坊もあり、遠方から観光バスでお参りに来る人も多い。勝道上人は、ここで修業を積み日光開山の偉業を成したと伝えられる

▶**へつり地蔵**　深山巴の宿で厳しい修行に耐えられなくなった若い修業僧が逃げて来て捕らえられ殺された場所と伝えられている

JR鹿沼駅から東武日光線新鹿沼駅経由のリーバス古峰原行の終点で下車する。古峰原へは、**古峯**（ふるみね）**神社**の駐車場を左に見て舗装された車道を登って行く。なお、この車道は古峰原高原からさらに前日光牧場まで通っていて、冬期を除けば車で行くことができる。

古峯園（こほうえん）を右手に見て10分ほど歩くと、左に三枚石新道入口の案内板が見えてくる。この道は三枚石の方へ続いているが、途中急登があり初心者向きではないので入らないほうが無難である。さらに車道を進むと右手に林道入口が見え地蔵岳への道標がある。

さらに車道を10分ほど行くと沢の音が聞こえ足尾沢橋が見えてくる。橋を渡り長沢林道を右に見て20分ほど車道を歩くと「古峰原へ1・3キロ」の道標があらわれる。ここが**登山道入口**だ。ここから車道を離れ山道へと入る。

沢沿いに山道を登り、右に折れると旧林道に出る。そこには**へつり地蔵**があり、高台に祠がある。この先、旧林道を左へ進むが、5分ほどで「古峰原へ0・9キロ」の道標があり、沢を渡る。さらにもう一つの沢を渡ると「古峰原へ0・5キロ」の道標があらわ

80

れ、このあたりから左手に地蔵岳、夕日岳の山並みが見えてくる。そして、15分ほど道標にしたがって歩くと舗装された道路に出て急に視界が開け、**古峰原高原**に到着する。

前方には古峰原湿原が広がる。高原にはレンゲツツジをはじめ、シロヤシオ、サラサドウダンなどツツジ科の植物が多く、春から初夏にかけて美しい花が咲き誇る。

右手の旧林道を100メートルほど行くとログハウスの古峰原ヒュッテがある。このヒュッテは自由に使用することができ、30人程度は収容可能だ。

ヒュッテの前を通って足尾方面へ進む。シラカバを交えた広葉樹林の中の林道で、新緑や紅葉期はひときわ美しい。10分ほどで旧林道と分かれ左へ鳥居をくぐると、木立に囲まれた勝道上人修業の地といわれる**深山巴の宿**（じんぜんともえのしゅく）がある。巴の宿の先の道は都沢林道へと続き前日光牧場方面に出る。牧場から方塞山、三枚石を経て古峰原高原への回遊コースをとることができる。

再び**古峰原高原**に戻り、ヒュッテの前を通って鳥居をくぐり、三枚石へと向かう。ツツジの木々の中を登って行くとやがて道は平らになる。さらに進むと大きな石が散乱している**天狗の庭**に着く。その昔、古峯神社の天狗が十五夜に酒宴を催したと伝えられるところである。

さらに10分ほど尾根をたどれば、前方に大きな岩を積み重ねたような**三枚石**が見えてくる。まさに自然の不思議さを思い知らされる風景である。社と鳥居があり、西側には青銅の雷神の像などもある。この前は広場で休むのには格好の場所だ。

広場から北東へ、古峯神社に直接下る道もあるが、尾根道の急降下であり、来た道を戻ることをおすすめする。

三枚石から南に前日光牧場を経て横根山へと続く登山道もある（『横根山』を参照）。

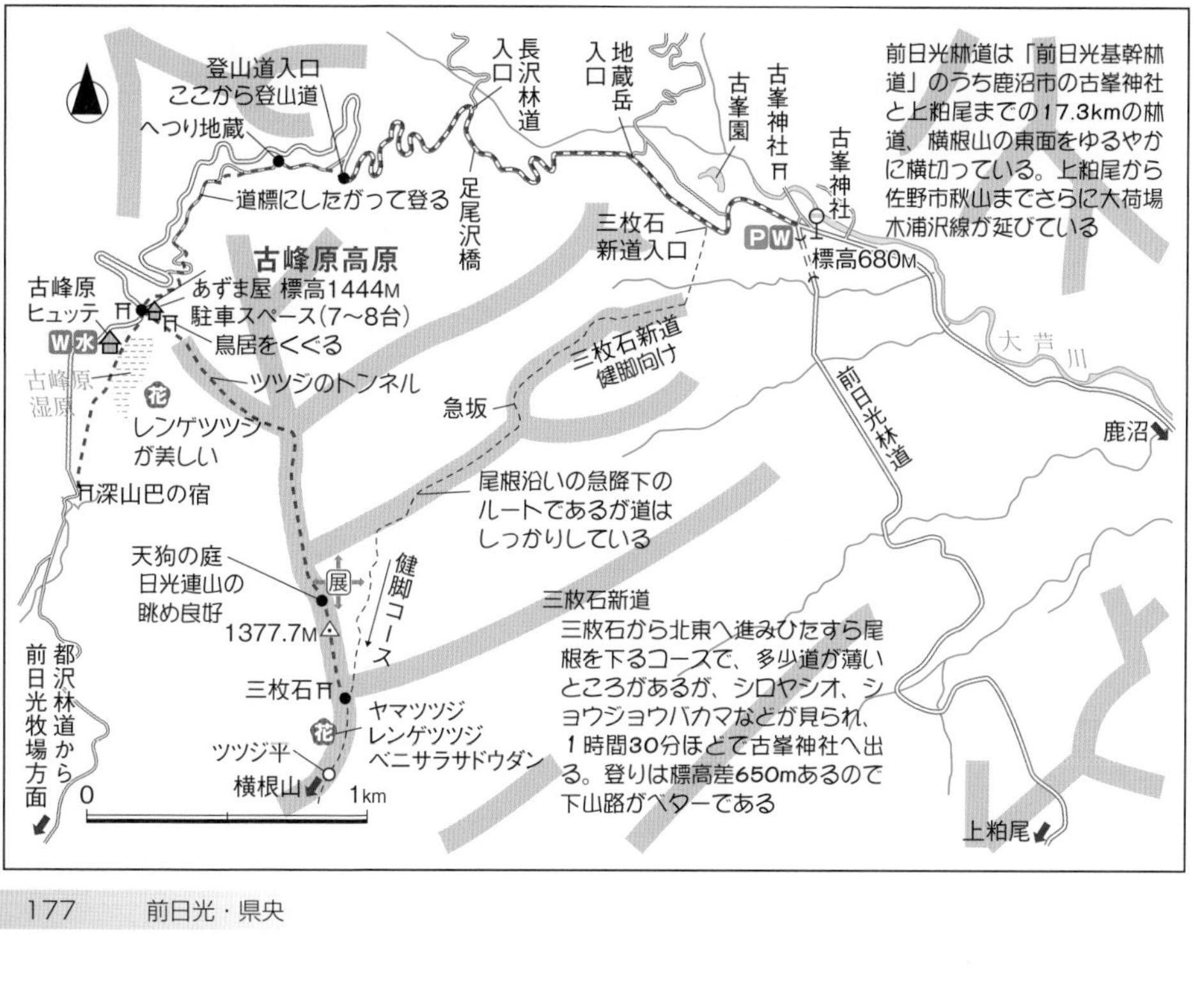

古峰原高原

前日光林道は「前日光基幹林道」のうち鹿沼市の古峯神社と上粕尾までの17.3kmの林道、横根山の東面をゆるやかに横切っている。上粕尾から佐野市秋山までさらに大荷場木浦沢線が延びている

三枚石新道
三枚石から北東へ進みひたすら尾根を下るコースで、多少道が薄いところがあるが、シロヤシオ、ショウジョウバカマなどが見られ、1時間30分ほどで古峯神社へ出る。登りは標高差650mあるので下山路がベターである

尾根沿いの急降下のルートであるが道はしっかりしている

ヤシオツツジが咲く日光開山の道……★★★

禅頂行者道

ぜんちょうぎょうじゃどう

1526M

薬師岳から夕日岳への尾根道を歩く

▶**交通**　JR日光線日光駅または東武日光線東武日光駅から、東武バス湯元温泉行、中禅寺温泉行、明智平バス停下車。帰路はリーバス（鹿沼市営バス）古峯神社発、JR鹿沼駅行

▶**歩行時間**　9時間40分

▶**コースタイム**　明智平（140分）細尾峠（55分）薬師岳（90分）三ツ目（20分）夕日岳（45分）地蔵岳（20分）ハガタテ平（30分）唐梨子山（70分）行者岳（40分）古峰原峠（70分）古峯神社

▶**地形図**　古峰原・日光南部

▶**禅頂行者道**　勝道上人が出流山から、大剣峰（横根山）を経て古峰原に至り、日光へ向かった道筋にあたり、古くから山岳修験道の行者道として歩かれ、現在もその跡を各所でしのぶことができる

ＪＲ日光駅から東武バス湯元温泉行に乗り、**明智平**バス停で下車する。行程の前半は水場がないので、ここで水を補給しておこう。

ロープウェイ山頂駅から道標にしたがい茶ノ木平方面へと向かい、華厳滝の観瀑台を経てやがて茶ノ木平への分岐に出る（ここまでは『明智平から茶ノ木平』を参照）。

細尾峠への道標にしたがい左へと道をとる。道はすぐ下りになり、篭石を経て、送電線をくぐる。細尾雨量観測所の建物を過ぎれば、車道が通じている**細尾峠**に出る。

車道を横切って道標のある登山道に入り、狭い尾根をたどって行く。足元が崩れているところもあるので注意。やがて道は尾根を外れて薬師岳の西面をトラバースし、急なひと登りののち薬師岳の南の肩に出る。肩から**薬師岳**山頂（１４２０㍍）までは往復20分。東側から北側の展望が開け、男体山や前日光の山々の好展望台である。

山頂から肩へと戻り、尾根を南へとたどる。この付近から夕日岳にかけては落葉樹林が多くなり、気持ちのよいところだ。不動尊像を左に見て、小ピークを四つほど越えると夕日岳への分岐**三ツ目**に

81

出る。このあたりは、5、6月になるとヤシオツツジやレンゲツツジの美しいところだ。

三ツ目から夕日岳へは、往復となる。三ツ目から東の尾根伝いに下り、中岩と呼ばれる露岩帯を過ぎてひと登りすれば、ヤシオツツジに囲まれた**夕日岳**山頂（1526・1メートル）だ。山頂の北側は日光連山の展望が開けている。

三ツ目に戻り、地蔵岳へと明るい落葉樹の尾根をたどる。**地蔵岳**山頂（1483メートル）には石祠に地蔵尊が安置され、かつて盛んであった修験道の跡がしのばれる。展望はないが落ち着いた雰囲気の広い山頂だ。

地蔵岳からは南の尾根を少し下り、トラバース気味に西の尾根へ取り付く。ジグザグの下りが続き、途中、登山道が崩れた箇所があるので注意して下ろう。ほんの少しで**ハガタテ平**（1281メートル）である。

ハガタテ平から古峯神社へ下山するルートは時間短縮ができるが、スギ伐採の作業道が縦横に設けられていて、荒れている。道に迷いやすいので注意が必要である。ここでは唐梨子山（けなしやま）方面へ向かうコースを行くことにする。

尾根を直進すると、歩きやすい山道が続いている。ササの道を登ると、行者の宿の名を残す竜の宿の立て札がある。**唐梨子山**はカラマツ林に囲まれ、初夏にはクリンソウが咲く。

アップダウンを繰り返しながら大岩山、行者岳へと続くが、この付近もツツジ類が多く、春から初夏にかけてツツジのトンネルとなる。**行者岳**（1328・8メートル）には三角点があり、少し下ると行者平となり、ズミの林がある。

さらに下ると右側に行者池があり、大天狗の鳥居が見えてくる。舗装された林道に出ると**古峰原峠**は近い（この先古峯神社までは『古峰原高原』を参照）。

花々に彩られた回遊コース……★★

横根山

よこねやま

1373M

象の鼻から日光連山を望む

▶**交通**　登山口までのアプローチが長いので車利用が望ましい。タクシー利用の場合は、JR日光線鹿沼駅または東武日光線新鹿沼駅から80分

▶**歩行時間**　4時間15分

▶**コースタイム**　前日光牧場入口ゲート（30分）方塞山（20分）三枚石（20分）方塞山（60分）横根山（25分）井戸湿原（45分）象の鼻（20分）前日光ハイランドロッジ（40分）前日光牧場入口ゲート

▶**地形図**　古峰原・足尾

▶**アドバイス**　西麓には前日光牧場が広がり、前日光ハイランドロッジ（宿泊可）やトリムコースもあり、シーズンには家族連れなどで賑わう。冬期以外は牧場の中のロッジまで車で入れる。前日光ハイランドロッジTEL 0288-93-4141

横根山への登山コースはいくつかあるが、いずれも林道歩きが長く、相当のアプローチを強いられるため、ここでは車を利用した牧場からの回遊コースを紹介する。

鹿沼市と足尾町を結ぶ県道と粕尾峠で分かれ、東へ延びる車道に入る。足尾・古峰原方面への道路が分岐する**前日光牧場入口ゲート**がある。駐車場はゲートから300メートルほど先にある。

ゲート左の案内板脇から登りはじめる。はじめの雑木とササの中の急登から傾斜もゆるくなると、電波反射板のある**方塞山**（1388メートル）に着く。この先100メートルほどで古峰原方面への分岐となりベンチもあるが展望はない。ここから古峯神社奥ノ院の三枚石を往復しよう。

道標にしたがい、古峰原方面へ向かう。カラマツ林の中に付けられたやや急な階段を登ると平坦なツツジ平に出る。春から夏にかけてサラサドウダンツツジやヤマツツジ、レンゲツツジが咲き乱れるところだ。やがてズミの林となり、まもなく**三枚石**に着く。積み重ねたような巨大な三枚の岩の下には古峯神社奥ノ院の社があり、休憩にはよいところだ。ここから古峯神

82

社に直接下る道と、古峰原湿原を経て古峰神社に下る道が分かれる（『古峰原高原』を参照）。

方塞山まで戻り、横根山に向かう。牧場の柵沿いのアップダウンのところどころにベンチが置いてあり、目前の牧場から奥に広がる足尾方面の展望がよい。階段を登りきると二等三角点を置く**横根山**山頂（1372・8メートル）に出る。あずま屋があり日光連山から足尾の山々の大展望台だ。

ここから日瓢鉱山への道を分け井戸湿原へ向かう。前日光ハイランドロッジへと向かう分岐を過ぎ、雑木林の中を下ると牧場からの道を合わせる。かつて、ここに旧粟野町営の無人小屋が建っていたが取り壊され、現在はあずま屋が建っている。

あずま屋を過ぎ階段を下れば**井戸湿原**である。5ヘクタールほどと小規模だが春から夏にかけて多くの花々が咲き乱れる。30分ほどで湿原を一周する道も付けられているので一回りするとよいだろう。

木道で湿原を横切ると分岐があり、左は湿原一周コース。途中から五段ノ滝を経て日瓢鉱山へも下れる。

右の象の鼻へと道をとり湿原沿いにしばらく歩き、湿原周遊路を右に分け、林の中を登ると仏岩を経てまもなく**象の鼻**展望台である。象の鼻に似た巨大な花こう岩があり、展望台とトイレが設置され、日光、足尾の山々そして富士山と大展望が広がる。

ここから西に下る道は首都圏自然歩道「湿原とせせらぎのみち」で、林道を経て約2時間（9キロ）ほどで上粕尾発光路のリーバスJR鹿沼駅行バス停に出られる。

展望を十分に堪能したら、牧場内の車道を下り、**前日光ハイランドロッジ**を経て**前日光牧場入口**ゲート前の出発地点に帰り着く。

このコースは春の新緑、夏の花、秋の紅葉、そして冬の静かな雪山ハイクと四季を通じて楽しめる。

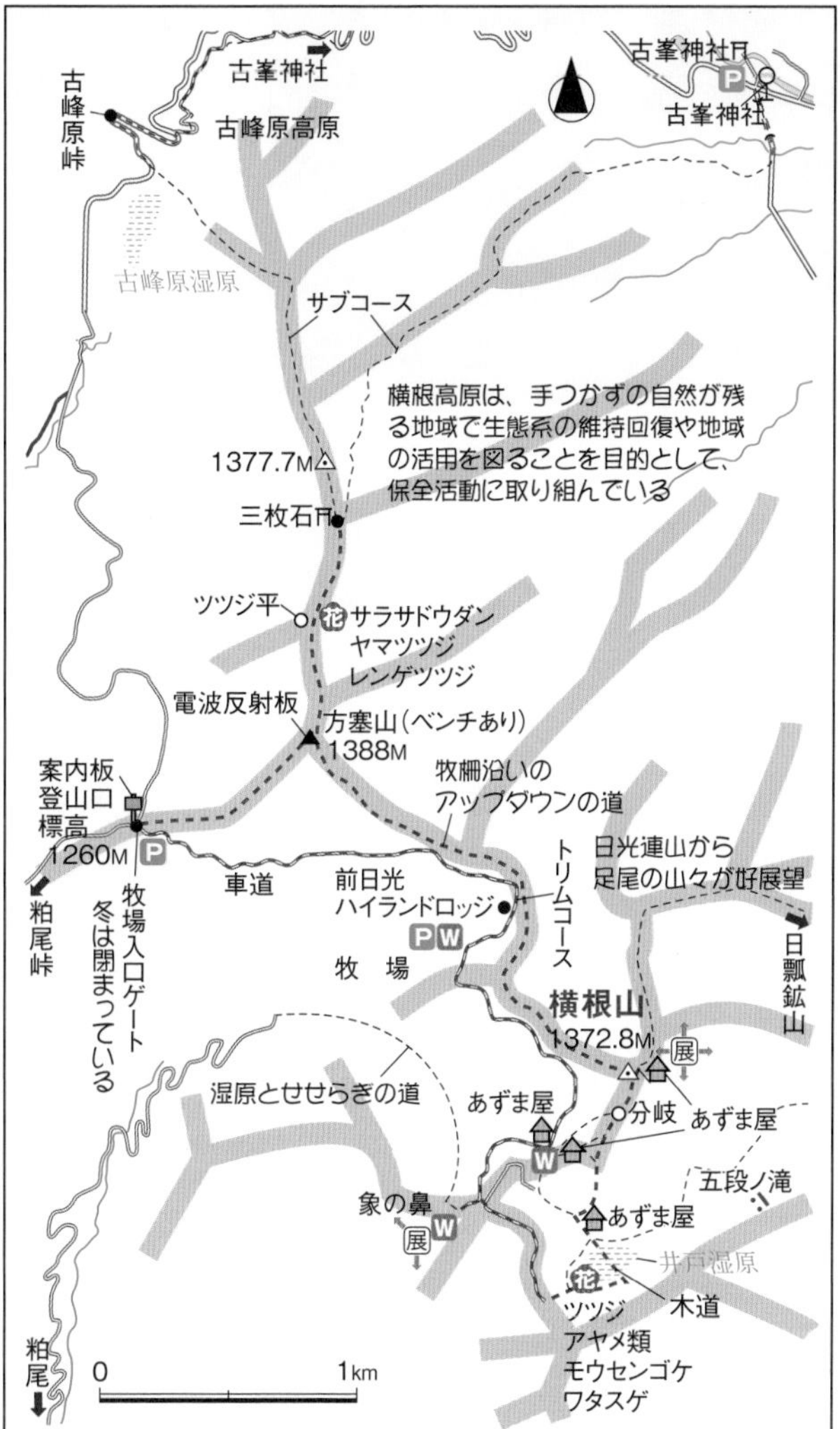

三峰からなる初心者向けの岩のゲレンデ……★★

岩山

いわやま

328M

岩山の三峰（一番岩、二番岩、三番岩）を望む

▼交通　JR日光線鹿沼駅または東武日光線新鹿沼駅からリーバス（鹿沼市営バス）古峰原行または石裂山行、上久我馬返行に乗車、鹿沼西中入口バス停下車

▶歩行時間　3時間40分

▶コースタイム　鹿沼西中入口バス停（10分）日吉神社（20分）C峰（10分）三番岩（80分）一番岩（50分）入山峠（50分）鹿沼西中入口バス停

▶地形図　鹿沼

▶アドバイス　そのスケールは小さいが、神戸の六甲山、群馬の妙義山にも似た山容を持ち備え、短時間に展望のきく岩場を登り下りできるスリルもあり、低山ながら交通の便のよさも加えて何回訪れても飽きない山である。岩登りのゲレンデとして人気が高い

　ＪＲ鹿沼駅からリーバス古峰原行、石裂山行、上久我馬返行に乗り**鹿沼西中入口バス停**で下車すると、道路の反対側に**日吉神社**が見える。神社の石段を登り、本殿と参道を分ける車道を左手に進むと「岩山ハイキングコース入口」の道標がある。

　ヤブとヒノキ林を抜け伐採地に出ると、正面にどっしりとした岩場が見えてくる。この岩場がA峰である。ここからは変化にとむ岩場が次から次へと出現してくる。気持ちを落ち着け注意して登りたい。

　なお、この付近にはチョウゲンボウという珍しい鳥が生息する。運がよければあえるだろう。

　岩場には足場が切ってあるのでそれを利用する。一歩一歩確実にステップを確保して登りきると、ベンチのある展望台に着く。ここが**C峰**の上部となる。A峰、B峰、C峰は岩登りのゲレンデとして使われている。また展望も素晴らしい。

　C峰から**三番岩**（２７５メートル）へは、岩と岩との間をすり抜けながら10分ほどで着く。小さな道標に「二番岩まで３４０メートル、一番岩まで１０６０メートル」と記されている。ハシゴを登るとベンチのある岩稜に

83

出る。

しばらくして少し下り、一四段の鉄バシゴを登ったあと、再び急な岩場を下ると休息に最適な広場に出る。二のタルミと呼ばれるところだ。

広場からは急な登りとなり、二番岩へ着く。この先はルートに赤いペンキなどが付けられているが、迷いやすいところもあるので、できるだけ稜線をはずさずに歩いたほうがよい。樹林越しに一番岩を望みながらしばらく下ると、一のタルミの大岩に出る。

ゴルフ場へのエスケープルートを右に見送り、落葉で滑りやすい急な岩場を登って行くと、ようやく**一番岩**（328・2メートル）へ着く。一番岩からは360度の展望が広がる。北に日光連山、東に古賀志山や鹿沼の市街地、西に前日光の山々が望める。

眺望を楽しんだら入山峠へ向かう。稜線伝いに東へ向かうと、ゴルフ場を真下に見下す猿岩に出る。「危険」と書かれた看板があり、下を覗くと垂直に近い岩場にクサリがのびている。入山峠に下るには、この急峻な岩場に設置された七本のクサリをたどることになる。

しかし、高度感もあり、雨天時など岩場が濡れている場合は危険なため、岩登りの経験のない人はここで引き返すか、ゴルフ場へ下るエスケープルートを利用したい。

クサリ場を降りると**入山峠**である。道なりに左に行けば下野三十三観音札所の一つ深岩観音のある深岩方面へ30分ほどの道のりだ。

ここではクサリ場の下から右手に迂回するコースをとる。道標にしたがってゴルフ場との境界を示すロープに沿って山裾に付けられた小道を進む。しばらく行くとコンクリート製の貯水タンクに出るので、そこを右手に下って、水田沿いの道を南に進む。50分ほどで出発点の**鹿沼西中入口バス停**へ着く。

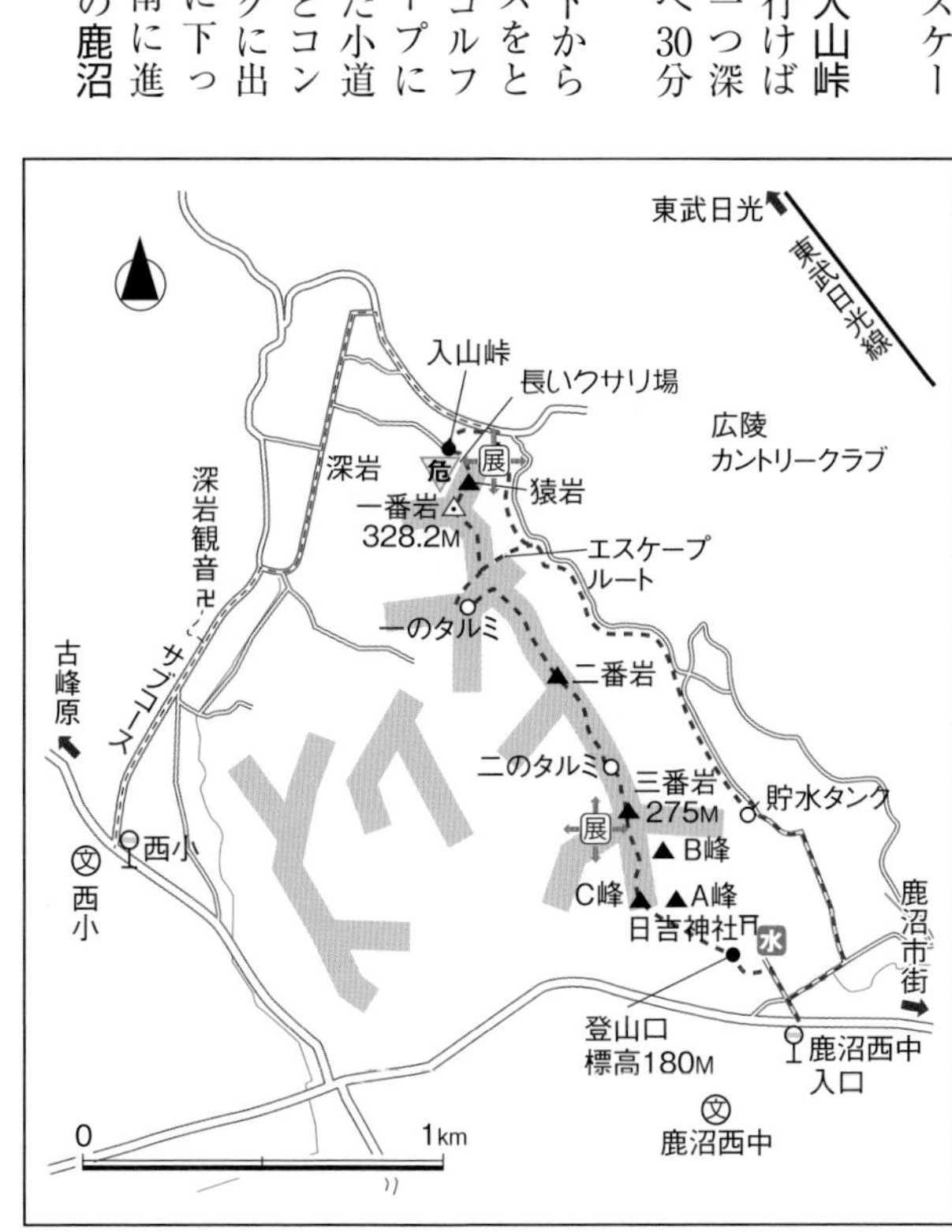

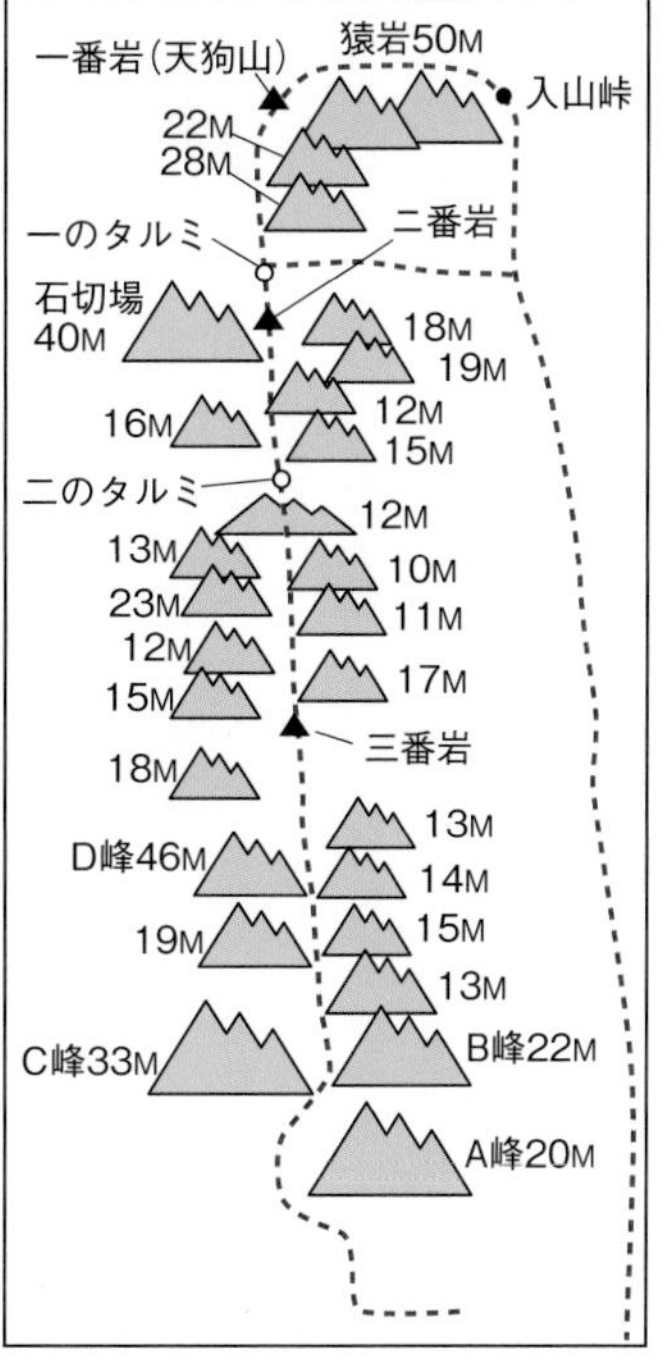

双耳峰がひときわ目立つ静かな山 ★★

二股山

ふたまたやま

570M

鹿沼市街から見る二股山

▶交通　JR日光線鹿沼駅から関東バス古峰原行、下沢大関橋下車

▶歩行時間　4時間

▶コースタイム　下沢大関橋バス停（20分）下沢登山口駐車場（10分）回遊コース基点（75分）展望台（10分）二股山南峰（30分）北峰（50分）368mピーク（15分）回遊コース基点（10分）下沢登山口駐車場（20分）下沢大関橋バス停

▶地形図　鹿沼・文挟

▶アドバイス　下久我コースの岩渕林道は荒廃が進み、車高のある車以外は通行不可（途中に防獣ネット設置）。2023年10月現在、下久我コースは廃道となっている

二股山は山頂が北峰と南峰に分かれた双耳峰で、頂上には石祠が祀られた信仰の山である。南峰からは古賀志山や山麓が広がり、北峰からも南から東にかけて遠く筑波山や加波山が眺望でき最高の景色を楽しめる。里山にしては奥深い静寂な山を満喫できる。

ここでは、下沢集落を基点に沢沿いの回遊コース往路を登り、復路を尾根づたいに下山するコースを案内する。

バス利用の場合、**下沢大関橋バス停**で下車し二股山登山口まで歩くことになる。**登山口となる駐車場**は所有者がご厚意で登山者用の無料駐車場を整備してくださったので、ありがたく利用させていただこう。

林道を進み堰堤を過ぎると、**回遊コースの起点**に着く。ここから直進し沢沿いの回遊コース往路をたどる。道標にしたがって、うっそうとしたスギ林の中を沢に沿って数回渡渉しながら進んでいく。やがて沢から離れると急登となるが、登山道はジグザグに切ってあり楽に登れる。

左側には大きな岩がいくつも現れ、登りきると**展望台**に着く。展望台からは、西から南にかけて開け、電波塔が立つ谷倉山や熊鷹山などの安蘇

84

山塊の山並が一望でき素晴らしい。景色を見ながらひと休みするにはいい場所だ。

展望台をあとにして進めば、まもなく**二股山南峰**（569・8メートル）に着く。山頂には石祠が置かれ、三等三角点がある。頂上の東側は眺めがよく、山麓の下沢の集落や古賀志山、筑波山が見渡せる。

南峰の急坂をロープに助けられ緊張しながら下降すると、北峰とのキレットに降り立つ。薄暗く山深い感じだ。

ここから北峰に向かうのだが、直登コースと迂回コースがある。岩に不慣れな人には迂回コースをすすめる。ここでは直登するが、ロープを頼りに岩場を慎重に越えると**北峰**の頂上に登り着く。

北峰はやはり大きな石祠が祀られ、東から南にかけて展望が開ける。古賀志山や筑波山方面の眺望がいい。山麓の集落を見ながら下山に向けてひと息入れる。

少し下ると迂回コースとの合流点に出る。NHK送信所の前を通り、回遊コースの復路を尾根づたいに下山する。道標にしたがい東に延びる尾根を下ると、**368メートルピーク**である。付近には下沢城趾跡があり、堀切や石垣の一部が点在している。

368メートルピークから南に進路を変え急な下りを行くと下沢**回遊コース基点**に出る。堰堤を過ぎると、まもなく**下沢登山口駐車場**に着く。バス利用の場合は、広い道路を道なりに左にたどって橋を渡ると、**下沢大関橋バス停**に着く。

北峰からの展望

かまど倉

かまどくら

557M

大芦川方面からかまどのある山頂直下の岩壁を望む

ここでは、比較的登りやすい板荷の川化から林道を使い送電線の鉄塔を目標に登るコースを紹介する。

東武日光線を利用し、**板荷駅**で下車。駅前を直進し県道を右折、鹿沼方面に1キロほど行った工場前（川化下バス停）、「川化山・かまど倉」の案内標識があるところでさらに右折する。踏切を渡り黒川に架かる橋をすぎ左に大きくカーブし、すぐに右折すると川化の集落に入る。

集落内を進み、右に大川化林道を分け、**川化林道**に入るとすぐに害獣防止柵のゲートがある。ゲートを開けたら必ず閉めておこう。開けた墓地を過ぎ送電線をくぐって行くと、左に川化林道支線を分ける。再び送電線をくぐり、左に支道を分けるとすぐ、小広い沢の分岐点に出る。右に入る道は497・3メートルピーク（川化山）に向かっている。この道を右に見て沢沿いにさらに林道を進み、右への道をもう一本見送る。

黄色い送電線巡視路の案内標柱のある分岐を右折し、荒削りな林道をしばらく進むと植林地に出る。**林道の終点**だ。左に見られる作業道を分け、スギの植林地の中の急斜面の踏跡を右へ登って行く。

▶**交通**　東武日光線板荷駅下車

▶**歩行時間**　3時間5分

▶**コースタイム**　板荷駅（15分）川化林道入口（45分）林道終点（15分）送電線鉄塔（20分）かまど倉（20分）送電線鉄塔（10分）林道終点（45分）川化林道入口（15分）板荷駅

▶**地形図**　文挟

▶かまど倉に至る尾根上の送電線鉄塔から川化山までは北東の尾根を約1kmの距離だが、途中に岩場もあり標識もないので経験者同行が望ましい

▶かまど倉山頂周辺は崖に囲まれた急峻な地形なので、登山道をはずさないよう注意すること

▶低山で共通に言えることだが、林道の新設や伐採などで、コースの様子が全く変わってしまうことがよくあるので注意が必要である

さらにヒノキの植林地の中の道をジグザグに進むと尾根の上に立つ**送電線鉄塔**の広場に出る。周囲はシノダケに囲まれており、西には樹間越しに羽賀場山が眼下に望める。

　鉄塔から山頂に向かうが、広場の両側はササとススキのヤブとなっており、その中の南への踏跡をたどる。すぐにヒノキの林となり、ここからは明瞭な踏跡となる。

　南への尾根道をゆるやかに登って行き、やがて急坂をひと登りすれば、左手少し先が

山頂から大芦川をはさみ二股山を望む

岩頭となり、足元が深く切れ落ちている。ここからは北東に展望が得られ、川化山、古賀志山、高原山などの山々が望める。

　もとの道に戻り、再びヒノキ林の尾根をたどり、木の根の露出した滑りやすい急斜面を慎重に登ると山頂の肩につく。左手に「大岩壁かまど倉展望台」の標識があり、東南東に鹿沼の町並や宇都宮の山々が望める。

　ここからわずかで三等三角点を置く**かまど倉**（剣ガ峰）山頂（556・6メートル）に着く。山頂はヒノキと雑木に囲まれ展望はない。

　南東へ少し急降下すると石の祠が祀られている。眼下には大芦川の向かいに二股山をはじめ前日光の山々が望める。ここは上からは見ることはできないが、かまど状の岩屋がある大岩壁の真上で、南側が大きく切れ落ちており足元には要注意である。

　帰りは往路を戻る。

121
黄色い送電線巡視道案内標識分岐
荒削りな林道
林道終点
ジグザグの急登
植林地
鉄塔
川化山 497.3M
板荷駅
標高 200M
大川化林道
川化林道入口
川化下
行川
ヒノキ林の平坦な道
展
鉄塔
鉄塔
墓地
送電線
かまど倉
(剣ガ峰)
556.6M
危
大岩壁(かまど)
川化林道
川化林道支線
「川化山・かまど倉」案内標識
川化集落
害獣防止柵のゲート
「大岩壁かまど倉展望台」の先の急降下は慎重に行こう
黒川
東武日光線
大芦川
かまど倉の山名の由来は大岸壁の真上にかまど状の岩屋があることから名付けられたという。南側が大きくカットされ、二股山など前日光の山々の好展望が得られる
0　1km
北鹿沼

羽賀場山から お天気山

はがばやま
おてんきやま

777M

下山口から見たお天気山

▶**交通**　JR日光線鹿沼駅または東武日光線新鹿沼駅からリーバス（鹿沼市営バス）古峰原行、古関バス停下車

▶**歩行時間**　6時間

▶**コースタイム**　古関バス停（10分）登山口（30分）第一送電線鉄塔（30分）第二送電線鉄塔（20分）主稜線（20分）羽賀場山（80分）777mピーク（20分）お天気山（30分）二の宮（30分）分岐点（15分）一の宮（60分）下山口（15分）上大久保バス停

▶**地形図**　文挟

▶羽賀場山の山名については、大沢山、大滝山、岩根沢山、梅ノ木沢山など呼び名はいろいろあるが、ここでは国土地理院原簿に記され、他の記録でも使われている羽賀場山を山名としたい

▶登山口にある長安寺は岩松寺ともいわれ、山門下のイワヒバに覆われた古い石段は見事である

地形図に山名もない羽賀場山だが、一等三角点が置かれ、そこからの山名も標高表示もないお天気山への縦走は案内板も少なくハードなコースなので、初心者だけの登頂は危険である。迷いやすい分岐もあり地形図とコンパスは必携である。

古関バス停から古峰原方面へ進むと、右手に長安寺の入口を示す石柱がある。これを右に入って150メートルほどいくと長安寺の駐車場がある。車利用の場合一声かけてここに置かせてもらう。この駐車場内に東電の送電線巡視道を示す羽賀場山の**登山口**がある。

ここから急階段を登ると道は左折して長安寺上部に出る。右折してつづら折の急登からトラバース気味となり、尾根上に出る。左折して尾根を行くと**第一送電線鉄塔**下に出る。東側にかまど倉がかいま見える。雑木林の踏跡をたどり、519メートルのピークを西側に巻き鞍部に出たところで道は尾根の東側に移り、左折して尾根上に登り返す。

尾根は右に折れて再び北上すると**第二送電線鉄塔**下に出る。西に皇海山や横根山が鉄塔越しに見える。さらに急な斜面を登りきると**主稜線**に着く。主稜線を西（左）に進む

と板荷からの分岐点、少し進むと右手に笹目倉山、高原山の展望が望める。

急登のピークがいくつか続くと山頂手前のササの斜面に出る。最後のひと登りで一等三角点を置く**羽賀場山**（774・5メートル）に着く。展望はないが、ここで小休止しよう。

お天気山に向かう。分岐点ごとに地形図とコンパスで方向を確認し、コースの主稜線を外さないこと。やせ尾根の小ピークをいくつか過ぎた分岐点では、北へ行かずピークの左の巻き道を急降下する。ピークの登り返しと再び急降下するが、二カ所のロープで慎重に降りる。

第二鉄塔から皇海山方面の眺望

再びピークの巻き道を通って登り返すと**777メートルピーク**に着く。展望はない。一旦鞍部まで下降し、最後の急斜面を登り返して**お天気山**（777メートル）へ。北に男体山を中心とした日光連山、北西に皇海山も望める。

お天気山からは雑木林の尾根を二の宮への看板にしたがって南西側にロープを利用して下る。しばらくすると大きな岩場があり、その上に**二の宮**の祠がある。案内板にしたがって一の宮へ向かう。途中で下山コースとの**分岐点**に出たら、直進して一の宮へ向かう。

細尾根と急降下の斜面が続くが、コンパスで方向を確認する。植林の中の**一の宮**の祠に着く。ここを過ぎても急降下が続く。下山ロープを利用する。やがて沢の出会いの平坦な登山道に出る。墓地を通って上大久保の**下山口**に着く。さらに15分ほどで**上大久保バス停**に着く。

笹目倉山

ささめくらやま

800M

鹿沼市街から見た笹目倉山

▶**交通**　東武日光線新鹿沼駅からリーバス（鹿沼市営バス）小来川行、天善教バス停下車。帰路は、始発駅である森崎バス停から新鹿沼駅行利用

▶**歩行時間**　3時間55分

▶**コースタイム**　天善教バス停（5分）男坂コース登山口（20分）クサリ場（40分）女坂との分岐（90分）笹目倉山（40分）風雨雷山（30分）南小来川登山口（10分）森崎バス停

▶**地形図**　文挟

▶車の場合は、天善教バス停の西400mの左側の駐車スペースに駐車することをすすめる（5～6台駐車可）

▶神社登山口として天善教の鳥居を潜って境内の右手奥からの通称「女坂」のルートがある。少し分かりにくいが、ゆるやかなルートである。沢に下らないで尾根を外さず登るとよい

東武日光線新鹿沼駅から鹿沼リーバス小来川（おころがわ）行に乗り、**天善教バス停**で下車する。途中の車窓からは黒川沿いの道の右手前方に三角形の端正な姿の笹目倉山を眺めることができる。なお、このコースは水場がないので、駅などで水筒の水を満たしておこう。

天善教バス停から西へ300㍍ほど小来川方面に行くと、両側にガードレールが設置されたところがあり、そのすぐ手前右側が**男坂コース登山口**である。

登山口には、「笹目倉山登山口」と書かれている角柱標識がある。その右奥に多少崩れているが石段が続いているので、そのまま登って行く。4～5分で石の祠（神社跡）に出る。

祠を左に見ながら登山道を行くと、古びた白塗りの鳥居に出る。傍に「登山口」と書かれた道標があるので、それにしたがい右に曲がって進んで行く。すぐに、左に天善教霊場が見え、さらに進むと急登となり、**クサリ場**があらわれる。クサリ場を注意して登りきると尾根に出る。

しばらく尾根道を進むと、やがて主稜線に合流する。道標にしたがい山頂に向かうと、5分**坂との分岐**である。

ほどで「光四合目」と書かれている丁目石（石標）が眼に止まる。これからは、これらの丁目石にしたがって山頂を目指していくことになる。スギ林の中の主稜線を登って行く。

長い登りを終えると「浄八合目」に出る、ここには鳥居と祠がある。さらに20分ほどで右からの尾根と合流する。ここが「拾合目」となり、清流園ルートとの合流点にもなる。

下山尾根から鶏鳴山方面を望む

合流点から少し登ると**笹目倉山山頂**（７９９・９メートル）に着く。山頂には天善王大神を祀っている奥の院が凛として佇んでいる。山頂からの展望は、あまりよくないが、奥の院の裏側の道を進むと小さなピークがあり、このルート唯一の展望台である。鶏鳴山をはじめ、晴れた日には日光連山の雄姿が木々の間から見られる。

下山は北西に延びる尾根を下る。不明瞭な踏跡を頼りにしばらく下って行くと、尾根が分かれている場所に出る。古い道標にしたがって風雨雷山方面に下ろう。しばらく行くと**風雨雷山**（６５３メートル）に到着する。

立派な鳥居と三つの石祠（風・雨・雷）が並んで祀られている。スギの簡易型ベンチがある広場は集落の祭りの場でもあり、休憩にもよい場所である。このあたりも鶏鳴山がスギ林越しに垣間見ることができる。

なだらかになった尾根を30分ほど下ると、石の祠が右手に見えてくる。ほどなく「笹目倉山・風雨雷山」の標識が立つ**南小来川登山口**に到着する。

右手に民家を見ながら舗装道路を西に向かうと、右手に老木のシダレザクラがあり、シーズンにはおすすめのコースかもしれない。

黒川に架かる鍛冶屋橋を渡って地方道14号線に出る。ここを左折し、さらに左折すれば15メートルほど先を**森崎バス停**はすぐだ。

ここからJR鹿沼駅へと帰路に着く。

鶏鳴山

けいめいさん

961M

県道70号線付近から見る鶏鳴山

▶**交通**　東武日光線明神駅下車

▶**歩行時間**　6時間

▶**コースタイム**　明神駅（70分）ゲート（20分）登山口（35分）作業道分岐（50分）鶏鳴山（60分）815mピーク（45分）下山口（10分）ゲート（70分）明神駅

▶**地形図**　今市

▶鶏鳴山は崩れたところの多い山、鳥が鳴く山の意。日光開山の祖・勝道上人が修行をしたとされる信仰の山である。勝道が21日間の勤行を終え麓の沼で法衣と筆硯を洗うと、沼水は黒く変じたため、沼の名を黒沼、流れ出る川を黒川と呼ぶようになったとの伝承がある。日光山と古峰原の間に位置し日光修験の春・冬峰修行の道筋に当たっていた

東武日光線特急を利用する場合は、新鹿沼駅で各駅停車に乗り換えて無人の**明神駅**で下車。駅を出て左手に戻った少し先の十字路を右に曲がり西へ行くと県道70号線と交差する。70号線を横断してさらに西方に進むころには目指す鶏鳴山が見えてくる。

明神駅から3キロほどで長畑の集落に着く。ゴルフ場入口の看板を過ぎるとゴルフ場専用の高架橋があり、その先に**ゲート**がある。手前には五～六台止められる登山者用駐車場がある。

ゲートの少し先には登山道を示す中居林道の看板がある。山間のジャリ道を西へ進むと志路手林道分岐のY字路となり右手に入る。西沢川を右手に北進すると岩盤を滑り落ちる滝がある。鳴山林道と合流するこの地点は、鶏鳴山周回の下山口である。

林道を直進して進むと西沢川に架かる左手の橋が鶏鳴山**登山口**である。橋を渡るとすぐ右手に私設案内板が見える。荒削りの登山道を登っていくと**作業道との分岐**に出る。そのまま行くとまもなく右手のスギ林のへりに小さな道標があり、ここが登山道の取り付き点となる。

初めは急な登りだが、ひと

登りすると小尾根の上に出てゆるやかな道となる。その先は再びロープが張られた長い急な傾斜地などがある。急登を越えていくと鶏鳴山の北の肩に着く。

この先を南に大きく回り込むと岩上に石仏が安置された石祠などがある。このコース唯一の眺望がよい場所である。男体山をはじめ白根山、錫ガ岳、女峰山、赤薙山、鳴虫山、夕日岳、地蔵岳など奥日光・前日光の山々を見ることができる。

北の肩から回り込んだ尾根上のやや広い平坦地をさらに南に行くと**鶏鳴山**山頂（961・4メートル）である。頂上を記した標識や三等三角点が設置されている。山頂は見通しがよくない。

下山路は南の笹目倉山方面に向けてやせ尾根の岩場を下っていく。尾根道は総じてうっそうとしたスギ・ヒノキ林で見通しは利かないが、踏跡を頼りに歩くことができる。

急勾配の岩場を抜けるとまもなく947メートルピークに到着する。アップダウンややせ尾根を下ると東に尾根筋が延びているが直進しないこと。踏跡に忠実に、右手に折れて進むと、少し先に小さな祠が道標のように佇んでいる。

祠から先を登り返すと815メートルピークに到着する。山頂から**815メートルピーク**までは2キロ弱で約1時間を要する。下山路の小さな標識を目印に、ここから東に進路を変えて下っていく。道なりに南へ向かうと笹目倉山方面の縦走路となるが、この先は迷いやすいので地図とコンパスが必携である。

815メートルピークを東寄りに下り始めると、杉木立の合間から北西方向に鶏鳴山のピークが見え隠れする。標高差約400メートルを下り左手に西沢川支流のせせらぎが聞こえてくると、まもなく**下山口**の鳴山林道入口手前に到着する。懐の深い周回コースである。

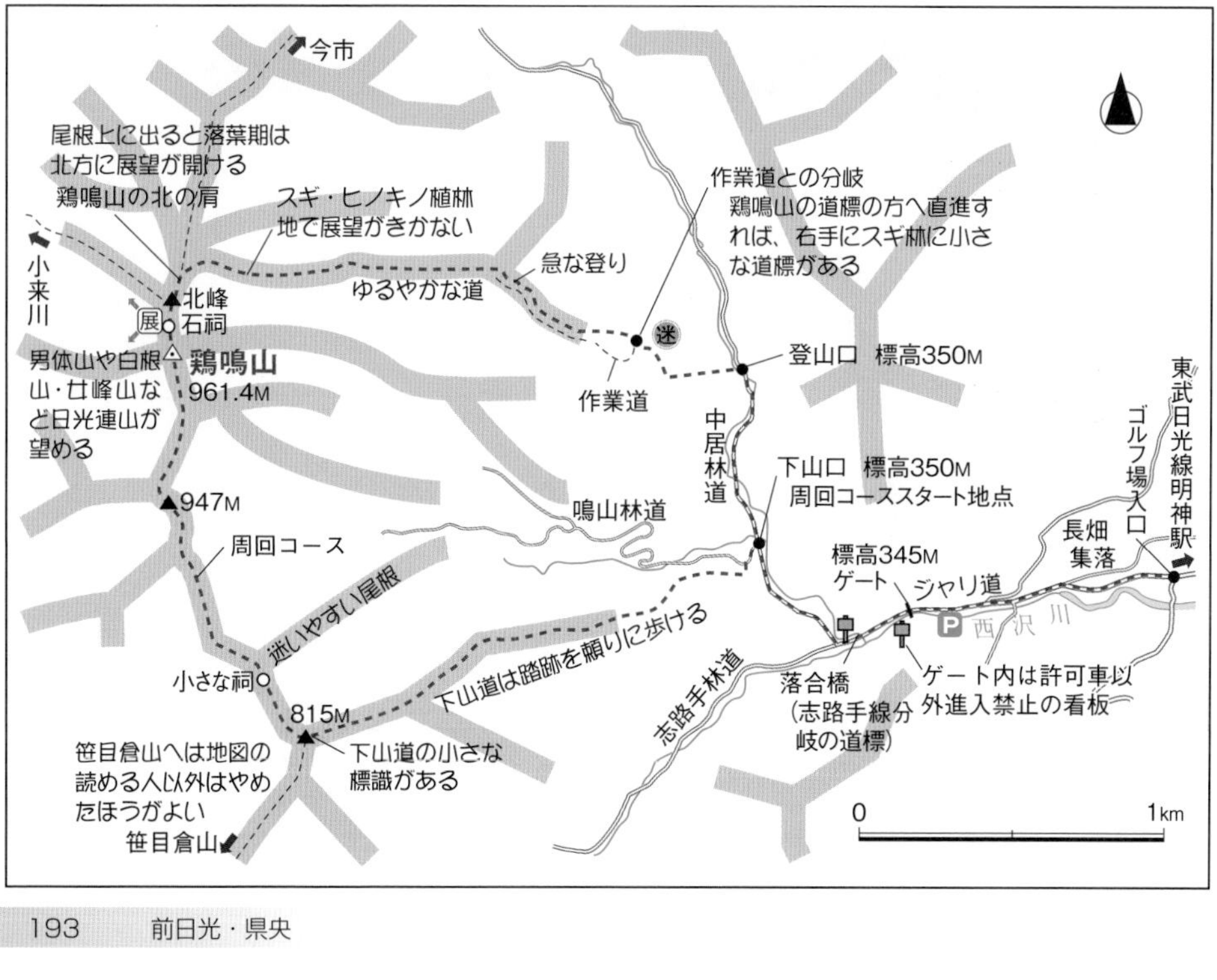

古賀志山

こがしやま

583M

古賀志連山（右端が古賀志山）を望む

▶**交通**　JR東北本線宇都宮駅または東武宇都宮線東武宇都宮駅東武駅前バス停から関東バス荒針経由鹿沼営業所行、森林公園入口バス停下車。登山口まで約3km。または東武日光線新鹿沼駅からタクシー利用。帰路、森林公園管理センターから歩いて森林公園入口バス停まで

▶**歩行時間**　3時間10分

▶**コースタイム**　古賀志山入口（20分）古賀志山南登山道入口（10分）不動の滝（30分）御嶽山（10分）古賀志山（10分）東稜見晴し台（10分）富士見峠（40分）細野ダム（15分）森林公園管理センター（45分）森林公園入口バス停

▶**地形図**　大谷

▶下山は富士見峠に下る北コースのほか、南コースも一般的になっている。赤川ダムに出るコースで所要時間50分。

　森林公園入口バス停から**古賀志山入口**までは約3キロの道のりだ。舗装道路に飽きたころ、右手前方にゴツゴツした古賀志山の岩稜が見えてくる。「城山西小学校」の大きな案内板を曲がり、小学校と唐沢の池を過ぎると左手に駐車場があり、林の中の林道となる。やがて「**古賀志山南登山道入口**」の案内板があり、ここから登山道になる。

　スギ林の中を少し登ると、岩に囲まれた男滝明神の祠があり、その脇が水量の少ない**不動の滝**である。この滝のまわりが岩登りの練習場である。右にまわって涸沢沿いに登って行くと、いくつかの踏跡があり、急登となるが、主尾根までの直登である。

　稜線に出ると、「古賀志山山頂、御岳山山頂」の道標がある。左に進み鉄ハシゴ、クサリ場を登ると**御嶽山**（おんたけさん）山頂である。山頂には岩の上に祠があり、低山とは思えないほど素晴らしい展望である。男体山を中心に日光連山が連なり、右に高原山、那須連山、左に二股山、鶏鳴山、その奥に足尾の山々が眺望でき、南側には関東平野が広がり、筑波山がひときわ目立つ。

　ここから西へは赤岩山への古賀志主稜線が延びており、

直進する場合、赤岩山までは約1時間の行程だが、途中ザイルを必要とするような岩場があるので、慎重に行動されたい（『赤岩山』参照）。

　展望を満喫したら稜線を戻り古賀志山に向かう。途中、赤鳥居と社殿の跡が見られる。**古賀志山**山頂（582・8メートル）には二等三角点標石があり、樹木に囲まれ展望は悪いが、南側の突端に立つと多気山、細野の明るい谷あいのたたずまいが一望できる。

　山頂から北へさらに進み、左に富士見峠に下る道を見て右へ行けばほどなく**東稜見晴し台**に出る。狭い岩棚であるが赤川ダム、細野ダム、森林公園の全貌、これから下る道筋が見える。この見晴し台より直接下降するルートもあるが、家族向きではない。

御嶽山山頂から日光連山を望む

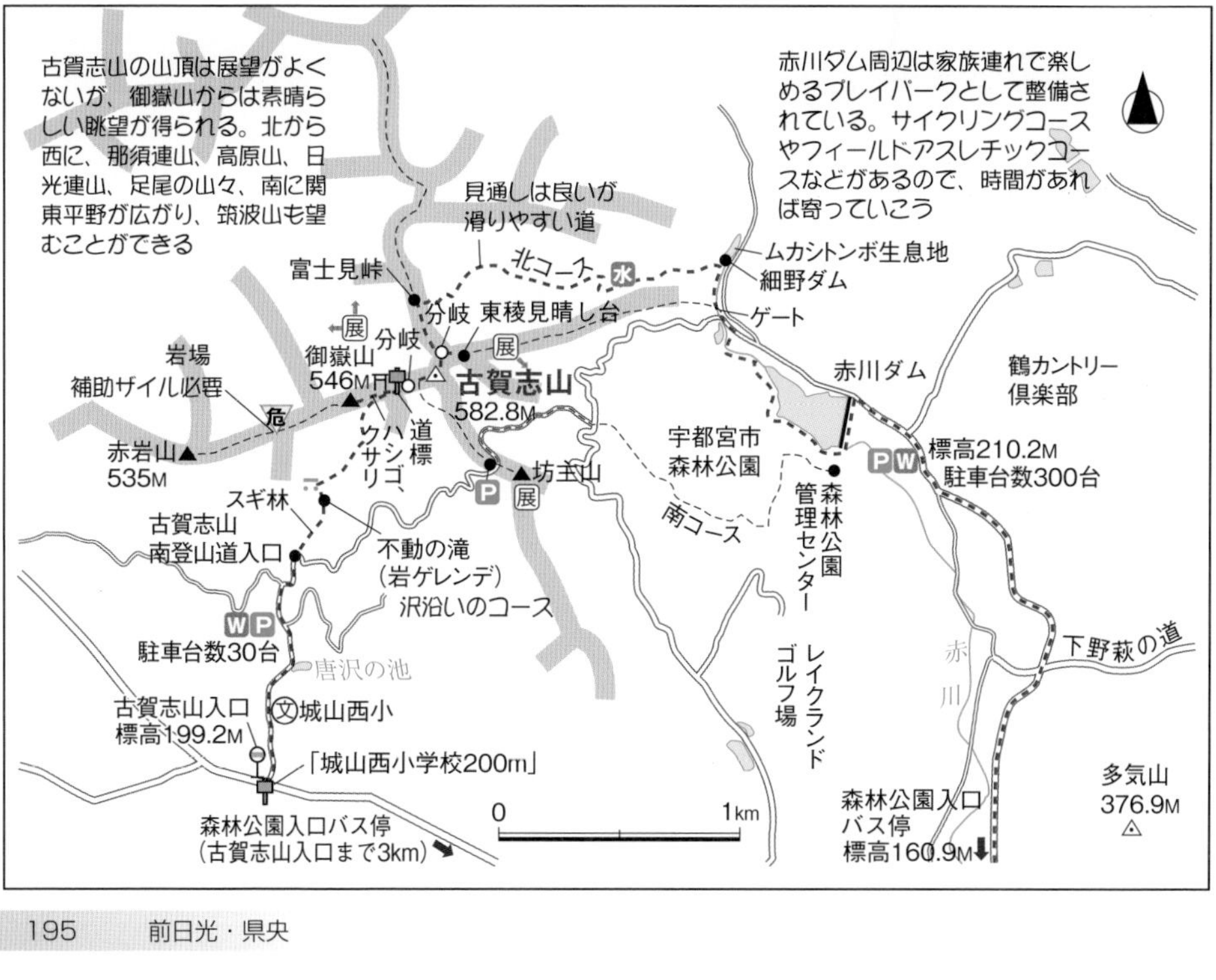

　先ほどの分岐点まで戻り、**富士見峠**に下る。峠はやせた山稜で古賀志山を守ろう会の道標があり、そこを右に下る。

　下る道は、間伐が行われている谷あいの見通しのよい道だが、登山道自体は滑りやすく歩きにくい。沢音がしてくれば水場である。水場から少し歩くと、静かなたたずまいの**細野ダム**に着く。この付近は、生きた化石といわれるムカシトンボの生息地である。

　ここからは赤川沿いの右岸の新登山道を赤川ダムまで歩く。ダムの近くには**森林公園管理センター**があり、ダムの下に大きな駐車場がある。森林公園からは、舗装された約3キロの道のりを**森林公園入口バス停**まで歩くことになる。

古賀志山の山頂は展望がよくないが、御嶽山からは素晴らしい眺望が得られる。北から西に、那須連山、高原山、日光連山、足尾の山々、南に関東平野が広がり、筑波山も望むことができる

赤川ダム周辺は家族連れで楽しめるプレイパークとして整備されている。サイクリングコースやフィールドアスレチックコースなどがあるので、時間があれば寄っていこう

見通しは良いが滑りやすい道
北コース
水
ムカシトンボ生息地
細野ダム
富士見峠
分岐
東稜見晴し台
ゲート
展
岩場
補助ザイル必要
御嶽山 546M
分岐
古賀志山 582.8M
赤川ダム
鶴カントリー倶楽部
危
ハシゴ、クサリ
道標
赤岩山 535M
宇都宮市森林公園
標高210.2M
駐車台数300台
坊主山
スギ林
森林公園管理センター
古賀志山南登山道入口
南コース
不動の滝（岩ゲレンデ）
沢沿いのコース
駐車台数30台
唐沢の池
赤川
下野萩の道
レイクランドゴルフ場
古賀志山入口 標高199.2M
城山西小
「城山西小学校200m」
森林公園入口バス停（古賀志山入口まで3km）
0　1km
森林公園入口バス停 標高160.9M
多気山 376.9M

鞍掛山から古賀志山

くらかけさん　こがしやま

559M

伐採場から鞍槍（左）と鞍掛尾根を望む

▶交通　JR東北本線宇都宮駅または東武宇都宮線東武宇都宮駅東武駅前バス停から関東バス荒針経由鹿沼営業所行、森林公園入口バス停下車。登山口まで約3km。または東武日光線新鹿沼駅からタクシー利用。帰路、森林公園駐車場から歩いて森林公園入口バス停まで

▶歩行時間　7時間10分

▶コースタイム　森林公園入口バス停（40分）森林公園駐車場（5分）北尾根コース登山口（30分）長倉山（20分）鞍掛山登山口（20分）双体神（55分）鞍掛山（30分）シゲト山（40分）古賀志山北尾根分岐（40分）540mピーク（30分）斑根石山（10分）中尾根分岐点（40分）北登山道広場（30分）森林公園駐車場（40分）森林公園入口バス停

▶地形図　大谷

▶シゲト山　男抱山から槍のように尖って見える

鞍掛山から主脈の古賀志山へ通じる稜線は健脚者向けのコースとして脚光を浴びている。鞍掛山尾根から古賀志山北尾根経由中尾根までのコースを紹介する。

森林公園駐車場から長倉入線林道入口のすぐ右手に**北尾根コース登山口**がある。登山口からなだらかな登りとなるが、やがてスギとマツの樹林帯で踏跡のはっきりした尾根歩きとなる。

登り降りを繰り返し30分ほどで**長倉山**に着く。西方向には古賀志山への分岐点へ、北と北東方向は鞍掛山の登山口へ向かう尾根がある。北方向を下る。急降下もあるが、鞍部に達すると小川を横切り林道へ。そこを東に下れば**鞍掛山登山口**に着く。

登山口の二の鳥居をくぐりなだらかな登りを進むと右手の岩の下に**双体神**が見える。その手前を右側に直角に曲がり、急登の鞍掛山東尾根に挑む。巨大な岩石を見ながら急登を進む。400メートルピークを経由して少し下ると、沢沿いの尾根コースと合流する。さらに急峻な岩場を登ると大岩に到着する。大岩は前面に宇都宮市、古賀志山系が開け、後面には日光山系、篠井、富屋の山々が望める。

小休止したら**鞍掛山**山頂（492・4メートル）に向かう。山頂は四方を樹木に囲まれ展望は望めない。さらに西へ進み、古賀志山方向を示す木製板にしたがって右側の厳しい下りとなり、登りかえすと470メートルピーク達する。そこを直角に右に曲がり急下降する。再び登り返すと**シゲト山**（480メートル）に着く。頂上では右側に白根山、日光連山や高原山系の展望が期待できる。

シゲト山の下りは厳しく慎重に鞍部まで下りる。431メートルピークまで再び急登をジグザクに登り返し、南方向へ再度下降し、再び登ると**古賀志山北尾根分岐**となる。右方向に進むと、古賀志山へ向かう北尾根主稜線コースである。

ここからは小さいピークを含むなだらかな稜線歩きとなる。やや急な登りを左に曲り、さらに進むと中腹に赤の境界標がある。そこを左方向に下り480メートルピークへ寄り道するのも一考である。

次に540メートルピークに向かう。踏跡はしっかりしているが、岩場もあるので慎重に歩く。途中右側には手岡方面への分岐があり古賀志山馬蹄形のコースである。ここは直進する。

しばらく登り下りを繰り返し岩場をひと登ると**540メートルピーク**に着く。右側に日光山系と高原山系、左側に古賀志山系がそびえる。

ピークの50メートルほど先の左下降ルートを進み鞍部にでる。しばらくすると岩場に差しかかる。急峻な岩場と狭いトラバースの登山道を慎重に進むと**斑根石山**に。前面には古賀志山、後面には日光山系、高原山系の展望のよい人気のピークである。

ここで小休止して、右側の急傾斜を下り**中尾根分岐点**に出る。ここから中尾根分岐を左に折れ中尾根を東に向かい、**北登山道広場**へ下る分岐から右岸の新登山道を経由して**森林公園駐車場**へと下る。

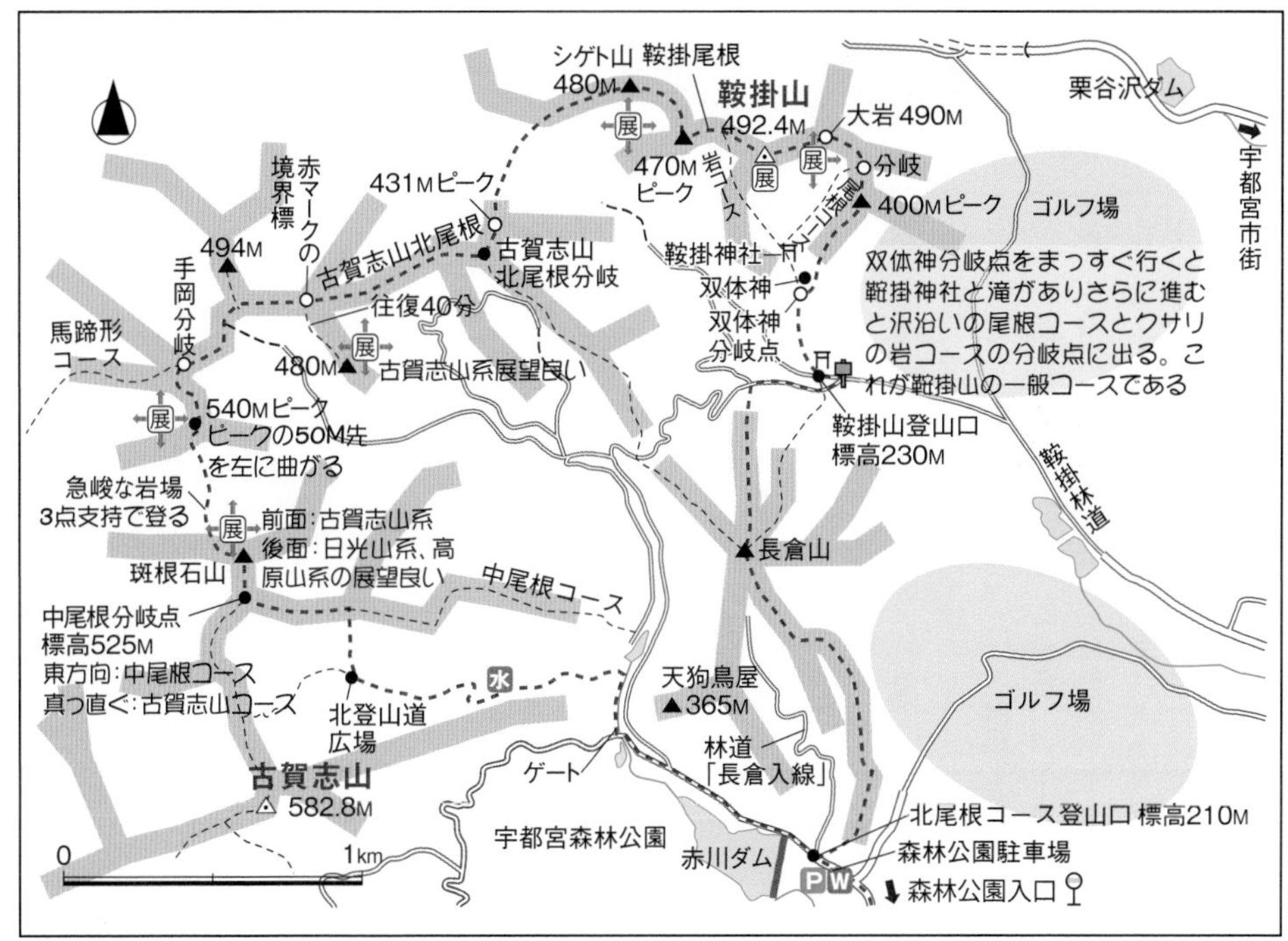

古賀志山から中尾根

こがしやま なかおね

583M

東尾根から中尾根を望む

▶交通 JR東北本線宇都宮駅または東武宇都宮線宇都宮駅東武駅前バス停から関東バス荒針経由鹿沼営業所行、森林公園入口バス停下車。登山口までは約3km。または東武日光線新鹿沼駅からタクシー利用

▶歩行時間 5時間50分

▶コースタイム 森林公園入口バス停(40分)森林公園駐車場(15分)中尾根コース登山口(40分)軍艦岩(35分)496mピーク(20分)広場への分岐(20分)中尾根最高点(25分)富士見峠(20分)古賀志山(10分)東稜見晴(60分)反省岩(20分)東稜尾根コース下山口(新北コース登山口)(15分)森林公園駐車場(30分)森林公園入口バス停

▶地形図 大谷

ここで紹介するコースは、古賀志山の数多くあるコースの中から、中尾根を登って古賀志山東稜見晴を経由し、東尾根を降りるコースで、クサリ場などの難所も多いことから健脚向きである（交通機関や駐車場の案内は『古賀志山』を参照）。

まず**森林公園駐車場**から赤川ダムを左に見て林道を進み、Y字路を左に入ると釣堀場がある。その先の橋を渡ってすぐ右（新登山道）へ進む。突き当たりを少し左に行くと右側に「**中尾根コース登山口**」の道標がある。

ここから中尾根の稜線を目指して踏跡を進むと、きつい登りになり右手にかもしか岩が見えてくる。急登を登りきると中尾根最初の稜線鞍部に到着する。ここから先はクサリ場が続くので慎重に岩を登ってほしい。いったん下ってさらにクサリ場を登りきると**軍艦岩**に出る。ここからは富士山、筑波山、加波山などが一望できる。

この先は主尾根を外さずに進む。**496**^{メートル}**ピーク**は、左の林の中に標識で示されているので確認しておくとよい。

この先を左に回り込みながら下って行くと鞍部に出る。さらに尾根を行くと、**北登山**

91

道広場の分岐に出る。ここでも主尾根を外さずに西にアップダウンのある岩場を登って行く。最後のクサリ場を登りきると**中尾根最高点**である。ここから左の富士見峠方面に行こう。尾根通しに15分足らずで伐採現場に出るが、ここからの日光方面の眺望は最高である。ここから尾根を南に行くとすぐ**富士見峠**に出る。

富士見峠から、**古賀志山山頂**（582・8メートル）へは20分足らずで行ける。下山は東稜コースを選択する。山頂から来た道を戻り、分岐を右に行くと**東稜見晴**に着く。東稜見晴は、狭い岩棚であるが最高のビューポイントであり一服しよう。

伐採現場から日光連山を望む

よく晴れた冬の季節には遠く富士山や東京スカイツリー、新宿副都心のビル群、日光連山、那須連峰、筑波山など大パノラマの眺望が期待できる。

東稜見晴から長いクサリ場を慎重に下って東尾根の肩に出る。ここから東尾根の稜線を下る。支尾根が左に延びているが、迷いやすいので主稜線を外さずに行こう。

鞍部の水場への分岐を過ぎ、登り返すと左に大きな岩が突き出た**反省岩**に着く。稜線に戻り、さらに進むと東稜コースの東端ピーク（330メートル）である。そこから、左に下ると**東稜尾根コース下山口**に出て、北コースと合流する。あとは来た道を**森林公園駐車場**まで戻ろう。

赤岩山

あかいわやま

535M

中央が赤岩山、左に篭岩、右に御嶽山・古賀志山への稜線

▶**交通**　JR日光線文挟駅下車、登山口まで徒歩1時間20分。JR東北本線宇都宮駅または東武宇都宮線東武宇都宮駅からタクシーで約30分

▶**歩行時間**　2時間50分

▶**コースタイム**　林道入口(10分)風雷神社鳥居(20分)鳥居(40分)支尾根(20分)赤岩山(80分)林道入口
〔縦走コース〕 赤岩山(30分)546mピーク(25分)御嶽山(10分)古賀志山分岐(40分)古賀志山入口

▶**地形図**　大谷

▶車利用の場合は、城山西小学校の奥に市営駐車場があるので、そこから石の鳥居登山口へ行くとよい(約25分)

▶**岩崎観音**　急峻な岩場にある岩窟に安置されており、近在の人々の信仰を集めている

　ここでは西稜ルートより赤岩山へ、またサブコースとして赤岩山より御嶽山の主脈縦走コース（経験者同伴、またはザイルワークなどのできる人を対象）を紹介する。

　JR宇都宮駅より日光線に乗ると、鹿沼駅を過ぎるあたりから右手に古城を思わせる岩峰が見えてくる。それが古賀志山である。文挟駅で下車。駅は杉並木の中にあり、うっそうとした大スギが目を引く。

　駅より線路を渡り、宇都宮方面へ歩き出す。長い坂を下り、しばらくすると手岡方面への分岐になる。ここを左へ10分ほど行くと岩崎観音があり、1月吉日は祭りで賑わう。県道をさらに進むと市境に出る。宇都宮市へ入ると左に入る林道が出てくる。**林道入口**に「風雷神社鳥居0・4キロ」の道標が立っている。

　ここまでは文挟駅より徒歩1時間20分、また、JR宇都宮駅からはタクシーに乗れば約30分の道のりである。

　道標にしたがって林道を進むと左側に立派な石の鳥居が立っている。ここが登山口の**風雷神社鳥居**である。鳥居をくぐり沢沿いに進むといくつかの作業道が右へ延びているが、スギ林の中をそのまま直

進する。

沢も細くなり登りつめるころ登山道の右手に鳥居が見えてくる。右に折れ**鳥居**をくぐると岩棚に神社があるが直進する。

さらに登ると岩がゴロゴロしていて歩きにくい。やがて正面に岩壁があらわれるが、この支尾根の岸壁を右に見ながら右へ回り込み登って行く。ジグザグの最後の急登で**赤岩山支尾根**に出る。ここまで来れば赤岩山はあとわずかである。パラグライダーのフライト地点を過ぎ、伐採された尾根を登って行くと赤岩山山頂である。

フライト基地跡から御嶽山への稜線を望む

赤岩山山頂（535メートル）は落葉樹林に囲まれ視界はほとんどきかないが、山頂のすぐ東にはパラグライダーのフライト基地跡があり、西側の展望が開けている。一般ハイカーはここで引き返そう。

縦走コースを左へ行けば岩尾根となり、四等三角点のある北ノ峰から南西に少し下ると、古賀志主脈の終点となる篭岩に出る。

ここでは右へ御嶽山へ抜ける古賀志山主稜線を進む。しばらく行くと道は急降下となる。足元に注意しながら下ると平坦な道となり楽に歩けるが、すぐに尾根道は狭くなる。

前方に見える岩峰が**546メートルピーク（中岩）**で、ここは展望がよい。後ろに赤岩山、前方に古賀志山、南に関東平野、北に日光連山、前日光の山々が見渡せる。

さらに進むと垂直に切り立った岩の上に出る。岩と岩の間を慎重に下る。初心者がいる場合など補助ザイルがほしいところだ。

ここを越えれば御嶽山への道ははっきりして迷うことはない。コルを渡り、山道を登りきると**御嶽山**山頂に出る。

（御嶽山よりの下山ルートは『古賀志山』を参照）

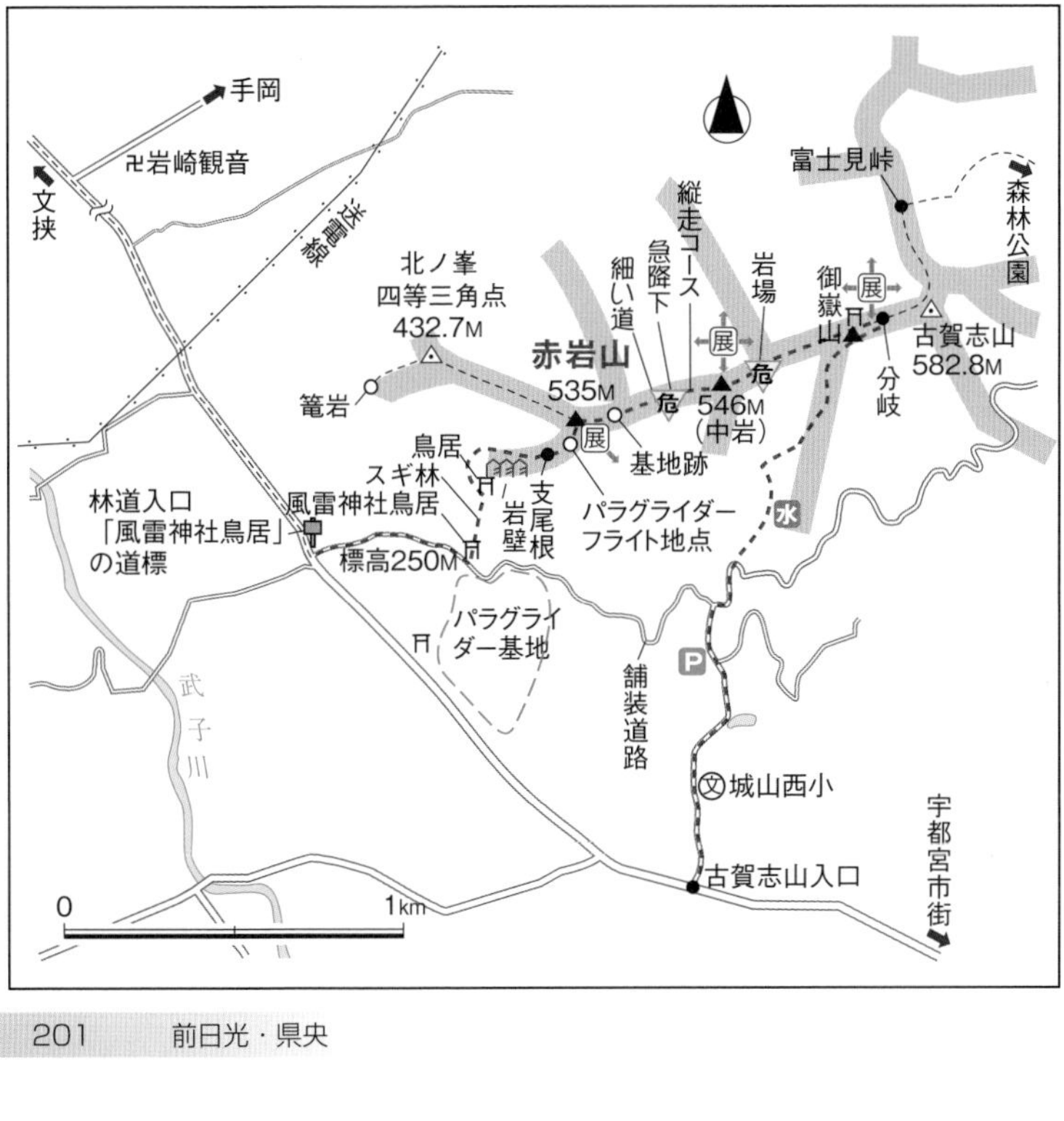

多気山

たげさん

377M

赤川ダムより多気山を望む

▶交通　JR東北本線宇都宮駅西口、または東武宇都宮線東武宇都宮駅東武駅前バス停から関東バス立岩行、資料館入口バス停下車

▶歩行時間　2時間25分

▶コースタイム　資料館入口バス停（10分）国道293号交差点（10分）市営駐車場（20分）多気不動尊（20分）多気山（25分）林道西多気線（10分）送電鉄塔（30分）市営駐車場（10分）国道293号交差点（10分）資料館入口バス停

▶地形図　大谷

▶多気城跡　多気城は戦国時代の山城で、その規模は全国屈指とも言われている。頂上部の御殿平は土塁や堀で囲まれた平坦地で、ここが多気城本丸跡と推定されている。城跡はここを中心に多気山全体におよび、山肌や尾根のいたるところに土塁や堀が築かれ、山すそには2kmにもおよぶ堀がめぐらされている

多気山へ登るには、一般にまず多気不動尊の持宝院にお参りし、そこから多気山頂を往復するが、ここでは山頂から下野萩の道へ下る周回コースを紹介する。

関東バス立岩行に乗り、**資料館入口バス停**で下車する。標識にしたがって西へ約800㍍歩くと、**国道293号交差点**に出る。交差点を渡り、鳥居をくぐってアジサイや桜並木の参道を約10分登って行くと、右側に**宇都宮市営多気山駐車場**、道を隔てて桃畑茶屋があり、茶屋の右脇に登山道と送電線の巡視路案内標識がある。

この道は「七曲がり登山道」といって、御殿平で多気不動尊からの道と合流する。ここではサブコースとして利用したい。

駐車場から200㍍ほど歩くと、付近からは宇都宮市街地や篠井富屋連峰が見渡せ、まもなく多気不動尊入口の赤い鳥居に出る。

不動尊を管理する持宝院本坊の前を通り、石段を登ると**不動尊**を祀る本堂がある。ご本尊の不動明王像は寄木造りで平安時代後期の作といわれ、開運の霊験あらたかな仏像として、多くの信仰を集めている。

93

境内を左に行くと鐘楼堂の先に「多気山頂御殿平、徒歩30分」の道標がある。ここから御殿平まで整備された階段状の道が頂上まで続く。急登からゆるやかな尾根道になったところに「御殿平まで100メートル」の標識がある。この付近から山頂まで樹木は伐採されて展望が開ける。

御殿平公園にはあずま屋があるが、周囲は視界が開け天気がよければ遠くに筑波山や八溝山の山並が見える大展望である。

御殿平から北に進み、標識のある分岐を西に入ると**多気山山頂**（376・9メートル）に着く。雑木林に囲まれ、三角点があるが視界はない。

頂から分岐へ戻り、さらにスギ林の中を北に進む。途中、こまめに立っている道標にしたがって進めば迷うことはない。急下降で滑りやすいところもあるが、ストックなどを使えば転倒することもないだろう。

やがて舗装された一車線の**林道西多気線**に出る。道標に「多気山頂20分」とある。林道を横断し反対側の森林公園の標識にしたがって山道を進むと、5分ほどで「下野萩の道」に出る。二車線の舗装道路で、ときどきトラックが通るので注意すること。

道路の反対側にはコンクリートの階段があり、崖の上に鳥居がある。サブコースとして、ここから標識にしたがって西へ進めば、約20分で森林公園の駐車場に着く。

引き続き萩の道を東に、国道293号方面へ歩く。10分もすると右手に**送電鉄塔**の立つ四つ辻に出る。右手角に「多気山参道」の道路標識と反対側に石の標識と案内板がある。裏参道に入ると約10分で往路で通った多気不動尊入口へ戻れる。

あとは来た道を逆にたどれば大谷資料館に着く。時間に余裕があれば石の里大谷の観光を楽しむのもよいだろう。

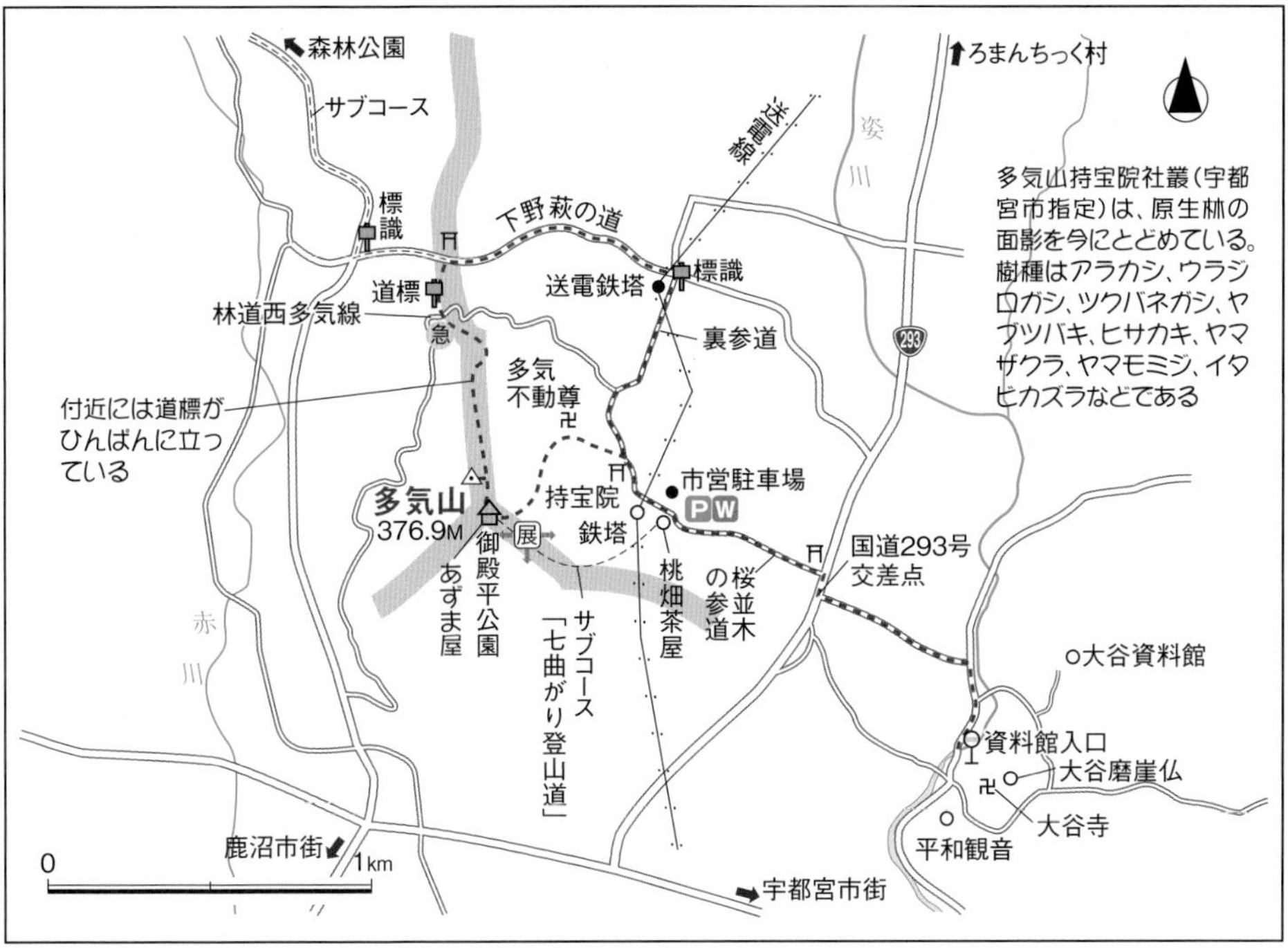

多気山持宝院社叢（宇都宮市指定）は、原生林の面影を今にとどめている。樹種はアラカシ、ウラジロガシ、ツクバネガシ、ヤブツバキ、ヒサカキ、ヤマザクラ、ヤマモミジ、イタビカズラなどである

高尾神社付近から鞍掛山を望む

栗谷沢ダムに山影を落とす好展望の山

鞍掛山

くらかけさん

492M

鞍掛山は宇都宮市北西部に位置し、主脈は古賀志山へ通じている。本コースは途中に小さな滝やクサリ場もあり、ハイカーを楽しませてくれる。

ＪＲ宇都宮駅から関東バスろまんちっく村行に乗り、**西大堀バス停**で下車する。国本西小学校方向に向かい、小学校南西の交差点を西に進み、射撃場の看板にしたがい国道２９３号の信号を直進する。森林公園への道を左に分け、次の十字路も射撃場の標識にしたがい右折する。車道の右に鞍掛山神社の一の鳥居を見て、バス停から３キロほどで射撃場正門前に着く。さらに射撃場のフェンス沿いに５００メートルほど進む。フェンスが終わると、まもなく**鞍掛林道入口**に着く。

案内標識にしたがい左折し分岐から10分ほど林道を歩くと、再び案内板がある。右奥に古ぼけた**鞍掛山神社二の鳥居**があり、鳥居のすぐ脇の山道を登る。途中の右側に小さな岩窟があり、首の欠けた双体神がある。20分ほどで鞍掛神社の道標があり、右へ行くと小さな滝が落ちている**鞍掛山神社**に着く。神殿はなく、滝の左に御神体を祀った岩窟（御穴）を見ることができる。

鞍掛山へは道標まで戻り、

▶交通　JR東北本線宇都宮駅または東武宇都宮線東武宇都宮駅東武駅前バス停から関東バスろまんちっく村行、西大堀バス停下車

▶歩行時間　4時間

▶コースタイム　西大堀バス停（55分）鞍掛林道入口（10分）鞍掛山神社二の鳥居（20分）鞍掛山神社（40分）頂上尾根（10分）鞍掛山（5分）大岩（30分）鞍掛山神社二の鳥居（15分）鞍掛林道入口（55分）西大堀バス停

▶地形図　大谷

▶ろまんちっく村　宇都宮市が市制100周年を記念して平成8年にオープンし、平成24年、「道の駅」としてリニューアルオープンした。各種農園や散策路のほか、フラワードーム、物産館などがある。地ビール「ろまんちっくブルワリー」でのどをうるおし、露天風呂で汗を流すのもよい。TEL 028-665-8800

94

さらに作業道を行く。数分で「岩コース・尾根コース」および「奥の院・大岩」の標識二本がある分岐に出る。標識にしたがい分岐を左にスギ林の中を急登10分で、手すり状のクサリ場があらわれ、登山道がはっきりする。ここも急登なので、クサリを頼りに登る。道が荒れているので、特に雨の日などは注意を要する。

クサリ場を過ぎると**頂上尾根**にいきなり出る。左に鞍掛神社の奥ノ院があり、ツツジなどの開花期には急登の疲れを癒してくれる。

大岩付近から半蔵山方面の眺望

鞍掛山山頂は平坦な尾根が右へ続き中間に492・4メートルの三等三角点がある。展望は木の間越しに、北に日光連山、北東に篠井、富屋の山々が望める。さらに行くと**大岩**があり、登ると宇都宮市街、古賀志山などが一望できる。

大岩をさらに進み、岩尾根を注意して下れば鞍部に出る。下山ルート（神社方向）の標識を見ると、ここから右に踏跡がある。落葉樹の疎林の急斜面を下るとやがて踏跡もはっきりとしてくる。山道はやがて沢に沿うようになり傾斜もゆるくなる。沢を渡り返し、ヒノキやスギの林を過ぎると道はさらに広くなり、笹の中の道を下ると神社の上の分岐で往路と合流する。あとは往路を戻ろう。

なお、時間が許せば、ろまんちっく村の地ビールでのどをうるおし、温泉で汗を流すのもよいだろう。

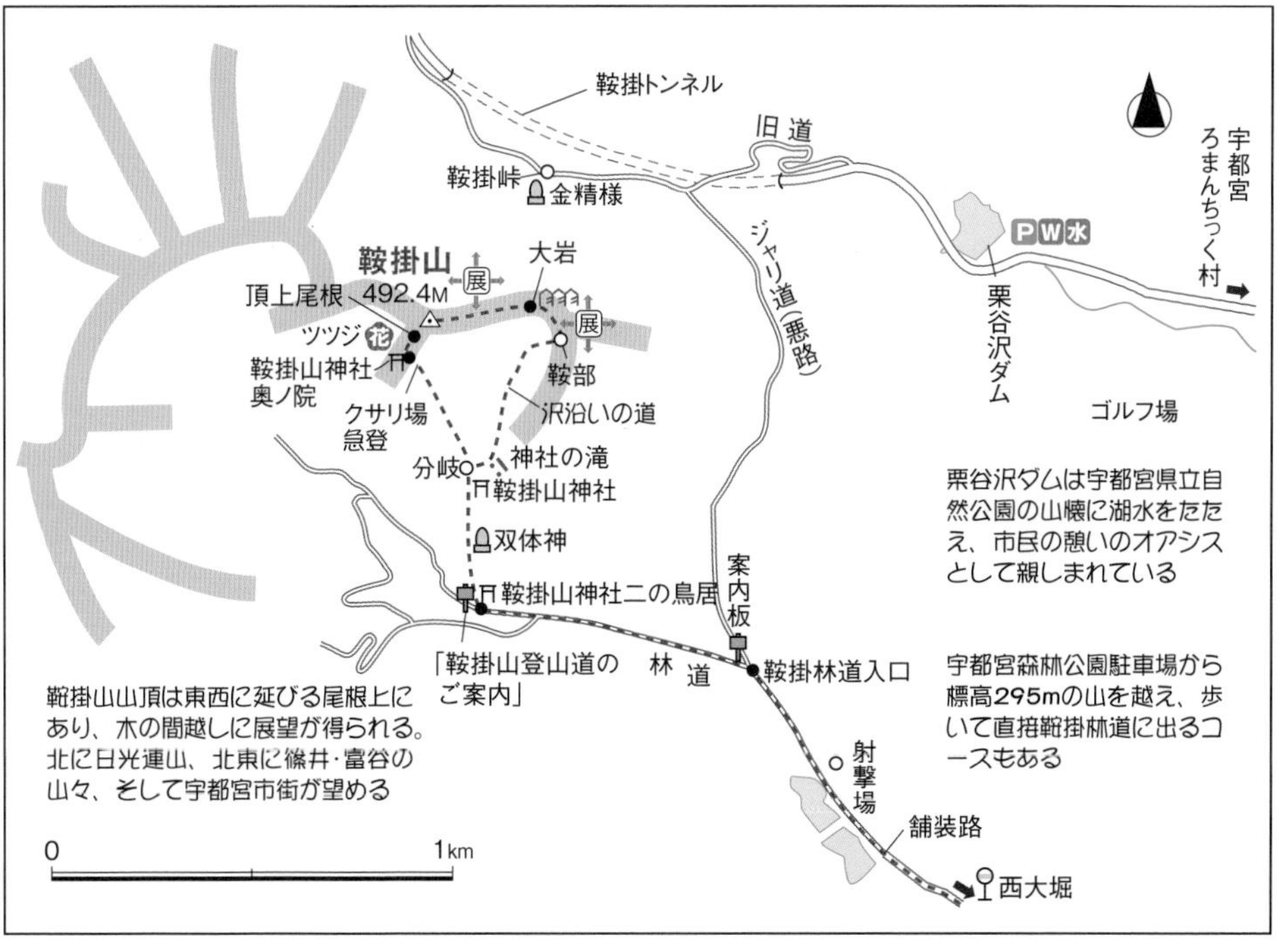

羽黒山

はぐろさん

458M

今里付近から羽黒山を望む

羽黒山は宇都宮市の北部、上河内町の田園地帯の中に威風を誇る孤峰である。鬼怒川を見下ろす山頂までは車道が通じているが、参道や神社のたたずまいは、いまなお古えの姿をとどめている。

JR宇都宮駅から関東バス玉生（たまにゅう）車庫行に乗ると約1時間10分で**今里バス停**に着く。

バスは大きく右にカーブして停まるため、降りてから少しあと戻りする形でY字路を北上する。東北自動車道の下をくぐり抜け、歩くこと10分でかつて本道口といわれた**参道入口**の鳥居前に出る。ここには、「とちぎふれあい自然歩道」「羽黒山梵天歩道」の案内板がある。

この鳥居をくぐり、昔の面影をそのままに残す参道を登りはじめる。うっそうとしたスギ林の中、コケむした石畳を踏みしめながら登るのも趣がある。右手には一丁目、二丁目と記された石の道標が山頂まで続いているが、現在は欠けているものも多い。途中参道から左側の尾根を通り、だいだら坊の岩を訪れるのもおもしろい。

車道を横切りカラッソ坂という急坂を登ると、**羽黒山荘**前の平坦地に出る。十国を一望できるということで名の付

▶交通　JR東北本線宇都宮駅から関東バス玉生車庫行または今里行、今里バス停下車

▶歩行時間　2時間15分

▶コースタイム　今里バス停（10分）参道入口（25分）羽黒山荘（5分）羽黒山神社（5分）蜜嶽神社（15分）車道（20分）羽黒山荘下（55分）今里バス停

▶地形図　氏家

▶梵天祭　江戸時代中ごろに収穫への感謝をする行事として始められたもので、約300年の伝統を持つ。奉納する梵天は、2本の孟宗竹をつないで1本の竿にし、その先に赤・青・白などのビニールの房がつけられる。この梵天に短い縄を何本もつけ、そろいの装束で身を固めた若者30人あまりがこの縄を持って担ぎ、目抜き通りを練り歩いて山頂の神社へ奉納する。現在も名物の柚子を売る露店が並び賑わいをみせている

いた十国平である。ここには駐車場が二カ所あり、数十台駐車できる。トイレやあずま屋もある。またNTTの大きなアンテナもある。サクラ、ツツジ、アジサイ、ロウバイが植えられ、周囲の展望もよい。

篠井連山の奥に古賀志山が見え、目を転じれば筑波山や八溝の山々も望め、関東平野を一望できる。条件がよければ富士山も望めよう。

ここからは石段となり、やがて夫婦杉が見えてくる。夫婦杉は樹齢450年と推定される2本のスギで、寄り添うような姿から夫婦杉と呼ばれている。羽黒山神社の神木であり、「とちぎ名木百選」にも選ばれている。夫婦杉を右に通り過ぎるとまもなく、一三丁目**羽黒山神社**の境内に出る。

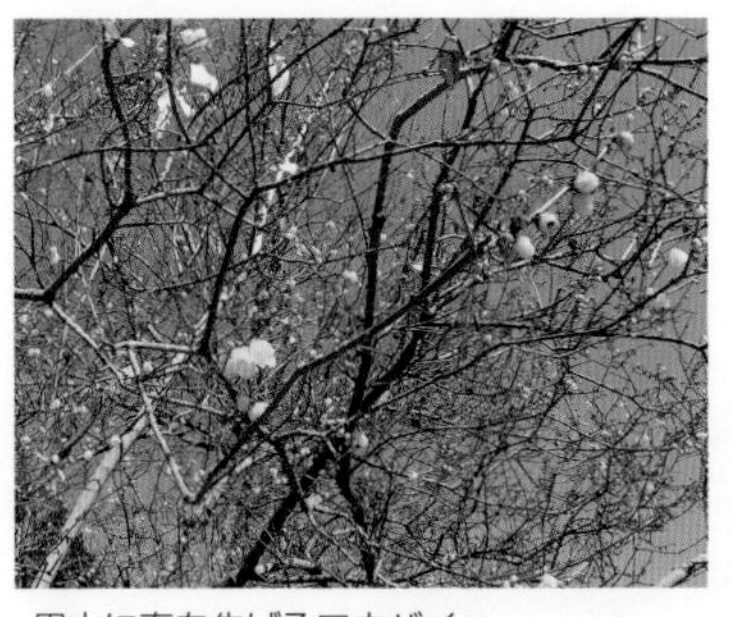

里山に春を告げるロウバイ

頂上には稲倉魂命（うがのみたまのみこと）を祀（まつ）る羽黒山神社があり、古くから近隣市町村の信仰を集め、11月23・24日の梵天祭には、露店が軒を並べいく本もの梵天が練り歩きたいへんな賑わいをみせる。

社殿の左手、神楽舞台との間のスギの大木に奉納された梵天が色鮮やかに十数本もくくりつけられている。この先の道を直進すると目前に日光連山が雄大な姿を見せる。

また富士山の見える富士見の穴がある。KDDやNHKのアンテナが続き、道のまん中に458・2メートルの二等三角点標石が埋められている。それを抜けて下ると**蜜嶽（みつたけ）神社**がひっそりと建っている。一般の参拝客はあまりここまでは来ないようだ。

神社の裏側より右にスギ林の中、かつての小室からの参道と思われるつづら折りの古い山道を下ると、まもなく小室からの**車道**に出る。

車道を右折し、上に向かって歩くと20分ほどで登路の参道と**羽黒山荘下**で交差し、NTTのアンテナのある駐車場に出る。そのまま直進し中里側よりの車道を下る。舗装道路だが車の往来は少ないので、鳥のさえずりに耳を傾けたり、野の花を見ながらのんびり下ろう。

杉木立を抜けたら道を左にまわり込むように東北自動車道の側道に入り、ユッピーの森の表示のあるところをくぐり抜けると、まもなく出発点の**今里バス停**に出る。

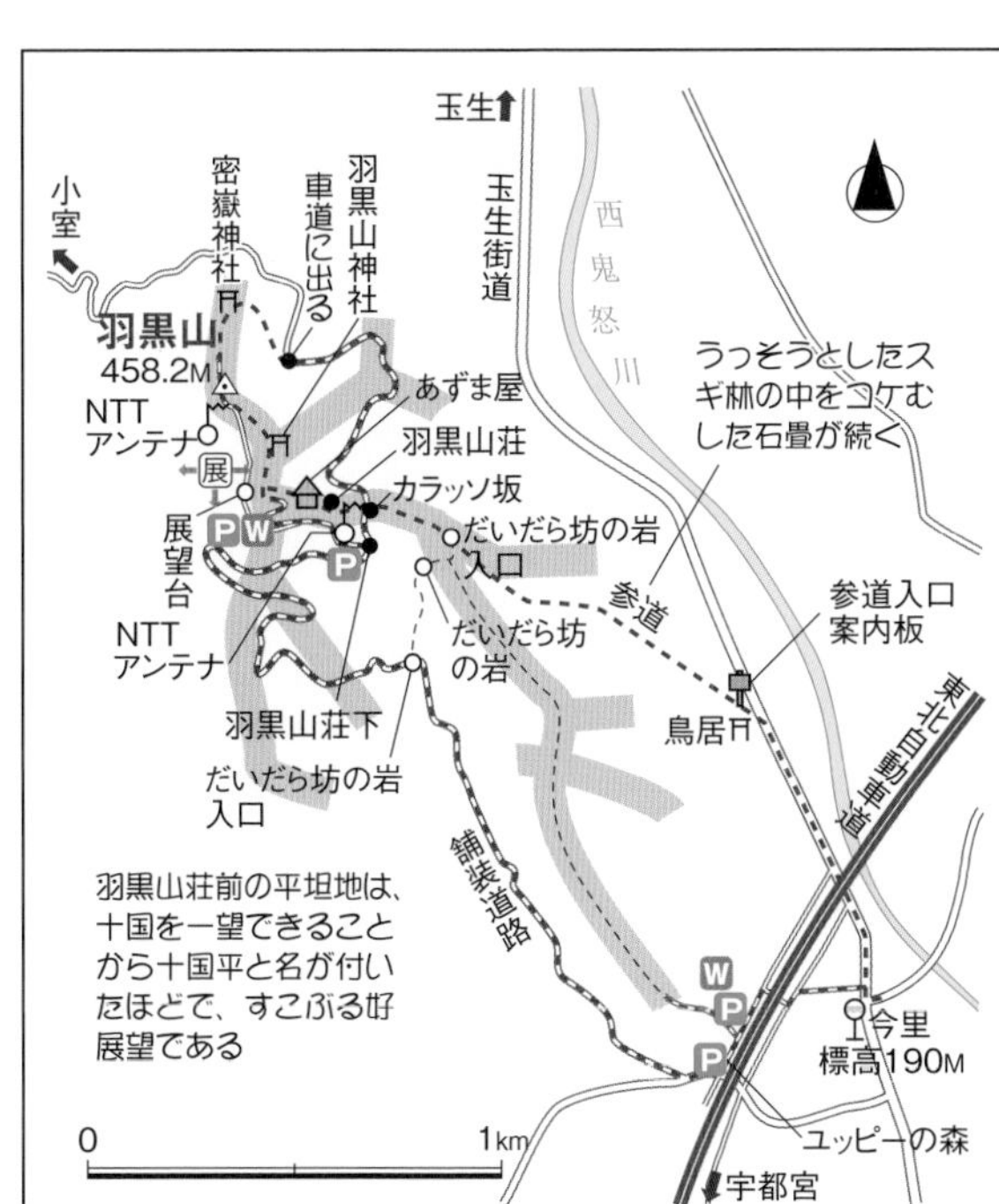

縁結びの伝説の双耳峰

男抱山

おただきやま

338M

ろまんちっく村付近から男抱山を望む

▶**交通**　JR東北本線宇都宮駅または東武宇都宮線東武宇都宮駅東武駅前バス停から関東バス道の駅ろまんちっく村行、終点下車。または関東バス今市・日光東照宮行、山王団地入口バス停下車。または関東バス山王団地行、終点下車

▶**歩行時間**　1時間30分

▶**コースタイム**　道の駅ろまんちっく村バス停（10分）登山口（10分）金比羅様鳥居（20分）男抱山〔東峰〕（5分）鞍部（5分）富士山〔西峰〕（30分）登山口（10分）道の駅ろまんちっく村バス停

▶**地形図**　大谷

▶山頂の祠は縁結びの社とされ、女性が秘かに詣でて、かなわぬ想いの相手方の方向を望めば、不思議にその恋の想いは届くと伝えられ、いまなお信仰が絶えない静かな山である

宇都宮市の北西部、富屋地区半蔵山の南にある小さな双耳峰の山が男抱山だ。いまも江戸時代の悲恋物語が語り継がれ、四季を通して気分のよい田園風景が望める伝説の山である。

車の場合は道の駅ろまんちっく村の駐車場から、バスを利用する場合は**道の駅ろまんちっく村バス停**が出発点となる。バス停から北へ向かいY字路を過ぎてしばらく行くと信号のあるT字路があり、右側にはコンビニがある。その少し先の左側に墓地があり、その手前の広場に道標がある。ここが男抱山**登山口**である。

地元の人の話によると、男抱山と呼ばれるのは双耳峰のうち東峰338メートルピークであり、西峰は富士山と呼ばれているという。

道標にしたがい、スギ林のゆるい登りを西へ進むと左手に沢が見えてくる。ほどなく男抱山と富士山、中央登山道の分岐に出る。その右手石段の上方に**金毘羅様の鳥居**がある。鳥居をくぐり稜線に向かう急登が男抱山への登山道である。スギ林を抜けてクヌギ、コナラなどの雑木林に出る。あとは稜線沿いの一本道である。

気分のよい雑木林の尾根を登って行くと、ほどなく立派な石祠が祀られている。さらに登ると岩場となり、岩場を登りきると小さな石祠を直下に見る山頂に出る。ここが双耳峰のうち東峰の**男抱山**（338メートル）山頂である。西側には鞍部を越えて西峰の富士山がマツの木に囲まれて見えている。

山頂は岩場の上であり、360度の展望が得られる。北東に篠井富屋連峰、その先に高原山が遠望できる。北西に半蔵山。西には、槍のように尖った鞍槍と鞍掛山。南西には、古賀志山、多気山。南には、宇都宮市郊外の田園地帯が広がる。南東には筑波山が遠望される。

男抱山山頂

登って気分のよい季節は5月連休前後の田植えの時期で、田園地帯は水田がキラキラと輝いている。また田植えあとの新緑の苗が風になびいている時期もよい。秋の紅葉の時期、イネの収穫の時期も田園が黄金色に光っている。

さて、ゆっくり山頂での展望を楽しんだあとは西峰を目指す。急な岩場を下る。**鞍部**を左に折れると鳥居のある分岐に戻ることができる。この道は、南に下る谷沿いの道であり、途中に石祠がある。鞍部を右に折れると半蔵山へ向かう道がある。半蔵山へはハイキングコースが整備されているので、時間に余裕があれば、足を延ばすのもよい。

富士山へは鞍部を直進する。しばらく登れば、マツの木に囲まれた岩場のある西峰の**富士山**に出る。この山頂も東峰と同様360度の展望である。

下りは西峰から南へ尾根を下る。テープの標識にしたがって岩だらけのやせ尾根を下ると、雑木の間から鞍掛山や古賀志山が望まれる。尾根が切れて南・西は断崖で、左手（東）に巻き道が続く。さらに下ると大きな岩場（大岩展望台）にでる。南西方面の展望が楽しめる。

急な岩場を左に下るとスギ林になり、沢に架かった丸木橋を渡ると最初の分岐に出る。この分岐から往路の**登山口**までは10分足らずだ。

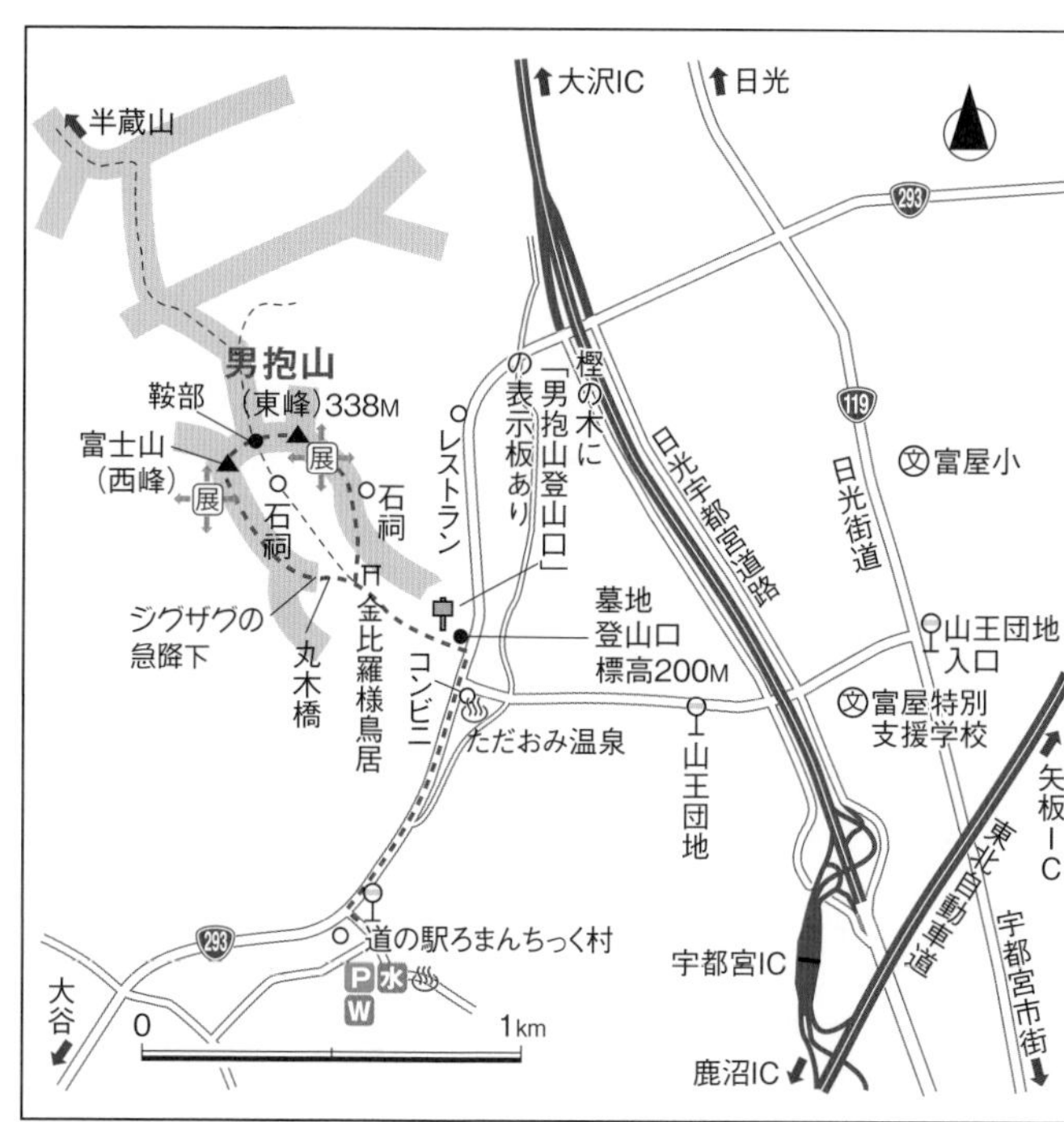

長岡の森

ながおかのもり

長岡百穴古墳

▶交通　JR東北本線宇都宮駅前から関東バス富士見ヶ丘団地行、団地中央バス停下車。帰りは、関東バス宇都宮美術館バス停からJR宇都宮駅行乗車

▶歩行時間　2時間10分

▶コースタイム　団地南坂上バス停（25分）長岡樹林地入口（35分）長岡樹林地出口（25分）長岡百穴古墳（5分）瓦塚古墳（40分）宇都宮美術館

▶地形図　宇都宮東部・宝積寺

▶宇都宮美術館　宇都宮市の市制100周年を記念して平成9年3月23日に長岡町に開館した。「地域と美術」「生活と美術」「環境と美術」をテーマにした近現代美術やポスター、デザイン家具などを中心に国内外の作品を収蔵。また宇都宮市にゆかりの美術作品を収集・公開している。TEL028-643-0100

JR宇都宮駅前から関東バス富士見ヶ丘団地行に乗ると約20分で**団地南坂上バス停**に着く。バスの進行方向右手の団地内の坂道を行くと車道に突き当たる。左方向に進むと急カーブになり、この付近から長岡樹林地となる。

長岡樹林地に入る二つ目の車道から白くそびえ立つ仏舎利塔が見えて来る。近くなので寄って行こう。

仏舎利塔から戻り、左折して行くと「長岡樹林地案内板」があり、ここが**長岡樹林地入口**である。長岡樹林地の全体像をつかんでおこう。ここから山桜のため池に向かって下って行く。ため池が長岡樹林地の中心地であるから、ここを起点に散策するとよい。

ここではため池を過ぎ左に進む。山道の左側は湿地が続き右側は落葉樹の林である。しばらくするとヒノキの林に入る。林を過ぎて15メートル進んだところから左に入ると水の流れる小川があらわれる。右に入る道はよく注意して行きたい。小川から先は田んぼになるので丸木橋を渡る。この付近は5月の連休中にはフジが咲き見事である。フジを見るには畑に上がり観察するとよい。ここからフジ棚を巻いて湿地の反対側の道を戻る。や

97

がて十字路となるのでそこを右に曲がり、ゆるやかな上りを進むとすぐに車道に出る。**長岡樹林地出口**から車道を先に進む。宇都宮西ヶ丘病院の看板が見えて来るのでその道を進む。さらに左に宇都宮西ヶ丘病院を見ながら右に進む。宇都宮環状道路の先に**長岡百穴古墳**が見えてくる。百穴古墳では先人の思いをしのびながら散策するとよい。

　歴史を堪能したら、百穴古墳の前の長岡街道を北東に向かう。T字路を左折して宇都宮美術館方面に足を進める。ここで瓦塚古墳に寄り道をしてみよう。100メートルほど歩くと右側に鉄塔があり、柵の前に**瓦塚古墳**の案内板が目に入る。落葉樹の林の中を少し進むと円墳が数基あり、さらに進むと小高い丘が目に入り、ここが「前方後円墳」である。新緑の季節はたっぷりと森林浴が楽しめる。

　ここから瓦塚古墳群遊歩道を北西に歩くと宇都宮美術館に出るが、ここでは入口まで戻り、来た道を先に進むと左に第2ジョイナス長岡の建物を過ぎてY字路を右側に進む。初秋のころは田んぼに黄花コスモスが見事である。

　まもなく宇都宮美術館のある「うつのみや文化の森」に入る。やがて道が石畳となり石畳が切れたあたりに散策路駐車場の道標がある。ここまで来れば散策路を歩いても駐車場に向かって歩いても**宇都宮美術館**にたどり着く。せっかくここまで来たのだから、ぜひ寄っていこう。

　宇都宮駅行のバス停は、美術館正面玄関より約100メートル先にある。

長岡樹林地

宇都宮美術館
宇都宮美術館
うつのみや文化の森
帝京大学
豊郷台団地
田川
うつのみや文化の森案内板
初秋にキバナコスモスが美しい
第2ジョイナス長岡
瓦塚古墳
長岡百穴古墳
119
宇都宮環状線（宮環）
宇都宮西ヶ丘病院
5月連休のころフジが美しい
出口
長岡公園
長岡樹林地案内板
山桜のため池
入口
長岡樹林地
富士見ヶ丘団地
団地南坂上
仏舎利塔
0
1km

大網町付近から篠井富屋連峰を望む

篠井富屋連峰

しのいとみやれんぽう

手軽に七峰を縦走する宇都宮アルプスの尾根歩き……★★

562M

▶交通　JR東北本線宇都宮駅から関東バス今市・日光東照宮行、一里塚バス停下車または関東バス塩野室船生行、篠井学童バス停下車

▶歩行時間　6時間20分

▶コースタイム　一里塚バス停（40分）子どものもり登山口（60分）榛名山（15分）男山（25分）本山（70分）飯盛山（20分）青嵐峠（40分）高館山（30分）黒戸山（30分）兜山（45分）中徳次郎登山口（15分）徳次郎バス停

▶地形図　下野大沢・大谷

▶アドバイス　低山のため夏は避けたほうがよい。雪山展望の冬も安全に登れて、宇都宮市健康ハイキングコースとして、案内板も一部を除き整備されている。登山口は多いが、全山縦走には中篠井口か子どものもり登山口から榛名山、男山…の順に南下するのが楽で、帰りのバスの便にも好都合だ

98

ＪＲ宇都宮駅から関東バス今市・日光東照宮行に乗車して**一里塚バス停**で下車する。少し戻り左折して船生方面へ進むと、まもなく右に下篠井登山口の案内標識がある。これは見送り、二キロほど行くと右に**登山口**の宇都宮市子どものもり公園駐車場がある。

駐車場から宇都宮市冒険活動センターへの園内道路にあるトイレのすぐ手前左側に登山道入口がある。スギ林の道を10分ほど行くと林道となり、道標にしたがい直進する。林道を20分ほど進むと、中篠井からの登山道と合流する。まもなく林道は終点となる。ここから涸沢の左側のスギ林の道を、稜線まで40分ほど登る。

稜線に出たら分岐を右に折れ、約5分の登りで梵天（ぼんてん）のある**榛名山**（はるなさん）山頂に立つ。山頂は樹林帯で展望はきかないが、これから登る男山は北側、目の前に見える。分岐まで戻り、正面の男山に向かう。**男山**は小さなロックガーデンになっており、山頂からは高原山の優美な姿が見られる。

本山へは1分ほど戻り、そのまま直進する。**本山**（561・6メートル）は七峰の最高峰で、三等三角点があり360度の好展望が得られる。

飯盛山へは分岐まで戻り、道標にしたがって下篠井へ向かう。少し行くと急降下地点になる。小さなピークを三つ越えて、下りきった平坦地には「本山〜下篠井登山口」の道標に「飯盛山」の表示が見られる。東へ5分ほど進み、鉄塔の下の急登を20分ほど一気に登りきる。**飯盛山**山頂（501㍍）は西側が開け、冬には葉の落ちた木立の間から360度の展望も可能だ。

飯盛山からの急降下は立木につかまり慎重に下って行く。10分ほどで急降下は終わり、小さなピークから左に下る道に入ると、林道に出合う。林道を左に一カーブした先の右手に大畑林道口の案内板があり、ここからスギ林に入って行く。

3分ほどで**青嵐峠**の十字路にぶつかる。ここは南へゆるやかに登り、高館山の標識にしたがい左に折れてすぐに広い平坦な**高館山**（467・7㍍）に到達する。これから先はこれまでの四山（篠井連峰）と趣きが異なり、急登降がない富屋連峰である。

山頂下の分岐点まで戻り、左折してすぐに黒戸山方面を示す道標に出合う。この先の道はヤブになっているところもあり要注意である。ヒノキの暗い植林地を行くと十字路に出るがここは直進する。明るい尾根を進むと、やがて平坦なスギ林に入る。「黒戸山〜高館山」の道標にしたがい右に折れ70〜80㍍登るとT字路の尾根に出て、すぐ左に**黒戸山**山頂（412㍍）がある。

山頂で左折しスギ林を5分も下れば林道の終点に出る。さらに林道を100㍍進み左へ分岐道を見送り直進。すぐに右手に別の舗装林道が見え、200㍍先で合流する。

兜山へは林道を右に進み、頭上の高圧線下を通り右にカーブし、150㍍ほどのところで兜山入口の標識を左折する。踏跡をたどれば100㍍で左に行く明瞭な道があらわれ頂上まで続いている。

大岩にぶつかり、その間の道を進めば、林道から**兜山**山頂まで10分たらずで到達する。山頂からの展望はほとんどない。林道に戻り、少し下ると「鬼山」の表示がある。10分ほどで山頂である。

林道に戻り、「黒戸山〜中徳次郎」の道標を見て林道を40分ほど下ると**中徳次郎登山口**、さらに10分ほどで国道に出る。そこを右折し、まもなく日光街道との十字路を再び右折するとすぐ**徳次郎バス停**である。

山根地区から見える寅巳山

二つの干支を山名に持つアカヤシオの山……★

寅巳山

とらみやま

446M

JR宇都宮駅から関東バス今市・日光東照宮行に乗り、**山口バス停**で下車する。

山口バス停から日光市側へ50メートルほど行き、右に折れる。100メートルほど進むと右側に山口公民館がある。反対側の「なかよしひろば」に沿って道は左にカーブしながら続く。田園風景の中、右手にはなだらかな丘陵が目の前に広がる。寅巳山の全容である。

道なりに右に進み、用水路の脇を北に進む。少し行くと野鹿台の住宅地の入り口に大きな案内板が立っている。ここで右に折れて住宅地を進む。なお、直進すると三重の塔があるので、時間が許せば見ていこう。

正面に寅巳山を見ながら住宅地の南縁の道路を行くと、山口二丁目公民館の前を通る。この先で道は急坂となりT字路となる。どちらを行ってもいいのだが、ここでは左の道を進む。ヘアピン気味に右に回り込み一つ上の道に出て、さらに左から回り込んでもう一つ上の道に出る。

そこは野鹿台の住宅地の最上部である。山側の家に玉石の塀があり、その傍の電柱の隣から山に向かって林道が入っている。ここが**登山口**であるが、標識はない。

▶交通　JR東北本線宇都宮駅から関東バス今市・日光東照宮行、山口バス停下車。東武日光線下今市駅またはJR日光線今市駅からの場合、国道119号の小倉町バス停から関東バスJR宇都宮駅行、山口バス停下車

▶歩行時間　2時間

▶コースタイム　山口バス停（20分）登山口（45分）寅巳山（35分）登山口（20分）山口バス停

▶地形図　下野大沢

▶寅巳山の語源　山の麓に住む地主に伝わる話がある。昔、土地の豪族が寅巳山に山城を造ることを計画した。寅年に着工したが4年過ぎても完成せずに断念、その年が巳年であったので寅巳山と呼ばれるようになった、との言い伝えである。事実、山頂は平坦であり、北の尾根と東の尾根には立派な空堀が確認できる

スギ・ヒノキの中を歩くと林道はすぐに切れるが、下山時はこの林道に出てくるので、周りの状況を覚えておこう。踏跡が樹林の中の沢沿いに続いている。伐採されたスギやヒノキの枝で歩きづらいが、どこまでも踏跡をたどり沢をつめていく。

左にゆるやかに回り込むようになるとルートも安定し、スギ・ヒノキの林床にはチゴユリの群落もあらわれる。南の尾根側は明るい広葉樹の森となってくる。

住宅地に建つ三重塔

沢沿いの道はしだいに急登となり、足下が落葉などで不安定になる。雨天時や雨上がりには注意が必要だ。

登山口から20分ほどで左手のヒノキ林の中の平坦地に出る。ひと息入れるのによい場所である。見上げると急登が続くが、樹林越しに空が見え、稜線までひと踏ん張りであることを知らせてくれる。

急登のままスギ・ヒノキ林から雑木林へと移っていき、山頂の北方から南西へ延びる枝尾根の鞍部に突き上げる。左折して登り続けると、山頂から北西に延びる稜線に出る。右に折れ、なだらかな尾根を南下すると**寅巳山**山頂（445・8メートル）である。途中の空堀跡は、言い伝えの残る山城の遺構と思われる。

山頂は二等三角点が置かれた小さな広場だ。樹林にさえぎられて展望はないが、落葉時は樹林越しに日光連山を見ることができる。春にはアカヤシオ、ヤマツツジが次々と咲く花の山でもある。

下山はもと来た道を鞍部まで戻り、ここからは南西へと延びる枝尾根に沿って下る。鞍部から少し登り返し、柱状節理の岩があるところから急降下となる。下方には野鹿台住宅地が見える。尾根の境に生えるヒノキを目印に下っていく。

やがて、やや広い尾根筋となり、右の方へ回り込んでいく。踏跡は薄くなるが、下に住宅の屋根が見えてくる。歩きやすいところを右へ向かえば**登山口**のある林道へ出る。あとは往路を戻る。

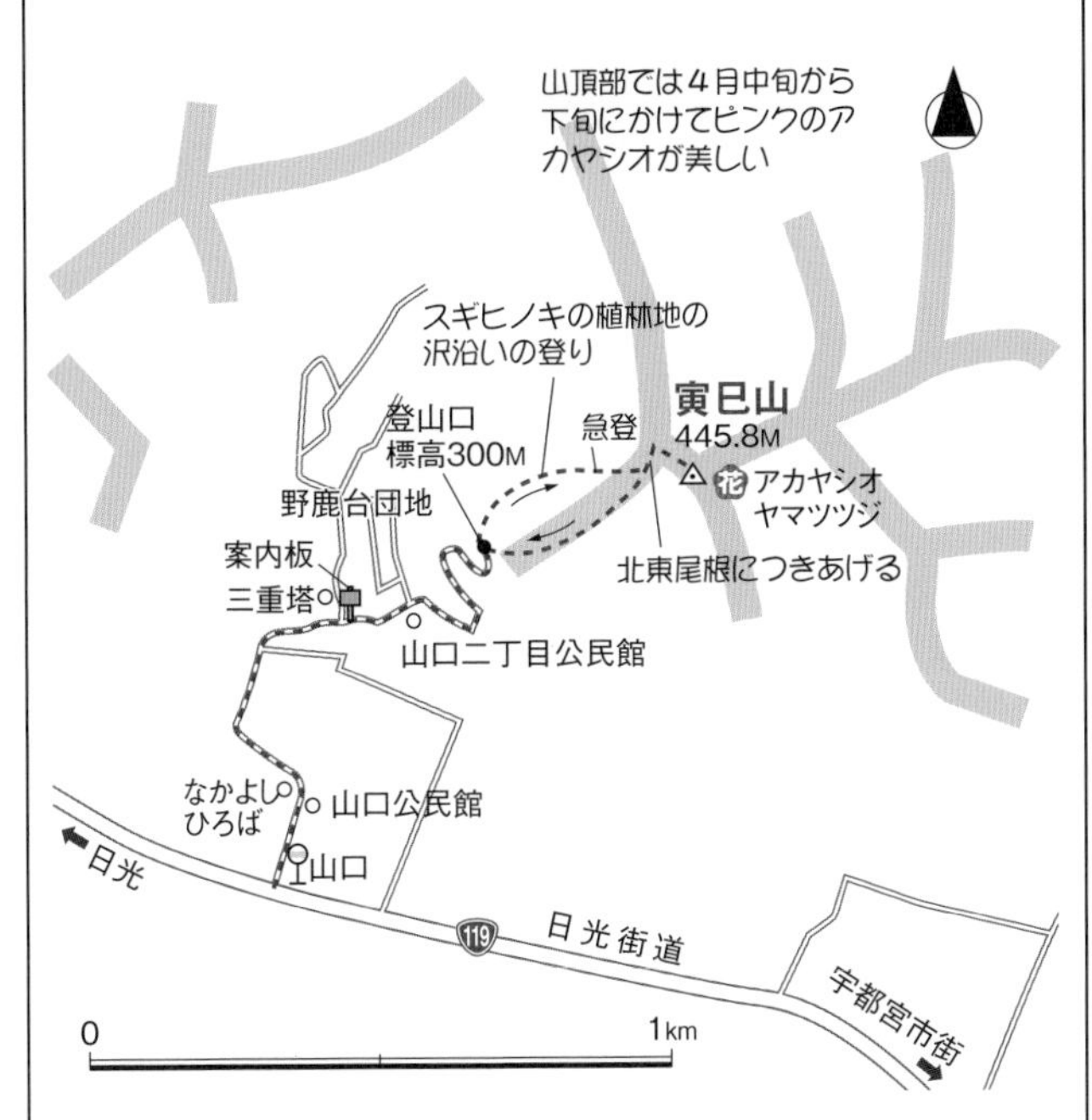

とちぎの温泉

栃木県には全国的にも有名な日光・鬼怒川・川治・那須・塩原をはじめ、多くの温泉があります。そして近年は平野部でもたくさんの温泉が生まれています。温泉と組み合わせた楽しい登山計画をたててください。

八溝・芳賀

栃木県と茨城県との境に長さ100kmにわたって連なる八溝山地は、北から八溝山塊、鷲子山塊、鶏足山塊に分かれる。冬の季節風が県央部の平野によって和らげられるため気候は温暖で、各所の山頂部に暖地性の照葉樹林が残され、貴重な動植物もいくつか見られる。標高も低く、いままであまり登山の対象とはされなかったが、それだけに、秋から春にかけて静かなファミリーハイクが楽しめる。なお、この地域には真岡鐵道が通っているものの全般には交通の便が悪く、タクシーや車利用が便利である。

八溝山

やみぞさん

1022M

御亭山から八溝山（右奥）・萬蔵山を望む

　修験道の修行地として知られ、多くの山伏が山々を駆けめぐり、信者が行きかった八溝嶺神社の旧参道も、近年は山頂まで道路が通じ、手軽に行けることもあって、歩いて登る人の姿もまばらになってしまった。

　八溝山への栃木県側からの入山は交通の便が非常に悪いが、車利用の場合は、八合目駐車場より1・7キロ、約1時間で山頂に立てる。

　バス利用の場合は、茨城県側の大子（だいご）町から茨城交通バスが登山口下の**蛇穴**（じゃけつ）まで来ている。終点バス停から10分ほどで表参道コースの出発点、**蛇穴口**の大鳥居に着き、ここから八溝山線林道を4・6キロ、1時間ほど登ると**旧参道口駐車場**に出る。

　駐車場手前右手に、日輪寺バンガロー遊歩道の案内板が立っているが、こちらは帰りのルートとして、さらに100メートル直進し八溝五水入口を入って、湧水群めぐりをしながら山頂へと向かう。

　ブナ林に囲まれた穏やかな旧道は、早春のころにはカタクリの花が下草のササの間から可憐な姿を見せてくれ、また冬枯れの時期は明るく見通しのよいハイキングコースを提供してくれる。20分で最初

▶交通　JR水郡線常陸大子駅から茨城交通バス蛇穴行、終点下車。日祭日はバス運行がないので、タクシーまたは車利用となる

▶歩行時間　4時間40分

▶コースタイム　蛇穴バス停（10分）蛇穴口（60分）旧参道口駐車場（40分）八丁坂（60分）八溝山（20分）日輪寺（30分）旧参道口駐車場（60分）蛇穴バス停

▶地形図　八溝山・町付

▶日輪寺　茨城・栃木・福島県にまたがる八溝山の霊場で、約1300年前に開山された。弘法大師自ら十一面観音像を刻み本尊としたといわれる。明治13年に山火事により堂塔を焼失したが、尊仏は難を免れ、大正4年に再建された。その後破損などもあり、かつ狭溢であるため、昭和48年に現在のような堂宇が建立された

の名水、金性水（きんしょうすい）である。のどを潤し、掲示の説明文を読む。さらに10分も進むと**八丁坂**になる。右手は高梨家屋敷跡であり、階段状の坂の左手に屋根付きの鉄水を見て、10メートルも登ると龍毛水の標示板が見えてくる。右手への道をたどれば龍毛水である。

分岐へ戻り、再び八丁坂を登る。階段の両脇はスギの交じったブナ林が旧参道の面影を残して美しく枝を広げている。ひと登りで県道八溝山公園線と出合う。

白毛水は県道から左へ下った第二駐車場下にある。最後の銀性水（ぎんしょうすい）は林道を挟んで続く階段を登り、道標にしたがって右へ折れ70メートルも行けばよい。

八溝山山頂（1022・2メートル）は道標から5分ほど登ればすぐである。八溝嶺神社のまわりは高い土塁に囲まれており、山頂の一等三角点もその土塁上の一角にある。神社の脇には二層式になった展望台があって、晴れた日には360度の大パノラマが満喫できる。

下りは銀性水分岐の下まで戻り、ベンチが置かれた休憩地の分岐を左手にとる。道標にしたがい踏跡をたどれば迷うことはない。右下に県道八溝山公園線が見えたら日輪寺はもうすぐだ。

県道を横切り簡易舗装路を10分も下れば、坂東二十一番札所の**日輪寺**へ着く。旧堂は明治13年の大火で焼失、現在の本堂は昭和48年に新築されたものである。

下山ルートは本堂下のバンガロー施設の左を巻き、大スギの続く道を下る。登りのブナ林の明るさと対照的なこの道は、歴史の古さをも感じさせてくれる。

15分ほどで沢に突きあたり、両脇のワサビ田を横目に小橋を渡る。反対の山腹をトラバース気味に登りつめれば、周りは再びブナ林となり、多少のアップダウンを10分ほど続け、最後の急な登りをふた息で登りきれば、**旧参道口駐車場**の日輪寺入口の車道へと飛び出す。

八溝嶺神社

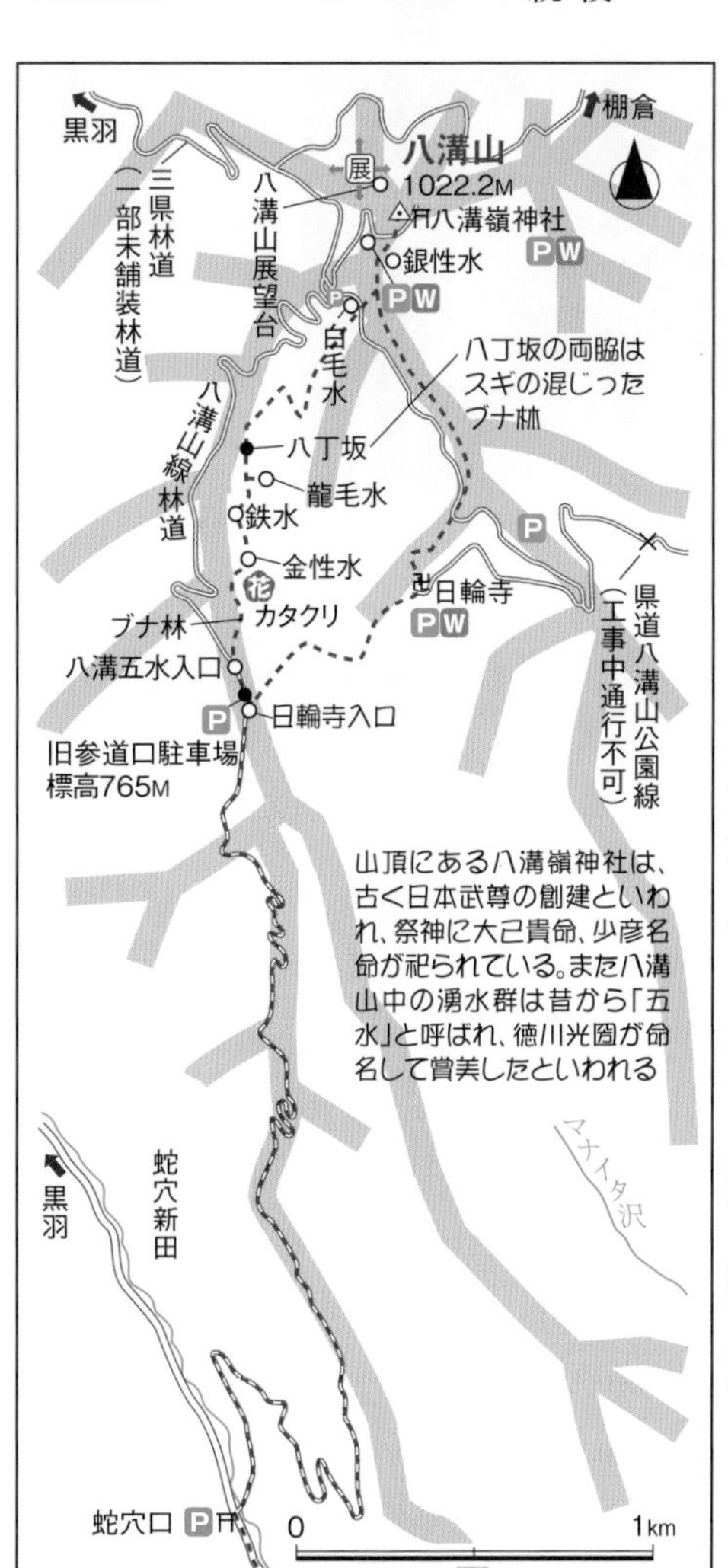

花瓶山

はなかめやま

692M

イワウチワの群落

大田原市営バスは本数が少なく、特に雲巌寺から石畑行は一日一本しかないので、タクシーか車利用が望ましい。

大田原市（旧黒羽町）から国道461号を進み、須佐木交差点を県道13号線に折れたあと、明神トンネルを抜けると、まもなく左側に「花瓶山入口」と書かれた表示板があらわれる。

ここを左折し、600メートルほど進むと、**花瓶山専用駐車場**があり、入口に簡易トイレが設置されている。なお、ここは駐車場維持管理のため、車両一台あたり300円の協力金が必要である。駐車場から林道をうつぼ沢出合いまで行き、ここからは大倉尾根を通って花瓶山、さらにその先のブナの古木・次郎ブナまでを、ルートファインディングしながらピストンすることにする。

うつぼ沢出合の先の広場を右に折れてゲートのある林道を2分も行くと、新しくできた林道が左に見える。左折してすぐに南側の尾根に取りつく。尾根に出るとイワウチワが広く群生している。

これから次郎ブナまで、イワウチワ、カタクリ、シュンラン、ヤブコウジなどの花瓶山に残された貴重な花があち

▶交通　JR東北本線那須塩原駅東口から大田原市営バス五峰の湯行、黒羽郵便局バス停下車、雲巌寺行に乗り換え終点下車。さらに石畑行に乗り換え如来入口バス停下車。バスの本数が少ないため、タクシー、または車利用が望ましい

▶歩行時間　5時間15分

▶コースタイム　花瓶山駐車場（30分）うつぼ沢出合（25分）向山（15分）如倉乗越（75分）県境尾根分岐（5分）花瓶山（10分）次郎ブナ（10分）花瓶山（5分）県境尾根分岐（75分）如倉乗越（15分）向山（20分）うつぼ沢出合（30分）花瓶山駐車場

▶地形図　黒羽田町　町付

▶アドバイス　このコースにははっきりしたルートはない。地図とコンパスでルートファインディングができることが必要である。このあたり一帯は如来入国有林で、関東森林管理局の塩那森林管理署が管理運営していて、伐採・搬出が盛んに行われている

こちに見られる。踏みつけないようにして大切に守っていきたい。

地図とコンパスで確実にルートを見極めて進む。548メートルの**向山**から花瓶山手前の県境尾根分岐までは、比較的わかりやすい尾根歩きができる。途中、明るく開けた**如倉乗越**を過ぎるとブナ、ヤマザクラなどの古木が稜線に点在している。それ以外は整然と植林されたスギとヒノキの林である。

東にカーブするとまもなく**県境尾根分岐**に着く。ここからは、ほぼ北に向きを変えて**花瓶山**山頂（692メートル）にたどり着く。山頂の東側一帯は広く手付かずの自然が残っている。

ここからルートをほぼ北にとり、尾根を行く。尾根東側の自然環境保全地域は、右前方の八溝山とのコントラストが素晴らしい。

足元と稜線からの斜面にはイワウチワが広く群生していて目を奪われる。やがて**次郎ブナ**と呼ばれる朽ちかけた大きな古木があらわれて驚かされる。

花瓶山山頂直下手前を西に下りて花瓶沢土場に至るルートもあるが、ここはもと来たルートを逆戻りしよう。来るときとは逆なので、安易に進まずルートの見極めには十分注意したい。

特に、**花瓶山**の先の**県境尾根分岐**では直進して県境尾根の高戸山方面に行かないようにしよう。この分岐で県境尾根を離れる。その後しばらくは尾根歩きが続く。

向山からの下山コースは、南西方向へ下り、その後西に進む。迷いやすいので注意してほしい。林道に出れば、**うつぼ沢出合**はすぐである。あとは来た道を**花瓶山駐車場**へと戻る。

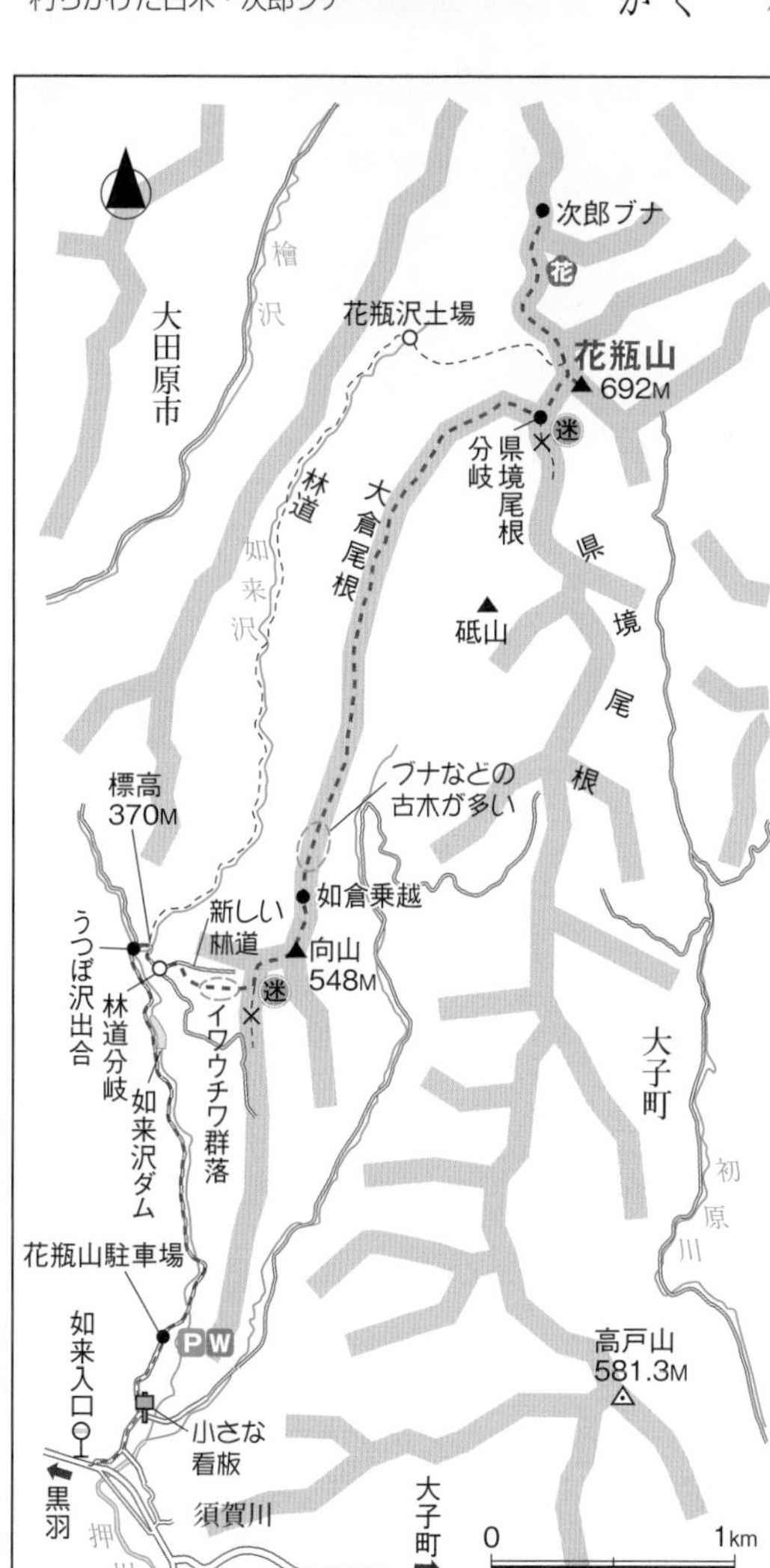

朽ちかけた古木・次郎ブナ

山里に溶けこむ安産祈願の山

萬蔵山

清水内集落から萬蔵山を望む

534M

▶**交通**　JR東北本線那須塩原駅東口から大田原市営バス五峰の湯行、黒羽郵便局バス停下車。または関東バス黒羽行、黒羽出張所バス停下車、雲巌寺行に乗り換え、清水内バス停下車。ただし、いずれも本数が少ないので事前の確認が必要

▶**歩行時間**　2時間25分

▶**コースタイム**　清水内バス停（30分）萬蔵山入口（15分）萬蔵山参道分岐（15分）観音堂（15分）萬蔵山（20分）八溝縦貫林道（7分）萬蔵山参道分岐（13分）萬蔵山入口（30分）清水内バス停

▶**地形図**　黒羽田町

▶**八溝縦貫林道**　現在、萬蔵山参道分岐を左折（北上）してまもなくのところが土砂崩れのため、一部通行止めとなっている

大田原市営バス雲巌寺行の**清水内バス停**が萬蔵山への出発点となる。車なら萬蔵山入口まで入れるので便利だ。

ゴールデンウッドゴルフ場への案内板が立つT字路を左折し、市道を北東へ進む。右前方に落ちついた山容の萬蔵山を眺めながら、尻高田川に沿って田園風景の中を行く。尻高田集落を通りすぎ、30分ほどで尻高田川に架かる小さな石造りの橋に着く。

「**満蔵山入口**」と書かれた案内板があり、「皇太子殿下御降誕記念」の奉納石柱が二本立っている。橋には「満蔵山子安橋」と刻まれている。

橋を渡り、参道を南東へゆるやかに登って行く。木もれ日の差す明るいスギ林で、春にはミズナやホトトギス、ヤマショウガなどの野草が見られる。

やがて砂防ダムの堰堤があらわれたら、左側の石段やハシゴを登って行く。林道に出たら右へ進み、沢を渡らずに手前で左折し沢沿いに登る。やがて舗装された八溝縦貫林道に出る。**萬蔵山参道分岐**で、ここには「満蔵山参道」の石柱が立っている。

林道を横断し、案内板が立つ林へと入る。ひと登りして、沢を渡り、右折する。沢

の左上には小さな滝がある。静かな明るい斜面をジグザグに登って行くと、やがて長い石段が見えてくる。

石段を登り、**観音堂**の前門をくぐれば、奥には荘厳さが漂う萬蔵山雲光教寺観音堂が鎮座する。

観音堂をあとに、大きな石碑の前を通り右方へ進む。沢の中に小さなお不動様が置かれ、すぐ隣は水場になっている。ここから萬蔵山への道ははっきりしていないが、沢を渡り、スギ林の急斜面をジグザグに登る。滑らないように注意しよう。

萬蔵山雲光教寺観音堂

10分ほどで踏跡の薄い旧林道に出る。この道を右に巻きながら、林道がなくなる地点まで進む。ここから左へ折れ、ヒノキ林の中の急斜面を登って行く。ヒノキに巻かれた黄色テープなどを頼りに尾根筋に上がり、左に登ればまもなく**萬蔵山**（534メートル）に着く。静かな頂上には、標識と二つの石祠がある。

帰路は南方に延びた尾根を下りてみよう。踏跡が不鮮明であるが、道標やヒノキなどに巻かれたテープなどを頼りに、尾根をはずさずに下る。小ピークを過ぎたあたりで少し南西の方角に曲がり、尾根をたどれば石祠に出合う。

ここから林道沿いに山腹を下りて行くと、やがて舗装された**八溝縦貫林道**に出る。ここには黒羽山の会が設置した「堂平」と「萬蔵山へ」の二つの道標があり、右に折れて林道を進むと、ほどなく**萬蔵山参道分岐**に着く。ここからは往路を戻る。

観音堂
安産を祈願した人々が帰りにシャモジを一つ借りていき、無事出産するとシャモジを二つ返納するという風習が行われていたという。また、子宝を祈願した絵馬も奉納されている

ゴールデンウッドゴルフ場
林道標柱
八溝縦貫林道
萬蔵山入口
小さな石地蔵
奉納石柱
標高280M
萬蔵山子安橋
バリケードあり
萬蔵山参道分岐
小さなお宮
観音堂
石祠
堰堤
石段・ハシゴ
萬蔵山 534M
尻高田
道標（2カ所）「萬蔵山へ」・「堂平」
491M
急登
踏跡がうすいので注意
石祠
道標や黄色の巻テープなどを頼りに下る
踏跡ないので注意
八溝縦貫林道
黒羽
北野上
清水内
清水内
尻高田川
461
「ゴルフ場入口」標高230M
野上川
バリケードあり
塩畑
林道入口
0
1km
大子

サクラ並木の続く山頂を目指す

尺丈山

しゃくじょうさん

512M

麓から見上げる尺丈山

▶交通　JR烏山線烏山駅から那須烏山市営バス高部車庫行、終点下車。またはJR水郡線常陸大宮駅から茨城交通バス塙・高部車庫行、中央保育園前バス停下車（1日7往復）。いずれもバス停からのアプローチが長いので登山口までタクシー、または車利用が望ましい

▶歩行時間　1時間40分

▶コースタイム　登山口（50分）尺丈山（25分）大那地分岐（25分）登山口

▶地形図　常陸大沢

▶尺丈山の由来　昔、親鸞上人の孫の如真上人が布教のため久慈川を北上して大子町へ行く途中、道を間違えて仲河内の谷を通ったという。そのとき休憩した山の上に尺丈（錫杖）を忘れたといわれ、以来この山を尺丈山と呼ぶようになったという

登山の基点となる美和総合支所から登山口までは約6キロの道のりがある。アプローチが長いので、タクシーか車利用をおすすめしたい。バスを利用した場合、いったん山方方面に向かう。「尺丈山5・8キロ」の標識のT字路を左折し、その先の「尺丈山4・7キロ」の標識の分岐を左折する。さらに1・6キロほど車道を歩き、「尺丈山3・1キロ」の標識を右折し仲河戸集落に向かう。

仲河戸集落を過ぎたあたりに、「左おふなち　右とちはら」と書かれた高さ70センチくらいの道祖神と、「尺丈山百樹の森登山口」と書かれた大きな看板が立っている。ここが尺丈山への**登山口**である。バス停からは1時間強の道のりだ。マイカー利用の場合はここが駐車場である。

尺丈山へは、道祖神の脇の小橋を渡る。左手には段々畑が続いている。すぐに一合目の標識がある。スギ林の道は、下草は茂っているが歩きやすい。えぐられた林道を進むと、三合目に出る。道標にしたがい左の道に入る。

山道ははじめ大きく左にカーブする。五合目はスギ林と雑木林の境界にあり、ここから右へ折れて登って行く

103

と、アカマツ林が正面に見えてくる。随所に合数表示があるので迷うことはない。

　そのまま尾根筋を登って行く。春や秋には、アヤメやツツジ、ツルリンドウ、センブリ、ハギなどの花が目を楽しませてくれる。しだいに道はやせ尾根となり、左手の展望が開けてくる。ここに八合目の標識がある。

　左側一帯は「百樹の森」として、地元の小中学生たちによる広葉樹の記念植樹が行われている。

　八合目標識のすぐ先には駐車場があり、車ならここまで入れる。右に折れてジグザグに登って行くと「尺丈山頂」と「広場」の標識がある分岐に出る。どちらでもあまり差はないが、広場に向かう。

　広場にはあずま屋と展望台が整備されている。西に展望が開け、那須から日光に至る山並みが一望できる。休憩や昼食にはよいところだ。

　この裏手には50メートルほどの細長い尾根があり、その両側にはサクラの大木が並んでいる。ここはかつて馬場跡で、昭和20年代まで、春祭りには氏子たちの飾り立てた馬が、競って跳ね回ったといわれる。

　サクラ並木を進むと、尺丈山駒形神社が鎮座している。樹林の中で展望はよくない。神社裏に**尺丈山**山頂の三等三角点（511・5メートル）がある。

　下山は、神社裏の階段を下って林道まで戻り、右に折れてそのまま林道を進む。しばらくすると、ピジョン美和の森育樹地休憩所が見えてくる。この施設は登山者のためにつくられたものではないので注意したい。ただし、隣のトイレは使用できる。

　休憩所の前を通り、なだらかな道を進めば、やがて**大那地分岐**に出る。右に行けば那珂川町大那地である。ここは左に折れ、舗装路を下って行く。途中、秋ならツリフネソウの群落に出会うだろう。道なりに下れば**登山口**に戻る。

尺丈山神社

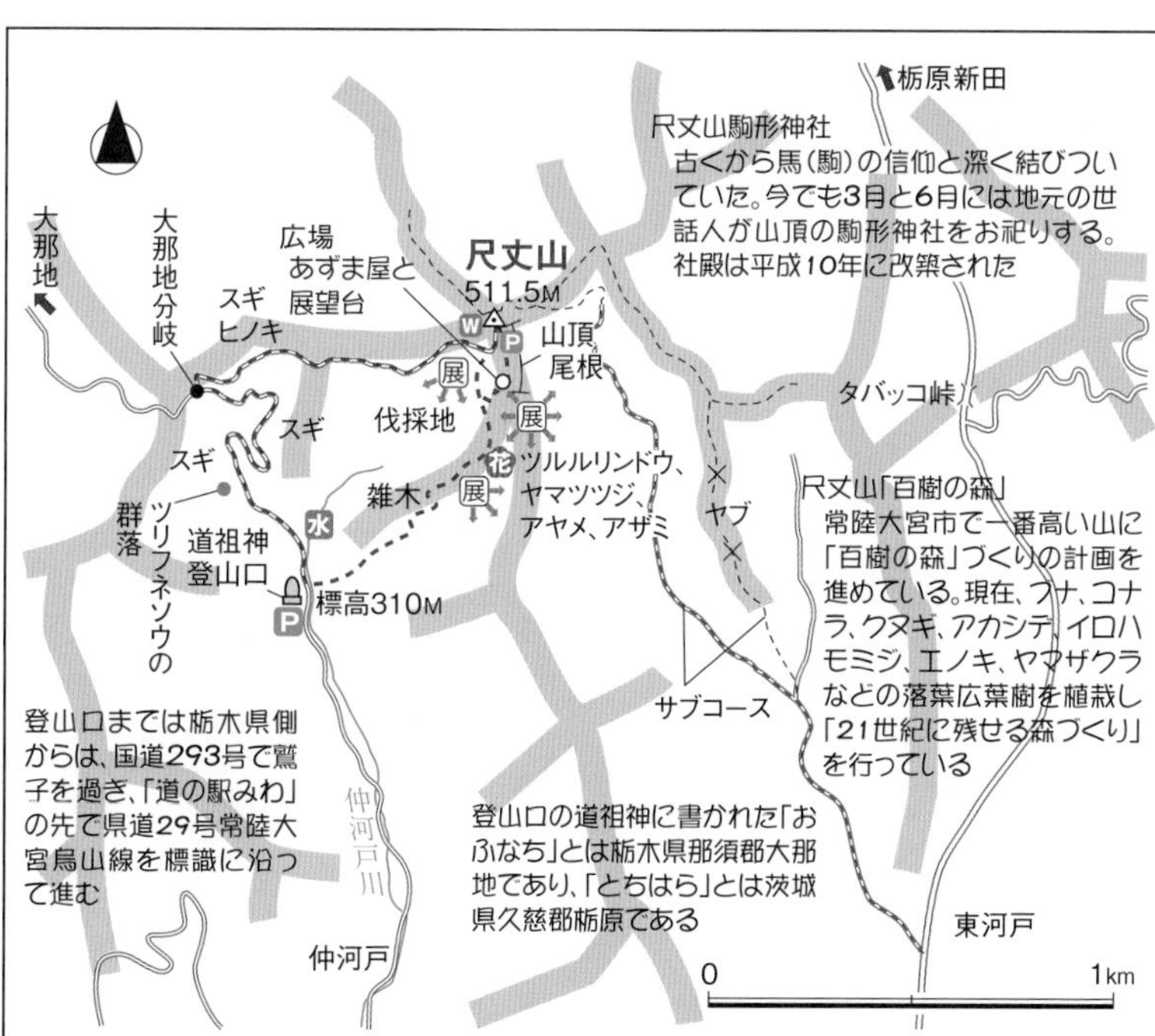

鷲子山

とりのこさん

463M

山頂に建つ鷲子山上神社

104

那珂川町の旧馬頭町から鷲子山までは約7・5キロある。国道293号を南下して約4・7キロのところのY字路に「鷲子山上神社」の大きな道標が立っている。そこを左折して山あいの道路をしばらく行くと坂本集落があり、左側に大きな案内板がある。ここで車を降り北東へ約30メートル進むと不動様を祀る小さな祠がある。祠の前には石の太鼓橋が架かっており、旧参道の登り口になっている。ここが**登山口**である。車で神社の境内まで行ける道もあるが、ハイキングではこの参道を歩いて登ることになる。

神社までは約1キロである。スギや雑木の林に沿ったつづら折りの道には、一合目、二合目と石の道標が立てられているので、道程がよくわかる。九合目まで登ると見晴らしのよい台地が開けて、緑の山並みを望むことができる。このあたりにはスギの大木がそびえており、足下にはトチニンジン、イワウチワなどの植物も見られる。

まもなく鷲子山上神社に到着する。神社は栃木県と茨城県の県境にまたがっている。年月を経た山門が正面に仰がれ、悠久たる歴史を感じさせる。大鳥居をくぐると楼門の

▶交通　JR東北本線宇都宮駅または西那須野駅・氏家駅から関東バス馬頭車庫行、役場前バス停下車。登山口まではタクシー利用が望ましい

▶歩行時間　1時間10分

▶コースタイム　登山口(40分)鷲子山(30分)登山口

▶地形図　馬頭

▶鷲子山上神社　平安時代の初期の807年(大同2)に創建されたもので、天日鷲命を祭神としたのがこの山の名前の由来となっている。古来より霊峰として知られ、修験道の霊場でもあった。建築は豪壮と繊細の中世と近世の様式が混存し、各所に神仏混合の跡を残している。祭礼は春と秋に行われるが、特に11月16日の夜祭は、創建以来の古儀秘伝を残している

「安養閣」があり、栃木県・茨城県がそれぞれ平成2年に有形文化財として指定した標柱が両側に建てられているのも面白い。

石段を登りきったところが標高463メートルの**鷲子山**山頂で、神社の本殿がある。社殿の隣には栃木県名木百選の「千年杉」が、天空高くそびえ立っている。

神社から東に入った奥地には、太古以来いまだ人が手を加えない2ヘクタールほどの原生林が残っており、幽幻の気をかもし出している。モミ、ブナ、ナラなどの大木がうっそうと茂り、一方では、カシ、ヤブツバキなどが照葉樹林を形成している。北方系と南方系の樹木が混在しているところが珍しく、自然環境保全地域に指定されている。

鷲子山上神社の隣に立つ千年杉

神社裏手の散策路をたどると、モミの自然林が残されているのがわかる。この森は緑の鷲子山の象徴的な存在ともなっている。散策路は30分もあれば一周できるので、ぜひ足を延ばしてほしい。

なお鷲子山中には、獣ではムササビ、鳥ではオオルリ、昆虫では日本最小のマダラクワガタが棲む。草ではクマガイソウなどが珍しい。しかし山に入る道はない。マムシが棲んでいるので特に注意が必要である。

県境のこの山は、茨城県からも車の通る登山道があるが、徒歩の場合は、登ってきた同じ道を**登山口**に戻ることとなる。

Y字路
道標「鷲子山上神社」
矢又川
モミの自然林は野鳥も多く、植物の種類も多い。また、日本で最小の昆虫であるマダラクワガタも生息している。なお、マムシにも要注意
林道から北東へ約30m入った登山口は旧参道の登り口にあたり、不動尊を祀る祠と古い石の太鼓橋がある
293
2～3台可
標高435M
大きな案内板
登山口（旧参道登り口）
坂本集落
展 八溝山地の眺望よし
232
大那地
千年スギ
鷲子山上神社
鷲子山 463M
スギの混じった雑木林の道に、石の道程標が立てられている
鷲子沢川
伴睦峠
神社東の奥には太古以来、人の手が加えられない原生林2haが残っていて、霊幻の気をかもしだしている
0 1km
美和

御亭山

こてやさん

513M

湯津上小学校付近から見た御亭山

▶交通　JR東北本線那須塩原駅東口から大田原市営バス石畑行、雲巌寺行、関東バス五峰の湯行、大雄寺入口バス停下車。ただし、本数が少ないので事前の確認が必要

▶歩行時間　3時間

▶コースタイム　大雄寺入口バス停（5分）登山口（40分）御亭山へ四キロの標示板（60分）御亭山（75分）御亭山公園入口

▶地形図　黒羽田町・下野小川

▶サブコース　大田原市営バスの松ノ木内バス停で下車、案内板「上ノ台吹上」から入る。橋を渡りY字路を右折、黒羽高校脇を通りまもなく左折すれば御亭山へ通じる山道（一部農道）に出る。バス停から40分ほどで御亭山への分岐点に着く

大雄寺入口バス停（だいおうじ）から歩き始める。橋を渡り右折し、JAなすの黒羽の手前を左折すれば、**登山口**となる愛宕神社参道入口に出る。

鳥居をくぐれば、365段の石段が続いている。石段を登り左折すれば、愛宕神社に着く。神社境内からの展望はきかない。

来た道を戻って左折、御亭山方面へ向かう。御亭山への登山道には、はじめの6キロを起点として1キロごとに標示板が設置されているので安心だ。ただし伐採用林道との分岐に注意しよう。

あたりはスギ、ヒノキなどの針葉樹林が多い。よく整備されているので木もれ日が差し、明るい雰囲気に包まれている。

「御亭山へ4キロ」の標示板で、ジャリ道から山道へと進んで行く。3キロの地点を過ぎるとヤマザクラやナラなどの疎林となる。

マツの大木にかけられた標示板「八塩沢ノ頭」で、道が分かれる。ここを左に折れて、針葉樹林の中を登って行く。やがて前方の木の間越しに希望ガ峰の無線塔が見えてくる。

ゆるやかにひと登りすると、いったん林道に出るので

左折する。舗装林道を20メートルほど進むと「御亭山1キロ」の道標があるので左折し、山道を進むと**御亭山**山頂（512・9メートル）に着くが、最近は、林道を利用しているようで一部ヤブ化している。山頂からの眺望は素晴らしく、晴れた日には、那須連山をはじめ日光の山々、八溝山系、筑波山など、360度の大パノラマが広がる。ゆっくり休むのによいだろう。

山頂周辺は安らぎの森として整備されている。バンガロー、キャンプ場、展望台、トイレ、駐車場、管理棟などがあり、ツツジ、サクラ、ウメなどが植えられている。管理棟の南面を下るとキャンプ場があり、竜姫伝説が残る小さな綾織池と、綾織神社が建っている。

下山は、御亭山公園から舗装された二車線の林道小手谷論手線を北滝小手沢集落の公園入口まで、5キロ下ることになる。

公園からしばらく下ると「大篠平」の立札のある展望駐車場に着く。ここからは、那須連山、高原山、那須野ガ原などの展望が素晴らしい。また振り返れば、御亭山の無線塔が見える。

旧道との合流地点あたりから両側がスギなどの針葉樹林となり、小手沢のせせらぎの音を聞きながら進み、橋を2回渡ると、まもなく左側に「治水安民」と刻まれた記念碑が見えてくる。そのまま直進すれば**御亭山公園入口**に出る。

帰路は、ここからタクシーを利用することになる。

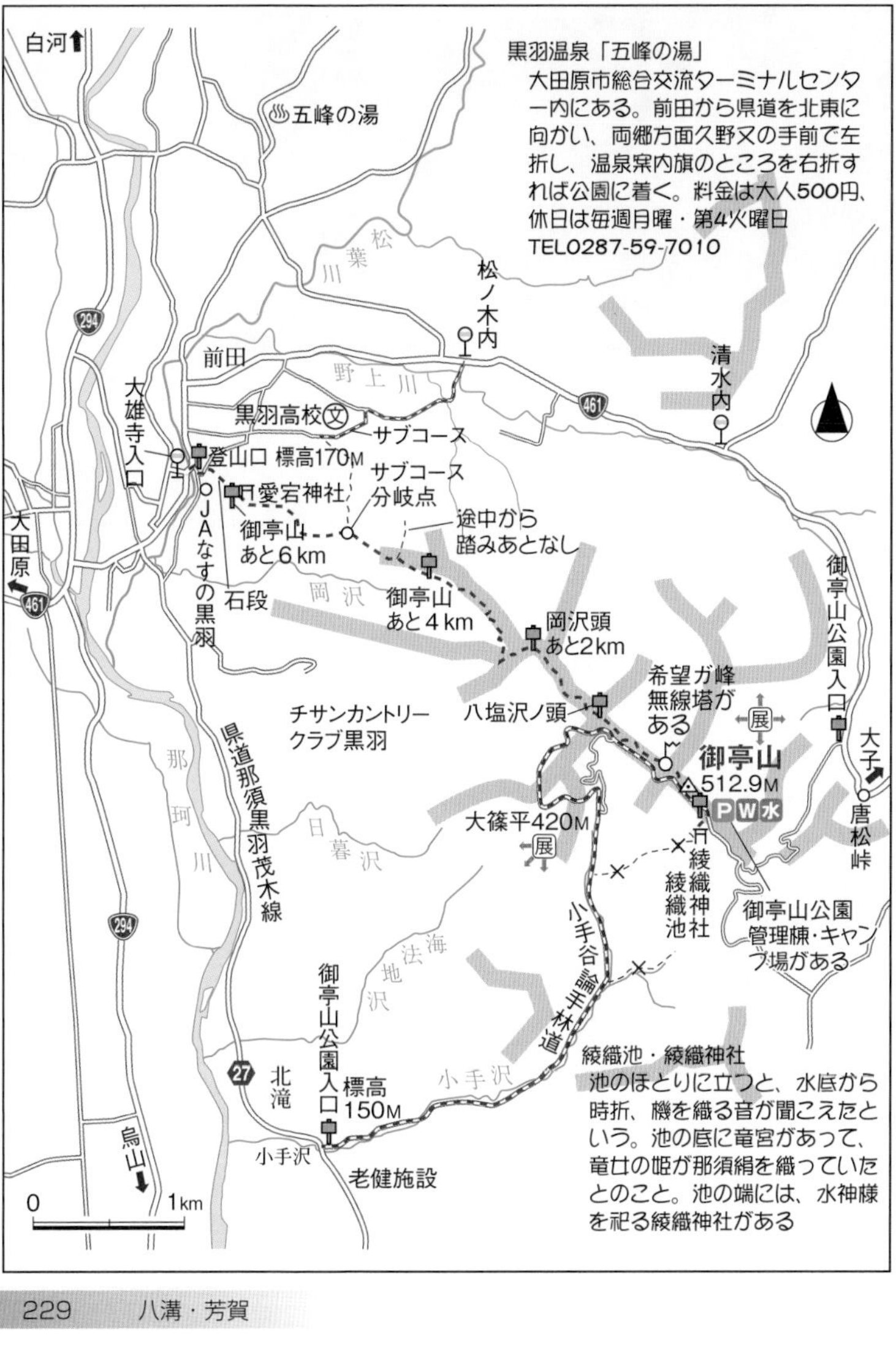

「カタクリ山公園」の春の散策路

カタクリ山

かたくりやま

185M

カタクリ群落

ＪＲ宇都宮駅から関東バス馬頭車庫行に乗り約1時間30分、那珂川町**三輪東バス停**で下車する。喜連川方面へ200メートルほど戻り、「一真宗大谷派玉光山真楽院西宝寺」の案内板のあるT字路を右折する。さらにすぐ左手にある舗装路を左折すると、正面に**三和神社**の鳥居が見える。ここがコースの出発点だ。車の場合は三和神社前にあるかたくり山公園駐車場に置くとよい。

巨木の繁る古い神社前の舗装道路を道なりに進むと、かたくり山公園の案内板があるので、ここで現在地とコースを確認すること。またここにも数台の駐車スペースがある。

スギ林の入口にある「カタクリ群生地」の案内板にしたがって進めば、左斜面一帯にショウジョウバカマが群生している。林間は昼間でも薄暗く、湿った土を覆うように薄桃色の花が咲く。

ショウジョウバカマの咲くスギ林を抜けて、車椅子用の道路を横切ると溜め池がある。ここから**休憩所**まで続く木道の周辺がカタクリの群生地。手入れされた雑木林の斜面は、見渡す限り可憐なカタクリの花で埋まる。ショウジョウバカマ、カタクリの見ごろは共に3月下旬から4月

▶交通　JR東北本線宇都宮駅または、西那須野駅、氏家駅から関東バス馬頭車庫行、三輪東バス停下車。バスの本数が少ないので車利用が望ましい

▶歩行時間　1時間36分

▶コースタイム　東三輪バス停（10分）三和神社（15分）休憩所（10分）ミズバショウ湿原分岐（3分）カタクリ山（3分）ミズバショウ湿原分岐（15分）ミズバショウ池（15分）ザゼンソウ群生地（15分）三和神社（10分）東三輪バス停

▶地形図　佐久山・馬頭・下野小川

▶カタクリ山　地元では「社寺山」「さじ山」とも呼ばれる。野草の宝庫として近年人気が高いが、ここまでに整備されたのは地元の山野草保存会のみなさんの努力による。モラルを守り、貴重な自然を大切にしたい

上旬だが、エイザンスミレやチゴユリなども見られる。

木道の途切れたところから登り勾配となる。ヤマツツジなどの低木が茂る道を登りきると、**ミズバショウ湿原分岐**に出る。分岐から3分ほどで**カタクリ山**（185メートル）に着く。ここにはあずま屋があり、見晴らしがよい。東方には八溝山地と那珂川の河岸段丘に続く那珂川町小川の街並みが広がる。また北方には那須連山を望むことができる。あずま屋から急斜面の道を北側に下れば、カタクリ山公園案内板のある駐車場に出る。

ここからは、来た道を南へ**ミズバショウ湿原分岐**まで戻り、階段状に整備された山道を下ってミズバショウ湿原へ向かうことにする。手入れの行き届いた雑木林が続くが、この付近一帯もカタクリの群生地である。左手に沢が見えてくると、道は斜面を横断するようになり、ところどころに木道が敷いてある。やがて**ミズバショウ池**が見えてくる。足元にはどこからともなく水がしみ出しており、ミズバショウが群生している。

ミズバショウ池から林道に上がり、道なりに進めば、ザゼンソウ群生地への分岐に出る。分岐を左折し、田の畦道を行くと沢の流れる雑木林の中に**ザゼンソウ群生地**がある。枯葉に紛れるように咲くザゼンソウは、カタクリより開花時期が早い。

ザゼンソウ群生地への分岐まで戻り、カタクリ山を巻くように林道を進めば、カタクリ山公園案内板のある駐車場に着く。**三輪バス停**まではと来た道を戻ればよい。

ザゼンソウ

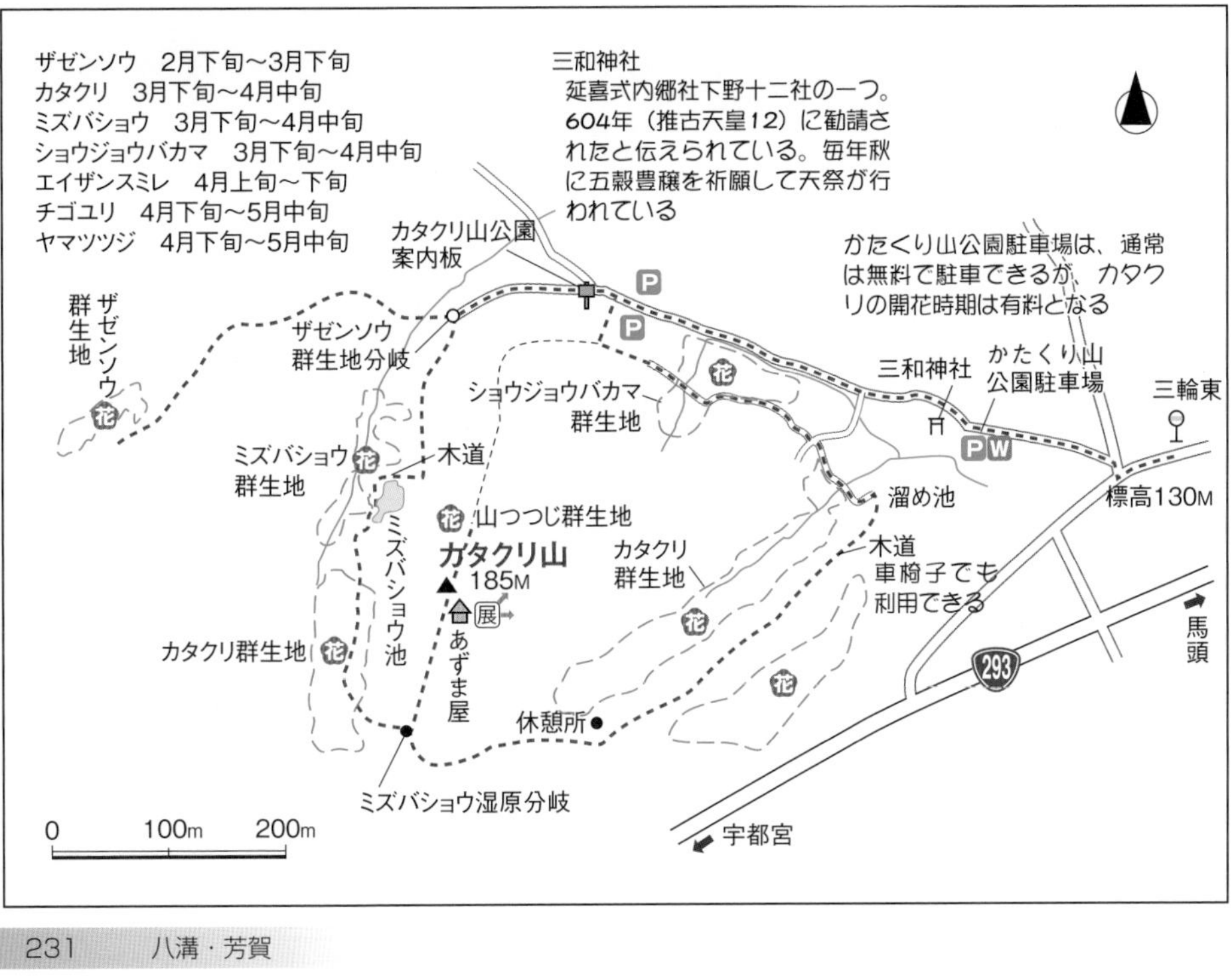

ザゼンソウ　2月下旬～3月下旬
カタクリ　3月下旬～4月中旬
ミズバショウ　3月下旬～4月中旬
ショウジョウバカマ　3月下旬～4月中旬
エイザンスミレ　4月上旬～下旬
チゴユリ　4月下旬～5月中旬
ヤマツツジ　4月下旬～5月中旬

三和神社
延喜式内郷社下野十二社の一つ。604年（推古天皇12）に勧請されたと伝えられている。毎年秋に五穀豊穣を祈願して天祭が行われている

かたくり山公園駐車場は、通常は無料で駐車できるが、カタクリの開花時期は有料となる

カタクリ山公園案内板
ザゼンソウ群生地
ザゼンソウ群生地分岐
ショウジョウバカマ群生地
三和神社
かたくり山公園駐車場
三輪東
ミズバショウ群生地
木道
溜め池
標高130M
山つつじ群生地
カタクリ山 185M
カタクリ群生地
木道 車椅子でも利用できる
ミズバショウ池
カタクリ群生地
あずま屋
休憩所
馬頭
293
ミズバショウ湿原分岐
宇都宮
0　100m　200m

八溝山系の一等三角点 ★

松倉山

まつくらさん

345M

松倉山遠望

松倉山は八溝山系内の那須烏山市と茂木町の境に位置し、登山口は茂木町甲からのルートと那須烏山市大木須地内からのルートがある。

ここでは那須烏山市大木須から、茂木町甲に抜けるコースを紹介する。なお、逆コースをたどって那須烏山市へ抜けてもよい。

那須烏山市は烏山城跡、重要無形民俗文化財の山あげ祭り（7月25日～27日）をはじめ多くの文化財があり、江川の龍門ノ滝、ツツジの花立峠、太平寺（蛇姫様句碑）などの自然に恵まれた民話の町でもある。

JR烏山駅よりタクシーを利用し**大木須の集落**まで入る。約20分の道のりだ。南へ10分ほど歩くと、松倉山自然環境保全地域の案内板が立っており、ここより山頂を望むことができる。

ここに「松倉山登山口」の標識があり**登山口**となる。山頂へは木須川の川場田橋を渡り、農家の点在する簡易舗装の道を行く。

舗装は途中で消え、沢の中に入っていく。スギ林の手前に**松倉山登山道の道標**が立っていて、その奥に二つ石祠がある。沢の右岸の林道を進む。タケ林やヒノキ林の中の

▶交通　JR烏山線烏山駅から松倉山入口までタクシー利用が望ましい

▶歩行時間　2時間10分

▶コースタイム　大木須集落（10分）登山口（15分）松倉山道標（30分）長久寺観音堂（15分）松倉山（60分）山内甲

▶地形図　烏山

▶長久寺の観音堂には五体の仏像が安置され、栃木県の有形文化財に指定されている。なかでも木造聖観音立像ほか二体は室町時代の作で、様式には鎌倉時代末期のものがそのまま見られる。毎年1月17日に催される祭の際に、これらは開帳される。昔、祭りの時には馬に飾りを付け山に登ったというが、現在は馬を飼う人もなくやめてしまったという

林道を進み、沢を横切り、ヘアピンで左へ折れる。さらにもう一度ヘアピンで上部へ出ると、左手がガレ場の切通しを越える。

ここからは林道も平坦となり、伐採地を過ぎると正面に常緑樹のピークが見えてくる。観音堂の杜叢である。さらに進むと林道終点の小さな広場に出る。

広場の右手奥に松倉山の木の標識があり、ここからスギ林の中を登って行く。すぐに平坦な道となり、南側へ回り込む。やがて茂木町の町道終点の標示板があり、那須烏山市との境に来たことを教えてくれる。

長久寺観音堂

ここが長久寺への入口であり、石段を見上げれば観音堂が見えている。長久寺の石段を登って行くと**観音堂**がある。堂内には、県指定の有形文化財である木造五体が安置されている。

境内には広場があり、毎年1月17日には像を開帳して祭りが行われている。

境内を出て登山道のような茂木町道を峠まで行く。峠は切り通しとなっていて松倉山山頂への入口は注意しないと分からない。切り通し手前の右側に小さな石地蔵があり、左側の斜面の踏跡のはっきりした坂道を急登すると、モミジなどの広葉樹林帯に入りササに覆われた道となる。

やがて右に茂木町、那須烏山市の低山の峰々が眼下に広がると、小さな祠と一等三角点が置かれた**松倉山**山頂（345・4メートル）である。山頂からの展望はあまりよくないが、北側には那須連山を望むことができる。

松倉山から切り通しに下り、茂木町を南へ進んで行く。松倉山への表参道だけあって道幅も広くゆるやかな下り坂で歩きやすい、右手の雑木越しに那須烏山の集落が望まれる。「七曲り」と参道入口までの距離を記した道標が立っているので安心して下りていける。踏跡をたどっていくと、地滑りでもあったような道だが、ここは直進する。

参道入口に松倉山観音堂の案内板があり、T字路の角が**山内甲**である。ここからはタクシーで真岡鐵道茂木駅に出る。

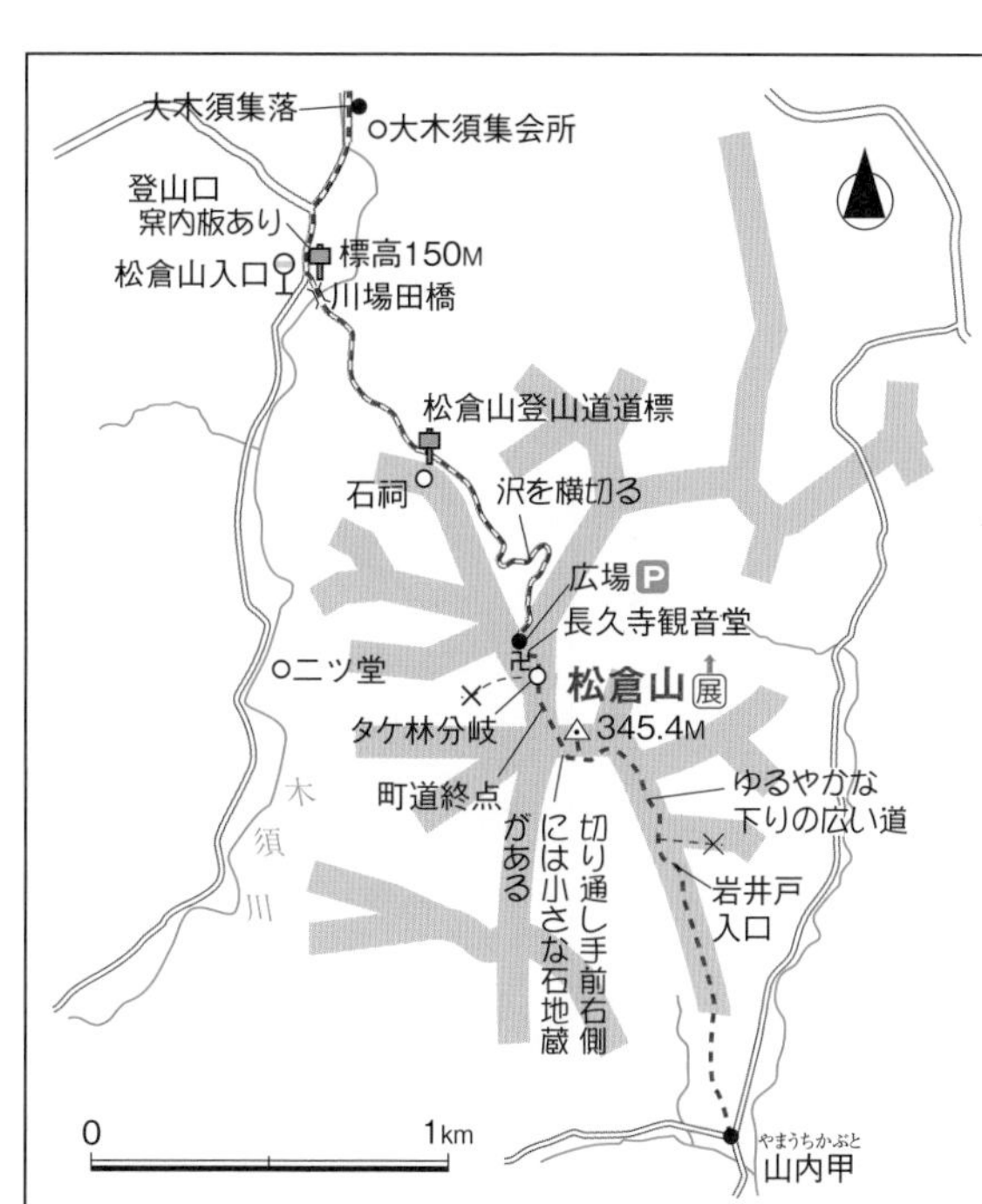

伝説を秘めた寺と滝、杉木立の中の城跡……★

龍門ノ滝から毘沙門山

りゅうもんのたき
びしゃもんさん

199M

紅葉に彩られた龍門ノ滝

▶交通　JR烏山線滝駅下車。帰路は烏山高校前からJRバス烏山駅行(土日祝日は1日3便)

▶歩行時間　2時間30分

▶コースタイム　滝駅(5分)太平寺(5分)龍門ノ滝(15分)烏山線踏切(25分)愛宕台公園(15分)旧烏山女子高校(10分)八雲神社(20分)毘沙門山(20分)烏山城跡(20分)城跡一周(15分)烏山高校前バス停

▶地形図　烏山

▶山あげ祭　那須烏山市には国の重要無形民俗文化財に指定されている山あげ祭がある。400年以上続いているこの祭りは、烏山特産の和紙で作った「はりこの山」などを路上に配置し、その前で踊りを舞い、舞台は次の場所へ移動する。昨今は見物客で身動きもできないほど賑わう

ＪＲ烏山線の無人駅、**滝駅**で下車する。西側の踏切を南に向かい、２００メートルも歩くと道は右に分岐して橋に出る。この橋を渡るとすぐ右手に急な石段があり、上に楼門が見えてくる。これが**太平寺**である。

境内には伝説の蛇姫様の墓がある。仁王門には高さ３メートルの仁王が鎮座し、信者が奉納した大草鞋が人目をひく。

石段を下り、直進すると龍門ふる里民芸館がある。ハイテク仕掛けの20メートルもある龍や、日光の本地堂と同じような鳴き龍がある。

民芸館を出るとすぐ下に**龍門ノ滝**がある。幅65メートル、落差20メートルの大きな滝で、その昔大蛇が住んでいたという伝説がある。正面の観瀑台から間近に眺めることができる。

滝を見たら、先ほど渡った橋の少し下流の太鼓橋を渡り、舗装路に出たところで左折し、滝駅方面への舗装路を戻り、烏山線の**踏切**を横断する。

少し進むと「愛宕台園地」の看板があり、案内にしたがって舗装道路を右折する。登り坂の舗装路を１キロほど進むと、右手に烏山中学校が見えてくる。さらに進み小学校の裏に出るとT字路がある。

右前方には那須烏山市こども館が見えてくる。

T字路を左手に鋭角に曲がって進むと**愛宕台公園**に着く。高台に芝生があり、サクラの間にベンチもある。東に烏山の街並みを見下ろし、その向こうには那珂川の流れや八溝山地が美しい。

風景を楽しんだらそのまま北に向かう。道は林の中を蛇行して下り、**旧烏山女子高校**が左手にあらわれる。町内のT字路を左に進むと、ほどなく十字路に出る。

直進すると、まもなく左手に那須烏山市役所があり、その先に大鳥居が見える。ここが毘沙門山・城山コースの起点である。鳥居をくぐり、**八雲神社**の境内を右に出ると階段がある。

雑木林の中の石段を登ると、**毘沙門山**山頂に着く。ここから東側の眺めもまた素晴らしい。らせん階段の展望台もある。2メートル四方ほどのコンクリート造りの毘沙門堂は艶消しだが、その前の一対の狛(こま)犬(いぬ)は風化した年代物でたいへん珍しい。

道は北に向かう。すぐ東電の電波塔があり、その近くに三等三角点の筑紫山（199・4メートル）がある。ここを過ぎるとスギやヒノキの林となり、丸太製の急な階段を下るとT字路に出る。

右に下れば寿亀山神社や三の丸跡があるが、ここは城跡に進もう。

烏山城跡はスギ林の中にある。車橋跡、一の門、吹抜門などと標柱があり、わずかに残る石垣が古城の面影をとどめている。案内図があり、城跡を一周できる。塩倉跡、厩跡、侍屋敷などとあるがすべて林の中だ。空濠跡、古本丸に往時がしのばれる。

城跡を一周したら東側の十二曲がりの道を下ろう。ほどなく国道294号に出る。

右に少し戻ればJRバスの**烏山高校前バス停**があり、烏山駅に出られる。歩いても40分あれば町の中心部を通って駅に着く。

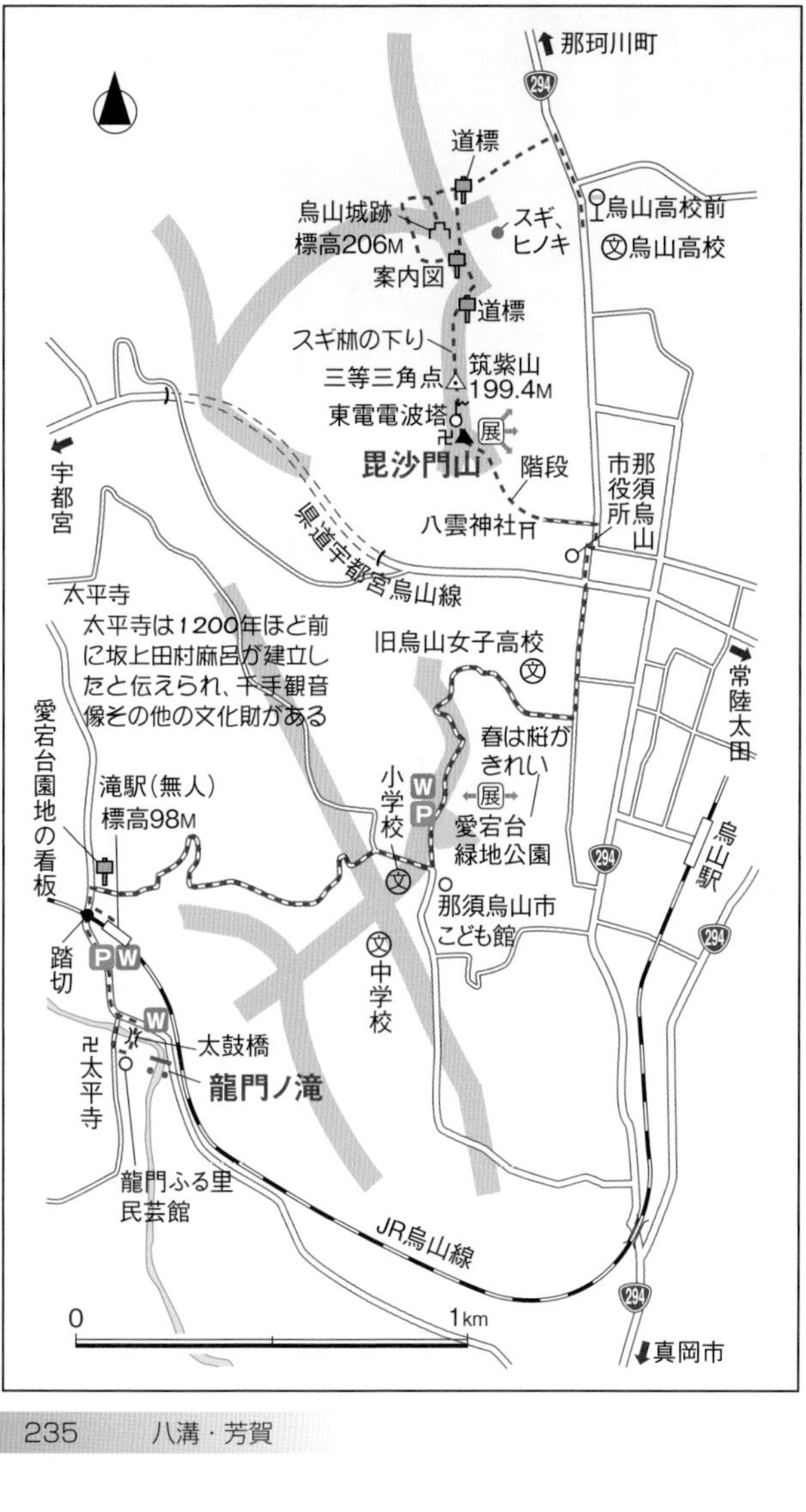

伊許山北方側の山並み

伊許山

いこやま

162M

▶**交通**　真岡鐵道多田羅駅または市塙駅下車

▶**歩行時間**　1時間30分

▶**コースタイム**　多田羅駅（15分）多田羅沼（15分）多田羅駅（10分）神社参道入口（10分）伊許山（10分）琴平神社（30分）多田羅駅

▶**地形図**　祖母井

▶**長寿塚**　第11代垂仁天皇の第9子、伊許速別命が東夷征討に際し、この地で亡くなられた。塚はその墓所といわれている

▶**日枝神社のスギ**　高さ35m、太さ4.2m、推定樹齢300年といわれる。幹の途中から枝分かれして双幹となっていることから「夫婦杉」とも呼ばれている。日枝神社は山の神を祀ることから、このスギには山の神が宿っているといわれ、御神木として人々に信仰されている

伊許山は地図では御岳山、地元では「オンタケサン」と呼ばれている。

出発点となる真岡鐵道**多田羅駅**は無人駅で、駅前には広場と駐車場があり、車利用の場合はここに駐車してもよい。

駅前のT字路を西に15分歩いて**多田羅沼**に寄ってみよう。夏には黄、白、ピンクのスイレンの花、春にはサクラ、ツツジが咲き、人々の憩いの場所となっている。

多田羅駅まで戻り、北側の道を東（石下方面）に700メートルくらい進むと、伊許山園地第一駐車場（案内図あり）となる。左には御岳山**神社参道入口**と広い駐車場がある。参道口から10分ほどで神社に着く。スギの林の中の神社の左側を通り抜けて裏手に出ると、**伊許山**山頂（162・2メートル）である。

山頂には長寿塚が置かれ、あずま屋からは眼下の田園風景越しに遠く、日光、高原山、那須の山々を望むことができる。山頂は林間広場といわれ、テーブルとイスが置かれて、春にはサクラやツツジ見物の家族連れで賑わう。

東側に回わり、石の階段を下ると林道に出る。琴平山に向かって石の階段を登ると**琴平神社**に着く。神社前には、

トリム広場がつくられて、ツツジやアジサイ、サクラなどが植えられている。この広場が整備されてからは町民の憩いの場としても親しまれている。

左に下ると展望台があり、南面は芳賀カントリーのゴルフコースを見下ろし、加波山、筑波山の山々が見える。ゴルフ場と接したアジサイ、ツツジの植込みの中の道を下ると芝生広場である。芝生の上でひと休みしたい。

山頂から北方を望む

広場から右に回り込むように下ると、もとの林道に出る。ここから左に向かって下る。T字路を右へ折れると、まもなく右側に御岳山神社参道入口と駐車場があり、ここから**多田羅駅**へは来た道を戻るだけである。

サブコースとしては、琴平神社から北へ雑木林の中の階段を下るか、すぐ西の林道のキャンプ場管理棟の前を下る。そして、水田の手前を左に曲がりさらに下ると、市塙駅までは長い舗装道路である。

真岡鐵道の線路を渡り小学校を過ぎると、左側のスギ林の中に日枝（ひえ）神社が見えてくる。駐車場もあり、神社の左手奥には「とちぎの名木百選」のひとつ日枝神社のスギがあるので、立ち寄ってみるのもよい。樹齢300年といわれ、高さ、35メートルのこのスギは、幹が途中から二つに分かれていることから「夫婦杉」と呼ばれている。

神社から市塙駅まではすぐである。

茂木
市塙駅
PW
芳賀市貝バイパス
真岡鐵道
平成6年からSLが復活し運行日は乗る人、見る人で賑わっている
祖母井
P 日枝神社
日枝神社の境内には「とちぎの名木百選」のひとつに選ばれた、高さ35mのスギがある
小学校
真岡鐵道
宇都宮
トリムコースがあり、ツツジ、アジサイ、サクラが植えられ、町民の憩いの場として親しまれている
サブコース
長い舗装道路
林間広場
長寿塚
あずま屋
林道
展望台
伊許山
(御岳山)
162.2M
琴平神社
トリム広場
多田羅沼は、春はサクラやツツジが咲き、夏には色とりどりのスイレンが人々の目を楽しませてくれる
小貝川
御岳山神社
石の階段
アジサイ、ツツジ
芝生広場
芳賀カントリークラブ
クラブハウス
多田羅沼
PW
御岳山神社
参道入口
標高100M
多田羅駅
PW
益子
0
1km

朝もやに浮かぶ那珂川随一の景観★

鎌倉山

かまくらやま

200M

ソバ畑と鎌倉山

▶**交通**　真岡鐵道茂木駅からタクシー利用

▶**歩行時間**　1時間15分

▶**コースタイム**　大瀬園地・町営駐車場（20分）登山口（5分）鷹ノ巣分岐（15分）鎌倉山（2分）菅原神社（3分）大展望台（20分）大瀬橋（10分）大瀬園地・町営駐車場

▶**地形図**　茂木

▶**大瀬の観光ヤナ**　栃木県内には那珂川・鬼怒川などに約15のヤナ場があり、大瀬の観光ヤナ場は那珂川の県内最下流に位置する。7月から10月までを漁期としており、首都圏からの観光客で休日はことのほか賑わう

鎌倉山を有する茂木町は、栃木県の東南部に位置し、高い山こそないが、豊かな自然にあふれた、そしておだやかな町である。茨城県境に横たわる、ゆるやかな山稜の八溝山系や素晴らしい渓谷美の那珂川を中心にした県立自然公園には、関東ふれあいの道にもなっている「鯉と山あいのみち」などのハイキングコースがある。

那珂川沿いに車で東へ20分行けば、ファミリーハイクのメッカ御前山へ行くこともできる。どのコースも、ゆったりとした自然を楽しみ、季節を味わいつくせる故郷の小道といえよう。

鎌倉山登山口は二カ所あり、どちらも真岡鐵道茂木駅からタクシーを利用。約7キロの道のりだ。帰路は同じ道を戻るのでタクシーの予約を忘れないようにすること。車の場合は大瀬園地・町営駐車場に駐車させてもらおう。ここから大瀬のアユのヤナ場はすぐの距離。

大瀬園地・町営駐車場から大瀬橋方面に向かい200メートルほどで、「鎌倉山山頂まで700メートル」と書かれた道標がある登山口に出る。こちらは急登なので、できれば下山コースとした方がよいだろう。

110

ここから浅間神社方面に向かい500メートルほど歩くと神社の石の鳥居が見える。浅間神社正面の小さな橋を渡り、曲がりくねったアスファルト道を600メートルほど行くと、左手に鎌倉山**登山口**の案内板がある。

この山道を左へ5分も歩けば**鷹ノ巣との分岐**にたどり着く。ここも道を左手にとり、雑木林に囲まれた静かな山道を登って行けば、15分ほどで山頂へ着いてしまう。標高200メートルの**鎌倉山**山頂は雑木林に覆われ、展望はあまりよくない。あずま屋が置かれただけの小広場の隅に鎌倉山と書かれた山頂標識がある芝草の広場だ。舗装道路は山頂まで続いている。下って再び登り返すところに鎌倉天満宮の鳥居が見える。鳥居を抜けた先が菅原道真を祀った**菅原神社**である。昔は学問の神様として参詣者の列が絶えなかったといわれる由緒ある神社であったらしいが、いまは見る影もない。

大瀬橋と鎌倉山

神社のあるこのピークの下が那珂川川岸から150メートル直立した断崖上の**大展望台**となっている。ここからの眺めが鎌倉山を有名にしている。眼下に大きく蛇行する那珂川、真東には御前山、北に波打つ八溝山系、その間に広がるのどかな田園風景、「とちぎの景勝百選」に選ばれた那珂川随一の景観である。

しかし、この景勝地を見るのはできれば冬がよい。しかも氷点下になる明方、まだ陽が昇りきらないうちに展望台にたどり着いてほしい。期待にたがわぬ絶景を見ることができる。

下山は展望台の柵に沿い左に下る。道は簡易舗装となっているが、100メートル近くが那珂川に面した絶壁となっている。ジグザグの道を注意して下ると**大瀬橋**に出る。橋の下へ行けば町営の**大瀬園地・町営駐車場**がある。

帰路はここからタクシー利用となる。

好展望と変化にとんだ山里の道

芳賀富士

はがふじ

272M

車道より芳賀富士を望む

▶**交通**　真岡鐵道七井駅下車、または東武宇都宮駅から関東バス益子行、七井局バス停下車

▶**歩行時間**　3時間45分

▶**コースタイム**　七井駅（40分）安善寺（10分）熊野神社（10分）芳賀富士（85分）安楽寺（80分）茂木駅

▶**地形図**　真岡・中飯・茂木

▶安善寺は、約800年前に創建された寺で、益子町の指定文化財となっている。町の天然記念物のシダレザクラやイロハカエデなどがあり、四季折々の美しさを見せてくれる

▶安楽寺には樹齢600年の県指定天然記念物大ケヤキや約300年前に建立され、県指定文化財となっている、県内最大の大仏（木造丈六阿弥陀如来坐像）などがある

コースは、真岡鐵道**七井駅**からスタートする。バス利用の場合は関東バス益子行、七井局前バス停で下車する。バス停から徒歩約3分で七井駅に出る。車利用の場合は駅前に無料駐車場がある。駅前には「関東ふれあいの道・風薫る山里のみち」と書かれた案内板がある。この先にはトイレも水場もないので、ここで水筒の水を満たしておこう。

駅正面の道を200メートルほど行くと、「関東ふれあいの道安善寺5・3キロ」の道標がある。コース中の要所には、このような道標があるので、道に迷うことはないだろう。

国道123号を横断すると、左側に七井中学校が見えてくる。北運動公園を過ぎ、コナラ、クヌギの雑木林を脇に見ながら進む。T字路を左折し、さらに進んで行くと、やがて視界が開け、丘の上に畑や牧草地などが見えてくる。小高い丘を登りきるころ、前方に芳賀富士が美しい姿をあらわす。

丘からは再び雑木林、針葉樹の林の道を下る。やがて畦道になり、前方に安善寺が見えてくる。道なりに進むと道標があり、畦道を進むように指している。畦道が終わると、先ほどの道と合流し**安善**

111

寺に到着する。

安善寺は、芳賀富士の南側中腹に位置し、ここが芳賀富士への登山口になっている。道標にしたがい進むとまもなく階段に出る。少し急だが手すりが取り付けてあるので安心だ。階段を登りきると**熊野神社**である。

ここから針葉樹林の山道を10分ほど登ると、**芳賀富士**山頂（271・7メートル）に到着する。山頂は狭いが、ベンチが二つあるので、ここで昼食をとりながら展望を楽しむとよい。山頂にはサクラが多く、春の開花期は美しい。

下山は、もときた道を戻り熊野神社を過ぎ階段を下ると安楽寺への道標がある。それにしたがい左折する。山腹を巻くように行くと茂木町の特産品であるコンニャクの畑が広がっている。道標にしたがいしばらく進むと、後方に芳賀富士が一望できるところへ出る。秋には黄金の穂波に浮かぶ姿が美しい。このあたりは一面水田で、農村の静けさが味わえる。

逆川が正面に見えてきたら、逆川を渡らずに手前の道を左折し逆川と平行して進む。1キロほど先の交差点を右折し、三条目橋を渡り、道標にしたがって行くと**安楽寺**に到着する。

安楽寺をあとにして道なりに進むと道標があり右折する。次のT字路を直進し、舗装が切れ、畑の手前を右にまわり畑に沿って進む。右下は沢と水田が続く。畑が終わり左の山裾を巻くように進む。水田の角を右折し急登すると舗装路に出る。左折し、少し行き、大型農道を横断すると見晴しのよい丘の上で一面畑が広がる。Y字路で舗装が終わり右へ行く。次の角を右折し、丘を下る。しばらく行くと再び逆川に出る。滑川橋を渡り右折して次の弾正大橋を左折すると信号で国道123号の茂木市街地となり、真岡鐵道終点の**茂木駅**に着く。

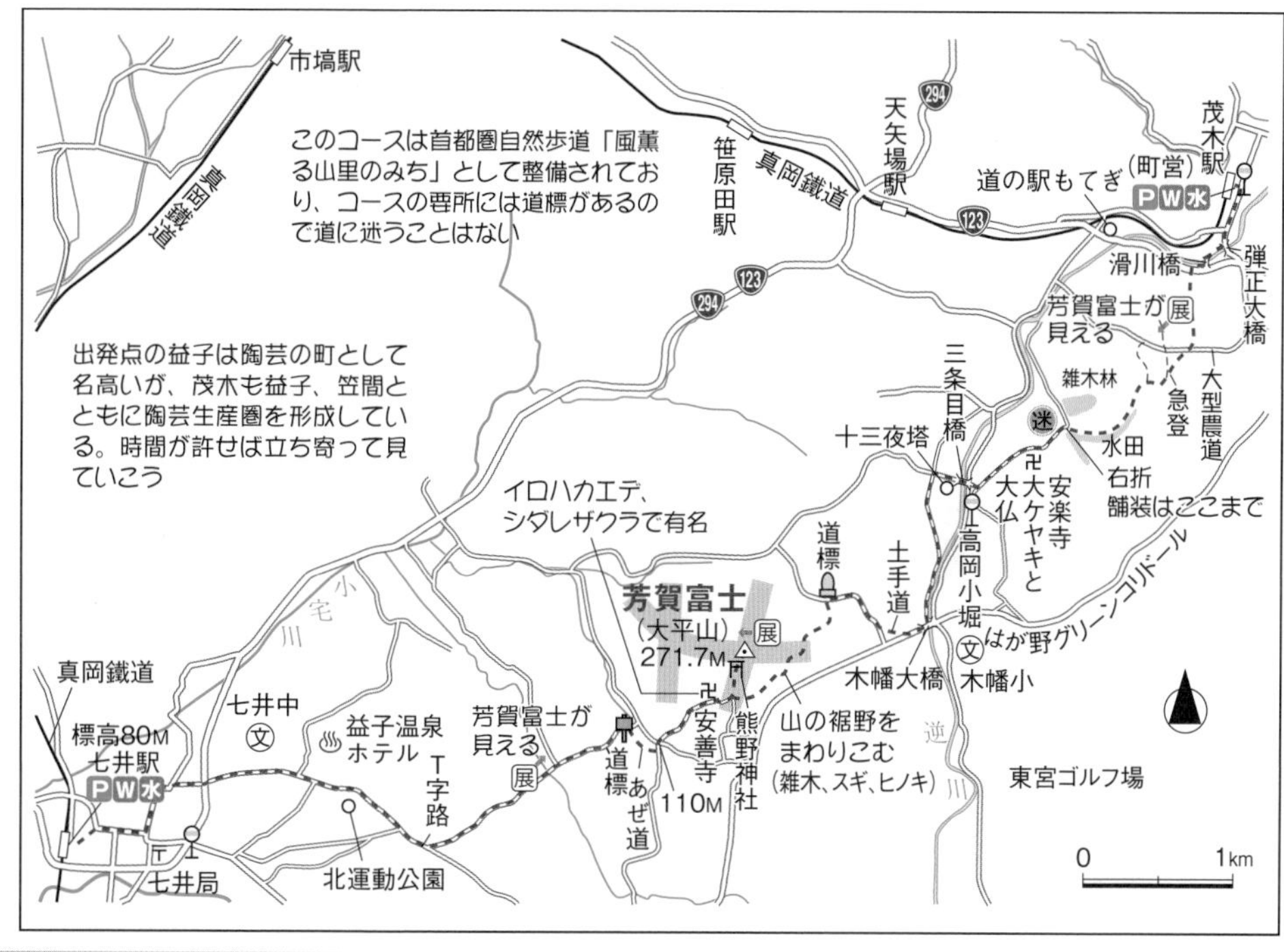

根本山

ねもとやま

165M

根本山全景

▶交通　真岡鐵道北山駅下車

▶歩行時間　3時間

▶コースタイム　北山駅(25分)瑞光寺(15分)電波塔(15分)根本山(25分)自然観察センター(15分)能仁寺(15分)県道脇駐車場(20分)自然観察センター(50分)北山駅

▶地形図　真岡

▶根本山自然観察センター　身近な自然をわかりやすく紹介するために、展示のほか、野外での観察ガイド(団体のみ)を行っている。開園時間は9時から16時まで。休園は毎週月曜日、祝日の翌日、年末年始。団体利用は10日前までに連絡すること。
TEL0285-83-6280

　真岡鐵道の**北山駅**で降り、西側の道路から踏切を渡って南へ進む。道の先には田園風景が開けている。東側はスギやヒノキの林である。十字路に「根本山1・8キロ」と道標があるので、これにしたがって山裾を進む。正面の、電波塔がある山が根本山である。

　右側の山ふところに**瑞光寺**がある。ここを過ぎると道は登り坂となり、迂回して電波塔の北側の切り通しに入る。このあたりから右側に桜並木が連なる。春は花見の名所として大賑わいだ。

　電波塔を過ぎると、左側に山頂に通じる小道がある。これを登ると、道路寄りのいちばん高いところのマツ林の中に、三角点を見つけることができる。これが165・1メートルの**根本山山頂**である。

　三角点から再び道路に下りて、左手のあずま屋を通り過ぎる。湿性植物観察園コースを右手に分けゆるいカーブを曲がって行くと、やがて南側の木々の間に、雨巻山や筑波山の姿が見えてくる。

　タンポポ広場への道を左に見送ると、まもなく右側に真岡市の**根本山自然観察センター**に着く。ここには職員が常時勤務しており、根本山全体の案内と自然観察についての助言をしてくれる。

根本山は「根本山公園」として、25ヘクタールにおよぶ面積を真岡市が管理している。いろいろな施設が設けられ、四季折々の自然を楽しみながら、植物や鳥などに親しむことができるようになっている。

センター館内の展示室には参考資料がいっぱいだ。備えつけられた望遠鏡で、周囲の森を観察することもできる。ここで公園全体の様子がわかったら、あとはそれぞれの施設をまわってみよう。

西向きの浅い谷あいには湿性植物観察園がある。いくつもの沼や沢には、「イトトンボの沼」「サワガニの沢」などワクワクする名がついている。東の尾根筋には、野草薬草見本園、サンコウチョウの森など、こちらも特徴あるコース。さらにコース全体を取り巻くように「シジュウカラの森」「ホオジロの森」「オオムラサキの森」などが配置され、野鳥や昆虫の観察にも最適である。日だまりのタンポポ広場は、弁当やゲームを楽しむのにぴったりだ。

根本山では全国からさまざまなサクラを集めており、サクラの季節にはよく話題にのぼる。春は4月上旬、シキザクラは11月から12月にかけてが見ごろである。最近では広く知られて、初冬のこの時期にも花を見る人たちが訪れて賑わいを見せる。

自然観察センターから南に下って行くと、**能仁寺**山門前を通り、**県道脇の駐車場**に出る。車で来た場合はこの駐車場を利用するとよい。ここにはトイレもある。県道は小林長堤線で、入口には「根本山公園」の道路標識があり、目印になる。帰路は来た道を**北山駅**に戻ることになる。

湿性植物観察園

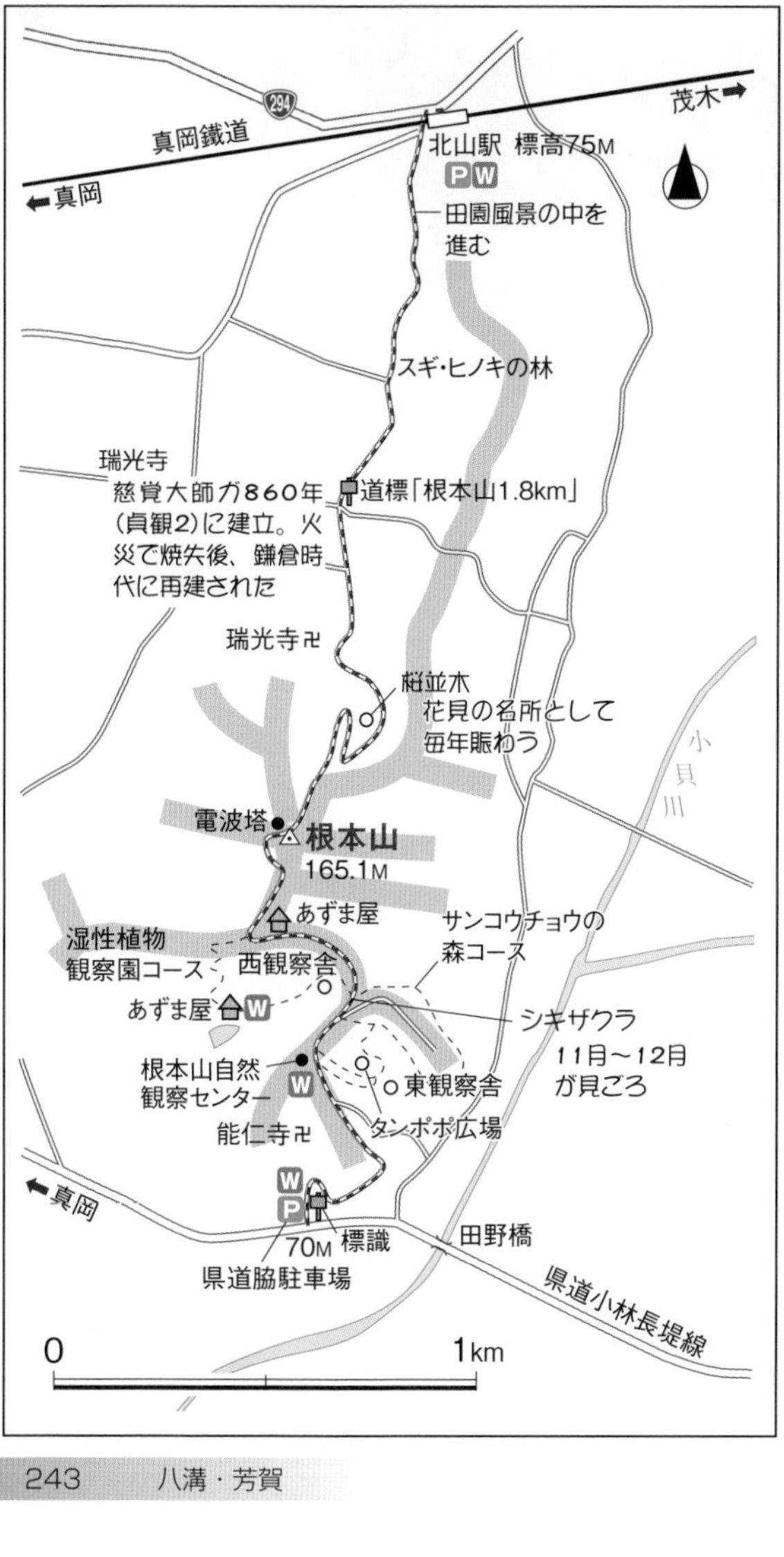

焼森山から鶏足山

やけもりやま
けいそくさん

431M

鶏足山山頂から北西を望む

鶏足（とりあし）山塊の主峰鶏足（けいそく）山へのコースは三つある。茂木町の並柳（なみやなぎ）からと下小貫からのコース、そして茨城県城里町赤沢（旧七会村）からのコースである。ここでは茂木町並柳集落からのルートを紹介する。

益子駅よりタクシーで約20分、町道並柳倉見線と並柳焼森線の分岐が**登山口**となる。未舗装の並柳焼森線に入り南へ進む。鮎田川に沿ってスギ、ヒノキの樹林帯の中を歩く。川幅がせばまり、約15分で10台ほどの駐車スペースに出る。左手に「焼森山自然環境保全地域案内図」が立っている。右手前に焼森山への新ルートがあるが、直進すると、Y字路の**分岐**に着く。

右側のしっかりした踏跡に入る。10分ほどで沢水が涸れ、踏跡も消える。涸沢に落ち葉がたまり歩きづらい。正面も両側も山腹が急斜面になると、右側斜面の木に「焼森山登山口」の標識がある。

急斜面を20分ほど登り尾根に出て、さらに尾根を登って行くと、「焼森山」の標識が立っている。**焼森山**の山頂（423メートル）である。ここから尾根を西に進み、二峰、**三峰**を確認して引き返す。往復約20分というところか。

焼森山のピークを東へ下

▶交通　真岡鐵道益子駅から並柳までタクシー利用が望ましい。サブコースの下小貫、茨城県城里町赤沢へもタクシー利用が望ましい

▶歩行時間　4時間

▶コースタイム　登山口（30分）分岐（50分）焼森山（25分）第三峰往復（40分）鶏足山（65分）無線鉄塔（30分）登山口

▶地形図　中飯

▶サブコース①　茂木町下小貫から登る。宿坪より左の町道篠田土地越線へ入ると1km先の左手に駐車場があるので、ここからスギ林の中を歩き、尾根へ出て焼森山から鶏足山へ向かう

▶サブコース②　茨城県城里町赤沢からのコース。上赤沢バス停から約1km北の中ノ沢林道入口が登山口。林道を道なりに約1.5km進み、標識にしたがい登山道に入る。鶏足山へは登山口から約30分

り、座禅岩の左を巻く。稜線上はシノダケの原でサクラが植えてある。シノダケの原をそれて北東へ下ると、正面に鶏足山とそれに続く山脈、その先に二本の無線鉄塔が見えてくる。鞍部から広い尾根道を登る。あたりは雑木とサクラ、斜面はヒノキ林となっている。10分ほどでT字路に着く。赤白のポールの標識と二等三角点（430・5メートル）の標石がある。

東の尾根を少し下り南へ下るルートは、城里町赤沢からの登山道である。ここを左折して県境稜線をたどる。北方向へ下り、登り返すと**鶏足山**山頂の標識がある。山名の由来の、鶏の足跡のように見える岩が数個ある。展望は南を除く三方向に開ける。

鶏足山山頂から北へ、境界見出標と赤ペンキ塗りの杭を頼りに下りにかかる。次のピークで並柳への標識があり、そこを左へ入る。雑木林の中、静かな稜線歩きだ。登り下りを七回ほど繰り返して**無線鉄塔**にたどり着く。左の舗装路を下ると紅白の鉄塔にはKDDの標示がある。さらに下ると林道高田新田並柳線の分岐に出る。残り約1キロで町道並柳焼森線分岐の**登山口**へ戻る。

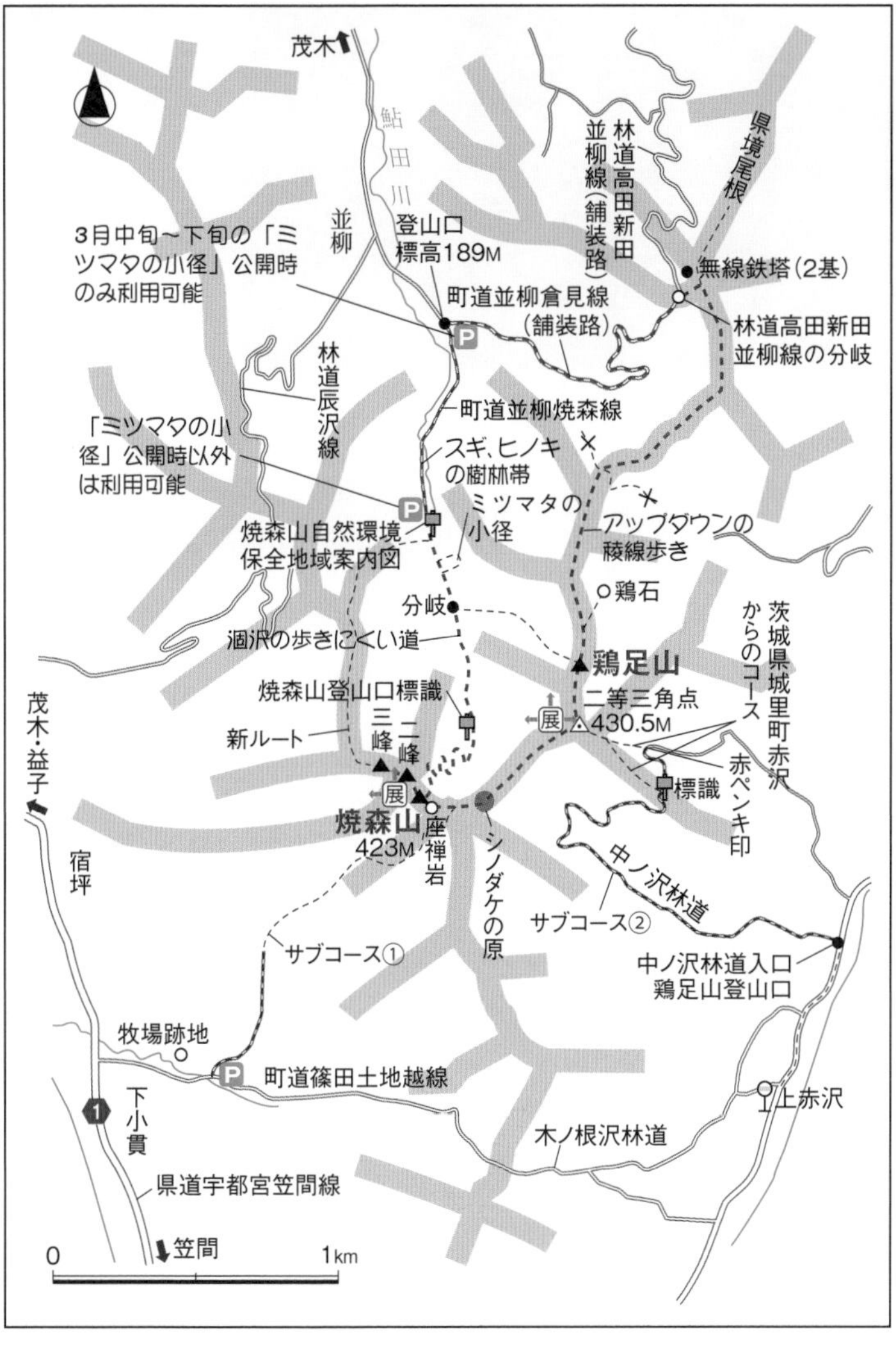

鶏の形をしているといわれる鶏石

沢をつめ花の山を歩く ★★

雨巻山

あままきやま

533M

三登谷山頂からの日光の山々を望む

▶**交通**　真岡鐵道益子駅下車。登山口までのアプローチが長いのでタクシー、または車利用が望ましい

▶**歩行時間**　3時間25分

▶**コースタイム**　大川戸ドライブイン（20分）登山口（10分）分岐（15分）林道終点（30分）沢の終わり（15分）雨巻山（35分）大川戸分岐（25分）三登谷山（15分）大川戸分岐（15分）分岐（10分）登山口（15分）大川戸ドライブイン

▶**地形図**　羽黒・中飯

▶**アドバイス**　近年地元の人たちが、コースや道標、駐車場の整備を行い、ここで紹介したコース以外にも新たなコースがいくつかできているので挑戦してみるとよいだろう。詳しいマップも作成配布しているので、益子町役場か観光協会に問い合わせるとよい。また、インターネットでも手に入れることができる（雨巻山で検索）

大川戸の登山口までは、バスの便がないので車かタクシー利用となる。**大川戸ドライブイン**（釣堀）の先に大きな駐車場があり、マイカーの場合はここで車から降りる。駐車場の隅の箱の中に案内マップがある。林道をしばらく進むと、民家（旧大川戸鉱泉）のある**登山口**に着く。

さらに林道をしばらく行くと沢が分かれているが、右手の林道を進む。すぐにY字路の**分岐**となる。右へ行く山道があるが、左に進む。この分岐付近にも3～4台の駐車が可能。やがて**林道終点**となり、沢沿いの山道となる。

何度か沢を渡りながら行くと、小さな滝が続き、初心者向けの沢登りという感じのコースである。ここは小さな滝の左側（右岸）を進む。さらに小さな滝が続き、やがて10メートルくらいのナメ滝があらわれる。

このあたりからヒノキ林となり、倒木などで歩きにくくなる。クサリ場もあり、道は岩が滑りやすいので注意が必要である。やがて**沢が終わり**、広葉樹に覆われた急斜面となる。この斜面を折り返しながら進むと、稜線の登山道に出る。右に少し行けば**雨巻山山頂**（533・3メートル）に着

く。山頂は小広場となっており、東側が切り開かれて展望がよい。

あたりには、春から初夏にかけてヒメシャガやナガハシスミレなどが咲き、目を楽しませてくれる。

山頂からは三方へと道が分かれている。南は高峯方面へ、北は御嶽山を経て大川戸の駐車場へ下る縦走路、そして西はこれからたどる三登谷（みつとや）山（さん）への稜線上の道である。西へ進みはじめてすぐに好展望の山頂突端部に出る。ここからは右手の稜線上の道となる。

急降下を終えると、なだらかな尾根道となる。雑木の中にヤマツツジが目立つ歩きやすい道だ。しばらく行くと、マツ林の中に左へ下る道があらわれる。これは栗生（くりゅう）林道への道で、さらに尾根道を進む。この尾根道から振り返ると、いま登ってきた雨巻山の姿が木立の中に見える。

山頂から30分ほどで、**大川戸への分岐**に着く。ヒノキ林の中の峠状の場所で、右に進めば大川戸への下山路である。しかし、ここはそのまま三登谷山へ向かう。

展望のよい尾根道をさらに進む。いくつかの小ピークを越えると、栗生方面への分岐に出る。道標があり、左は栗生方面への展望コース。三登谷山へは右に進む。

岩場の尾根を下り、登り返せば**三登谷山山頂**（433メートル）に着く。山頂は狭いが、西側の眺望がよい。北側は眼下に田園風景が広がり、北西には日光連山も望める。なお、この岩場はロッククライミングの練習場にもなっている。

このまま進んでも大川戸に下れるが、来た道をさきほどの**大川戸への分岐**まで戻る。分岐を左折し、ヒノキ林の道をトラバース状に下れば、すぐに雑木林の中の道となる。ここを下ると、まもなくして往路の**分岐**に出る。あとは往路を戻る。

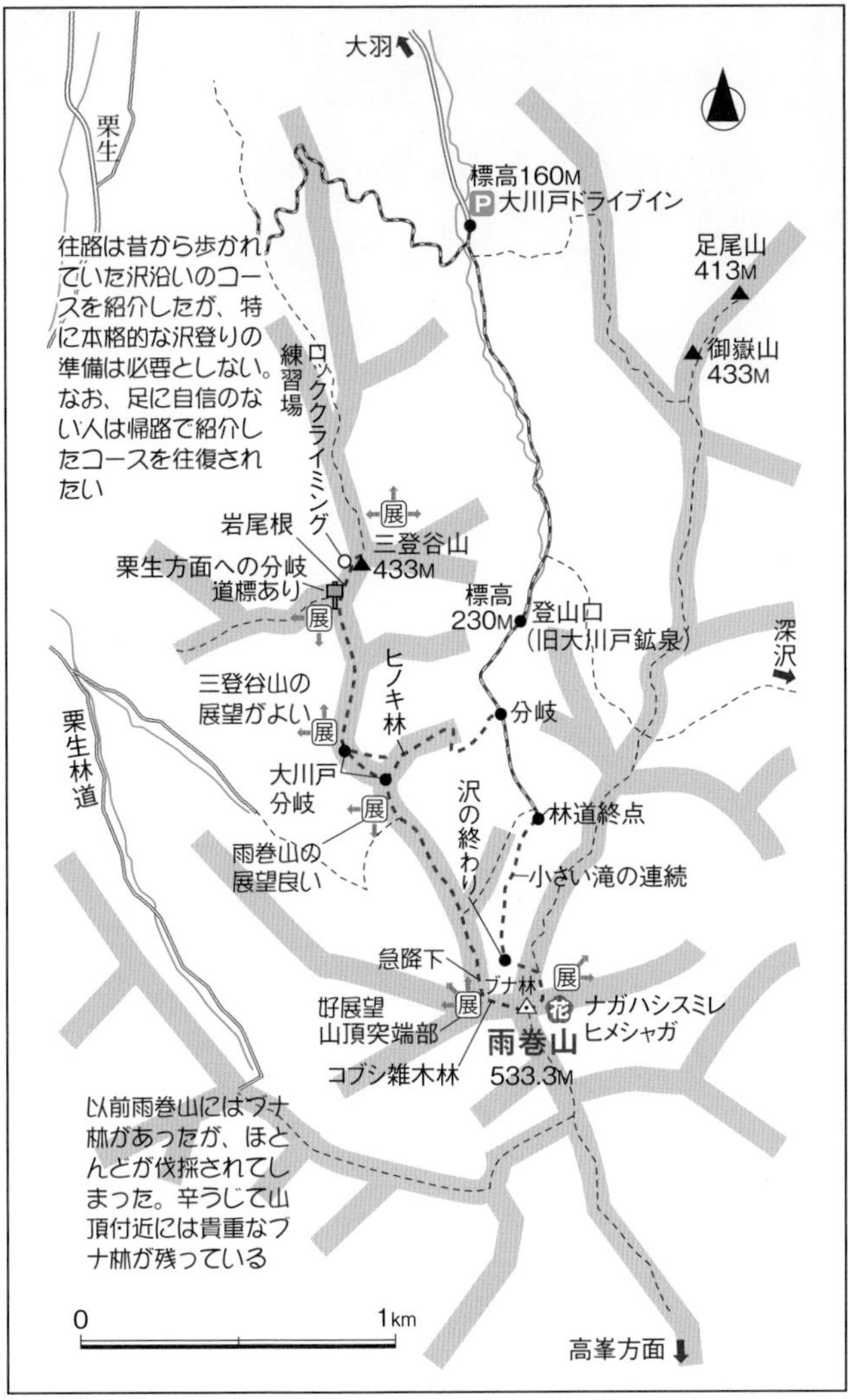

高館山

たかだてやま

302M

西側県道より見る高館山

▶交通　真岡鐵道益子駅下車。または東武宇都宮駅から関東バス益子行、益子城内坂バス停下車

▶歩行時間　2時間50分

▶コースタイム　益子駅（60分）西明寺（10分）権現平（10分）高館山（50分）フォレスト益子（40分）益子駅

▶地形図　真岡・中飯

▶古陶館、陶磁器窯博物館、濱田庄司参考館（郷土民芸品を芸術品として世界に名を広めた巨匠）、共販センター（日本一の陶芸販売センター）など、一日ではまわりきれないほど多数の見学施設があり、街は焼物一色で埋めつくされている。益子駅西側に広い駐車場が整備されている

真岡鐵道**益子駅**から1キロ、街中の道を15分東に向かう。ガソリンスタンドの十字路を、「西明寺へ2・5キロ」の道標にしたがって右折し、5分も歩くと左手に高館山が見えてくる。さらに5分もすると右手からの道が合流し、こちらに「ふれあいの道」の案内板が出ているが、どちらを来ても時間的にはほぼ同じである。

その先に西明寺の案内看板と道標がありY字路になるが、西明寺へは左の道を進む。桜並木があらわれたら15分で寺の山門だ。

西明寺は坂東二十番の札所であり、樹齢800年のコウヤマキ、スダジイの巨木群（一八本、目通り5・4メートル）、アラカシ、シラカシ、ウラジロガシのカシ林は、温暖帯の照葉樹林の北限として県天然記念物に指定されている。

また、ツバキ・クス・ムベなども天然記念物指定を受け、夏でも涼しい樹林めぐりの散策ができる。稈（かん）が四方形をしている中国原産の四角竹（しかくだけ）も珍しい。

御札所を過ぎ、100メートルほど続く石段を登りつめると、楼門（国指定重文）、三重塔、本堂、閻魔堂、鐘楼が建ち並んでいる。えんま様は日本で

西明寺のコウヤマキ

唯一笑っていると解説にあり、ユーモラスだ。

裏手より5分も登ると**権現平**で、アカマツ林の中に見晴台がある広場に出る。樹々の間から南に筑波山、加波山、北西に男体山、高原山、那須の峰々が望める。眼下には益子の市街地も一望できる。トイレの脇を下ると車道が左右から登ってきている。左後ろに登り返す道があり、芝生広場にベンチやあずま屋があり多目的広場になっている。

車道を右に南下すれば芳賀自然歩道となって、地蔵院、大倉神社、宇都宮家の墓に至る。こちらも室町時代の重要文化財である。

高館山へは車道を横断して、右へ進んだ駐車場の右側にある丸太階段を急登する。標高301・8メートルの三等三角点がある**高館山**山頂に10分ほどで着く。しかし、山頂は広場の隅にあり分かりづらい。一帯は益子県立自然公園として整備されている。

益子の森への道は山頂から北に急な階段状の道を降り、明るいアカマツ林の中を進む。車道の上に架かる吊橋を渡りトリムコースに出れば、**フォレスト益子**は間近だ。駐車場、トイレ、宿泊施設、展示室、研修室、レストランなどが整備され、ゆっくり休憩できる。

時間に余裕があれば、延長2キロのトリムコースに挑戦するのもよい。

この先は街中を観光案内図（陶器店、食堂で無料配布）にしたがってめぐりながら**益子駅**に戻る。

↑七井駅
↑七井
294
121
真岡鐵道
益子町役場
陶芸メッセ・益子
共販センター
GS
酒店
益子駅
標高70M
益子城内坂
道標「西明寺へ2.5Km」
フォレスト益子
須田ガ池
益子の森
トリムコース
吊橋
アカマツ林
権現平から日光連山や筑波山などが一望におさめられる
権現平
高館山
急な階段状の道
301.8M
西明寺の案内看板と道標
西明寺
芳賀青年の家本館への標識
芳賀青年の家
芳賀自然歩道（車道）
地蔵院、綱神社、大倉神社
0　1km

益子焼
益子での焼物の製造の歴史は古く、奈良時代に端を発しているというが、その後の変遷は判明されていない。現在では1853年（嘉永6）に大塚啓三郎が釜を築いたのが始まりとされる。その後、益子町に移り住んだ濱田庄司により芸術の域に高められ、今では多くの陶芸家の住む町となった

仏頂山から高峰

ぶっちょうやま
たかみね

520M

焼森山から見る高峯

▶**交通**　真岡鐵道益子駅から上小貫十字路までタクシー利用が望ましい

▶**歩行時間**　4時間40分

▶**コースタイム**　上小貫十字路（50分）奈良駄峠（60分）仏頂山（50分）奈良駄峠（60分）高峯（50分）小貫観音堂（10分）上小貫十字路

▶**地形図**　羽黒

▶**小貫観音堂**　林道高峯線の小貫観音堂に文化財の案内板がある。「木造十一面観音立像」「小貫観音附石灯籠」などの県指定有形文化財があり、付近には天然記念物の「小貫のヒイラギ」「小貫のイロハモミジ」などもある

益子駅からタクシーで約20分、**上小貫の十字路**が登山口となる。この十字路を南に奈良駄峠方面に向かう。

登り坂を200㍍も行くと、左手に塀で囲まれた家がある。門の反対側に林道高峯線があり、「高峯山遊歩道」という道標が立っているが、この道は下山路として使う。直進して約300㍍でまた右へ分ける林道を見送り、左カーブして小川に架かる加波山橋を渡る。この川は逆川の源流である。

右に一軒の人家があり、舗装道路が途切れる。家の裏に愛宕神社がある。さらに70㍍ほど進むと広場がある。林道の分岐を右へ進む。その先にも分岐が二カ所あるが、いずれも右へ進む。

沢の水音を右手に聞きながら進み、急登を登りきると、石がゴロゴロした**奈良駄峠**へ出る。林道の両側に「町道終点」「関東ふれあいの道」「仏頂山頂1・7㌔、桜川市池亀2・8㌔」の標識がある。

まず尾根筋を東へ仏頂山を目指す。木の階段が続き、アップダウンが繰り返される。途中何カ所か、木のベンチと道標があり、道に迷うことはない。あたりの樹木には樹名表示板が取り付けられているの

116

で、特徴などを確かめながら進もう。

最後の急坂を登り、**仏頂山山頂**（430・8メートル）に着く。山頂部は細長く、全体に見通しはきかないが、北端からは高峯、雨巻山、遠く日光の山々の展望がある。そのまま進めば茨城県側の楞厳寺に下りるが、引き返して**奈良駄峠**へ戻る。

奈良駄峠から道標にしたがって西へ「岩瀬町池亀」方面に向かう。木の階段を登り、尾根沿いの道を進む。20分ほど行くと左への分岐がある。道標に「高峯山頂1・2キロ、南飯田5・5キロ」と記されている。関東ふれあいの道はここから下っている。

高峯へは稜線づたいに進む。まもなく左手に「仏頂・高峯山遊歩道案内図」がある。南飯田への分岐から10分も登ると展望台だ。テーブルやベンチが置かれ、西や北の展望が開ける。

展望台から階段を下り、道標にしたがって右に回り込むように登り返す。ツツジが枝を広げている。秋ならリンドウの花々が可憐に咲く。左右に大きな石のある尾根道を過ぎ、ピークをいくつか登り下りする。右への分岐に「上小貫3・7キロ、高峯山頂0・2キロ」の道標があれば、山頂はもうすぐである。

高峯山頂（519・6メートル）にはテーブル、ベンチ、標識、三角点がある。北に雨巻山や日光連山の展望が開け、南には刈り払われた木々の間から加波山や筑波山が見える。山頂から尾根伝いに西へ進むとパラグライダーの出発点があり、南面の雑木がすっかり切り払われている。

山頂から少し戻り、上小貫への分岐で左に入る。スギ林の中の階段道を10分も下りて行くと広場があり、遊歩道の案内板がある。ここから林道を約30分も下れば左手に**小貫観音堂**がある。10分ほどで**上小貫の十字路**に戻る。

ハイキング計画書の作り方

ハイキングに行く際には、ハイキング計画書を作りましょう。ハイキングの楽しみが広がります。また、いつ、どこへ、誰と行ったのかが、万が一の遭難事故の時はいちばん重要な情報となります。家族と緊急連絡先にコピーを渡しておくとよいでしょう。

年　　月　　日（提出者　　　　　　　　　）

ハイキング計画書

山名		山域		ランク		歩行時間	時　分
期間	年　月　日　曜日―　月　日　曜日				地図		
目的					ルート経験者		有・無
集合場所・時間		時　分			予定人数		名
概要							

参加者	CL	TEL	SL	TEL

日付	行動予定（予定時間は0～24時と記入する）	宿泊地	TEL

事故対策	労山基金加入	食料	食分・予備食　食	
	スポーツ安全保険加入	緊急連絡先		TEL
エスケープルート				TEL

共同装備			個人装備							
要・否	品名	数量	要・否	品名	要・否	品名	要・否	品名	要・否	品名
	テント		○	長袖シャツ	○	ザック・カバー	○	時計	○	水筒
	フライシート		○	セーター	○	地図・コンパス	○	ちり紙	○	非常食
○	ツエルト		○	帽子	○	雨具	○	ライター	○	保険証
	コンロ		○	着替え	○	ヘッドランプ		食器	○	洗面具・タオル
	コッフェル		○	替え靴下	○	予備電池		箸・スプーン	○	遭難対策カード
	ランタン		○	スパッツ	○	ビニールシート	○	ナイフ	○	携帯電話
	ザイル		○	手袋	○	計画書	○	救急薬品		カンジキ
			○	登山靴・靴紐	○	筆記用具		シュラフ		ピッケル
			○	ホイッスル	○	アルコール消毒液		シュラフマット		アイゼン

「○印は、日帰りハイクの際の基本的な装備です」

足尾・安蘇

この山域は県の南西部、群馬県と境を接し、渡良瀬川を挟んで足尾と安蘇の山々に分かれる。足尾の山々は、比較的登山道も整備されており、足尾銅山の煙害によって侵された山肌が独特の景観を醸し出している。安蘇の山は、南部の都市近郊の山以外は、登山道も整備されておらず、地図とコンパス必携の山が多い。それだけに、知識と経験を持った人の同行があれば、晩秋から早春にかけ味わい深い山歩きが楽しめる。しかし、両地区の山とも、一部を除いて交通の便が悪く、車を利用しての入山が望ましい。

庚申山

こうしんさん

1892M

庚申山登山の基地となる庚申山荘

▶**交通**　わたらせ渓谷鐵道通洞駅下車。日光市営バスが遠下（とおじも）バス停まで来ているが、銀山平までは舗装道路を1時間30分ほど歩くことになり、銀山平までのアプローチが長いのでタクシー、または車利用が望ましい

▶**歩行時間**　6時間40分

▶**コースタイム**　銀山平（70分）一の鳥居（30分）鏡石（50分）庚申山荘（70分）庚申山（50分）庚申山荘（70分）一の鳥居（60分）銀山平〈お山巡りコースは、大胎内から一の鳥居まで、150分〉

▶**地形図**　足尾・袈裟丸山・皇海山・中禅寺湖

▶**お山巡りコース**　大胎内から順に庚申の岩戸、めがね岩、天の浮橋、鬼の耳こすり、本社の見晴、カメ岩やツリガネ岩などと名前の付けられたまさに奇岩・怪石の中を歩くものであり、随所に手すりやクサリ、ハシゴが付けられている

庚申山の登山口は**銀山平**である。ここには公営国民宿舎かじか荘があり、素朴な温泉として親しまれている。銀山平から、一の鳥居までの4キロは左側が庚申川へ切れ落ちているゆるやかな林道を歩くことになり、70分ほどで「日光国立公園庚申山登山口」の木柱のある**一の鳥居**に出る。この一の鳥居の西側に水ノ面沢（みずのつら）の水を集めて、いくつもの滝となって落ちる庚申七滝（こうしんななたき）がある。

ここからは水ノ面沢沿いの登りとなる。広く明るい広葉樹林帯の道を30分ほどで**鏡石**に着く。ここにはベンチが置かれひと休みによいところだ。

今まではゆるやかな登りであったが、傾斜を増し、沢も狭くなってくる。庚申山の守護神仁王門付近からはゴロゴロ石の登山道になり、やがてゆるやかなササ原の登りになると青銅の剣のある二の鳥居へ出る。かつては庚申講の総本山として壮大な社殿があったところだ。

ここから右へお山巡りのみちを分けるが、今回は、庚申山をピストンするコースを紹介する。お山巡りは、奇岩、怪石、そしてクサリ場、岩場など連続するので初心者にはおすすめできない。

左手に道をとると、まもな

く**庚申山荘**へ到着する。山荘は庚申山の屏風のような岸壁を背にして建っている。庚申山へは、少し戻り旧庚申山荘跡から岸壁の下の樹林帯の中をトラバース気味に左へ登っていく。やがて道は、岸壁の下をくぐるようになる。

ここからは、クサリ場、鉄ハシゴなどがあり、二十三夜ノ岩、初ノ門、五色岩などと名付けられた岩場を登って行く。庚申山一帯がその昔、日光修験道の修行地であったことがうなずける。

また、奇岩怪石の独特な風景は、滝沢馬琴の南総里美八犬伝の舞台でもある。物語の中で化け猫退治の武勇伝が繰り広げられる大胎内くぐりまで来るとお山巡りのみちと合流する。お山巡りコースは、足下が不安定なところの連続なので、落石に注意し、悪天候の祭には立ち入らないこと。

そんな人を寄せつけない岸壁に梅雨時期にひっそりと咲くコウシンソウは、特別天然記念物として保護されている。今回は、帰路に立ち寄り、二の鳥居付近へ下山することをおすすめする。

庚申山頂へは、ここの分岐に立つ道標にしたがい直進する。荒れた岩場の急登が続くが、やがて岩場が終わると、コメツガの原生林の中のゆるやかな登りとなり、登山道が平坦になってくると三等三角点標石のある**庚申山**（1892メートル）の山頂に着く。

コメツガの中で展望が得られないのでさらに少し進むと、急に目の前が開ける。まさに展望台そのもので、庚申山から西へ連なる鋸岳十一峰の先に、皇海山が沢一つへだてて三角形の雄姿を見せている。白根山など日光の山々から袈裟丸山まで見渡せる場所であり、ゆっくりと大休止できる。

下りは往路を戻る。お山巡りコースは岩場が多く滑りやすい。雨天時の下りは特に注意しよう。

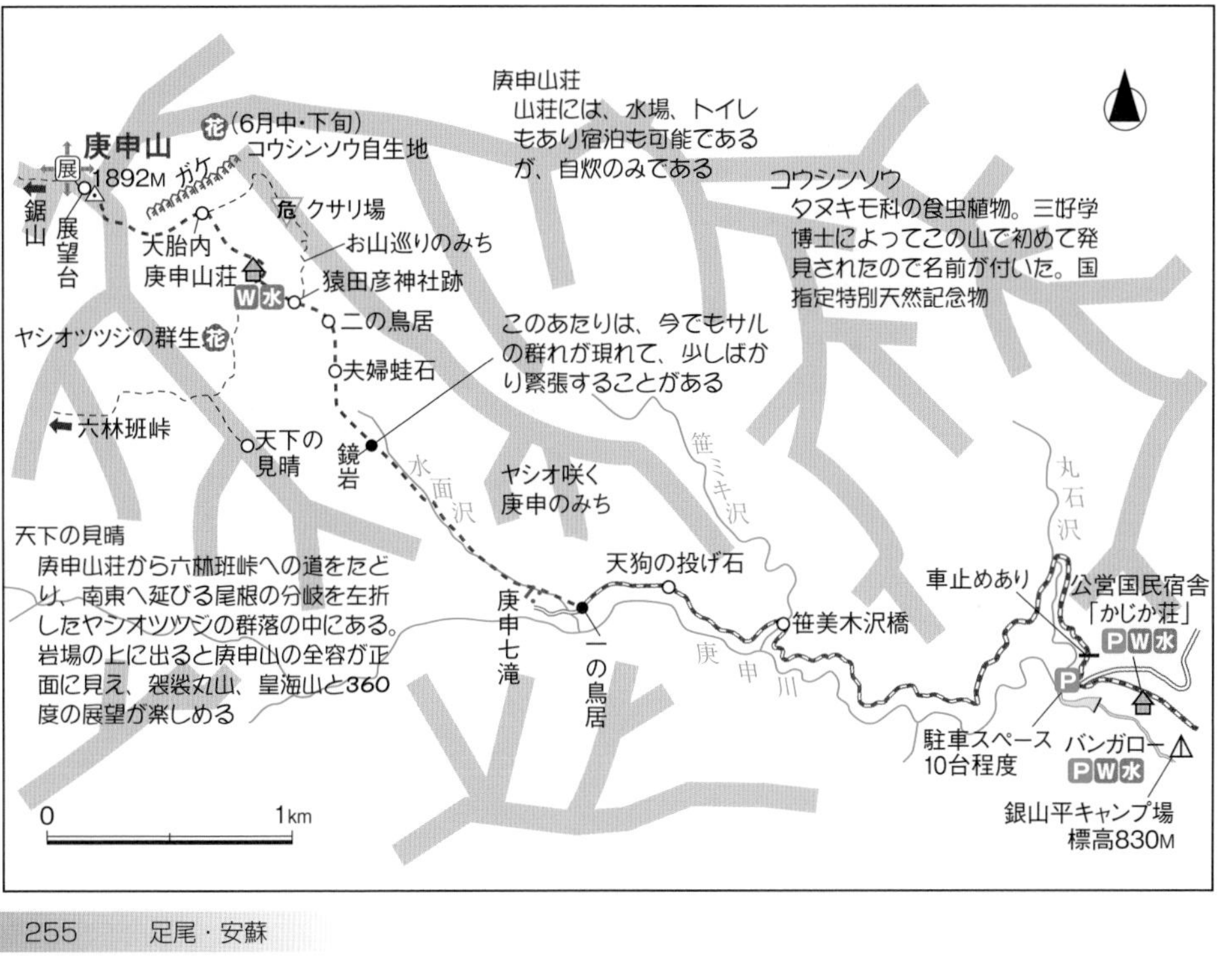

岩稜をたどる足尾山塊の盟主 ★★★

皇海山

すかいさん

2144M

白山から見る皇海山

ここでは、庚申山から鋸十一峰を経て皇海山の頂を踏み、六林班峠に下り、庚申山荘へ戻るコースを紹介する（庚申山までは、『庚申山』を参照）。

庚申山の先にある展望台からは、北西正面に皇海山の全貌が眺められる。左手にこれから目指す鋸十一峰の鋸歯が連なっている。

御岳山、駒掛山、渓雲山、地蔵岳とアップダウンを繰り返し、次第に薬師岳へと高度を上げる。白山からは岩稜のやせ尾根となり、蔵王岳との鞍部は道の両側が鋭く切れ落ちている。北面の谷は野猿谷と呼ばれ、松木沢にナギ落ちている。熊野岳手前の鋸歯の一つが、かつての台風で崩壊したため、ハシゴやロープが設置してある。

露岩を登り、ロープ中ほどのところから左にトラバースして行く。熊野岳のピークを過ぎて行くと、まもなく剣の山とのコルに降り立つ。鉄バシゴがつけられたが、気は許せないところだ。日光市足尾総合支所では六林班峠経由の往復をすすめているので、事前に状況を確認すること。

剣の山の先のクサリ場を過ぎ六林班峠への分岐を右に分けると、すぐに第十一峰の

▶交通　わたらせ渓谷鐵道通洞駅下車。日光市営バスが遠下（とおじも）バス停まで来ているが、銀山平までは舗装道路を1時間30分ほど歩くことになり、銀山平までのアプローチが長いのでタクシー、または車利用が望ましい

▶歩行時間　13時間20分

▶コースタイム　銀山平（70分）一の鳥居（30分）鏡岩（50分）庚申山荘（70分）庚申山（130分）鋸山（80分）皇海山（60分）鋸山（50分）六林班峠（130分）庚申山荘（70分）一の鳥居（60分）銀山平

▶地形図　皇海山・袈裟丸山・中禅寺湖・足尾

▶アドバイス　このコースは行程が長く、日光市営庚申山荘泊りが一般的である。ただし、食糧、寝具（シュラフなど）は持参すること

鋸山（のこぎりやま）に着く。ここからの展望は素晴らしく、360度の大展望である。

ここから皇海山までは、往復2時間余りの行程である。北の急斜面をロープや小枝を頼りに、急降下する。鞍部は明るいササ原の中にダケカンバが点在する。松木沢を右に、不動沢を左に落とす分水嶺となっており、かつての不動沢コース（現在廃道）との合流点でもある。

樹林の中の踏跡をたどってシノタケの中を直登する。斜面がゆるやかになると山頂は近い。深い木立の中に青銅の剣が建ち、少し進むと**皇海山**山頂（2143・6メートル）である。山頂は樹林の中なので眺望はあまりよくない。

六林班峠から庚申山を望む

帰路は、**鋸山**へ戻り六林班峠へ向かう。鋸山から西へ、ササの中を急に下る。やせ尾根となり、小さなピークを四つほど越え、広い雑木林の中を行く。ゆるやかに下り、ササ原の中の小さな平地に出ると**六林班峠**である。このあたりは特にニホンシカが多い。

コースは、左へ戻るように山腹を回り込むと鋸山を水源とする沢に出合う。六林班峠で露営した時の水場となる。

ここから庚申山荘までは、鋸十一峰の山腹をトラバースして行く。ほぼ水平な道で、小さな沢を十数回渡ることになる。平坦で単調な道であるが、ブナの大樹、カエデ、ダケカンバが点在し、紅葉時は見事である。

天下の見晴らし尾根を右に分けると**庚申山荘**は近い。

皇海山
2143.6M
展
急登
青銅の剣（明治26年奉納）
鋸山からの展望はすばらしく、眼前に皇海山が迫り、その東、右手方向に日光連山の大パノラマが見渡せる。西方に、武尊岳、谷川岳、苗場山、南方には赤城山、その右に浅間山が見える
皇海橋
不動沢のコル
不動沢コース（現在廃道）
鋸11峰 アップダウンの道
急降下
1998M
鋸山
展
剣の山
熊野岳
蔵王岳
白山
危
危
崩壊
薬師岳
地蔵岳
渓雲山
1808M
駒掛山
御岳山
展
庚申山
1892M
コウシンソウ自生地
水
女山
1835.9M
平坦な山道
庚申山荘 標高1450M
W 水
天下の見晴分岐
六林班峠
1806M
0
1km
銀山平
水面沢
天下の見晴
展
袈裟丸山（ヤブこぎ）

松木渓谷

まつきけいこく

小さな広場、奥はジャンダルム

▶**交通**　わたらせ渓谷鐵道間藤駅下車

▶**歩行時間**　3時間20分

▶**コースタイム**　間藤駅(20分)赤倉広場(30分)足尾ダム(50分)小さな広場(50分)足尾ダム(30分)赤倉広場(20分)間藤駅

▶**地形図**　中禅寺湖・足尾

▶足尾山地の多くは、足尾銅山の製錬所から出る亜硫酸ガスの煙害により草木は枯れ、不毛の地と化した。特に松木渓谷は、荒涼とした岩壁が続いている。現在は砂防のための堰堤工事や植栽工事が行われているが、取り返しのつかない自然破壊の愚かさと恐しさを感じざるをえない

▶日光市営バスで間藤駅から銅親水公園入口まで行くことができる。本数が少ないので時間を確認して利用されたい

松木渓谷へは群馬県桐生市と日光市足尾地区を結ぶわたらせ渓谷鐵道の終点、**間藤**(まとう)**駅**が出発点となる。

駅前の道を北へ進むと、右側広場の岩壁に太い鉄の管が残っている。明治13年、日本でも初期に造られた間藤水力発電所の跡である。さらに北へ1キロほど進むと**赤倉広場**へ出る。赤倉広場から対岸へ古河橋を渡れば足尾製錬所跡である。

関東ふれあいの道の「赤銅(あかがね)のみち」は、ここから銅山社宅跡の本山地区を越え、備前楯山の裾を巻きながら銀山平へと延びている。

赤倉郵便局の前をさらに北へ進むと右手に龍蔵寺がある。煙害で消えた松木村の無縁仏の墓などがある。かつての社宅街を抜けると、目の前に巨大な砂防ダムがあらわれる。**足尾ダム**である。

三川合流ダムの名をもつ足尾ダムは、足尾山地でも最も荒廃の著しい松木川、仁田元沢、久蔵沢(くぞうざわ)の合流地点につくられた日本で最大級の砂防ダムである。堰堤には足尾焼の陶板によるカモシカの大壁画が描かれている。壁画を正面に見る手前の河原は、銅(あかがね)親水公園として整備されている。足尾環境学習センターでは足

尾の治山治水事業や緑の山づくり、足尾銅山の歴史などを学ぶことができる。

ダムの堰堤まで上がると三川合流地点が目の前に広がる。ここからは、栃木県の「とちぎ景勝百選」に指定されている松木渓谷が正面に広がり荒涼とした沢筋が見渡せる。車止めゲートを過ぎ、左手の久蔵沢にかかる橋を渡る。道は小山を回り込んで松木渓谷に入る。

土石流などを防止する山腹工のスーパーキャリアやカラミの堆積した山を過ぎると、旧松木村の開けた場所に出る。ここでは堆積場の復元整備事業が進められている。

沢の両岸が挟まるあたりで車止めゲートのある**小さな広場**へ出る。

ジャンダルムは、ここから対岸の岩場を見上げたところにある鋭峰である。松木渓谷の入口右岸に位置し、高度差150メートル、幅300メートルの岩壁である。ここより堰堤工事、治山用の林道がウメコバ沢手前の河原まで延びているが、両岸が崩れやすい岩壁なので、落石には十分気をつけなければならない。1、2月の厳冬期には松木沢右岸のそれぞれの沢が凍結し、絶好のアイスクライミングのゲレンデとなる。

ここから松木沢をつめて皇海山へ登るルートもあるが、熟達者以外はすすめられない。帰りは同じルートを間藤駅まで戻ることとなる。

“孤高のブナ”を訪ねて ★★

中倉山

なかくらやま

1499.6M

稜線に立つ「孤高のブナ」。後方は沢入山

▶**交通**　わたらせ渓谷鐵道間藤駅から日光市営バス銅親水公園入口バス停下車。バスの本数が少ないのでタクシーか車利用が望ましい

▶**歩行時間**　4時間35分

▶**コースタイム**　銅親水公園駐車場（60分）登山口（50分）1280m地点（25分）山頂直下分岐（15分）中倉山（5分）孤高のブナ（15分）山頂直下分岐（15分）1280m地点（40分）登山口（50分）銅親水公園駐車場

▶**地形図**　中禅寺湖

▶**アドバイス**　このコースは山頂直下まで樹林帯を歩くが、樹林帯を抜けると稜線になるので、風が強い時は注意が必要である。なお、登山口までの林道は狭い道路を作業用の大型車が通行するので、迷惑にならないよう心がけたい

わたらせ渓谷鐵道間藤駅で下車し、日光市営バスで出発点となる銅親水公園入口まで行くことができるが、バスの本数が少ないので、タクシーか車利用となる。車利用の場合は**銅親水公園駐車場**を利用するのがよい。

駐車場から道路を北に進むとゲートがあり、ここからは工事関係車輌のみの通行道路となる。周辺の山の斜面は関係機関の緑化事業やボランティアによる植樹が進み、かつてのように褐色の地肌が見られなくなってきた。

久蔵沢、松木川（渡良瀬川源流）に架かる小さな橋を渡るとT字路に出る。ここを左折し、右からの尾根を巻いて行くと、仁田元川に沿って登り基調に道路が続く。歩くこと1時間ほどで、道路右側に標識がある**登山口**に着く。

ここから、登山開始となるが、いきなりこのルートの核心部となる急登に挑むことになる。樹林帯の中のつづら折りの道を、標高差360メートル、登ること約50分で尾根上の**1280メートル地点**に出る。

ここからは山頂は見えないが、木々の間から、中倉山から沢入山に続く稜線がわかる。ここでひと息入れて、尾根に沿って樹林帯を登ることになるが、展望はあまりよくない。15分ほどでピークに着く。木々の間から、初めて中倉山の山頂方面が見えてくる。さらに進み、**山頂直下にある分岐**を右にトラバース気味に進むと、右下に展望台があらわれる。

展望台からは、眼下に松木渓谷や植林が進んだ谷間が一望できる。このあたりも緑化が進み、銅山の煙害で被害を受けたことが想像できないほどに回復している。

元の登山道に戻り、すこし進むとピークに出る。三角点があるが、ここは山頂ではない。さらに少し登りながら進むと、低木もない岩稜が広がる**中倉山**山頂（１４９９・６メートル）に着く。山頂はあまり広くないが、３６０度の展望が広がる。

北側斜面は草木がなく、崩れそうな岩肌が松木渓谷へと切れ落ちている。とても登山できるところでない。その先には太平山からの尾根、男体山、半月山から社山へ続く日光の山々が、東には薬師岳から横根山、南には足尾の山々、西には沢入山、庚申山へ続く稜線が、その先に皇海山が見える。

稜線の北側斜面は草木もなく山肌が露出していて、銅山の煙害にあったことが明瞭にわかる。一方、南側斜面は草木もあり、じつに対照的な光景である。

山頂で眺望を楽しんだあと、稜線を少し下ると1本のブナの木が待ち受けている。**「孤高のブナ」**である。樹齢１２０年と言われ、銅山の煙害でほとんどの草木が枯れたのに、このブナだけが稜線上に力強くたたずんでいる。周囲は草原のようで、フォトスポットにもなっている。最近はボランティアによる保護活動もされている。

帰りは、山頂に戻らず山頂南側をトラバースして**山頂直下分岐**まで進み、来たルートをたどり**登山口**に戻る。

備前楯山

びぜんたてやま

1272M

中央が備前楯山

▶交通　わたらせ渓谷鐵道通洞駅下車。日光市営バスが県道庚申山公園線入口遠下（とおじも）バス停まで来ているが、銀山平までは舗装道路を１時間30分ほど歩くことになり、銀山平までのアプローチが長いのでタクシー、または車利用が望ましい

▶歩行時間　５時間30分

▶コースタイム　銀山平（10分）舟石林道（20分）展望台（15分）林道（60分）舟石峠（30分）ベンチ（45分）備前楯山（30分）ベンチ（30分）舟石峠（70分）赤倉広場（20分）間藤駅

▶地形図　足尾

▶足尾焼　足尾銅山から出たスライム（鉱泥）を利用して生まれたのが足尾焼で、現在２つの窯元が町内にある。陶器まつりは年１回開かれ、足尾の地場産業として注目されている

銀山平にあるかじか荘前の案内板が起点となる（銀山平までは『庚申山』を参照）。かじか荘前から北側へ、最初は勾配のきついスギ林の中のジグザグの登りとなる。約10分ほど登ると、銀山平より舟石峠を経て赤倉へと続く**舟石林道**へ出る。林道を右へ50メートルほど行くと左に銀山平展望台へのハシゴのかかった道があり、約20分で銀山平周辺を一望する**展望台**に出るので往復するとよい。

道を戻り再び**林道**へ出て、舟石峠方面へ進む。ひたすら林道を歩くこととなるが、紅葉の時期など周囲の景色は格別であり、秋がおすすめである。水は林道脇の舟石沢で得られる。なお、この林道は全線舗装されており、観光シーズンには車の通行量が増えるので十分注意されたい。

鳥獣観察舎や、右手に土（うぶすな）神社碑を見ると、約1時間で**舟石峠**に出る。広い駐車場があるので、車の場合ここに止めると時間の短縮ができる。道標にしたがい林道から右へ曲がり登山道へ入る。

備前楯山は東側から見上げると山容は黒々として急峻な岩山のように見えるが、舟石峠から入れば樹林の尾根道である。要所要所には道標があり落葉樹林の中をジグザグに登り、カラマツ林を過ぎると**中間地点のベンチ**に出る。

さらに登りがきつくなって、木の階段状の登りから左側に回り込むようになると展望も開け、踏跡を着実にたどると舟石峠から約1時間15分で、360度の大展望が得られる**備前楯山**山頂（1272・5メートル）となる。岩場の狭い台地にパノラマ板、三等三角点標石がある。足尾精錬所のある東側から北側にかけては煙害のため荒涼とした風景であるが、男体山、社山など日光連山のスケッチや写真撮影などにはもってこいの場所である。

山頂から見る男体山方面

帰路は舟石峠まで行き銀山平方面へ戻るコースと、逆に赤倉へ出て「赤銅のみち」の終点、通洞駅に至るコースがある。ここでは舟石峠から赤倉方面への下りの道をとることとする。道沿いには途中銅山跡の建築物や銅山が隆盛のころにはたくさんの鉱夫が暮らしていたという住宅の石垣などが多数見られ、鉱山華やかなころの時代をしのばせる。

いくつかカーブを回り込むと本山坑跡を経て今は操業されていない足尾精錬所の建物の南側へ出る。発電所跡の脇を通り古河橋を渡ると**赤倉**となる。赤倉には渡り坑夫の墓のある龍蔵寺や、鉱山神社などがある。赤倉よりわたらせ渓谷鐵道の始発駅**間藤駅**までは徒歩約20分ほどの道のりだ。

なお、時間が許せば足尾銅山観光などの見学をおすすめする。

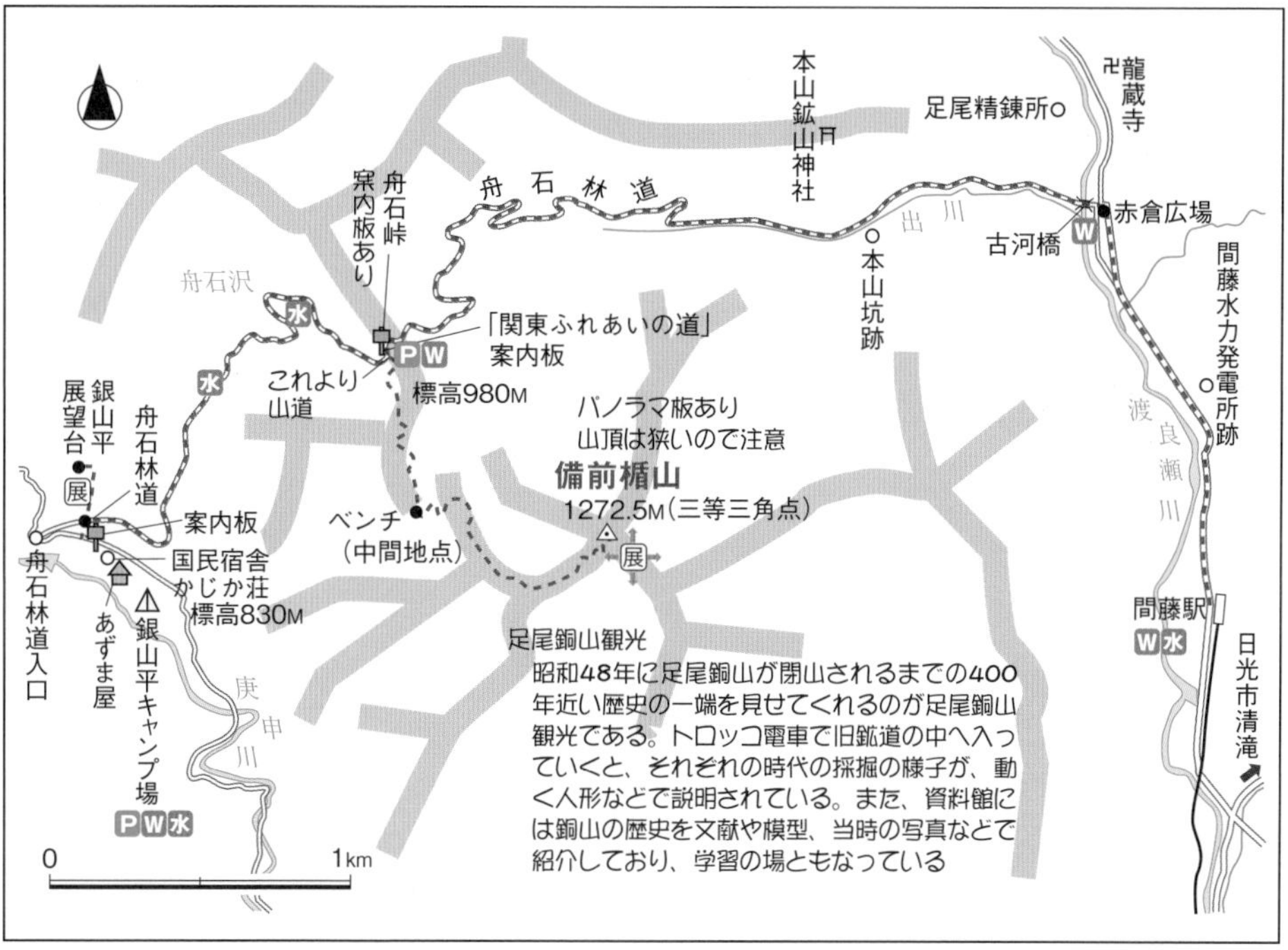

本山鉱山神社
龍蔵寺
足尾精錬所
舟石林道
舟石峠 案内板あり
赤倉広場
古河橋
出川
本山坑跡
間藤水力発電所跡
舟石沢
「関東ふれあいの道」案内板
これより山道
標高980M
パノラマ板あり
山頂は狭いので注意
備前楯山
1272.5M（三等三角点）
渡良瀬川
銀山平展望台
舟石林道
案内板
ベンチ（中間地点）
舟石林道入口
国民宿舎かじか荘
標高830M
あずま屋
銀山平キャンプ場
間藤駅
日光市清滝
足尾銅山観光
庚申川
昭和48年に足尾銅山が閉山されるまでの400年近い歴史の一端を見せてくれるのが足尾銅山観光である。トロッコ電車で旧鉱道の中へ入っていくと、それぞれの時代の採掘の様子が、動く人形などで説明されている。また、資料館には銅山の歴史を文献や模型、当時の写真などで紹介しており、学習の場ともなっている
0　1km

★★★

袈裟丸山

けさまるやま

1878M

展望台から見る袈裟丸連峰

わたらせ渓谷鐵道沢入駅で下車し、国道122号から林道西山小中線に入る。最奥の西山集落を過ぎると分岐点があり、案内板が立っている。直進すると、弓の手コースの起点となる折場登山口、右へ行けば塔の沢コースの登山口に至る。ここでは二つのコースを紹介する。

塔の沢コース（寝釈迦経由）であるが車利用の場合、**塔の沢口**まで入れる。「関東ふれあいの道」の案内板の前に駐車スペースとトイレがある。駐車場から続く林道は塔の沢の右岸を登りはじめ、流れを何度か渡りながら行く。

やがて前方に岩壁があらわれ、その急斜面を左方の高みに登っていくと、「寝釈迦像・相輪塔」という案内板がある。左手の岩の上に、縦4メートル、横1・8メートルの自然石に彫った涅槃像が西を枕に横たわっている。対岸には、高さ18メートルの自然岩の岩塔が見え、相輪塔と呼ばれている。**寝釈迦**の下の小さな平地は沢水が流れ、休憩場所としてよい。

さらに、樹林帯の中の静かな沢筋を登り、源頭近くで左岸に移り、ササに覆われた山腹をゆるやかに登って行く。ツツジとカラマツの疎林に変わるとすぐ先に**避難小屋**があ

▶交通　わたらせ渓谷鐵道沢入駅下車。アプローチが長いので登山口まではタクシーまたは車利用が望ましい

▶歩行時間　7時間

▶コースタイム
〔塔の沢コース〕塔の沢口（60分）寝釈迦（50分）避難小屋（5分）賽の河原（50分）小丸山（70分）袈裟丸山（100分）避難小屋（85分）塔の沢口
〔弓の手コース〕折場口（70分）賽の河原（50分）折場口

▶地形図　袈裟丸山・沢入・上野花輪

▶涅槃像（寝釈迦）の作者については、3つの説がある。日光開山の勝道上人だという説、弘法大師巡錫の折に彫られたという説、そして、足尾銅山に送り込まれた多数の囚人たちのうち、病死した人たちの菩提を弔うため、無名の僧が彫ったという説である

る。**賽の河原**は、すぐ上である。黒っぽい石質の石積みや石地蔵があり、弘法大師にまつわる伝説がある。

弓の手コース方面に少し行くと展望台とつつじ平と呼ばれる高原台地があり、5月中旬から6月下旬にかけて、多くのツツジが次々に花開く。

次に折場登山口からの弓の手コースを紹介する。

林道西山小中線を**折場口**まで行く。ここにはトイレと駐車スペースがある。登山口から階段状の登りとなり、やがてササ原の尾根に出る。ゆるやかな登りになると、左側が開けて赤城山や八ガ岳、浅間山などの雄姿が望める。

ササの登りをつめるとツツジ類が多くなる。湿地を過ぎてさらに登るとつつじ平展望台を経て賽の河原で塔の沢コースと合流する。

賽の河原から**小丸山**までの道は、県境尾根を歩く。ツツジの疎林に入り、カラマツの林を抜け、小ヤブの間を登ると小丸山（1676メートル）に着く。素晴らしい展望である。足元に深く、餅ガ瀬川（唐風呂川）が切れ込み、そこへ向かって急崖を連ねた袈裟丸連峰がナギ落ちている。県境尾根は、皇海山、白根山へと向かい、日光連山が、まとまった姿で眺められる。

小丸山から西へササ原を下る。鞍部の広場には、黄色いドーム型の鉄製避難小屋とトイレがある。南方面にササを分けて5分下ると小沢から水が得られる。小ピークを二つ越え、樹林を急登するとゆるやかな登りとなり明るいササの頂稜に達する。**前袈裟丸山**山頂（1878・3メートル）である。一等三角点が置かれ、袈裟丸連峰の主峰とされている。

山頂は、南側が開け、天候に恵まれれば富士山が見える。

下山は、いま来た道を戻る。

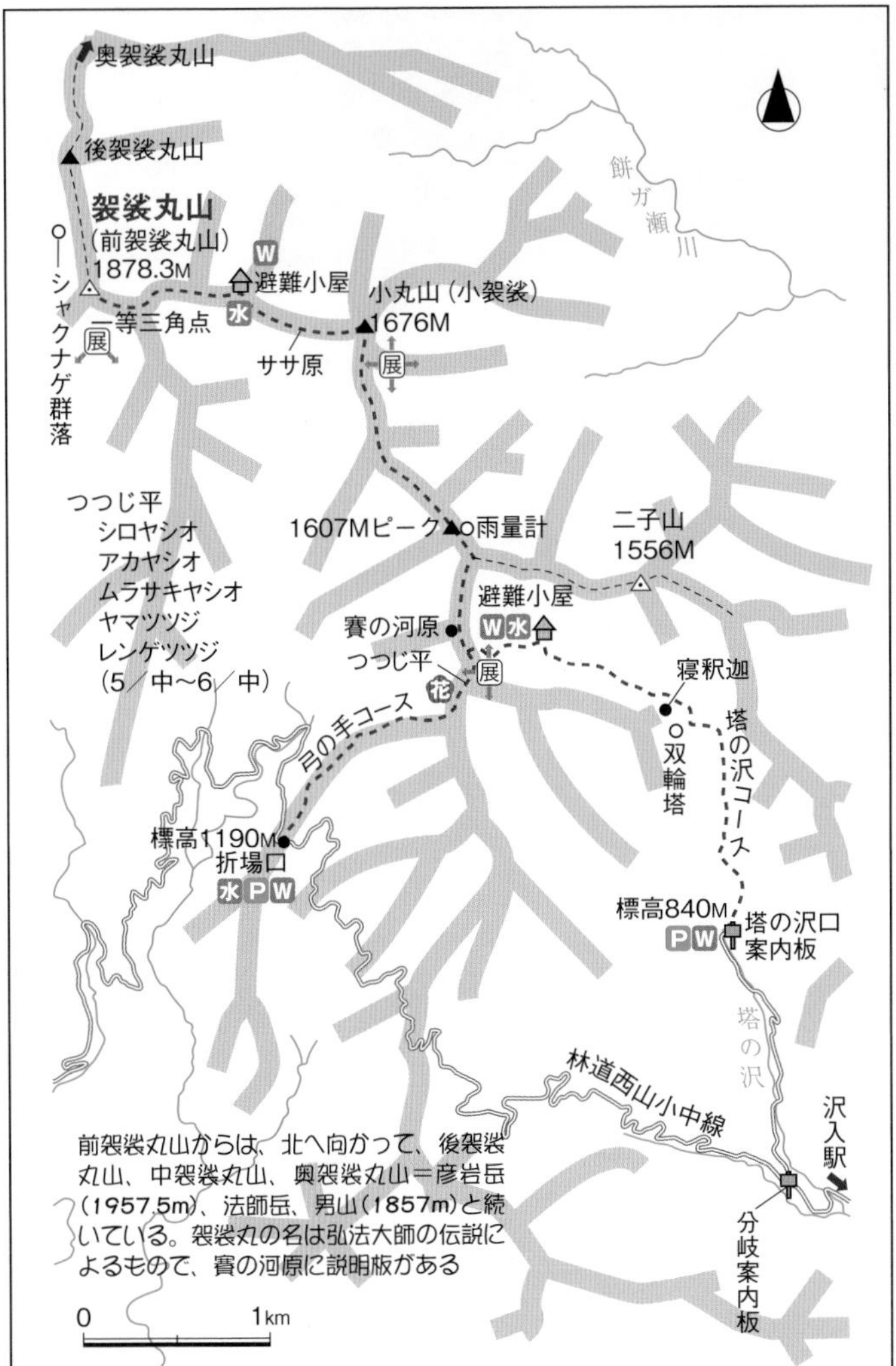

前袈裟丸山からは、北へ向かって、後袈裟丸山、中袈裟丸山、奥袈裟丸山＝彦岩岳（1957.5m）、法師岳、男山（1857m）と続いている。袈裟丸の名は弘法大師の伝説によるもので、賽の河原に説明板がある

渡良瀬遊水地

わたらせゆうすいち

谷中湖の向こうに筑波山を望む

▶**交通**　東武日光線藤岡駅下車

▶**歩行時間**　3時間30分

▶**コースタイム**　藤岡駅（30分）渡良瀬運動公園（60分）新赤麻橋（40分）子供広場ゾーン（50分）中央エントランス（30分）柳生駅

▶**地形図**　下野藤岡・古河

▶子供広場ゾーンへの中央ゲートは、開門9時30分、閉門は夏17時、冬16時。休みは年末年始と毎週月曜日。詳しくは国土交通省利根川上流河川事務所渡良瀬遊水池出張所へ問い合わせること。TEL0280-62-2420

▶遊水地を管理する国土交通省、鳥獣保護区を指定した環境省、地元自治体、自然保護団体、市民等が治水と湿地の保全・再生の両立を目指し協力していくことによって、平成24年7月、ラムサール条約に登録された

渡良瀬遊水地は、本州以南では最大のヨシ原を擁する低層湿原で、植物・昆虫・野鳥の種類および絶滅危惧種が多い「自然の宝庫」である。

渡良瀬遊水地を歩くおすすめコースはいくつもあるが、ここでは、藤岡駅から渡良瀬川の堤防沿いに南下し、新赤麻橋、旧谷中村史跡保全ゾーン、谷中湖の中の島をたどって柳生駅へ出る約3時間のコースを紹介しよう。

コースは東武日光線**藤岡駅**からスタートする。駅前の道を東へ500㍍行くと県道に突きあたるT字路がある。この信号で左折し、次の信号を右折すると、藤岡小学校の西側の外柵に出る。案内板にしたがい右折して小学校に沿って東進し、左折すると小学校の正門、小学校の北側の道にでる。

そのまま東進すると歩道橋が見えてくる。歩道橋の下は車の通行の激しい県道のバイパスである。この歩道橋を渡ると、渡良瀬遊水地の西側の堤防に達する。

芝生の生えたゆるやかな斜面を下って行くと、舗装道路が走っている。前方左手に**渡良瀬運動公園**が姿を見せる。野球場、サッカー場などの周囲をサクラ、ケヤキ、カシ、

ツツジ、イチョウなどの木々が取り囲んでいる。

運動公園北側の道路を東へ進むと渡良瀬川右岸堤防に達する。このあたりで渡良瀬川は大きく東へ湾曲し、水面はかなたに遠のいている。

堤防を下り、ヨシ原の中を走る舗装道路を進む。南下しながらおよそ30分ほどで、右側に越流堤へのコンクリートの階段がある。階段を登り、土手道をさらに南下を続けると、約30分で**新赤麻橋**に達する。橋を渡った鷹見台から眺める広々とした雄大なヨシ原は見事である。冬になると、チュウヒをはじめとするワシタカ類の観察絶好地でもある。

この橋から西へ舗装路を約1・3キロ進み西谷中橋に出る。ここを南下して子供広場ゾーンへ進むが、入口にはゲートがあり、午前9時30分にならないと開かない。**子供広場ゾーン**は、家族連れでピクニック気分を楽しめる広場である。自転車の貸し出しやバーベキューの設備もある。

すぐ東に目的の旧谷中村史跡保全ゾーンがある。掲示板を参考に往時の集落をたどるとよい。丘の上の役場跡、石碑、墓石などがある。

さらに子供広場ゾーンから南へ、谷中湖へと進む。北橋を渡ると、水面に浮かんでいた水鳥が岸辺から扇状に広がり散っていく。カモやカイツブリなどであろう。季節により渡り鳥も珍しい鳥も交じっている。

中の島には野鳥観察台と展望台がある。妙義、浅間、榛名、赤城、秩父連山、富士、筑波、日光など遠く近くの山々、池の水鳥を表示した展示板がある。さらに近くの太平山や三毳山は、水面にくっきりと姿を映している。

西橋を渡り、下宮橋で谷田川を渡るとそこは**中央エントランス**である。ここから県道を横断すれば**柳生駅**はすぐである。

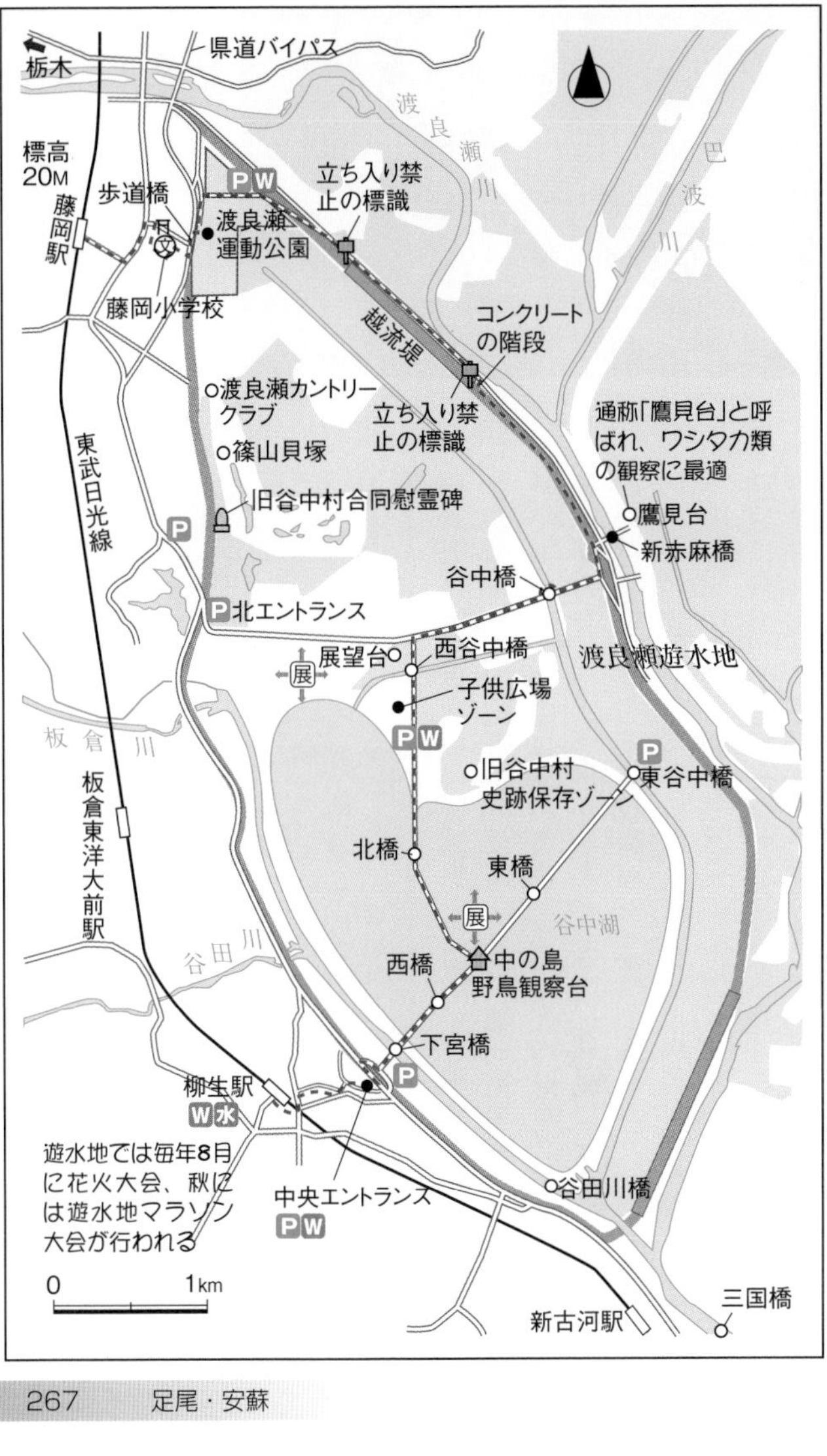

関東平野を一望する尾根歩き ★★

寺久保山から塩坂峠

てらくぼやま
しおさかとうげ

357M

見晴台からの眺望

寺久保山は自然林の稜線歩きが楽しめる旧佐野市の最高峰である。ここでは麓の雷電神社から登り、「関東ふれあいの道」塩坂峠へ下る稜線周回コースを紹介する。

佐野駅からは約30分で**赤見温泉**に着く。ここには「名水百選」の出流原弁天池がある。水田の中の道を北西に行くと、30分ほどで寺久保集落に入り、「寺久保山ハイキングコース」の案内板があらわれる。北の山麓には雷電神社の石の鳥居が見え、その南西に登山口がある。

車利用のときは案内板前を左に200メートルほど行き、消防団小屋の手前を右に鋭角に入る。細い道の突き当たりに6台ほどの駐車スペースがあるので、邪魔にならぬよう止めさせてもらおう。

駐車場の奥に「寺久保山登山口」と書かれた小さな標識があり、ここが**雷電神社登山口**である。雑木林の中をジグザクに登る細い道には、ところどころに赤テープも付けられている。まもなく左からの直登コースと合流する。二つ目の小ピークが**雷電山**で、朽ちた道標はあるが山名板はない。

ここで道は右に折れ、ヒノキと雑木の間を登って行くと

▶交通 JR両毛線佐野駅から佐野市営バス名水赤見線、またはさくらの里線で赤見温泉下車。ただし便数が少ないため佐野市のHPなどで事前確認しておくこと。アプローチを短縮するためタクシー、または車利用が望ましい

▶歩行時間 5時間20分

▶コースタイム 赤見温泉（30分）雷電神社登山口（25分）雷電山（60分）寺久保山（10分）見晴台（10分）寺久保山（40分）山王山分岐（50分）三角点分岐（20分）塩坂峠（20分）熊野神社（25分）雷電神社登山口（30分）赤見温泉

▶地形図 田沼

▶サブコース 不動ノ滝コース、般若坂コースはヤブが伸びて登山道が一部不明瞭なため、初心者のみでは利用しない方がよい

しだいに尾根に近づいていく。尾根上は美しい広葉樹林帯で、晩秋から春の芽吹きごろまでは、快適な稜線歩きが楽しめる。スギやヒノキ林を過ぎ、ササが多くなると右手から不動ノ滝コースが合流し、山頂へはもうすぐである。

三等三角点のある**寺久保山**山頂（357・3メートル）は展望がきかないので、10分ほどで行ける見晴台まで足を延ばそう。山頂から北へ急坂を下り、平坦なヒノキ林とヤブの道を抜けると**見晴台**だ。南側が大きく開け、足下には寺久保や出流原の田園風景、太平山や三毳山、晴れればスカイツリーも望める。

景色を楽しんだら**寺久保山**に戻り西へ向かおう。平坦な道がすぐに急坂となるので、慎重に下ろう。このあともアップダウンが続き、四つほどピークを越すと前方に三角形の山が見えてきて**山王山分岐**に着く。北に20分ほどで山王山に登れるが、ここでは南に塩坂峠を目指そう。

約5分で岩とマツの明るいピークに出る。西側が開け足利方面の山々が見渡せる。アップダウンの稜線歩きが続き、道は南から東へ、また南へと曲がる角が**三角点分岐**である。三角点（301・5メートル）へは北東に続く微かな踏跡をたどればすぐだ。

徐々に高度を下げて行き、地デジの小さなアンテナを過ぎ、展望のよい岩稜を越えると**塩坂峠**である。塩坂峠は木陰の静かな峠で、ベンチや案内板がある。展望はないが休憩にはよいところだ。

ここからは「関東ふれあいの道」を東に下って行くと、すぐに塩の井戸への標識がある。分岐から20分ほどで北関東自動車道の塩坂峠トンネル口の上を跨ぐと、その先に**熊野神社**がひっそりと佇んでいる。さらに東へ行くと約1キロで**雷電神社登山口**に戻れる。**赤見温泉**へはさらに30分ほどの歩道歩きとなる。

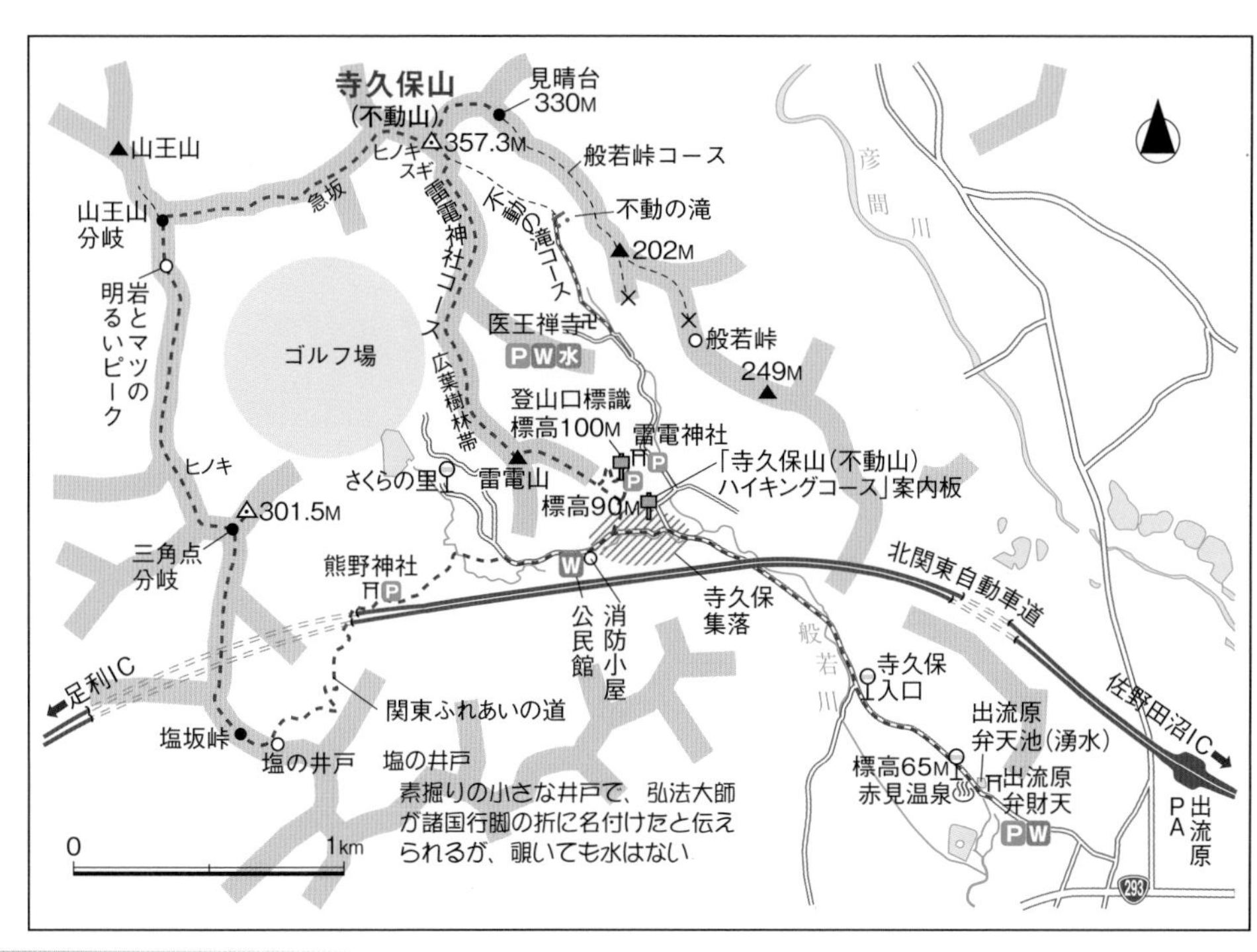

アド山

あどやま

371M

南尾根からアド山を望む

▶**交通**　東武佐野線葛生駅近くの市営車庫から佐野市営バス秋山線または仙波会沢線、岩崎バス停下車。午後はデマンド運行のため予約が必要。TEL0283-86-4071

▶**歩行時間**　3時間25分

▶**コースタイム**　岩崎バス停（10分）金蔵院（50分）アド山（60分）分岐（20分）カガミ岩（30分）林道登山口（35分）奥平前バス停

▶**地形図**　仙波

▶**アド山**　この山は、「阿土山城址」でもある。天慶年間、安戸太郎純門が居住していて、天慶の乱のとき将門方に属したといわれている

▶**サブコース**　金蔵院に周回するコースもあるが途中から道が不明瞭なために地図とコンパスで方向を確認するとよい

葛生の自然が残る貴重な里山の一つであるアド山は、カタカナの変わった山名だが、阿土山城という山城の名称のようだ。登山口は二カ所あるが、金蔵院から林道登山口に至る縦走コースを紹介しよう。このコースは展望と稜線歩きがよいので落葉の時期がおすすめだ。

出発点となる**岩崎バス停**より、「アド山城跡」の標識にしたがい学校の横を通り金蔵院に向かう。**金蔵院**には広い駐車場がある。車の場合はここに駐車させてもらう。駐車場から少し戻り、山門前の石仏を右に見ながら進むと「アド山城跡1・7キロ」の標識がある。

ここから尾根上にコースをとり山頂を目指す。スタートはササ原のかすかな踏跡を行くが、やがて赤松交じりの明るい雑木林となる。二つ堀切を過ぎると石垣の跡があり、さらに少し行くと三つ目の堀切があらわれ急登となる。トラロープをたどり急斜面を登ると、古い石祠が一基祀られており、少し行くと**アド山山頂**（371・1メートル）に着く。山頂には山名板と三等三角点があり、南と東方向がひらけ、筑波山、会沢の集落や諏訪山、安蘇山塊の山並みが幾重

三等三角点があるアド山山頂

にも広がり素晴らしい眺望だ。

下山は、北東に少し進み南に延びる尾根を下ることになる。山頂直下はかなりの急降下で、ロープやクサリが設置されているが注意が必要だ。

この難所を下ると鞍部に着き、雑木林の歩きやすい稜線となる。いくつかのピークを越えていくが、尾根の両側からは石灰の採掘の山と近くの集落が見え隠れし、里山の縦走気分を楽しむことができる。

やがて金蔵院への**分岐**に着くが、ここは左に進む。さらに行くと直登不可の岩場がある。ここは右を巻いて岩上に行く。北西方向がひらけ、展望台となっていてアド山の全容が望める。こうした岩場をいくつか越えて行く。

やがて**カガミ岩**に到着する。この岩は南面に傾斜した一枚岩になっており、ここからの眺望は素晴らしく景色を眺めながら一休みするにはよい場所だ。冬の澄んだ時期には富士山が望める。

少し登り返すと小ピークがある。このピークは左を巻き進むが、左の尾根に入り込まぬように古い案内板と倒木が置かれているので注意が必要だ。

さらに進むと314メートル地点に着き、やがて林道会沢正雲寺線の**林道登山口**に出る。ここには手作りの案内板が設置されている。林道の反対側の路肩に2台分の駐車スペースがあるが、邪魔にならないように注意したい。

あとは林道を**奥平前バス停**まで2キロ強を歩くことになる。

アド山 371.1M
急斜面 クサリ・ロープあり
鞍部
堀切1
堀切2
堀切3
石垣
石祠
展
アド山城跡 1.7kmの標柱
アド山城跡 1.8kmの標柱
卍金蔵院 150M
P
岩崎
常盤小学校
赤松の稜線
金蔵院
唐沢山城主佐野家累代の祈願所で、慶長年間（1596〜1615）に創設された山門が残っている
分岐
岩
カガミ岩
注 案内板と倒木
275M
314M
林道会沢正雲寺線
秋山川
栗坪
林道登山口 標高270M
奥平前
葛生
0
1km

陸の松島を展望する縦走コース……★★

太平山から大明神山

おおひらさん
だいみょうじんやま

346M

富田方面から見る太平山全景

▶**交通**　JR両毛線大平下駅下車。大中寺までタクシー利用が望ましい

▶**歩行時間**　5時間10分

▶**コースタイム**　大中寺（30分）太平山神社登山口（15分）太平山（15分）ぐみの木峠（30分）晃石山（25分）桜峠（30分）馬不入山（30分）長坂峠（25分）大明神山（20分）長坂峠（20分）広戸T字路（20分）桜峠（20分）清水寺（30分）大中寺

▶**地形図**　栃木・下野藤岡

▶**サブコース**　清水寺から東山道に出ないで、舗装された車道を歩いて大中寺に戻ることもできる。太平山登山は、登山口や下山口によっていろいろなコース設定ができて面白い

コースは、「雨月物語」にも登場する**大中寺**から始まる。駐車場の脇から階段を登り、山門をくぐる。本堂を右手に進むと左側が登山口になっている。

岩だらけの急な坂道を登って行くと、やがてなだらかになり、林道に出る。左手の鳥居をくぐり石段を登って行くと、太平山神社の社殿に出る。その前を直進していくと、奥宮入口の道標があり、ここが**登山口**で「関東ふれあいの道」となる。

道標にしたがい奥宮を左に見てスギ林の中の道を行けば、まもなく尾根道に飛び出す。左へ巻き道を分け、ひと登りで富士浅間神社を祀る**太平山**（346メートル）の山頂だ。

急な道を下って行けば、先ほどの巻き道と合流し、電波塔の下で車道に出る。そこから向かいの登山道に入ると、ほどなく**ぐみの木峠**に着く。大中寺への下山路が峠から左に分かれている。

木の階段を登り、さらに急な尾根道を進む。途中、左手に吹き流しが見えてくる。パラグライダーの基地だ。登りがゆるやかになると晃石神社と晃石山との分岐だ。それを右手に進むと、一等三角点を置く**晃石山**（419・1メートル）

の山頂に着く。日光連山や富士山の展望が素晴らしい。

馬不入山（うまいらずやま）へのコースは晃石神社の境内から清水寺への下山路を分け、左側の道をたどる。いくつかのアップダウンのあと、木製の手すりがある急な山道を下る。下りきったところがヤマザクラの大木が枝を広げる**桜峠**だ。岩舟町の村檜神社と大平町の清水寺に下る「関東ふれあいの道」が左右に横切っている。

ここから小さなアップダウンをいくつか繰り返し、最後のひと登りで**馬不入山**（345・2メートル）に着く。本コース中、屈指の好展望で、富士山、浅間山、西上州、奥秩父、榛名山などの山々が一望できる。

一休みした後、大明神山へ向けてベンチ脇の急坂を下る。山道が平になるころ、山桜の大木が見られ、ほどなく車道へと飛び出す。**長坂峠**だ。鳥居の右手に大明神山への登山口がある。小さなピークを五つ、登っては下る。六つ目が**大明神山**山頂（274・1メートル）だ。小さな山頂標識と三角点がある。諏訪岳をはじめ、日光連山、庚申山、皇海山、袈裟丸連峰などが楽しめる。

展望を楽しんだ後、**長坂峠**まで戻り、峠を左に曲がり車道を20分ほど歩くと、**広戸のT字路**に突き当たる。ここには供養塔があり、川が流れている。

ここを右折し、桜峠に向かう。三つ目の道標により橋を渡り、分岐を右に曲がる。右手に錦鯉放養池を越えて行くと、急な階段になり**桜峠**に到着する。坂道を下って行くと20分ほどで車道に出て、まもなく**清水寺**に到着する。春はスイセンの花やサクラの花、菜の花などがきれいだ。

ここから車道を東に歩き、東山道道標から関東ふれあいの道に入る。そして次の道標で再び車道に出て**大中寺**の駐車場に戻る。

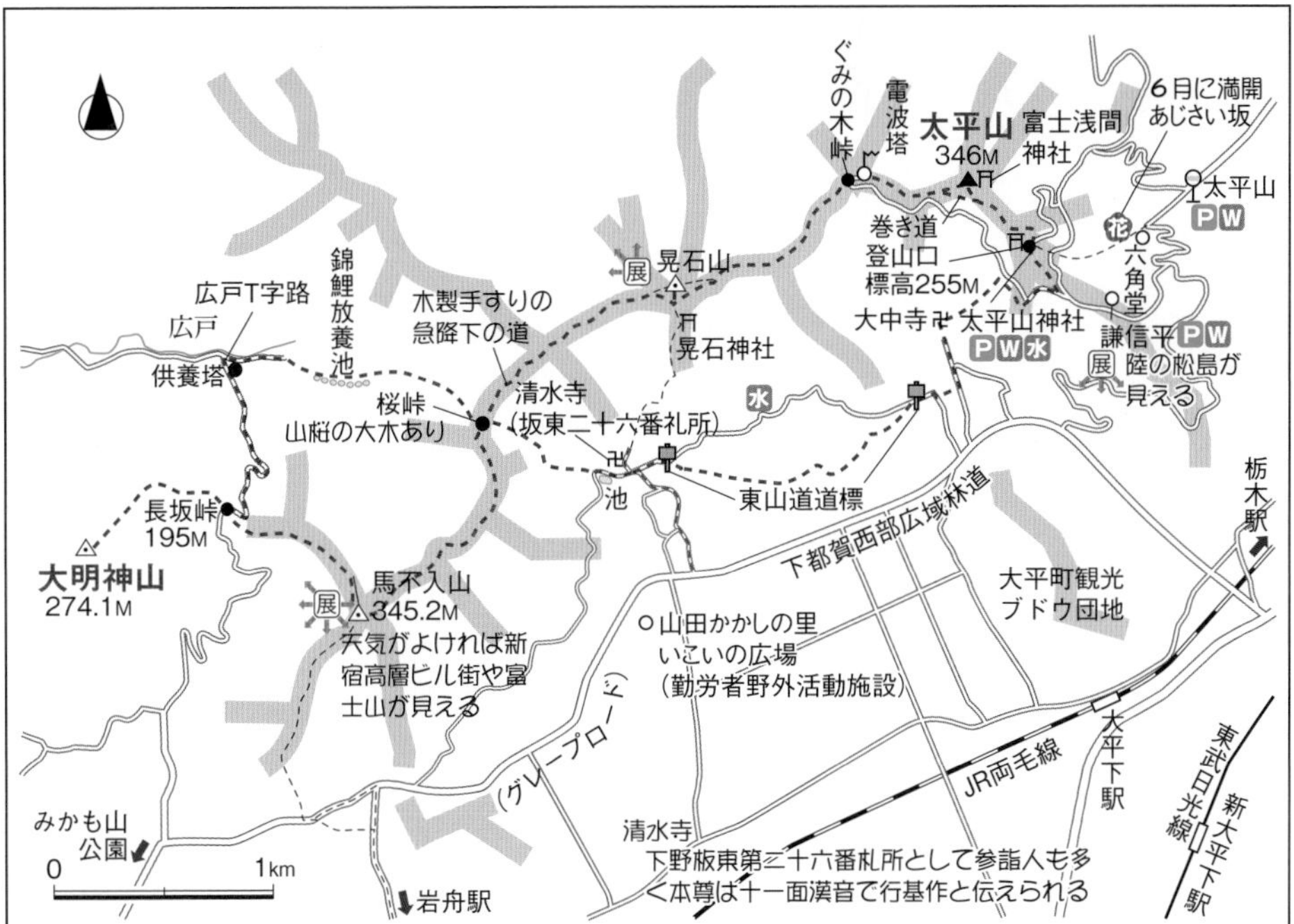

柏倉方面から琴平山を望む

琴平山

ことひらさん

340M

▶**交通**　JR両毛線栃木駅または東武日光線栃木駅からタクシー利用

▶**歩行時間**　1時間45分

▶**コースタイム**　琴平山登山口（40分）琴平山（10分）裏参道分岐（15分）裏参道入口（40分）琴平山登山口

▶**地形図**　栃木

▶**琴平神社**　1772年（安永元）関口市郎左衛門らにより、讃岐金刀比羅宮の神璽を迎えて、祀ったことにはじまるという。かつて船路としての巴波（うずま）川の繁栄をしのぶことができる。特に航海安全の神として、近隣の河岸問屋や、銚子の漁師、さらに関東一円の商人の信仰を集めたといわれる。祭礼には高市が立ち、博徒が集まり、バクチの神様としても信仰を集めた。現在では北柏倉と南柏倉が年番となって、4月10日と10月10日の年2回例祭が行われている

琴平山の登山口へはJR栃木駅からのタクシー利用。帰路は同じ道を戻るのでタクシーの予約を忘れないこと。

登山口でタクシーを降りると道の左側に「参道琴平神社」の標石がある。ここでは、この標石から表参道を琴平山神社へ登り、裏参道へ抜けるルートを紹介する。車利用の場合には、かたわらの林道の路肩に駐車することになる。標石を左に入るとスギに囲まれたコケむした古い石段がある。幅5メートル余りもある広い石段で、かつての賑わいが想像できる。

石段を上ると赤土の坂道になり、雨天時は滑りやすい。スギ林から雑木林に入り、花の時期にはヤマユリや、ギボシ、ウツボグサ、ヤブランなど多くの花が楽しめる。やがて林が切れて急に展望が開け、左前方に山頂の石段が見えてくる。道が平坦になると、山頂に続く石段である。急な石段の両側は桜並木で、これを登りきると**琴平山**山頂（340メートル）の琴平神社境内である。また、急な階段を登らず直進すると「まわり道」の案内板があり境内に着く。境内の中央に神社、左に社務所、愛宕神社が建っている。

ここからは東に柏倉の集落

と栃木市の街並みが、南には太平山、三毳山と安蘇の山並みが一望できる。春にはサクラがほころび、秋には紅葉と、自然の風情が楽しめる静かな山である。

境内で見るべきものに、海辺から運び上げた磯の岩で彫られた舟形石や、本殿裏の参道には足利町（現足利市）から献上された大きな石燈籠などがある。水場はないので、水は持参しなければならない。本殿の裏に簡易トイレが設けられており利用できる。

下山コースは裏参道を降りることとなる。コケむした古い階段が続き、参道の周辺には氏子からの多くの献木と、奉仕により四季折々の草花が植えられ、訪れた人々の目を楽しませてくれる。**分岐点**は右のコースをたどる。左に行くと昔、葛生、唐沢山方面へ通じていたコースであるが、現在では途中から廃道化しており、利用は避けたい。

右コースを進むと、まもなく左側に電波塔があらわれる。雑木林や植林の中の広い参道だが、赤土の下り坂で滑りやすい。注意しながら下ると県道に出る。**裏参道入口**である。ここにも「琴平参道」の標石が建っている。ここから表参道の**登山口**に出るには車道を2・8キロ歩く。車利用の時は、この場所にも1、2台の駐車スペースがあるので、あらかじめ車をまわしておくことも考えられる。

琴平山麓の皆川地区には柏倉温泉太子館「蔵の湯」があるので、時間が許せば汗を流すのもよい。

四季折々の草花が咲く

柏倉温泉太子館
蔵の湯
柏倉川
カタクリ
栃木
葛生
「琴平参道」標石
スペース1～2台
標高315M
裏参道入口
赤土の滑り
やすい下り坂
琴平神社
南側の路肩に2～3台の
駐車スペースあり
標高145M
電波塔
裏参道分岐
琴平神社の標石
琴平山
340M
コケむした急な坂道
石段よく見える
登山口
古い石段
葛生、唐沢山方面
途中から道なし
廃道化して荒れて
いるので注意
柏倉温泉
柏倉山地に湧く“くすり湯”を引いて
加熱している。リュウマチ、皮膚病、
神経痛などに適応。柏倉温泉太子館は
一軒宿で、昭和初期の創業という
0
1km

谷倉山

やぐらさん

599M

上星野から谷倉山を望む

▶交通　JR両毛線栃木駅または東武日光線栃木駅から栃木市ふれあいバス星野行、星野遺跡前バス停下車

▶歩行時間　3時間50分

▶コースタイム　星野遺跡前バス停（10分）登山口（25分）芳姫の墓（65分）谷倉山（10分）伐採地（10分）谷倉山（20分）493mピーク（50分）梵天山見晴台（40分）星野遺跡前バス停

▶地形図　下野大柿

▶小山芳姫の墓　南北朝時代に下野の守護であった小山義政は、鎌倉公方であった足利氏満にそむき粕尾城に籠もったが、戦いに敗れて赤石河原で自害した。芳姫はその小山義政の正室で、義政に会うために侍女を１人伴って粕尾城に向かっていたが、持っていた乾飯の袋を宝の袋とまちがわれ、案内役のものに殺されてしまった。その後、村人はこれをあわれんで、芳姫の墓を建て供養したという

谷倉山は、北西から南東にのびるなだらかな山で、山頂は眺望があり、静かな山歩きが楽しめる。登山口はいくつかあるが、いずれも中腹の道が不明瞭なので、地形図とコンパスで確認しながら行動したい。ここでは芳姫の墓に参り、山頂から南の尾根を経て周回するコースを紹介する。

バス利用の場合は、ＪＲ両毛線栃木駅より栃木市ふれあいバス星野行に乗り、**星野遺跡前バス停**で下車。車の場合は、トイレや休憩舎がある星野遺跡憩の森の駐車場を利用するとよい。

バス停から林道を歩き始めると分岐があり、右山口沢、左地層たんけん館の標示があり左に進む。しばらく沢沿いを行くと小さな橋がある。ここが**登山口**で、木に谷倉山登山口の標識が付いている。

林道は植林の中に入って行く。しだいに細くなり倒木や石がゴロゴロして歩きにくいが、標識がいくつもあるのでわかりやすい。やがて「芳姫の墓２５０メートル」の標識があらわれる。右の斜面に進むと谷倉山だが、ここは左の沢に向かって墓へと進む。

いくつかの標識を過ぎ、やや急な斜面を登り、分岐を左に曲がれば墓に着く。**芳姫の**

墓は石碑と歌碑があり、灯篭は崩れていて、静寂に包まれている。

先ほどの分岐まで戻り、谷倉山の矢印方向に進む。右からの道を合わせ、さらに行くと「谷倉山・直登・巻道」と書かれた標識があるので、左の巻道の方向に進む。ここからジグザグの斜面を登って行くと主稜線にでるので、ここを右折する。

この主稜線は歩きやすく、やがて電波塔と三角点が立つ**谷倉山**（599・4メートル）に到着する。山頂は広く整地されている。少し北に戻れば、南から東側は広く伐採され植林が広がっている。関東平野が一望でき、遠く筑波山や古賀志山が浮かんで見える。北側には樹々の間から日光連山も見える。

星野遺跡から谷倉山方面

再び山頂に戻り南尾根を下山しよう。ここからは地形図とコンパスで方向を確認しながら進む。最初のピークを下ったところが、山口沢林道コースとの合流点である。左の樹林の中へ赤テープに導かれ鞍部まで下る。少し急な斜面を登れば**493メートルピーク**に着く。この辺は雑木林でヤマツツジの木が多く、春には彩りをそえるだろう。

少し先の小ピークまで進み方向を確認した後、339メートルピークへと進んで行く。さらに進めば梵天山見晴台の標識がある小ピークに着き、右に行けば**梵天山見晴台**に出る。

あとは古道をキャンプ場へと下って山口沢林道に出て、バス停に戻ることになる。

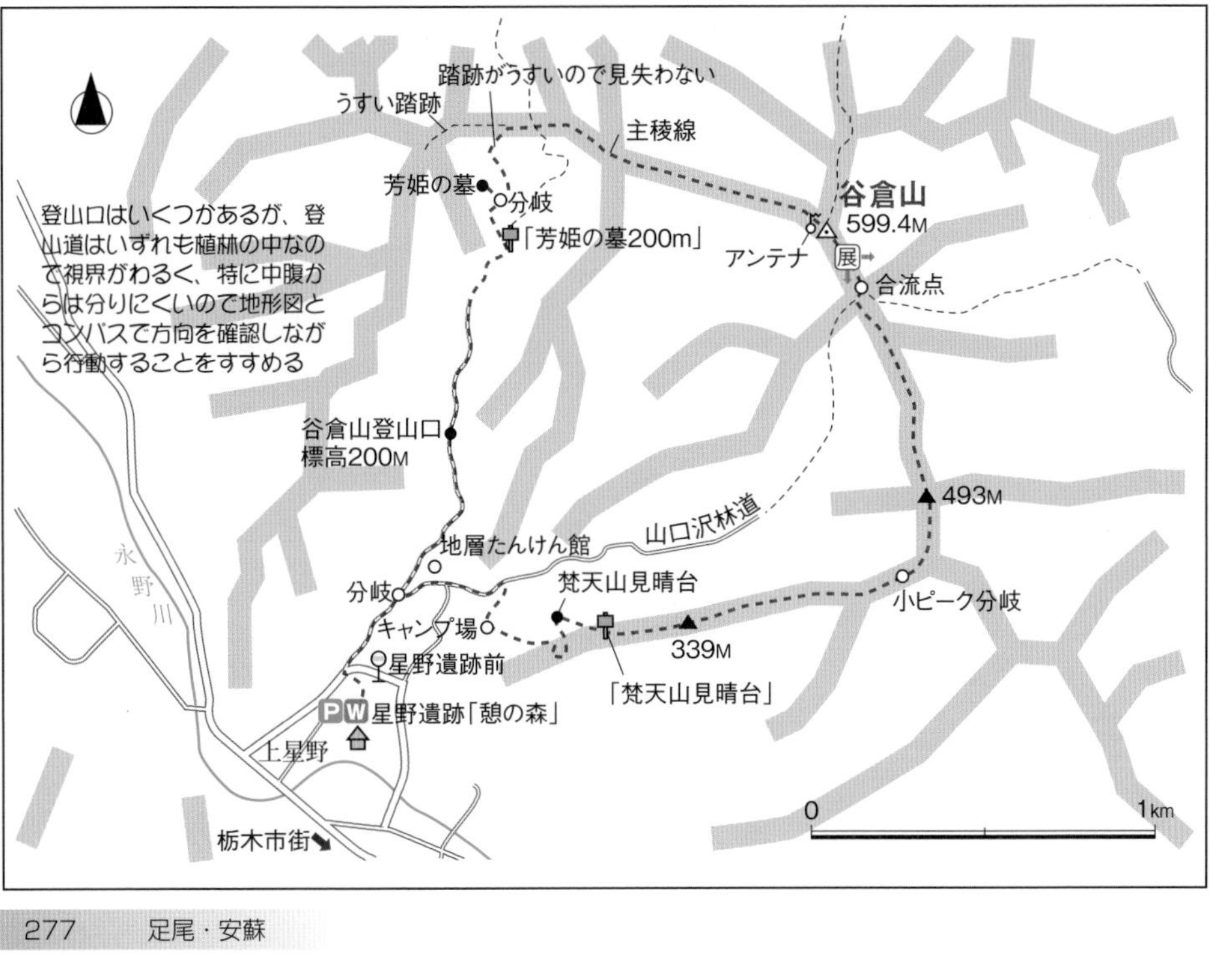

登山口はいくつかあるが、登山道はいずれも植林の中なので視界がわるく、特に中腹からは分りにくいので地形図とコンパスで方向を確認しながら行動することをすすめる

踏跡がうすいので見失わない
うすい踏跡
主稜線
芳姫の墓
分岐
「芳姫の墓200m」
谷倉山
599.4M
アンテナ
展
合流点
谷倉山登山口
標高200M
493M
山口沢林道
地層たんけん館
永野川
分岐
梵天山見晴台
小ピーク分岐
キャンプ場
339M
星野遺跡前
「梵天山見晴台」
星野遺跡「憩の森」
上星野
栃木市街
0
1km

御嶽山神社を抱く神々の山 ★★

三峰山

みつみねさん

605M

星野遺跡から三峰山を望む

▶交通　JR両毛線栃木駅または東武日光線栃木駅から栃木市ふれあいバス星野御嶽山入口行、終点下車

▶歩行時間　4時間20分

▶コースタイム　星野御嶽山入口バス停（10分）御嶽山神社（15分）清滝（25分）ベンチ（35分）奥の院（50分）剣ガ峰（50分）三峰山（20分）倶利伽羅不動尊分岐（20分）浅間大神（20分）御嶽山神社（15分）星野御嶽山入口バス停

▶地形図　下野大柿・仙波

▶近くには、カタクリやセツブンソウの花で知られる「星野自然村」、また原始の生活を再現した「星野遺跡記念館」もあり、合わせて楽しむことができる。さらに、足を延ばせば、勝道上人により開山された、坂東三十三カ所第十七番札所「出流山満願寺」も楽しめる

　JR両毛線栃木駅より栃木市ふれあいバス星野御嶽山神社行に乗り終点の**星野御嶽山入口バス停**で下車する。徒歩10分で登山口の**御嶽山神社**に着く。車利用の場合は、バス停先の倉本橋を直進すると200メートルほど先に神社の駐車場があるので、ここに駐車をお願いする。

　御嶽山神社は812年に空海上人が開山したと案内板にあり、あらためて信仰の山であることを感じさせる。「御嶽山案内図」では、三峯大神、御嶽大神、浅間大神など御嶽山に祀られている神々が絵図として書かれており、これらの神々をめぐるコースを歩くこととなる。

　三峰山里宮の拝殿脇の石段を登り祖霊殿の右手の脇道に入る。やがて杉木立の中、沢沿いに進むと細い滝の**清滝**があり不動尊が祀られている。灯明台があり、修業の場となっている。

　滝の上部のスギ林を登ると「御山参道」の道標がある。ここには木食普寛霊神の祠があり、右から回り込んで石段を登る。石段はしっかりしており登りやすいが、かなりの急勾配である。祠や石碑の数の多さには目を見張る。

　途中の弘法大師を祀った祠

などを見ながらトラバース気味に右へ進むと、「三笠山阿留摩耶山方面」との分岐に出る。**ベンチ**があり小休止するのによい。

ここを直進し左に巻きながら進むと、雑木林の間から男体山、女峰山などの日光連山が見えてくる。尾根を回り込みながら少し下り、スギ林の谷の中に入る。谷沿いの登山道を、Y字路を右に登るようにして北へ道をとり、ゆるやかに登り尾根に出る。

雑木林の明るい尾根だ。「奥の院」の道標にしたがい右へ行くと三尊立像が見え、**奥の院**へ着く。神皇産霊尊、天之御中主尊、高皇産霊尊の三尊像が建っている。南を見れば、目指す三峰山が望める。

ひと息入れたら先ほどの道標まで戻り、「三山参道」の道標にしたがい、左の谷沿いのトラバース道をたどると、なだらかな三峰山の主稜線の尾根歩きとなる。南にゆるやかに下り、南東へ向かう尾根歩きとなると、トラロープが道の右側へ張られ、すぐ近くまで採石されている。安蘇の集落や赤城山、日光連山がかいま見える。吉沢石灰工業の立入禁止の標識もあらわれる。さらに進むと**剣ガ峰**（580メートル）に着く。山頂には石祠と山名がある。

ロープを利用しながら急降下し、鞍部まで下ると、左を指している八坂様入口の道標がある。ここから登り返しの直登となる。右側は石灰石の採石で痛々しいが、その先に三峰山頂が望める。登りきったところが、永野御嶽山山頂であり、ここから東へ「三山参道」が下っているが、クサリ場や急降下のうえルートが不明瞭なため危険である。

永野御嶽山から三峰山頂までは稜線の東側のスギ林の中を下ると、倶利伽羅不動尊分岐に着く。登り返すとうっそうとしたスギ・ヒノキ林の中に三等三角点と石祠のある**三峰山**（605メートル）山頂に着く。

ここから再び**倶利伽羅不動尊分岐**まで戻り下って行くと「倶利伽羅不動尊」の祀られている岩窟に出る。ここからスギ林の中の急降下となり、谷を少しまわり込むと**浅間大神**（せんげん）である。ここは鹿沼市指定文化財の浅間神社鍾乳洞であるが、中には入れない。

ここから谷沿いのルートの急下降となるが、道はしっかりしている。林道へ出て里が近くなり、**御嶽山神社**の駐車場に出る。

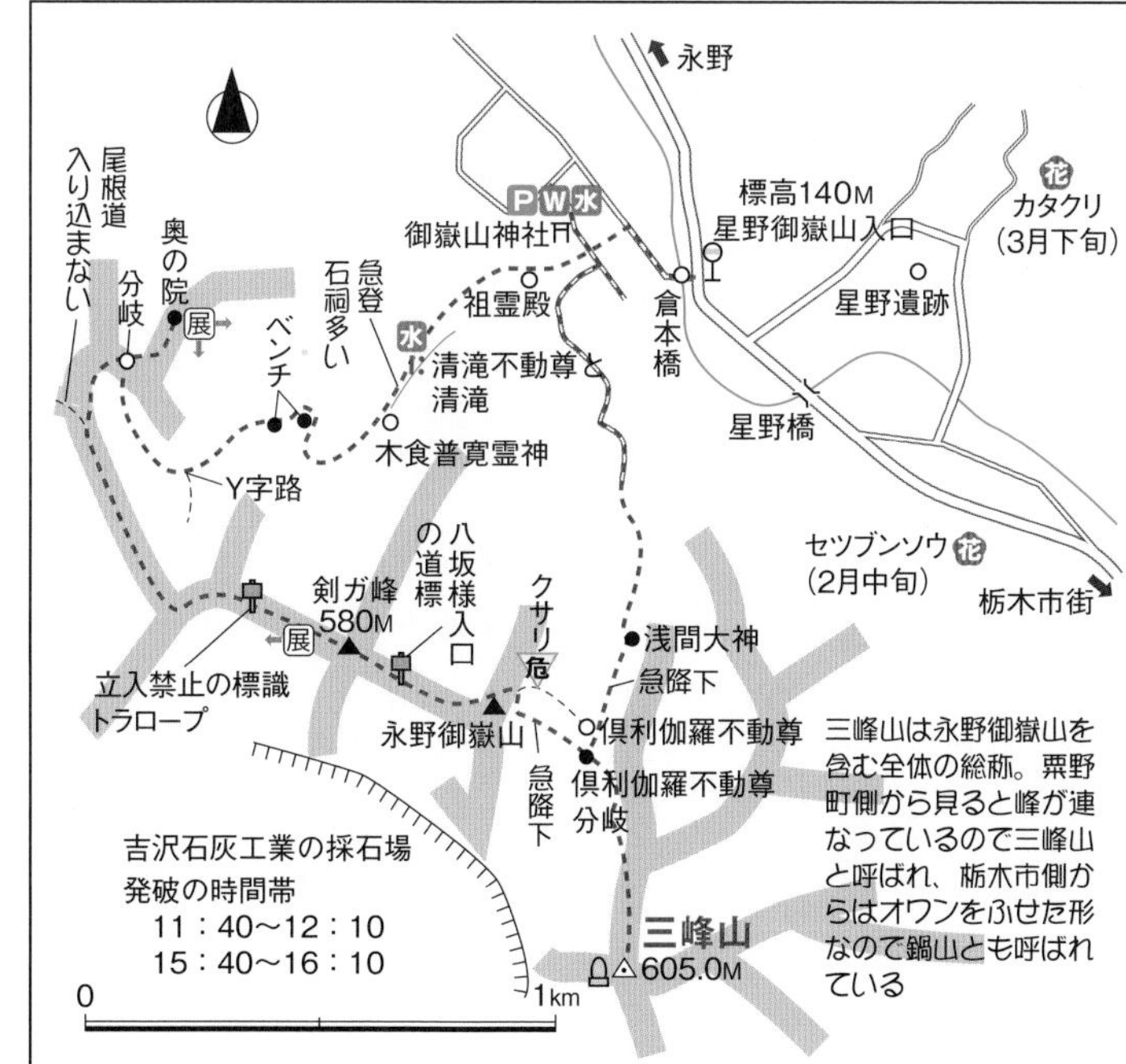

千部ガ岳

せんぶがたけ

572M

出流方面から見る千部ガ岳

▶**交通**　JR両毛線栃木駅または東武日光線栃木駅から栃木市ふれあいバス出流観音行、終点下車

▶**歩行時間**　2時間30分

▶**コースタイム**　出流観音バス停（10分）満願寺本堂（20分）大悲ノ滝（5分）奥ノ院（10分）千部ガ岳遊歩道入口（40分）千部ガ岳（10分）千部ガ岳護摩壇跡（30分）山ノ神（15分）遊歩道入口（10分）出流観音バス停

▶**地形図**　仙波

▶**満願寺**　767年（天平神護）、日光山開山の祖、勝道上人によって開創されたと伝えられる真言宗智山派の別格本山で、また坂東三十三カ所第十七番札所として古くから広く信仰されている

▶満願寺門前には名物出流そばの店がたくさんあり、この付近で穫れるソバの実を挽いて打ったコシの強い「手打ちそば」を食べさせてくれる

栃木市ふれあいバス**出流観音バス停**から車道を10分ほど歩くと、出流山満願寺（いずるさんまんがんじ）の大きな山門が見えてくる。

山門をくぐると左手に信徒会館と本坊があり、それらの建物の前の石段を登り**本堂**に立つと、右手に奥ノ院入口を示す小さな山門がある。山門で山内護持のための入山料300円を志納し、スギ、ヒノキがうっそうと繁る観音沢沿いのつづら折りの山道を歩く。かつて台風で道が荒れたが今は修復されている。

如蓮堂、大師堂を過ぎると大悲ノ滝前の広場に出る。右手には無人の休息所があり、白装束姿の参詣者が**大悲ノ滝**に打たれる姿を見かけることもある。左手のガケの中腹に建つ清水寺のような舞台造りの拝殿が**奥ノ院**である。急な石段を登って拝殿にたたずめば、薄暗い鍾乳洞の奥に子授観音が祀られている。

大日霊窟、不動霊窟へは、休息所左手の千部ガ岳登山道入口の道標を見て、さらに大悲ノ滝右手の石段を登ることになるが、案内人なしでの入窟は禁じられている。

勝道上人が日光開山を祈願したと伝えられる剣ガ峰修験場跡へは、大日霊窟の上を巻き尾根沿いに30分ほど登ると

130

着く。南に渡良瀬遊水地、新宿高層ビル、スカイツリーなどが見渡せる。しかし道が不明瞭な場所もあるので、経験の浅い人はやめておこう。

石段を登り沢をつめ、堰堤を越えると観音入林道に出る。この林道は**千部ガ岳遊歩道**の一部で、駐車スペースの左手が不動尊霊窟、右手には千部ガ岳遊歩道の案内板が立っている。この遊歩道は千部ガ岳展望台を経て反対側の出流ふれあいの森側へ抜ける2・8キロのコースである。

スギ植林地の登山道を登るとすぐ上の林道へ出る。ここをそのまま東へ進むとほどなくして「観音入林道0・2キロ、展望台1・3キロ」の道標がある。ここを左折してさらにジグザグに登る。

さらにスギの植林地をジグザグに登って行くと、千部ガ岳主稜線に出る。ここには「展望台0・6キロ。観音入林道0・9キロ」の道標があり、右へ折れて少し行くとベンチがある。ここからは、左から横根山、男体山、女峰山、そして高原山の展望が広がる。さらにゆるやかに登ったところが最高点の572メートルの**千部ガ岳**山頂である。

南側の、今は展望のない伐採地跡をなだらかに下る。さらに下るとやはり伐採地跡になっている北側斜面では、木々の間から日光連山が多少望める。ほどなく510メートル地点の**千部ガ岳護摩壇跡**へ出る。ここが展望台であるが、今では木々が生い茂り展望はない。しかし、勝道上人がはるか男体山を望んで日光開山の意を固めたと伝えられるところである。

東側には木々の間から展望が開け、三峰山から谷倉山、そして宇都宮方面が垣間見える。北側のスギ林からは日光連山が望める。

ここから遊歩道入口までは1・3キロほどであり、樹林帯を下ると林道に出る。ここを左折すると**山ノ神**の案内板と壊れている祠と灯篭一基がある。さらに進むと「展望台0・8キロ、遊歩道0・5キロ」の道標がある林道との分岐に着く。

この分岐を左に折れると**遊歩道入口**に出る。ここからは、舗装道路で、右に進めば**出流観音バス停**までは10分程度である。バスの本数が少ないので事前に時刻を確認しておくとよい。

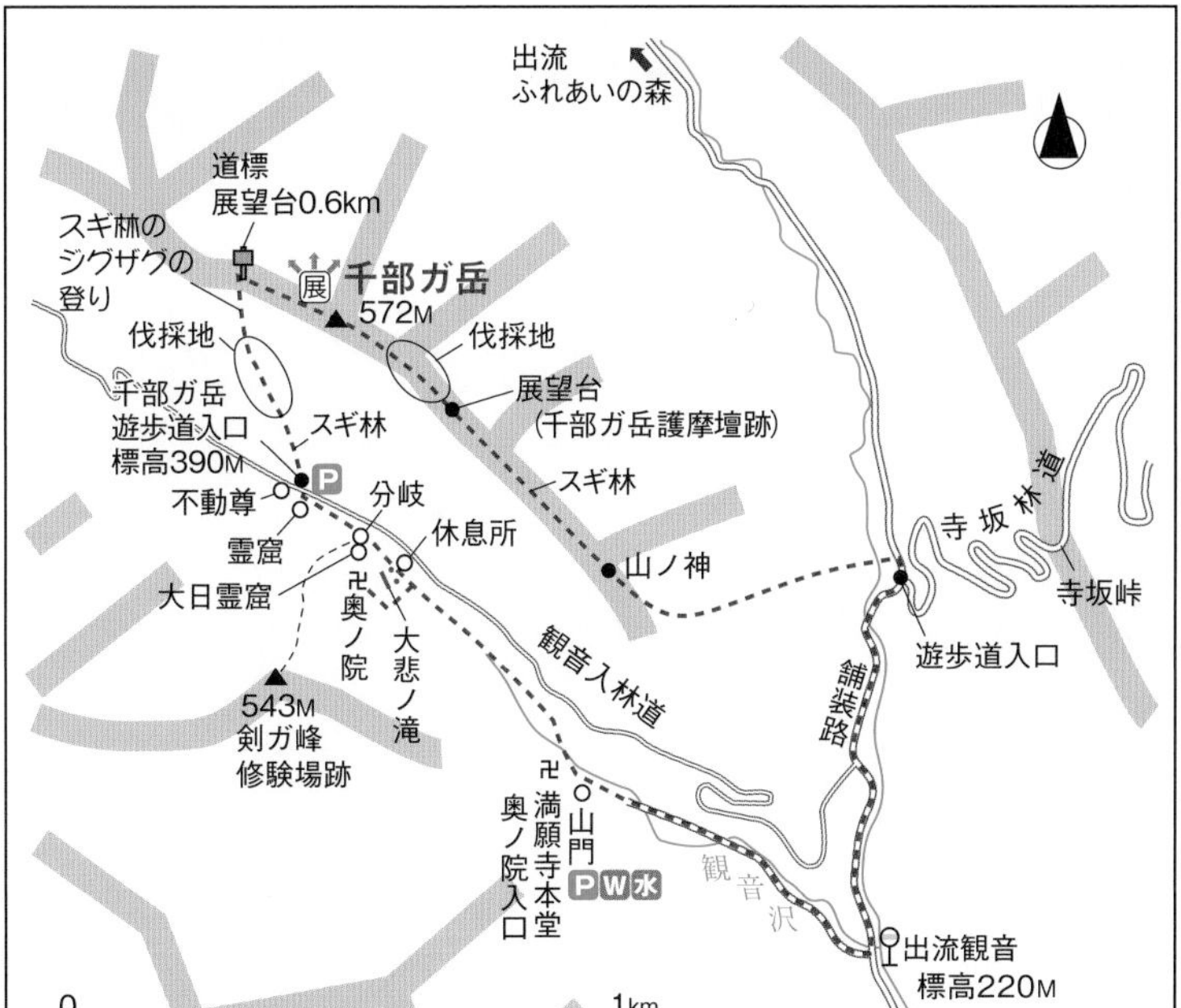

三床山

みとこやま

335M

戸奈良から三床山(右)と高松を望む

▶交通　東武佐野線田沼駅からタクシーで、鹿嶋神社入口まで約10分。登山口付近に指定の駐車場はない

▶歩行時間　2時間50分

▶コースタイム　鹿嶋神社(60分)三床山(30分)二床山(20分)一床山(10分)西入の頭(30分)一床山登山口(20分)鹿嶋神社

▶地形図　田沼

▶サブコース
沢コース…整備された歩きやすいコースでシャガなどの花がみられる
高松コース…二床山に向かうコースで岩尾根の展望のよいコース。他に境界尾根コースがある

▶トイレ・水場なし

佐野の北西に位置し、三床山・二床山・一床山と山並が連なっており、低山ながら露岩の尾根など変化にとんだ稜線歩きと展望が楽しめる。ここでは、出尾根コースより三床山から一床山を周回するコースを紹介しよう。最近は登山道が整備され、標識も設置されているので、のんびりと楽しめる。

登山口へは東武田沼駅からタクシーに乗り、鹿嶋神社入口で降り鹿嶋神社へと向かう。車の場合は、栃木方面から国道293号を田沼に向かい「田沼上町西」の交差点を右折、県道66号線を桐生・飛駒方面に進む。約2・5㌔行くと変差路の交差点左側に「稲荷明神のイヌガヤ」の看板と「三床山」の表示板がある。ここを右折すると**鹿嶋神社**に着く。登山口付近に指定の駐車場はない。

鹿嶋神社の左側の林道を進むと、沢コースの分岐があるが、そのまま出尾根コースの分岐まで進み、登山道に入る。しばらくは展望のない樹林の中だが歩きやすい。

やがて右側が開けゴルフ場が見える。さらに鞍部まで進むと、三床山への急登となるが、滑りやすいので注意して登ろう。まもなく出尾根コースと二床山の分岐に着き右に行くと、三等三角点のある細長い**三床山**の山頂（334・9メートル）に着く。山頂は、三好・戸奈良・梅園地区で建てた三つの石祠があり、この3地区から登れることから「三床山」と言われるようになったと伝えられている。

再び分岐まで戻り、直進するがザレ場の急降下となるので、ロープをつかい慎重に下りよう。下りきったところが沢コースとの合流点だ。ここから、アップダウンのある露岩の尾根を、いくつも越えていくが、時期にはヤシオツツジやセッブンソウ・ヤマツツジ・マルバアオダモの花を見ながら、変化にとんだ展望のよい稜線歩きとなる。

310メートルピークで金原山への標識を過ぎ、岩上の展望台に出る。ここからの眺めは素晴らしく、三床山から高松・二床山が望め、里山の雰囲気を味わうのによいところだ。少し行くとマツの木がある320メートルピークの**二床山**だ。高松コースへの分岐もある。

さらに進み、岩場を登ると**一床山山頂**に着く。山頂は狭いが360度の展望で関東平野が広がり、周辺の山はもちろん日光連山・群馬の山並、時期には富士山や東京のビル群が望める。

展望を楽しんだら、南西の尾根を下ろう。やがて**西入の頭**に着く。ここから先は、鹿嶋神社の標識にしたがい進んで行くが、露岩の展望のよい尾根なので近くの山並や集落を眺めながらのんびりと楽しんで歩こう。**一床山登山口**の林道に出たら**鹿嶋神社**への道を進む。

三床山山頂の石祠

唐沢山から諏訪岳

からさわやま すわだけ

324M

田沼高校付近から唐沢山を望む

▶交通　東武佐野線田沼駅下車

▶歩行時間　4時間10分

▶コースタイム　田沼駅（30分）唐沢下鳥居（45分）唐沢山神社（40分）見晴休憩所（35分）京路戸峠（30分）諏訪岳（40分）京路戸公園（30分）多田駅

▶地形図　田沼

▶アドバイス　村檜神社へのコースは、諏訪岳への道の中腹を右に折れる。歩いてきた山並の展望を楽しみながら、整備された階段を下りると、約30分で村檜神社の裏に出る。この神社は、645年に創建され、国の重要文化財の春日造りの本殿である。隣接の大慈寺は、737年（天平9）に、行基により開山され、小野小町ゆかりの日本七薬師や文化財など見るものも多い。なお、帰路はタクシーを呼ぶか、京路戸峠に戻り多田駅にでることになる

東武佐野線**田沼駅**から南の踏切を渡り東南に進む。約1・5キロで、秋山川を渡ると、右に田沼高校の校舎があり、正面に**唐沢下鳥居**が見える。鳥居の手前右側に大きな無料駐車場がある。車の場合はここに止めるのがよいだろう。

車道を少し歩くと唐沢観光農園跡の大きな鉄の門扉があり、その左に「関東ふれあいの道」の看板がある。唐沢山神社への登山道だ。農園脇の細い道に入り、樹林の中を野の花を楽しみながら登りきると、先の車道と合流し、レストハウスの麓に着く。右に進みやや下ると鏡石がある。この石に西日が反射し、上杉謙信の攻撃を防いだとの言い伝えがある。

登山道は鏡石の反対側にあり、5分もかからないで眺望のよい天狗岩に至る。また、車道を左に引き返し、レストハウスの前から天狗岩へ出るコースもある。石垣で築かれた「ます形」を通って**唐沢山神社**の境内に入る。水の涸れたことがないという「大炊の井」など、歴史に思いをはせらせるものも多い。

参道をゆるやかに登っていくと、南側斜面はツツジが多く、開花時は見事である。マ

ツ、スギの大木も多い。社務所の前庭からは天気がよければ東京のスカイツリーも見える。頂上には神殿がある。

京路戸峠へのコースは、神殿への石段と授与所・社務所の間に道路があり、標示もある。尾根道を行くとキャンプ場があり、その下を巻いて進む。「松風のみち」と言われるとおり、尾根道にはアカマツが多い。コナラ、シイ、カシ類も見られる。林道に出て進むと、290・3メートルの二等三角点の峰がある。林道は巻いているが、ここは登ってみよう。急斜面を登ると見晴らしも得られる。

右に下り、また林道に出て進むと、**見晴休憩所**の看板があり、登るとベンチがある。階段道を下り、林道に出たら右の尾根道に入る。山稜からは西に田沼地区、東に東北自動車道も見える。小さなアップダウンを繰り返すと、ベンチのある**京路戸峠**である。

ここから京路戸公園へのコースもあるが、「諏訪岳・村檜神社」の道標にしたがい、尾根を直進する。途中、村檜神社への道を右に分け、直進して頂上に向かう。京路戸峠から約20分で**諏訪岳**頂上（323・7メートル）である。西側に上州の山から日光の山が広がっている。この山は形がきれいなことから「中村富士」とも呼ばれている。

下りはかなり急で、未整備である。下り始めて約10分のところに、木にくくりつけられた分岐の表示がある。「藤沢R282　工業用地京路戸」と書かれてある。これを左折し京路戸へと進む。ここは見落としやすいので注意を要する。

さらに下ると、頂上から約30分の地点で、「直進は廃道。左折京路戸」の小さな看板がある。ここから10分で駐車場もある**京路戸公園**である。

公園からは工業団地の中を抜け、京路戸橋を渡り、東武線**多田駅**に向かう。

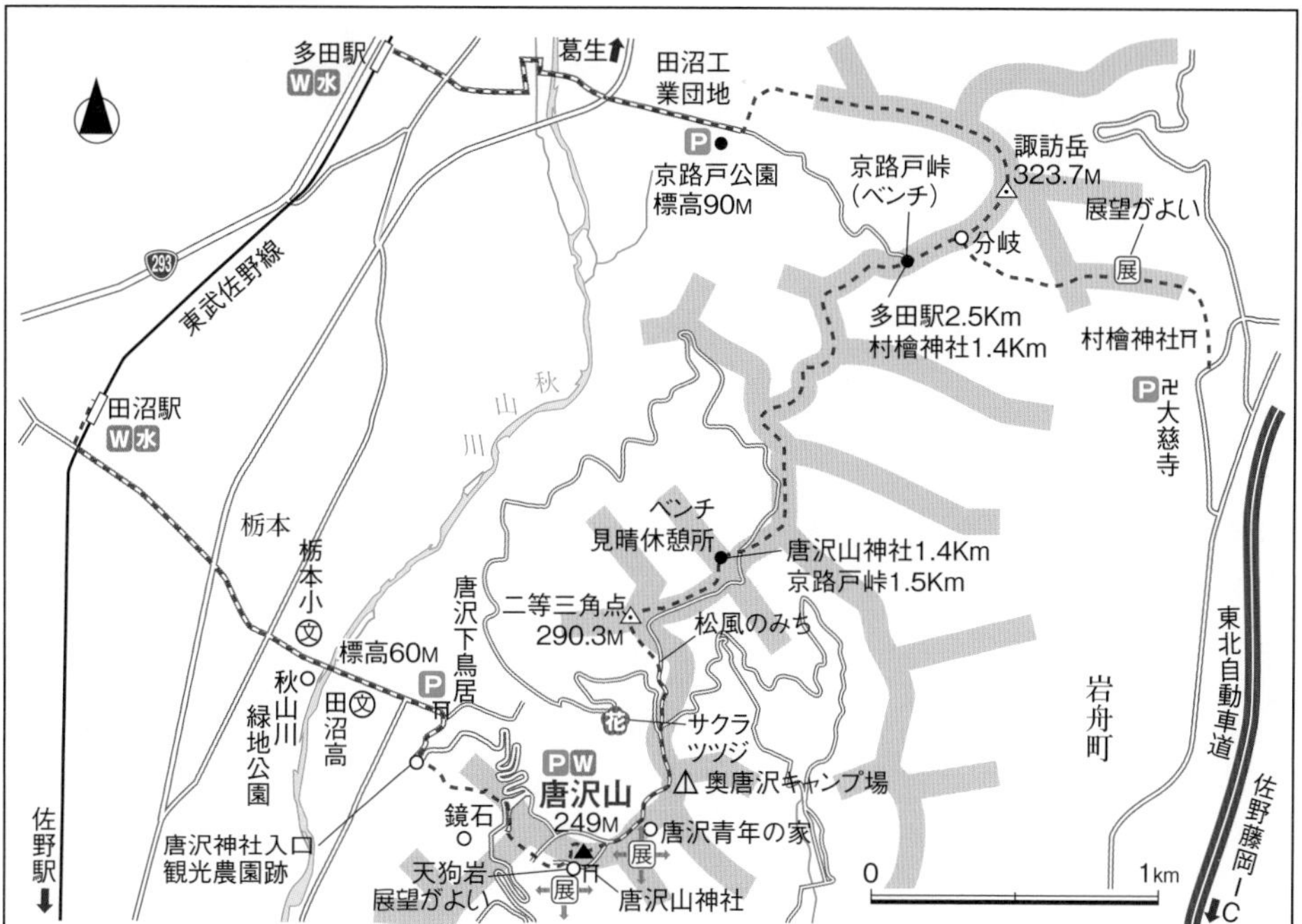

三毳山

みかもやま

229M

南口から見る三毳山の山並み

▶**交通**　JR両毛線岩舟駅から栃木市営ふれあいバス道の駅みかも下車。または車利用が望ましい

▶**歩行時間**　2時間35分

▶**コースタイム**　三毳神社（30分）山頂中継広場（10分）富士見台（10分）山頂中継広場（5分）奥社（15分）中岳（20分）三毳の関跡（35分）三毳山（20分）カタクリ群生地（10分）管理センター

▶**地形図**　佐野・下野藤岡

▶三毳神社境内には万葉歌碑が建立されている。「万葉集」巻十四東歌には「下野の三可母（みかも）の山の小楢（なら）のすま麗（ぐわ）し児ろは誰（た）が笥（け）か持たむ」（下野の国の三毳山に茂る小楢の木のように可愛らしいあの娘はいったい誰の食器を持つ＝誰の妻になる＝のだろうか）と詠まれている

ここでは藤岡町三毳神社から佐野市町谷かたくりの里へ抜けるコースを紹介する。

JR両毛線岩舟駅から栃木市営ふれあいバス道の駅みかも下車。あるいは車利用となる。車利用の場合は、東北自動車佐野藤岡インターから国道50号を東へ小山方面に走る。約1・3キロのところに「みかも山公園」「道の駅」の標識がある。信号を左折し右手が道の駅、正面がみかも山公園南口である。公園内に、駐車場があり、トイレ、水道もある。コースの起点、**三毳神社**は、公園内の車道の東端に、上に登る一本の歩道沿いにある。

とちぎ花センターと山頂広場を結ぶシャトルトレインバスが運行しているが、下から歩くことにしよう。

シャトルバス専用の車道を少し歩き、左へ大きくカーブするところでまっすぐの小道に入る。フェンスに沿って階段を登るとまもなく再び車道に出る。ここは右へ行くと1・3キロで東駐車場や、とちぎ花センターである。

車道を横切り階段を登り再び小道に入る。春はスミレ、シュンランの花咲く山道は、れっきとした参道であるが、あまり使われない様子だ。コケむした石段、滑りやすい急坂を登ると再び車道へ出る。正面は奥社社殿へ続く石段、右は電波塔、左に行くと**山頂中継広場**である。

広場に「謙信の鞍掛石」「富士見台」表示がある。そこを登ると、**富士見台**があり、ここからは関東平野が南に開け、東に筑波山、前方に渡良瀬遊水地が広がる。条件がよければ富士山も望めよう。おすすめのポイントである。

再び中継広場に戻ると奥社へ続く道がある。サクラに囲まれた**奥社**殿の境内からコナラ、アカマツ、クヌギ林に囲まれた尾根道をゆるやかに下り、ハングライダー基地のある台地を過ぎ、わずかの登りで**中岳**209・8メートルピークに着く。二等三角点が置かれ、好展望が得られる。行く手に三毳山がきれいな三角形を描き、太平山、岩船山や安蘇の山並、冬であれば上毛の山々、日光連山を遠望できる。

ここからやや急降下。クヌギの道の名に相応しく、左右は見事なクヌギ林でアカマツの幹も美しい。急坂を下りきった鞍部は**三毳の関跡**といわれ、あずま屋、ベンチ、古い石祠がある。右へ下ると「とちぎ花センター」へ出るが、途中にカタクリやアズマイチゲの群落があるので寄っていくのもよいだろう。

平坦な道をたどると、前方に山頂が見えてくる。右に万葉の道を分け、ヤマツツジの多い斜面をひと登りすると、229メートル**三毳山**の最高点に着く。山頂は明るい台地になっていて、電波塔があり展望も得られる。

よく整備された道を進み、次の小ピークから少し下ると分岐となり道標がある。まっすぐ下れば直接カタクリの里管理センターへ、尾根をはずれて右へ行けば、**カタクリ群生地**はすぐである。遊歩道が整備され、3月中旬から4月上旬にかけて斜面はカタクリ、アズマイチゲで埋めつくされる。下の広場には、ログハウスの**管理センター**があり無料休憩所となっている。ここにも万葉歌碑がある。

車を公園南駐車場に置いた場合は、円仁誕生地入口バス停から、ふれあいバスを利用して道の駅みかもで下車する。あるいは、県道67号線を右折して約700メートルの慈覚大師誕生の郷標識を右折し、三毳山東麓の里道をたどり、花センターからシャトルバスを利用するか徒歩で戻る。

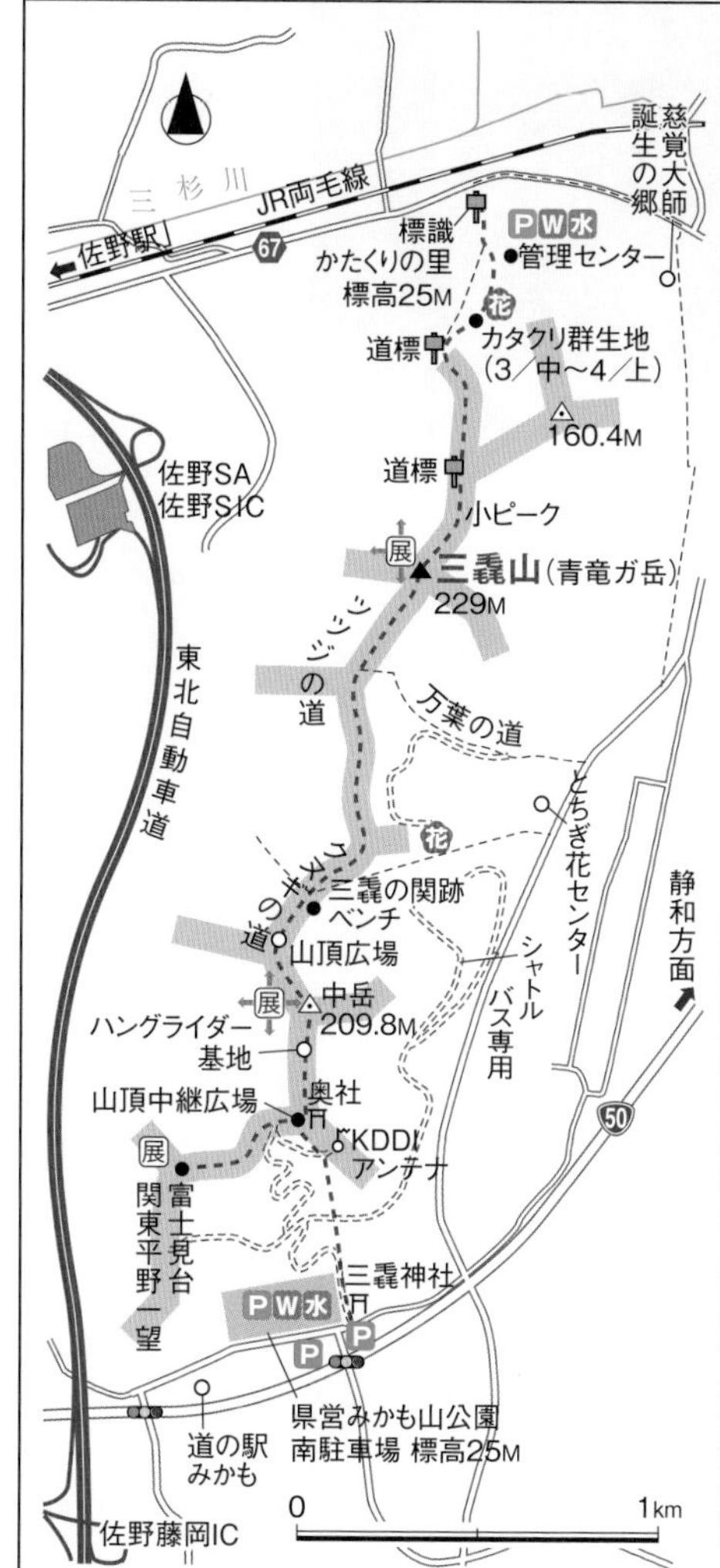

大小山

だいしょうやま

★★

314M

「大」「小」の文字が掛けられている大小山

▶交通　JR両毛線富田駅下車

▶歩行時間　3時間20分

▶コースタイム　富田駅（40分）阿夫利神社（40分）大岩（35分）大小山（15分）見晴台（30分）阿夫利神社（40分）富田駅

▶サブコース〔南尾根コース〕
大小山（10分）大久保町分岐（50分）アンテナ（45分）県道67号線（30分）富田駅

▶地形図　佐野

▶大坊山縦走コース　大小山から北西へ尾根を急降下。西側の谷を隔てて大坊山がよく見える。岩がゴロゴロした尾根を下り、アップダウンを繰り返し、4つのピークを越えて下ったところが越床峠。ここから急登で登り返し、南側へ大きく回り込んで大坊山へ着く（120分）

JR両毛線**富田駅**で下車。「大小山登山口2・5キロ」の道標のある駅前を右折、踏切を渡る。左側に東陽院の見事なクロマツがある。栗田美術館方面から来る広い道に出たら右折し、三柱神社の丘裾の道を左に入り北上、「養老の碑」を右に見てすぐ先のT字路を左折すればまもなく登山口の**阿夫利神社**である。

神社の堂内にはカラス天狗が二面祀られている。身支度を整えるにはよいところだ。ここには駐車場とトイレ、沢水を引いた水道があり、駐車場脇に案内標識がある。

「妙義山廻り大小山登山口」の標識にしたがい駐車場の向いの小道に入る。シノタケや雑木林の間に切り開かれた斜面を登って行きロープがつけられた露岩を越えると尾根に合流する。ここからの筑波山方面の展望が素晴らしい。

ゆるやかな尾根道を行くと、まもなく洞窟状になった**大岩**に出る。尾根の南寄りの道を進むと、左前方、樹の間からは「大」「小」の文字がかかった岩峰が望まれる。

小ピークの先で右に赤見方面から来る尾根を分け左折、少し行くと岩場があり、左側を登る。右側には巻き道があり、いずれもロープが付けられ、上部で合流する。さらに上の岩場を北から回り込んで岩尾根を登ると、313・6メートルの**大小山**（妙義山）山頂に着く。山頂標識の「妙義山」は佐野市側からの呼称とのこと。「大小山」あるいは「鷹巣山」で馴染んできた人は少々戸惑うかもしれない。

二等三角点の置かれた山頂は狭いが、さえぎるものもなく関東平野が広がり、周辺の山や日光、群馬の山々が一望でき、また条件がよければ富士山やスカイツリーも望める。北への尾根をたどると国道293号の越床峠に至る。

帰路は露岩混じりの尾根を下る。鞍部から登り返したところが天狗岩の頭で、新たな標識ではこちらが大小山山頂（282メートル）となっている。

大久保町方面（南尾根コース）、大小山見晴台方面の標識を左折、鉄ハシゴを下ると天狗岩直下の**見晴台**に着く。あずま屋が建てられ、その上の岩壁に「大」「小」の大きなステンレス製文字板が掛けられている。

見晴台から少し下ると、直進して岩尾根を下る男坂と、右に大きく迂回する女坂に分かれる。女坂は谷筋に沿った穏やかな樹林の中の道で、男坂とは祈祷神社への石段道のある五合目で合流する。あとは舗装された小道を進み、右下の小沢に石尊の滝を見れば出発点の**阿夫利神社**である。

〈南尾根コース〉

大小山からいくつもの小ピークを越えて行く展望のよい縦走コースである。前述の大久保町方面の**分岐**を直進、途中のNHKのアンテナがよい目印となる。

アンテナを過ぎるとゴルフ場が眼下に大きく広がる。赤松の尾根は左側が削られてしまい、草付きの断崖になっているので、ゴルフ場側に寄り過ぎないよう注意する。さらに進むと道は二分する。尾根通しに直進すると民家の裏庭に出てしまうので、見晴らしは悪いが右側のシノタケの道を行く。右下に見える道路と合流してさらに十数メートル行けば**県道67号線**に出る。

ここを左折して50メートルほど先に足利市営線バスせせらぎ号の東大久保バス停があるが本数は少ない。**富田駅**まで歩いても30分弱である。

時間があれば、伊万里、鍋島の収集では東洋一といわれる栗田美術館を見学すれば、よい思い出となるだろう。

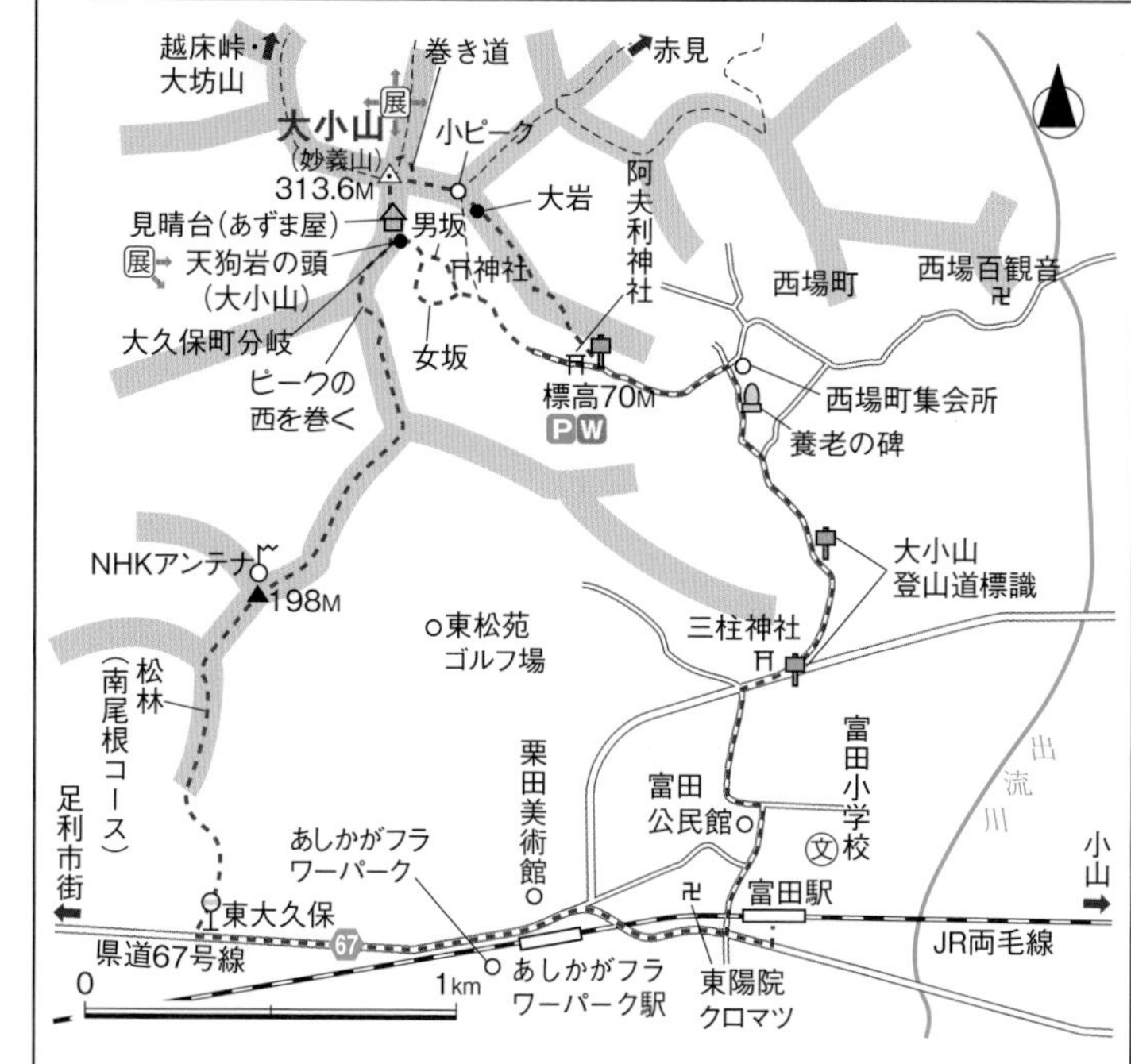

大坊山

だいぼうさん

285M

毛野地区から見る大坊山

▶**交通**　JR両毛線足利駅または東武伊勢崎線足利市駅から足利市生活路線バス（せせらぎ号）富田行、上宮先バス停下車。あるいは足利駅または東武足利市駅からタクシーで山川長林寺まで。バスの便が少ないのでタクシーが望ましい

▶**歩行時間**　3時間

▶**コースタイム**　山川長林寺（20分）浅間山（10分）案内板（40分）見晴台（40分）分岐（10分）大坊山（15分）大山祇神社（30分）案内板（15分）山川長林寺

▶**地形図**　足利南部

▶**アドバイス**　大坊山の途中の分岐から、越床峠を経て大小山へと続く道がある。越床峠まで1時間、さらに大小山までは、1時間30分ほどである。越床峠から大小山までは稜線歩きで展望に恵まれているので、機会があれば行かれるとよい

標高285・4メートルの大坊山を中心とする約6キロのこのコースは、低山ながら起伏にとみ、尾根からの眺望もよく、家族連れや初心者におすすめのコースである。

JR両毛線足利駅から富田行の足利市生活路線バス（せせらぎ号）に乗り、15分もすれば上宮先バス停に着く。北に向かい閑静な住宅街を抜ければ、大坊山への登山口となる**山川長林寺**に着く。

山川長林寺駐車場より池を周回してゆるやかな登り坂を行く。しばらくすると道了尊があり大権現が祀られている。振り返ると今きた寺の周辺がよく見える。

広場を通ると案内板があり、ここから初心者コースと一般コースに分かれているがやがて合流する。右側の一般コースを通ることにする。

マツの多い尾根を登って行くと、石祠が祀られている**浅間山**に着く。ここより下って行くと自衛隊道路に出る。道路を横切ると**案内板**があるのでこれから先のコースを確認しておこう。

林道をしばらく行くと終点の広場に着く。案内板や登山口の標識がありベンチも置かれている。ここからはゆるやかに登るが、やがて「初心

者・健脚者コース」に分かれる。ここでは尾根コースの初心者コースを進もう。

最初のピークには、イスとテーブルが置かれ素晴らしい展望だ。さらに進むと二つ目のピークがあり、**見晴台**と呼ばれているところだ。富士山・日光連山・赤城山と山名が入った標識が立っており、やはり素晴らしい眺めである。

さらに進むと三つ目の岩稜のピークに着くが、ピークを踏まずに初心者コースの巻道もある。ここでは展望のよい健脚者コースを進む。この尾根上で一番の好展望地で、関東平野が一望でき、360度の展望が広がる。北に日光連山、西に赤城山、南に富士山、スカイツリーや新宿ビル群もそれとわかる。

景色をゆっくり楽しんだら大坊山へ向かう。小さなピークを登ったり下ったりが続く歩きやすい尾根は、岩稜もありところどころに展望が開ける。途中の小ピークにはヤマツツジが多く春にはハイキングに彩りをそえるだろう。

さらに尾根を進むと**分岐**に出る。左は越床峠を経て大小山に続く道で少し行くと好展望地がある。ここからの展望を楽しんだら分岐に戻り大坊山に向かおう。岩稜の尾根を登れば四等三角点が置かれている**大坊山**（285・4メートル）山頂だ。山頂には城跡があり神社の広場もあって眺めもなかなかである。

ここから下りとなり、約15分で**大山祇神社**に着く。車道を下り集落を抜けて自衛隊道路に出たら、山に向かって歩けば**案内板**のあるところに着く。ここからは初心者コースを通り**山川長林寺**に戻ることになる。

なお、大坊山ハイキングコース近くには、こんもりとした小さな山がたくさんある。これらはみんな古墳で六～七世紀ごろに小首長の墓として造られたものである。時間があれば帰りに山川長林寺で一休みし、古墳をゆっくり見るのもよいだろう。

天狗山

てんぐやま

259M

南側から天狗山を望む

▶交通　JR両毛線足利駅下車

▶歩行時間　3時間15分

▶コースタイム　JR足利駅（20分）織姫神社（60分）両崖山（25分）天狗山（60分）常念寺（30分）JR足利駅

▶地形図　足利北部

▶機神山　山頂にレストランがあり、市内の案内パンフレット等もおいてある

▶車の場合　足利市役所の北側から、織姫公園の中の駐車場まで登ってこられる。帰路は、常念寺から逆川沿いに進み長林寺から織姫公園の駐車場に向かう。織姫公園はサクラとツツジの名所で、花見の時期は大勢の市民で賑わう

▶常念寺からJR足利駅・東武足利市駅まで足利市生活路線バスがある。TEL0284-22-0088

JR足利駅から織姫神社までは20分の市内散策である。途中に足利学校跡や鑁阿寺などの名所旧跡がある。**織姫神社**の鳥居から石段を登り、神社の右手の散策路を登って行くと機神山山頂古墳である。ここから尾根道を北へ歩き出す。

展望台を過ぎると本格的なハイキングコースとなる。アカマツと裸岩の目立つ尾根上に道がついている。アップダウンを繰り返しながら登って行くと、左下に西渓園の梅林が見えてくる。ウメが満開の時は、真っ白なじゅうたんが浮かんでいるようだ。山火事跡の裸岩の上は、足利市内、渡良瀬川から関東平野の展望地である。

引き続きごつごつした裸岩の道を進むと岩場があり、ここを登ると、木組みの展望台に出る。ここからは富士山やスカイツリーが見えるときもある。あずま屋を過ぎ石の鳥居をくぐって石段を登れば、御嶽神社のある**両崖山**山頂である。

天狗山へは石段を戻って、鳥居の手前を右に折れる。あずま屋があり、天狗山コースの標識が立っている。西の尾根をいったん下り、登り返したピークがムラサキツツジの

名所紫山である。

雑木林の中を下って峠に出ると、左に本経寺、右に大岩町からの道が上がってきている。ここから少し急な登りが始まる。明るい林を登って行くと、巻き道と尾根道の分岐がある。ここでは尾根コースを選ぼう。ロープの張られた岩場を登りきると天狗岩に出る。南側の展望が開けている。

岩混じりの尾根を登り続け、ゆるやかに尾根を左に回り込むようになると、道も平坦となり**天狗山**山頂に着く。細長い広場で、南から東側の展望が特によい。山頂の標識の前に二等三角点標石（258・6メートル）があり、休憩や昼食にはもってこいの場所である。

ここからは、南に延びるマツの多い尾根をゆるやかに下り、本経寺への下山路を左に見て進むと、かわら山である。分岐で、展望台の標識にしたがい尾根をまっすぐ下れば、裸岩の上の展望台に出る。切れ落ちた岩の上から北関東道や浅間山の勇姿、上毛三山・太田の金山が望まれる。

分岐に戻り、南東に80メートルほど急斜面を下る。下りきれば、あとは南に延びる尾根のゆるやかなアップダウンである。須永山、観音山を経て、最後の大下りで子安観音堂の裏手に出る。

観音堂の石段を下れば足利七福神のひとつ、**常念寺**に着く。県道67号線の通り七丁目である。あとは東へ直進すれば**ＪＲ足利駅**に出る。

天狗山から見る足利の町並み

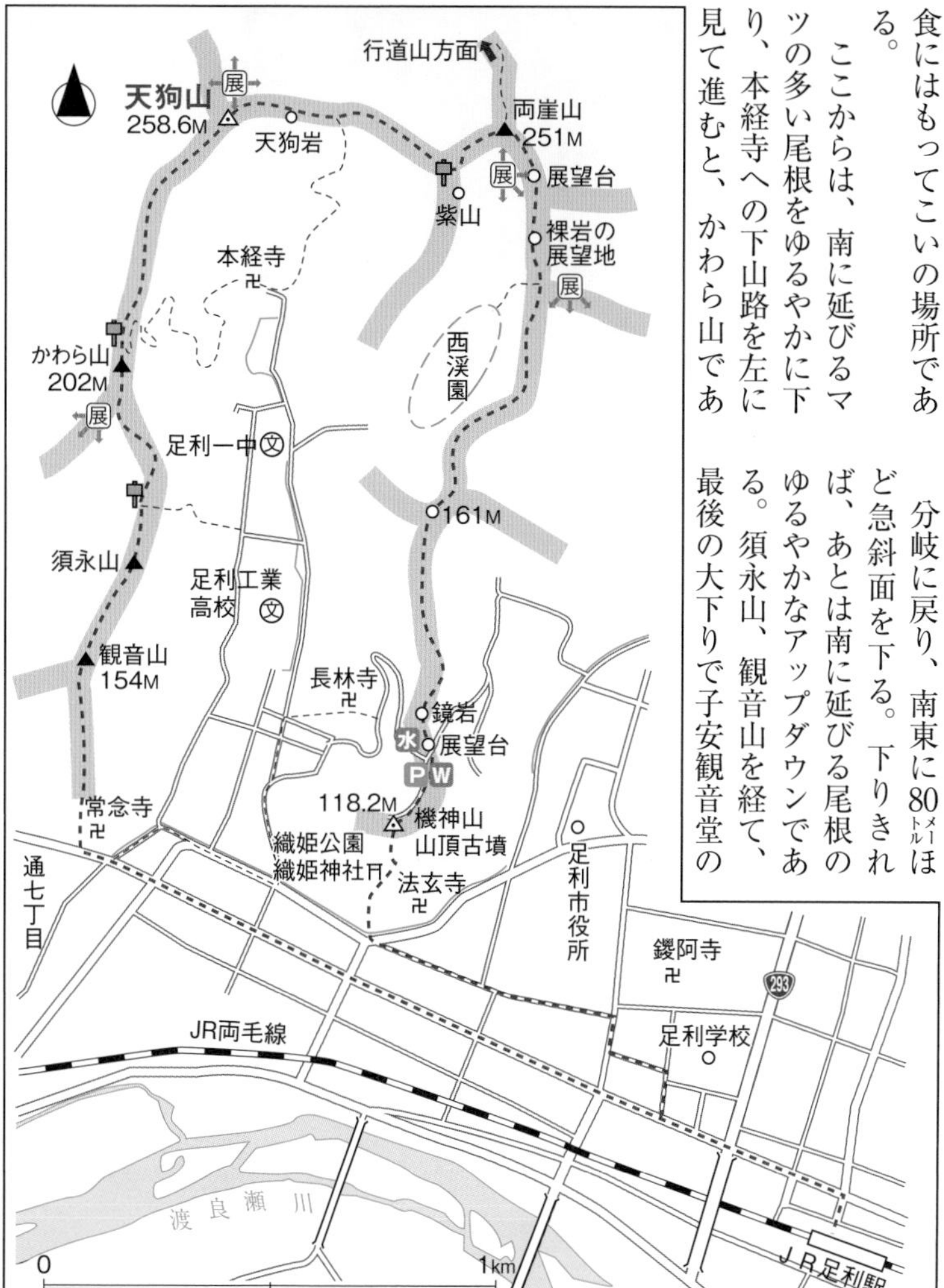

行道山から織姫山

ぎょうどうさん
おりひめやま

442M

展望台から足利市街を望む

行道山バス停で下車し、車道をさらに進んで「関東ふれあいの道名草巨石群」方面への道を右に分けると、まもなく**行道山浄因寺**石段下の駐車場に着く。ここが登山口となる。

スギの大木に囲まれた急な石段を登って行く。初夏には道の両側にシャガの花が咲き、心をなごませてくれる。10分ほどで山門に着く。

山門をくぐり浄因寺の境内へ入る。寺の脇にハイキングコースの道標があって、少し登って行くと不明堂（あかずのどう）があり、ここから振り返る景色は南画さながらである。さらに進み、短い急坂を登りきった左側の露岩地が四十九院涅槃台（ねはんだい）で、50センほどの寝釈迦の石像が横たわり、背後の持仏群も見事でそれぞれに味わいがある。東面が開け、紫峰筑波山をはじめとする筑波山塊が一望できる。

支稜を西へたどると仏法僧峠で、主稜線は南北へ分かれる。北は行道峠から馬打峠へ至るが、この道はあまり利用されていない。南へ進み、数分で441・7メートルの**石尊山山頂見晴台**へ着く。ここには石祠や三等三角点がある。また、周囲の山々を刻んだパノラマ板やベンチが置かれ、展

▶交通　JR両毛線足利駅または東武伊勢崎線足利市駅から足利市生活路線バス行道線、終点下車。本数が少ないので時間を確認すること

▶歩行時間　3時間50分

▶コースタイム　行道山バス停（20分）行道山浄因寺（40分）石尊山見晴台（20分）剣ガ峯（30分）大岩毘沙門天（50分）両崖山（50分）織姫神社（20分）JR足利駅

▶地形図　足利北部・足利南部

▶行道山浄因寺　714年（和銅7）行基上人の開基といわれる名刹で「関東高野山」の別名がある。断崖絶壁に囲まれ、三万三千体といわれる大小の石仏群、渓あり滝ありの景勝の地として栃木県の名勝第一号に指定されている。4月8日の花まつりの「厄除け一杯めし」が有名。なお「行道山」は山名ではなく寺の山号である

望がよい。

さらに平坦な山稜を南へたどると**剣ガ峯**（大岩山）で、北西側の眺望がよい。テーブルやベンチがあり、春にはツツジが楽しめる。剣ガ峯からはヒノキ林の中のつづら折りの下りとなり、数分で車道終点の台地に出る。ここから右に車道を行き、西公園駐車場の手前を左に下ると**大岩毘沙門天**に着く。境内を散策した後、階段を下って行くと車道に出る。左に5分ほど進むと左側の山道に入る道標があらわれ、まもなく274・4メートル、四等三角点のあるピークに着く。

道は植林帯から岩石道となり、いくつかのアップダウンののち切通しの車道に出る。再び向かいの山道に入り、厳しい階段を登っていくと、念仏供養尊（地蔵様）のある分岐に出る。右へは「どんぐり村」の道標がある。そこから二つ目のピークにはベンチがあり、西に北関東自動車道トンネルや右手後方に剣ガ峰の雄姿が望める。

急坂の木の階段を汗して登れば**両崖山**へ着く。あたりにはシイの大木がうっそうと茂り、タブノキの自生林は天然記念物になっている。階段を下ると、右側に天狗山への道を分ける。

城跡から下って行くと岩混じりの広い道となり、ベンチのある展望台に着く。再び岩道を下って行くと鏡岩展望台に着く。あとは**織姫神社**に出て、JR**足利駅**をめざす（両崖山からは『天狗山』参照）。

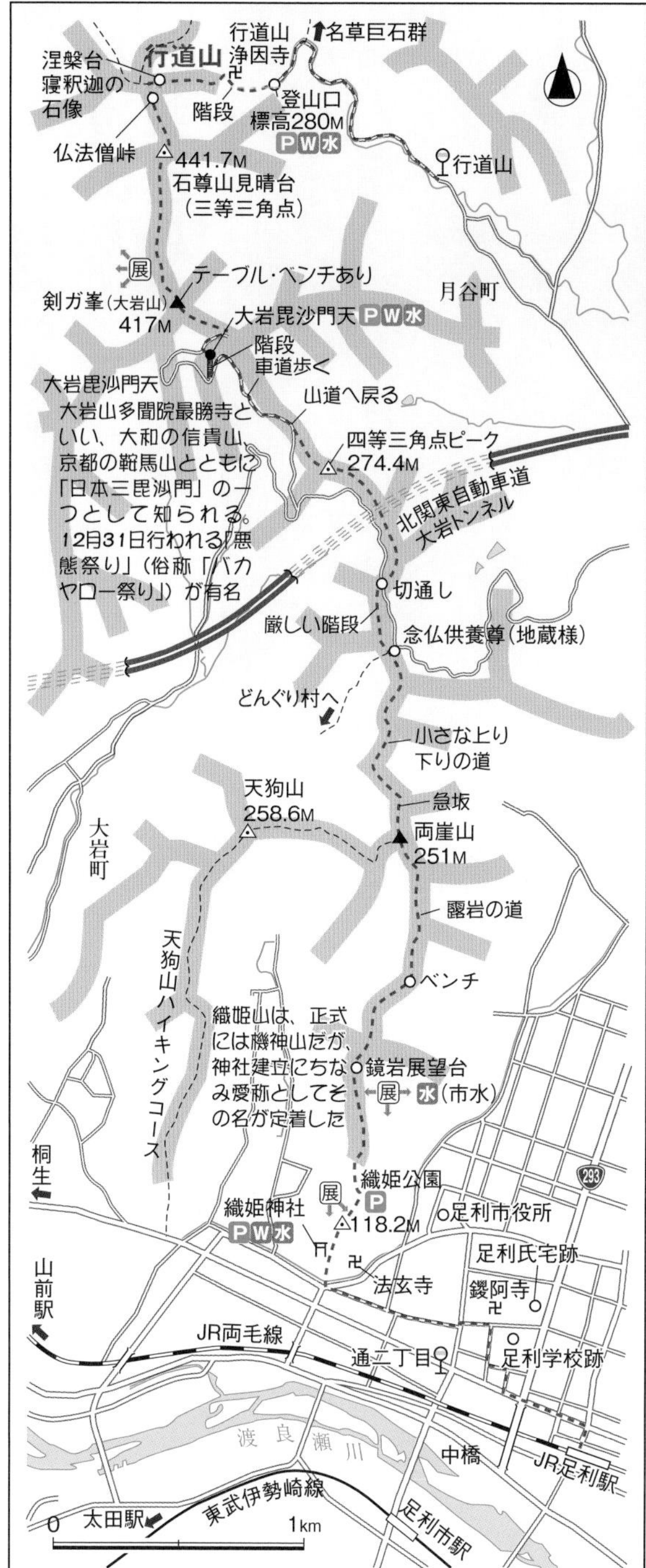

晩秋の日だまりハイクも楽しい……★★

行道山から名草巨石群

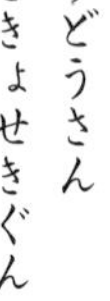

ぎょうどうさん なぐさきょせきぐん

名草の巨石群

▶**交通**　JR両毛線足利駅または東武伊勢崎線足利市駅から足利市生活路線バス行道線、終点下車。本数が少ないので時間を確認すること

▶**歩行時間**　4時間30分

▶**コースタイム**　行道山バス停(20分)案内板(40分)馬打峠(120分)藤坂峠(60分)名草巨石群(30分)入名草バス停

▶**地形図**　番場・足利北部

▶**浄因寺**　境内には行道山十勝のうち、葛飾北斎が描いた「雲のかけ橋」で知られる天高橋や断崖に建つ清心亭などがあり、中国の南画さながらの光景は春夏秋冬それぞれに風情がある。秋の崖紅葉や大銀杏黄葉は特に素晴らしい

ＪＲ足利駅または東武足利市駅から足利市生活路線バス行道行を利用し、終点の**行道山バス停**で下車する。バス停から山あいの車道を進むと「関東ふれあいの道、名草巨石群８・３キロ」の**案内板**がある。この奥の名刹行道山浄因寺は見どころも多い。時間に余裕があれば、ぜひ往復してこよう。

案内板のところからスギ山の間の林道を４００メートルほど行くと次の道標があり、ここで右の山道に入る。途中で西の行道峠から来る小道と合わさる。さらに15分ほど行くと**馬打峠**だ。

峠からのルートは舗装されている車道を１００メートルほど東に行き再び山道に入る。道標が完備され、迷うことはない。ここから藤坂峠までは縦走の核心部分で、明るい尾根通しに小さなアップダウンを繰り返して行く。ゼンマイやギボウシの葉も多く、春先は楽しみな道だ。

やや急登後、露岩混じりの尾根となり樹間越しにはゴルフ場や松田方面の街並みなども見える。ほどなく３８７・９メートル三等三角点のあるピークに着く。木のベンチとテーブルが置かれ、休憩好適地だが樹林で展望はさほど得られな

138

い。

次の381メートルピークの前後が本コースの中間地点で、見事な杉木立、アカマツ、カシワの林が続く。5月末ごろ、白い花をつけるのはエゴノキ。足元にはヒトリシズカなどもひっそりと咲く。春、ウグイスの声を聞きながらのんびり歩くのは楽しい。葉の落ちた晩秋なら展望もずっとよくなる。

422メートルピークは北側が開け、ここからは名草、田沼方面の山並みが一望できる。

急降下を繰り返し、やがて左右がスギ林となって、丸太の階段を下りきったところが**藤坂峠**である。「巨石群まで2・3キロ」の道標と道路開通の記念碑が建っている。

車道を西に50メートル歩き再び丸太の階段を急登すれば、平坦な雑木の尾根となり、若干のアップダウンのあと、ベンチ、テーブルが並ぶ地点に出る。

西斜面についている踏跡は湯の沢温泉を経て松田へ下る道。名草方面へは道標どおり右折して整備された丸太道を下り、さらにスギ林の中の道をたどれば、ほどなく厳島神社、通称「名草の弁天さま」の参道と合流、左折して200メートルで**名草巨石群**に至る。ここには御供石をはじめ、弁慶の手割石、奥の院付近の石割楓、御舟石など、巨岩奇石が集まっており、昭和14年に国の天然記念物に指定されている。

このあたりは山水も豊富で夏も涼しく、近くにキャンプ場もあり市民の憩いの場となっている。参道を戻ると入口に大きな朱塗りの一の鳥居があり、その先に休憩所、トイレ、駐車場がある。

入名草バス停のある名草上町までは徒歩30分。佐野市営バスが運行しており、東武足利市駅まで約40分。午後は一、二便と本数が少ないので乗り遅れたらタクシーを呼ぶことになろう。

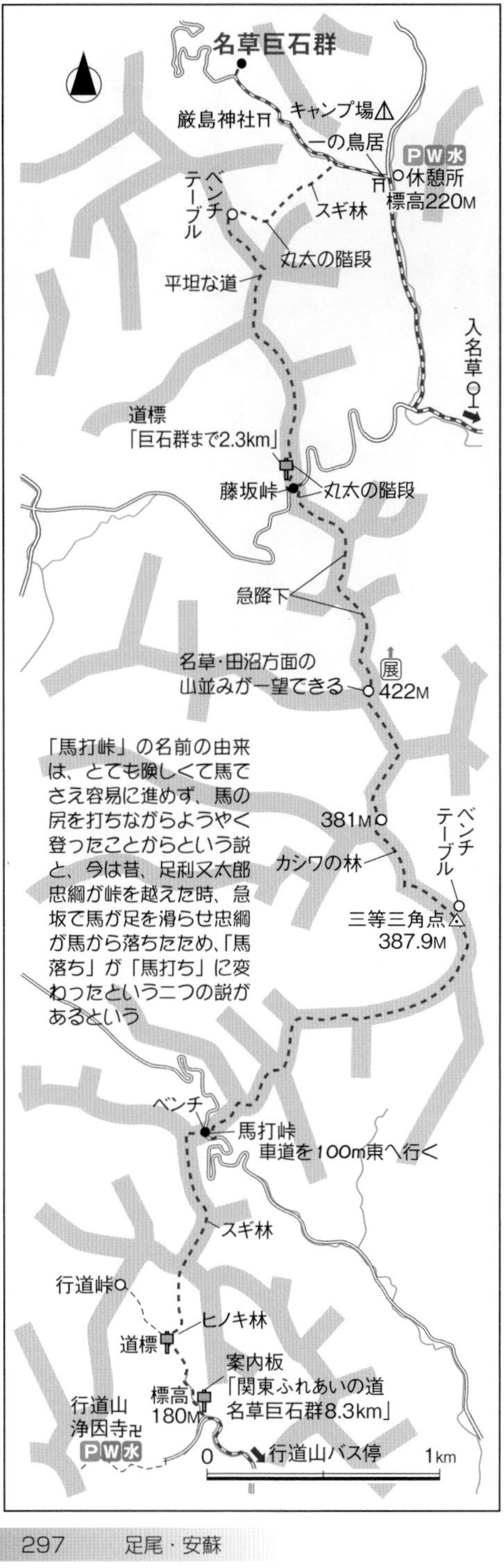

「馬打峠」の名前の由来は、とても険しくて馬でさえ容易に進めず、馬の尻を打ちながらようやく登ったことからという説と、今は昔、足利又太郎忠綱が峠を越えた時、急坂で馬が足を滑らせ忠綱が馬から落ちたため、「馬落ち」が「馬打ち」に変わったという二つの説があるという

悲劇の武将伝説を秘めた山 ★★

赤雪山

あかゆきやま

621M

仙人ガ岳縦走路から赤雪山を望む

▶交通　松田川ダムへは東武伊勢崎線足利市駅より足利市生活路線バス松田線、終点下車。登山口までは徒歩で2km以上。バスの本数が少ないので同駅またはJR両毛線小俣駅からタクシー、または車利用が望ましい。巨石群入口へは東武足利市駅から生活路線バス名草線、終点下車、徒歩30分。運行本数も少ないのでタクシー、または車利用が望ましい

▶歩行時間　2時間30分

▶コースタイム　赤雪沢駐車場（5分）湖畔尾根コース登山口（45分）491mピーク（35分）赤雪山（25分）491mピーク（35分）湖畔尾根コース登山口（5分）赤雪沢駐車場

▶地形図　番場

▶「赤雪」の由来　鎌倉時代、足利義兼（鑁阿寺の開祖）の軍に追われた足利又太郎忠綱一族がこの地で討ちとられ、折からの雪が血で赤く染まったためと伝えられる

足利市最北部に位置する赤雪山は足利では仙人ガ岳についで2番目に高い山である。ここでは湖畔側の尾根から赤雪山へ登り、同じ道を戻る。赤雪沢駐車場へと下るコースもあるが、豪雨の影響で倒木が多く登山道が不明で通行が困難なため、来た道を戻るコースを紹介する。

松田町方面から松田川ダムへと林道を上って行くと、ダムサイトにメモリアル広場がある。ここから300㍍先に「駐車場」「赤雪山ハイキングコース入口」の標識があり、ここを右折した突き当たりが**赤雪沢駐車場**である。道路に戻り湖畔キャンプ場方面にわずか進んだ右手が**尾根コース登山口**で「赤雪山1・7キロ」の道標と案内板がある。

坂道からヒノキの植林の中をジグザグに登ると、赤雪山から南東に延びる尾根に合流する。最初は急登であるが、すぐに真っすぐな幅広の道となる。やや急になり、尾根の左側をジグザグに登ると**491㍍ピーク**である。右前方に赤雪山が見える。ゆるく下って鞍部からはアカマツや広葉樹の混じる明るい尾根を行く。ゆるやかなマツの並木を抜けて、丸太の階段からクヌギ林に入る。「赤雪山0・2

キロ」の道標を見て、平坦地の先でもう一度丸太の階段を登れば、まもなく三等三角点がある**赤雪山**山頂（６２０・６メートル）である。

山頂にはベンチ、あずま屋があり、ゆっくり休憩するには最適である。北〜西側の展望はよくないが、南東側が開け、行道山から名草にかけての山並の向こうに大小山、太平山などが見え、その先に関東平野が広がる。

帰路は来た道を戻る。

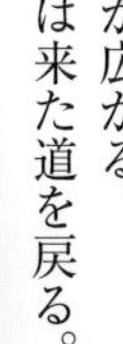

あずま屋のある赤雪山山頂

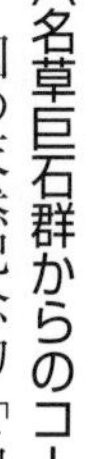

〔名草巨石群からのコース〕

国の天然記念物「名草の巨石群」から足利市と旧田沼町（現佐野市）との境界の峠に出て赤雪山に至る従来から歩かれているコースである。巨石群入口駐車場から厳島神社にある弁慶の割り石、御供石などを経て20分ほどで石割楓、御舟石などのある奥の院に着く。裏手に長石林道へ続く林道が来ており、トイレと数台の駐車スペースがあるのでここを起点とすることもできる。

ヘアピンカーブの林道を上り35分で道標の立つ市境界峠に着く。防火水槽の脇から整備された丸太の階段を登り、市境界稜線を西へたどる。右手に袈裟丸山や白根山なども望める展望のよい尾根である。反射板のあるピークを過ぎて次のピークを越せば、左の赤雪沢からくるコースを合わせる。峠から赤雪山まで1・4キロ約70分である。

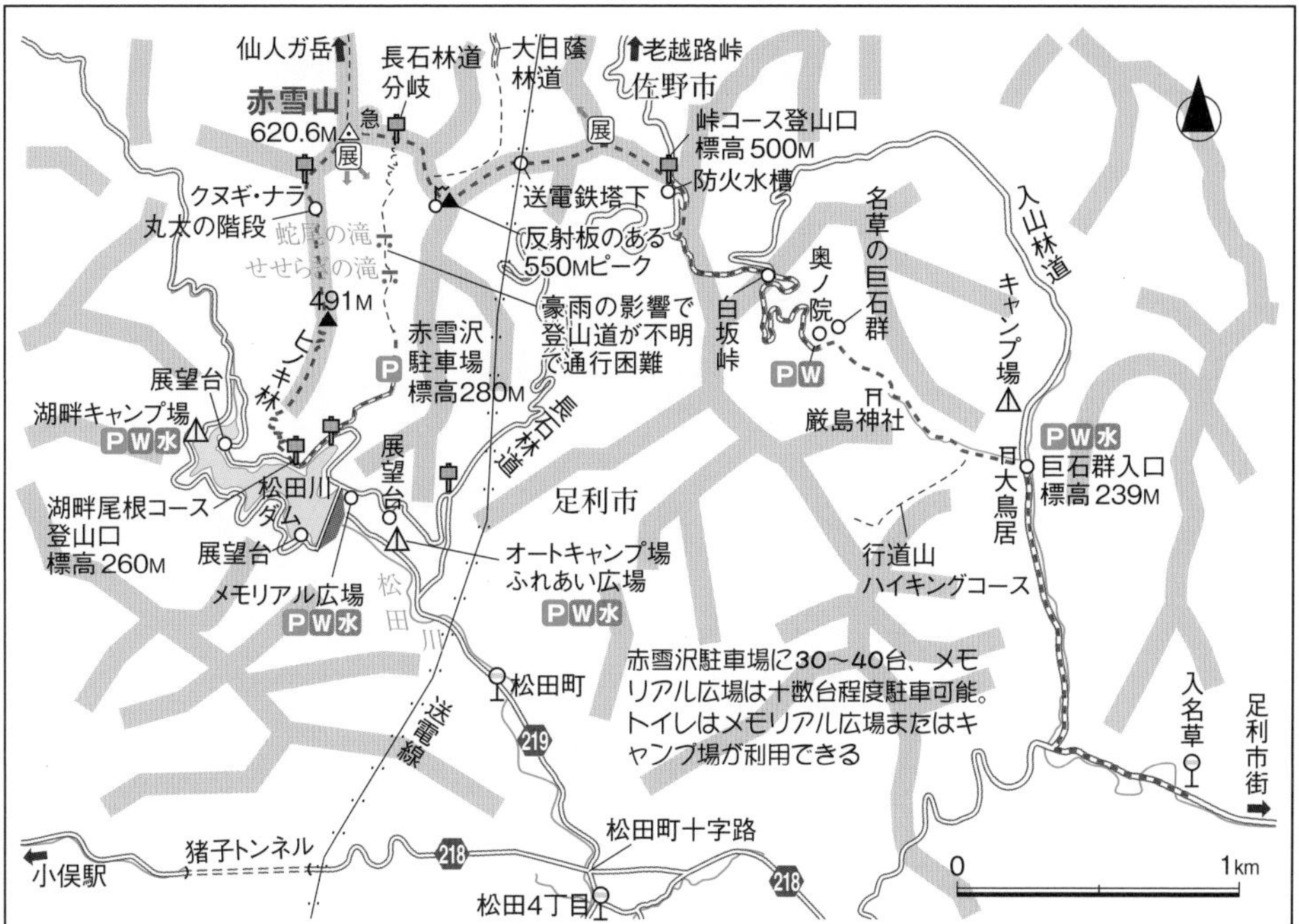

561mピーク付近から見る仙人ガ岳

静かな谷と変化にとんだ尾根歩き　★★

仙人ガ岳

せんにんがだけ

663M

仙人ガ岳は足利市では一番高い山である。谷や岩場、そして尾根歩きと変化に富んだコースを提供してくれる。ここでは岩切登山口から仙人ガ岳へ登り、犬返しの岩場を経て猪子峠へ下る周回コースを紹介する。なお**岩切登山口**まではアプローチを短縮するためにタクシーか車を利用する。

岩切橋のたもとの「生不動、仙人ガ岳」の標識から林道に入る。入口右に石仏、庚申塔がある。木の鳥居をくぐり、ウメ林を抜けると堰堤の先から沢沿いの小道となる。丸木橋を渡りスギ林に入るとゆるい登りとなり、ほどなく不動沢の滝入口分岐に出る。直進の道は滝のかたわらを経由、右は高巻き道である。ロープ、クサリの張られた岩棚では足元に注意しよう。沢床を左右に渡り返しながら流れに沿って登り、平坦な道になるとまもなく**生不動尊**(なま)に着く。

さらに進むと水流も消えて明るい窪地に出る。雑木の緩斜面を登り右折すると道標があり、小尾根の急登わずかで猪子峠からの尾根と合流する。ここが**熊の分岐**で、左は仙人ガ岳、右は猪子峠の道標が立っている。

稜線を次のピークまで急登

▶交通　JR両毛線小俣駅前から足利市生活路線バス小俣線、終点下車。岩切登山口まで200m。松田線利用の場合は東武足利市駅から乗車、松田四丁目下車。猪子トンネルまで1.3km。ともに運行本数が少ないので、タクシー、または車利用が望ましい

▶歩行時間　4時間10分

▶コースタイム　岩切登山口（40分）生不動尊（35分）熊の分岐（25分）仙人ガ岳（20分）熊の分岐（40分）犬返し（40分）東尾根の分岐（30分）猪子峠（20分）岩切登山口

▶地形図　足利北部・番場

▶駐車場　岩切橋の東寄りの私有地に数台（有料）、西寄りの小俣北町バス停の向かいに数台の駐車スペースがある。猪子トンネル東側入口脇に2～3台程度可能

▶健脚の人なら先に展望のよい尾根を歩く逆コースをとってもよい

し、ゆるいアップダウンののち仙人ガ岳東端のピークに着く。林に囲まれた日あたりのよい広場だ。

さらに西へ3～4分行くと**仙人ガ岳**山頂（662・9メートル）に着く。こちらも明るい樹林の台地で、等級部分の欠けた三等三角点がある。展望を楽しむには少々樹木が邪魔をするが、西北側の桐生の山並の先に赤城山や袈裟丸山、北奥には白根山、男体山などの山々が望める。

帰路は**熊の分岐**まで戻り、小さなアップダウンを繰り返しながら行く。尾根筋はアカマツ、クヌギ、コナラやツツジなどの灌木を配し、アカヤシオ、トウゴクミツバツツジの開花時は見事である。561メートルピークは松田川ダムと周囲の山並を俯瞰する展望地で、赤雪山が指呼の間である。ここからまつだ湖畔キャンプ場に下るサブルートもある。

露岩の尾根をさらに進むと、標識のある鞍部の先がコース中唯一の難所、**犬返し**の岩場である。高度差7～8メートルだが、上から見るとかなり高度感がある。クサリが付けられているが、クサリだけを頼らず三点支持を忘れずに。岩場の苦手な人は左に巻き道があるのでこちらを行こう。

511メートルピークに近づくと展望抜群で、左に赤雪山、松田川ダム、右に深高山、石尊山の山並が大きく、さらに赤城山、榛名山、秩父連山、富士山などが遠望できる。この辺りはやせた箇所もあるので注意しよう。

511メートルピークの先から二度ほどアップダウンを繰り返すと、ヒノキと広葉樹に囲まれた広い鞍部に出る。岩尾根も終了し一息つけるところだ。すぐに**東尾根の分岐**となり、ここを右折し**猪子峠**までは下り30分ほどである。峠からは小俣町方面の標識にしたがい、右折すれば20分で**岩切登山口**に着く。

多高山

たこうさん

608M

飛駒根古屋森林公園から見る多高山

　東武足利市駅から佐野市営デマンド交通足利線に乗り、**番場バス停**で下車する。すぐ先のT字路に梅田方面の道路標識と足利カントリークラブ入口の看板があるので、これを左に入る。登山口の**老越(おいのこう)路峠(じ)**まで車道約3キロのゆるやかな登りである。

　老越路峠の道路脇には大きな番山記念碑が建っている。この石碑の斜め向かいに多高山登山口の道標があり、これにしたがって山道に入る。道路際のネットフェンス沿いに登り、すぐ祠がある小道を左にカーブする。登山道は山頂に向かってまっすぐに延びており、急斜面を登る。やがてジグザグ道となるが、一気に高度をかせぐ急登である。

　マツの根元の大岩を左に巻くと、道は小尾根状になり、左からの尾根を合わせると急登は終わり、右折してマツと灌木のゆるやかな稜線を5分ほど行くと三等三角点の置かれた**多高山**山頂（608・0メートル）に着く。

　山頂には天明元年（一七八一）の奉納塔や壊れた石祠がある。マツやクヌギ、ツツジに囲まれた明るい山頂で十数名は座れそうだ。樹林の中なので展望はよくない。

　多高山無線中継所跡のある

▶**交通**　東武足利市駅または東武佐野線田沼駅から佐野市営デマンド交通で番場バス停下車。バスは事前に登録と予約が必要。あるいは足利市駅または東武佐野線田沼駅からタクシーで登山口まで30分。デマンド交通TEL0283-85-7110

▶**歩行時間**　3時間

▶**コースタイム**　番場バス停（60分）老越路峠（45分）多高山（45分）クラブハウス（30分）番場バス停

▶**地形図**　番場

▶老越路峠の登山口には、「峠山神」と「根本山神」の石碑があり、「下野國飛駒邑」などの文字のある奉納仏や明治6年の石祠などがみられる。根本山神社は標高1197mの根本山を本山（御神体）とし、江戸中期ころから山岳信仰としての講が盛んであったという

北側ピーク付近は西から北にかけて開け、根本山、熊鷹山など県境方面の稜線や皇海山、袈裟丸連峰の一部、赤城山などを遠望する。こちらにも奉納塔と大天狗と刻された石祠が並ぶ。

帰りは山頂から東南の尾根道をゴルフ場へ下るコースをとる。左下に池やクラブハウスの赤い屋根を見て岩混じりの尾根を1、2分下ると岩陰に石祠と欠けた石燈籠があり、すぐその下にテラス状の岩場がある。

ここからの眺望は本コース中一番であろう。南側がパッと開け、右から赤雪山、その左奥に深高山、名草から飛駒にかけての山並みが眺められその先には足利、佐野市街地、筑波山、晴れた日には秩父連山、富士山など関東の山々を一望できる。峠から往復の場合でも、ここまではぜひ足を延ばしたい。狭いテラス上だから足場には注意しよう。

岩場の先は断崖で下れないので、北西へ少し戻り、岩の脇から西側の林の斜面を大岩の基部まで降りる。下り過ぎて南の小尾根に入らないよう注意しよう。岩の根元を巻くように左へトラバースするが足場が悪く注意が必要。東南の尾根に戻ると肩のところに小さな不動像がある。

ここからは分かりやすい尾根道である。途中、右に南西への尾根を分け、落葉樹林やツツジの並木道を東へゆるく下って行く。左前方にクラブハウスが見えるところから直進の尾根道と別れ左のジグザグ道を下る。

クヌギ林の広い道から沢地の林に入ると道は消えるが、すぐ前に駐車場が見えているので、ヤブを突っきると**クラブハウス**の前に飛び出す。先の尾根をまっすぐに急降下しても大差なく、駐車場の一角に出る。

ここから**番場バス停**までは1・5キロ徒歩30分弱である。

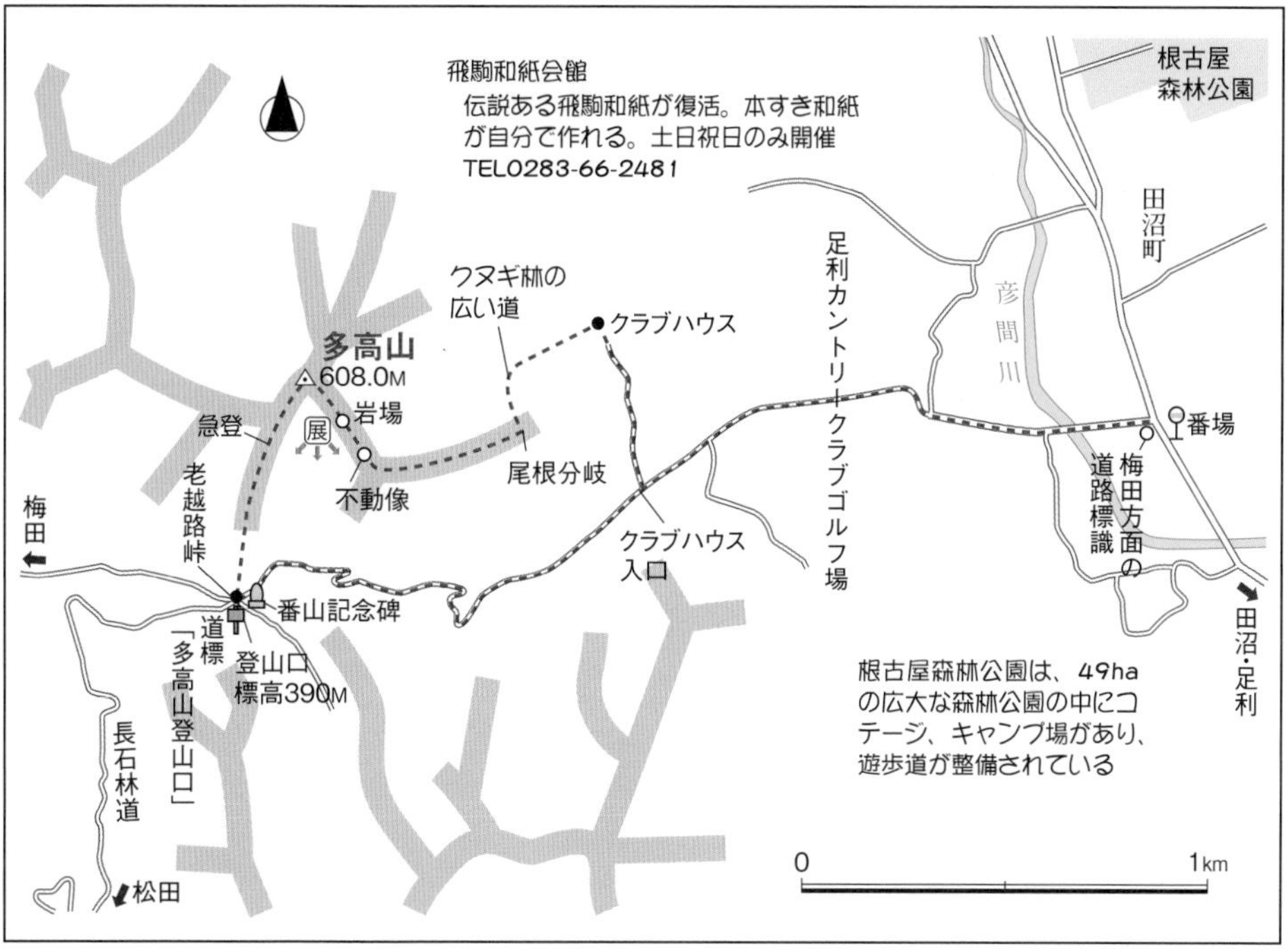

彦谷湯殿山

ひこたにゆどのさん

392M

彦谷湯殿山山頂に祀られている石祠

彦谷湯殿山は足利市の西部に位置する山で、山頂に湯殿山神社を祀る信仰の山でもある。

登山口の**彦谷自治会館**までは車で行くのが便利である。公共交通機関を利用する場合は、JR両毛線の小俣駅で下車する。彦谷自治会館までは2・5キロあるので、歩いても行けるが、駅前からタクシーを使うのが便利である。

彦谷自治会館は駐車が可能で、トイレも使用できる。入口付近に彦谷湯殿山の案内図があるので、確認してから出発するとよい。

東に少し行くと彦谷湯殿山への道標があるので、案内にしたがって歩いて行く。やがて右側に天池が見えてくると、ほどなく**新東登山口**に出る。ここからいよいよ本格的な山道となる。

道なりに登って行くと、やがて尾根道になり、**天池山**に到着する。山頂からの展望はない。

すぐ下に泥田のような場所があり、「猪の楽園」と書かれた看板がある。周囲に十分注意されたい。

小さな登り下りを繰り返しながらさらに歩いて行くと、**粟谷分岐**に出る。そして、すぐ先には送電線の鉄塔が見え

▶**交通**　JR両毛線小俣駅下車。登山口となる彦谷湯殿山までは2.5kmあるのでタクシー利用が望ましい

▶**歩行時間**　3時間40分

▶**コースタイム**　彦谷自治会館（15分）彦谷湯殿山新東登山口（35分）天池山（30分）粟谷分岐（40分）彦谷湯殿山（60分）鉄塔（40分）彦谷自治会館

▶**地形図**　足利北部

▶彦谷湯殿山の標高については、399mという説もある

▶**彦谷湯殿山**　江戸時代末期に東北の出羽三山の信仰が深まったが、遠方に住む人々は遠くてなかなか行くことができなかった。そこで有志の働きかけで地元彦谷村に月山・羽黒山をも合祀した湯殿山神社が創建され、こうして誰もが簡単に参拝ができるようになったという

てくる。

この鉄塔の近くには、長さが50メートルほどの岩場が待ち構えている。難しい岩場ではないので、慎重に足場を確認しながら登りたい。岩場が苦手な人は、回り道が整備されているので、そちらを登れば安全である。

岩場を登り切ると展望が開け、南側には太田市や足利市の町並みが展望できる。北側に目を転じれば石尊山や深高山を見ることができる。

送電線鉄塔下から振り返る彦谷湯殿山

岩場からさらに進むと、**彦谷湯殿山**山頂（392メートル）に到着する。ここには立派な石の祠が鎮座している。

山頂からの展望は南面が開けていて、天気が良い日には遠く富士山を望むことができる。ベンチもあるので休息には良い場所である。

ゆっくり眺望を楽しんだら下山となる。登ってきたときとは反対の西側の尾根を下山する。西側の展望の開けた場所からは、赤城山や浅間山の雄姿を見ることができる。

登ったり下ったりを繰り返しながら下山して行くと、やがて送電線の**鉄塔**下に出る。鉄塔下から振り返れば、いま登ってきた彦谷湯殿山の全容を見ることができる。

登山道は鉄塔下から10メートルほど戻ったところにある。ここまでくればゴールの西登山口は近い。西登山口を左に折れれば**彦谷自治会館**に出る。

なお、彦谷湯殿山の南の表登山口から登れば、1時間足らずで山頂に立つことができる。

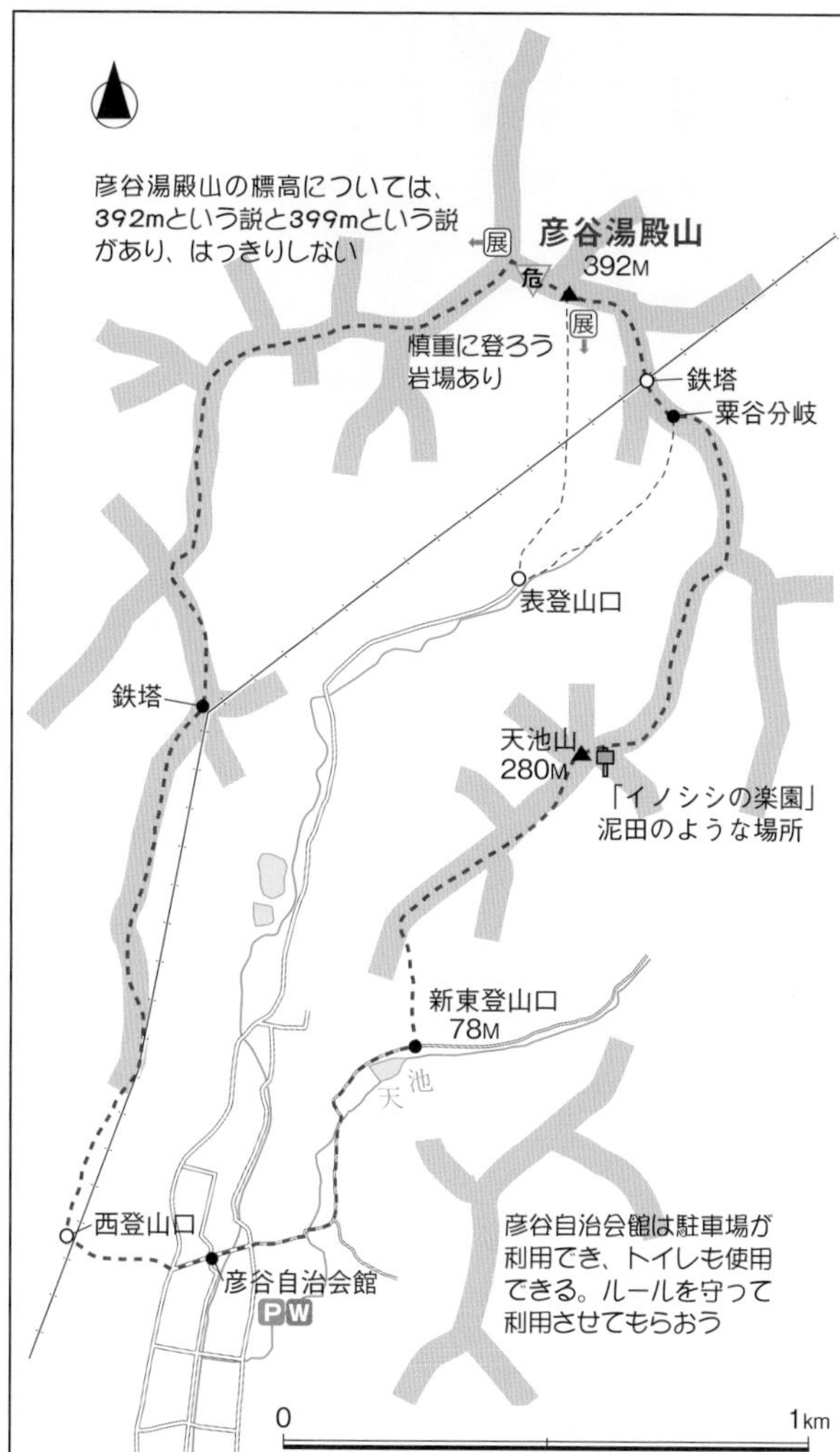

★★

深高山から石尊山

しんこうさん
せきそんさん

506M

深高山山頂

足利市北部には、それほど標高はないが一歩足を踏み入れると趣きのある山が多い。冬でも積雪は少なく、初冬から春にかけてが山歩きに最も適している。

JR両毛線の小俣駅から登山口まではタクシーを利用することになる。駅から北へ向かい、岩切集落を過ぎ、猪子トンネルを出て右に松田側の**登山口**がある。

ここでは、松田側から登るコースを案内する。林道栗谷松田線の起点となっているところに、案内板があり数台駐車できる。登山口は林道を約200㍍行った右側になる。

10分ほどで**猪子峠**に着き、ここからは仙人ガ岳にも登ることができる。

猪子峠からは深高山の道標にしたがい、右手の尾根に付けられたゆるやかな登りを行く。高圧電線鉄塔（新栃木線145号）の開けた場所から振り返ると、赤雪山の山並が見える。

やや行くと深高山・名草・栗谷町の分岐である十字路に出る。深高山頂上へは、右の尾根道をとる。急勾配の道を二度ほど登りつめると**深高山**（506㍍）の山頂である。目をこらせば木々の間から、北に日光方面の山、北西から

▶**交通**　JR両毛線小俣駅下車。または東武伊勢崎線足利市駅から生活路線バス小俣行、終点の小俣北町バス停下車。登山口まで徒歩20分。運行本数が少ないので事前に時間確認のこと。登山口までタクシー利用が望ましい

▶**歩行時間**　3時間40分

▶**コースタイム**　登山口（10分）猪子峠（50分）深高山（40分）石尊山（10分）見晴台（50分）石尊不動尊（60分）小俣駅

▶**地形図**　足利北部

▶**鶏足寺**　1100余年昔、定恵上人によって開創された名刹。初めは世尊寺といったが、藤原秀郷が平将門の首を挙げた時に護摩壇の土首に鶏の足跡がついていたところから勅命により鶏足寺と改められた

南西に赤城山、榛名山、妙義山、そしてはるか秩父の山並が見え、南にゆったりと流れる渡良瀬川、足利の街並が広がっている。

　いくらか下り気味に歩き、雑木林の間から行手に赤城山、右に仙人ガ岳を眺めながら稜線を歩く。アップダウンを繰り返すが歩きやすい道である。湯殿山への分岐（現在は通行止め）を過ぎると石尊山はもうすぐだ。

　二等三角点のある**石尊山**山頂（486・4メートル）は雑木林に囲まれ、山名表示板と石祠がある。展望が得られないので少し先の**見晴台**で昼食にするとよい。見晴台の眼下には関東平野が広がり、北面に赤城山、鳴神山、袈裟丸山などを望むことができる。見晴台近くに石尊神社奥ノ宮があり、真下は断崖になり採石場が広がっている。

　ここからの下山路は、岩とマツやドウダンツツジ、ヤシオツツジなどに囲まれた庭園を歩いているようだ。ただし足場の悪いところもあるので、足元には注意しよう。

　途中には釈迦岩、碁盤岩、屏風岩などがあり、春のツツジの開花期は最高である。女人禁制の塔を過ぎ、まもなく静まり返った**石尊不動尊**に出る。ここは、スギの丸太を担ぎ上げる梵天（ぼんてん）祭りで有名である。ここから県道に出て左折し、ゆっくり歩いて1時間たらずで**小俣駅**に帰る。

　途中、由緒ある春日神社、鶏足寺があり時間があれば寄ってみるとよい。

石尊山見晴し広場

仙人ガ岳
岩切
鳴石
松田側登山口
標高230M
猪子トンネル
登山口
道標
松田4丁目
十字路
丸太の
階段
猪子峠
標高308M
雑木林に囲まれ
展望が得られない
アップダウンだが
歩きやすい道
深高山
506.0M
十字路
ゆるやかな登り
急登ロープあり
419.6M
地元の人は見晴台を石尊山と呼んでいるとのこと
石尊山
486.4M
展
見晴台
現在通行止
裏手には石尊神社奥の宮がある
岩場
石碑「是より女人禁制」
石尊不動尊
松田町
松田川
5台ほど駐車できる
標高121M
春日神社
湯殿山
小俣町
鶏足寺は車で5分
小俣駅
0
1km
石尊山の梵天祭
毎年8月14日早朝、白装束の地元の若者たちが15mのスギの丸太と千体の梵天を石尊山へ一気に担ぎ上げる豪快な祭り。足利市の重要文化財に指定されている
小俣駅方面

豊かな山並と歴史をたどる道 ★

144

彦間浅間遊歩道

ひこませんげんゆうほどう

須花から見る浅間山

▶交通　東武佐野線田沼駅から佐野市生活路線バス飛駒線下彦間小学校前バス停下車、徒歩5分。午後便は予約制なので帰りも利用する場合は運転手に予約しておく必要がある。本数が少ないので車利用が望ましい

▶歩行時間　1時間40分

▶コースタイム　須花坂公園（5分）阿弥陀堂（25分）子育観音（15分）浅間山山頂見晴台（25分）名草山（5分）鎧地蔵尊跡（5分）昭和トンネル入口県道（20分）須花坂公園

▶地形図　足利北部

▶須花坂公園あたりは、昔の無量寺跡地で、庚申塔群は県道拡張工事の際に、付近の石仏や庚申塔を整理して一堂に集めたものである。公園内には地元産の蕎麦粉を地元の主婦が打つ、農村レストラン「須花坂手打ちそば憩い館」がある。ただし土日、休日のみ営業

　足利市名草地区から佐野市（旧田沼町）飛駒への県道沿いにある、**須花坂公園**（125メートル）が登山口になる。須花坂公園には農村レストラン「憩い館」がある（ただし土日、休日のみ営業）。駐車場は憩い館の営業日のみ利用でき、それ以外の日は入口付近のスペースを利用することになる。

　憩い館への道路入口にコースの案内板があり、そこから坂道沿いに登って行くと300体近いといわれる石仏、庚申塔が並び、中腹のヤマザクラやヤマツツジで彩られる台地には、ベンチが置かれ、安永時代の井戸や鐘つき堂、**阿弥陀堂**がある。

　庚申塔群の間には踏跡が縦横についているが、高い方に向かって進もう。庚申塔群最上部から西に平坦な道を進み、スギ、ヒノキ林に入ると、モミの大木の下に墓石や石仏のみ残る無量寺遺跡がある。

　遺跡より道なりに進んでいくと、左に桜沢公園からの道（初心者コース）を合わせ、まもなく金属製の手摺のつけられた急で滑りやすい平成坂を登りつめると、道標の立つ分岐点に出る。左に行くと虚空蔵菩薩のある桜沢公園に下

る道である。まっすぐ行くと分岐から1～2分で浅間山8合目の**子育観音**に着く。

　ベンチもおかれ展望もよく一息入れるにはよいところだ。眼下に下彦間の集落を一望し、東に唐沢山、三毳山も望める。ここから、右に高野谷戸公園へ下る道を分けて、さらに5分ほどで不動展望台に出る。あずま屋と安永年間の不動像が安置されている。

　この先は岩混じりの急登となり、大岩手前を右折し小尾根を登りきると広い台地の**浅間山山頂見晴台**（339メートル）に着く。東に筑波山、南には足利の市街地や山並、遠く富士山、東京のビル群も望めるコース随一の展望だ。

見晴台から足利市街を望む

　山頂からツツジの多い雑木の尾根を少し西に進む。345メートル地点を南へ下り古い標識の先を左に回り込むと、浅間屏風岩の基部でかたわらに岩割桜がある。

　これより、雑木とヒノキの尾根をゆるく下ると、野鳥の尾根と名付けられた明るい伐採地に出る。樹林の中を下っていくとヒノキ林の南端に山神様が祀ってある。ここを右折し、少し下った鞍部が江保地坂である。

　鞍部からわずかに登り返すと**名草山**（258・3メートル）に着く。三等三角点の標石と足利百名山の山名標識がある。樹林のため展望はない。金属製の手摺沿いに急降下し、ヒノキ林の尾根を下ると**鎧地蔵尊跡**に着く。

　ここから急降下すると須花トンネル上部に出る。谷間を左折すると、こじんまりとした須花坂湿原があり、季節にはザゼンソウ（植栽）やサワギキョウの花が咲く。湿原から階段を下ると須花の三つのトンネルのひとつ、大正トンネル入口に出る。少し進むと**昭和トンネル入口県道**に出る。歴史ある明治トンネルはこの奥数分のところにあるので往復してくるとよい。明治トンネルは明治22年上彦間村戸長田島茂平翁が私財を投げ打って完成させた手掘りのトンネルで必見の価値がある。三つのトンネルがこのような形で残されているのは全国的にも珍しいという。

　出発点の**須花坂公園**までは県道を北へ下り、20分ほどの道のりだ。

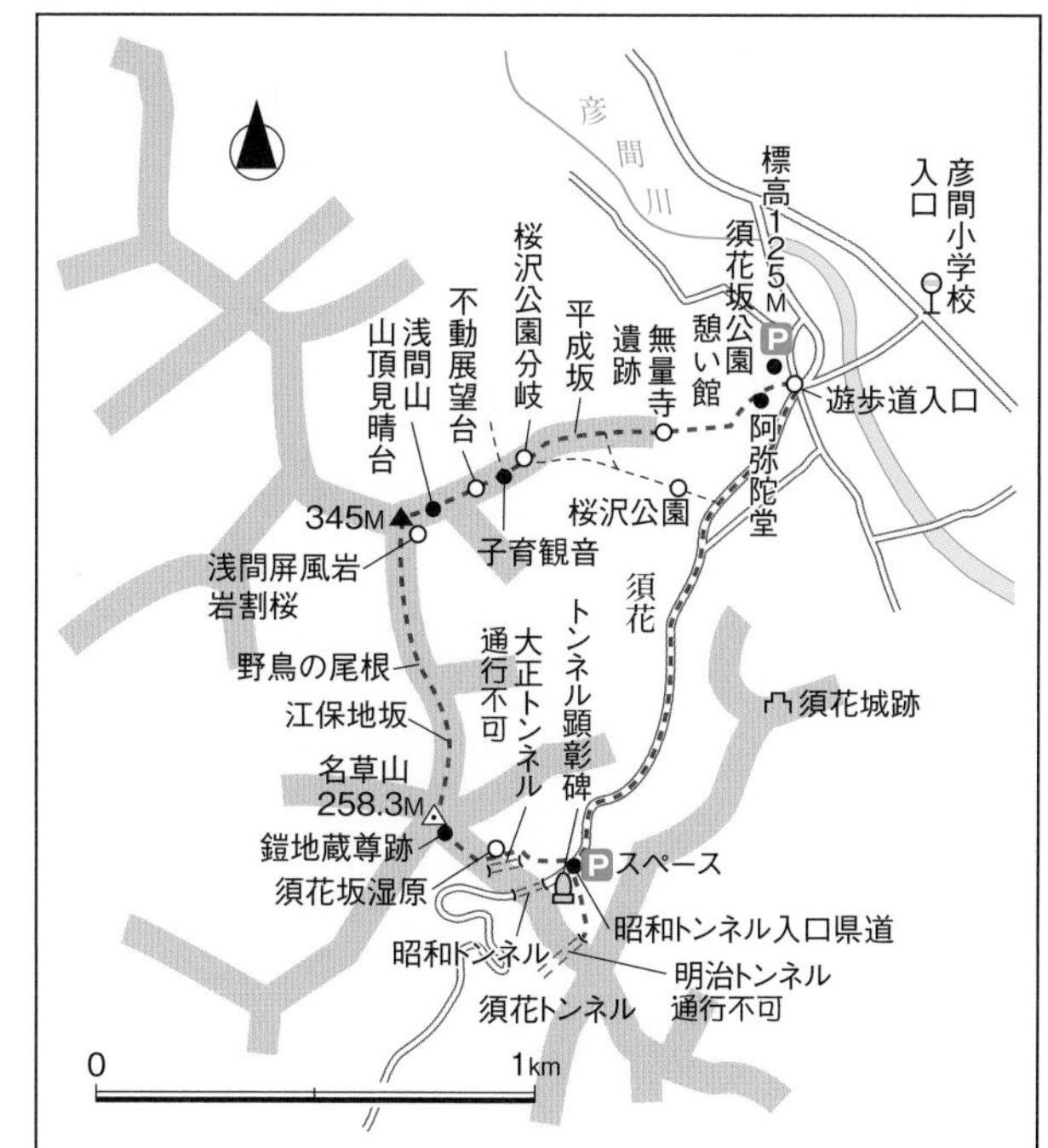

静かな山歩きが楽しめる一等三角点の山 ★★

大鳥屋山

おおとやさん

693M

山口側から大鳥屋山を望む

▶**交通**　東武佐野線葛生駅から佐野市生活路線バス野上行、山口バス停下車。車利用が望ましい

▶**歩行時間**　3時間10分

▶**コースタイム**　山口バス停（10分）青木白岩鉱山（40分）登山口（10分）道祖神の石仏（20分）640mピーク（20分）大鳥屋山（15分）640mピーク（25分）登山口（20分）青木白岩鉱山（30分）山口バス停

▶**地形図**　仙波

▶佐野市営バスを利用する場合はデマンド運行（予約運行）のため、事前に登録、予約が必要である。したがって山行計画を立てる場合は時間に余裕を持って登山するよう心がけたい。予約の問い合わせは、デマンド交通予約センターTEL0283-85-7110

登山口としては、秋山川沿いの越沢口と旗川沿いの蛭沢（ひるさわ）からのコースがあるが、ここでは蛭沢からのコースをとる。

東武佐野線葛生駅で下車し、佐野市営バス野上線に乗り、野上基幹集落センターを過ぎて、田沼町白岩の**山口バス停**で下車する。ここが蛭沢コースの入口だ。なお、現在はバスの運行はデマンド運行のため予約が必要である。

山口バス停より北東側の山を見上げると、採石場の赤茶けた山肌の右側になだらかな頂の山が見える。大鳥屋山である。バス停より少し戻り旗川に架かる橋を渡り、蛭沢沿いの林道を進む。ときおり**青木白岩鉱山**の石灰岩を積んだダンプとすれ違う。

途中から鉱山へ延びる林道を分け、蛭沢沿いの下の道を進み、スギ林の中を歩く。約20分で林道は左側にヘアピンで登って行くが、以前はここを直進する林道が旧登山口であった。今も大鳥屋山の小さな標識が右手の木に掛かっている。現在は林道が全線開通しているためこの登山口はほとんど利用されていないようだ。

車を利用の場合は林道をこのまま進みしばらくすると右側に20台から30台ほど止めら

れる駐車スペースがある。そこに車を止めて舗装された林道を10分ほど登って行くと急カーブの峠に着く。ここが現在利用されている大鳥屋山の**登山口**で峠の高い法面上にある。

この峠を下ると向こうは秋山川沿いの越沢口の登山口に出る。ここから法面を登り踏跡の少ない道をジグザグに登って行くと、北に大鳥屋山の三角形の稜線が至近距離に見えてくる。

10分ほどで展望のよい尾根に出ると、草むらの枯れ木の真下に天明年間の**道祖神の石仏**が三体あり目印になる。ゆっくり休憩するにはよい場所だ。

これからは快適な稜線歩きである。スギ、ヒノキの樹林帯の中のピークを登ると樹林の間からわずかに大鳥屋山が見えてくる。やがて、最後のゆるやかな道を登り終わると、諏訪大明神、山神宮の祠のある平坦地にでる。**640メートルピーク**である。

以前は北側に白根山、男体山、女峰山など日光連山の展望が広がっていたが現在は広葉樹に覆われてあまり視界がよくない。

大鳥屋山へはここから尾根道を左にとり、広々とした稜線歩きとなる。640メートルピークを経ないで右下にトラバース道もできている。山頂直下の鞍部の北斜面には4月上旬にカタクリの花を見ることができる。鞍部より少し登ると一等三角点標石のある**大鳥屋山**（693・1メートル）の山頂に着く。

山頂は、南面がヒノキの植林、北面は広葉樹にさえぎられ展望は得られないが、中央が広場のような草地となっている。西側に山神小祠と御嶽大神の立派な石碑がある。

ゆっくり休んだら、帰りは来た道を戻る。登山口の山口バス停からのバスは予約制のため、それに間に合うよう下山したい。

岳ノ山

たけのやま

704M

五丈の滝入口バス停から岳ノ山を望む

▶交通　東武佐野線葛生駅下車。葛生駅入口バス停から佐野市生活路線バス（デマンド交通）、五丈の滝入口バス停下車。デマンド運行なので事前に登録・予約が必要。登録は佐野市民生活課0283-20-3014。予約センター0283-85-7110。営業　月曜～土曜7：00～17：00

▶歩行時間　4時間30分

▶コースタイム　五丈の滝入口バス停（10分）市営駐車場（25分）林道終点（40分）岳ノ山・大鳥屋山鞍部（25分）大鳥屋山（20分）鞍部（60分）岳ノ山（60分）375mピーク（20分）市営駐車場（10分）五丈の滝入口バス停

▶地形図　仙波

▶「滝見の松」は昭和62年3月に観瀑台ができるまでは、滝を見るのが一番よいとされていた場所で、覗き込むように見下ろすと眼下に滝が見える

五丈の滝入口バス停が出発点となる。道沿いに進むとすぐに「五丈の滝入口1・7キロ」と書かれた木の案内板が立っている。ここを左折し600メートルほど進むと、林道が分岐する手前に**市営駐車場**がある。ここには10台程度の駐車スペースとトイレがある。

岳ノ山への登山コースは、以前は五丈の滝を経由していくコースがあったが、現在は五丈の滝から先は倒木が多く歩行が困難な状況となっている。そのため、ここでは林道下前沢線をたどって、岳ノ山と大鳥屋山を結ぶ稜線に出るコースを紹介する。

市営駐車場からは、左側の林道下前沢線を進む。ほどなく右側に石積みのあるところを通過し、さらに進むと**林道終点**となり、右側の沢沿いが登山口となる。

しばらく行くと尾根に到着し、ここを左に進めば岳ノ山・大鳥屋山への道に出る。さらに東へ延びる尾根から、大鳥屋山頂下のヒノキの植林地の縁を登り切ると、稜線上の**岳ノ山・大鳥屋山**の鞍部に出る。右の道は岳ノ山、左の道は大鳥屋山へと続く。

まず左の大鳥屋山へ向かう。尾根上の道をひと登りすれば**大鳥屋山**山頂（693・

1メートル）である。山頂には山の神の石祠や御嶽の石碑、一等三角点の石標がある。

ひと休みしたら**鞍部**まで戻り、さらに先へ進むと624メートルピークである。いったん下り、岳ノ山へ登り返す。急斜面の岩場もあるコースで、ロープなどが張ってあるが、注意して登りたい。

主稜線を登りきると、石祠と石の小さな不動像が安置されている**岳ノ山山頂**（704メートル）である。展望はあまりないが、わずかに切り開かれたところから男体山が望める。

石祠と小さな不動像がある岳ノ山山頂

下山は、東の尾根を下り、「前沢登山口」の標識を通り過ぎて50メートルほど先で北東方向の尾根に取りつく。尾根伝いに下っていくと、祠のある473メートルピークに着く。

さらに、尾根から左手の堀の内集落を見下ろしながら進むと、**375メートルピーク**である。ここから南方向に出ている植林の尾根を、市営駐車場に向かって下って行く。下った先が林道上前沢線で、すぐそばに**市営駐車場**が見える。ここから10分ほど進めば、**五丈の滝入口バス停**に着く。

なお、時間が許せば、ぜひ五丈の滝を見学してほしい。市営駐車場からすぐに林道は分岐となるが、右手の林道上前沢線を進み、1キロほど歩くと林道終点の広場に出る。さらに進むと「五丈の滝観瀑台0・2キロ」の道標があり、木道を下っていくと五丈の滝観瀑台へ出る。岩の間を40メートル流れ落ちる滝は一見に値する。市営駐車場から滝まで、往復1時間ほどである。

三滝

さんたき

三滝の最下部

三滝登山口である**作原西沢駐車場**までは、バスの終点である蓬山ログビレッジから約7キロを歩かなければならない。熊穴橋までは車で入れるので、タクシー、車などでアプローチを短縮したほうがよい。車の場合は、熊穴橋手前か作原西沢駐車場を利用したらよい。

手前の蓬来山は大戸川を挟んで両側にそそり立つ東蓬来山と西蓬来山からなる霊山で、新緑、紅葉の時期は幽玄な美しさをかもしだす。ここには駐車場、トイレが設置されている。

作原西沢駐車場から、すぐ左手の橋の手前が雨乞の滝である。これから大戸川沿いの滝めぐりがはじまる。橋を渡ると、遮断の滝がすぐにあらわれる。林道がヘアピン状に曲がるところが、熊穴の滝の入口で、少し入れば熊穴の滝である。また林道に戻りジャリ道を進む。ヘアピンの林道を登って行くと熊穴渓谷入口である。

熊穴渓谷と大戸川を右下に見てから進むと、林道終点の**白ハゲ口広場**に着く。ここからが三滝めぐりの遊歩道だ。白ハゲ沢を渡るとルートは二つに分かれる。「三滝山のコース一般向」「三滝川の

▶交通　東武佐野線田沼駅から佐野市生活路線バス野上線、終点蓬山ログビレッジ下車。作原西沢駐車場までは徒歩約2時間。アプローチが長いので車、タクシー利用が望ましい。なお佐野市生活路線バス野上線に乗る際はデマンド運行なので登録と予約が必要。予約センター0283-85-7110

▶歩行時間　2時間40分

▶コースタイム　作原西沢駐車場（40分）白ハゲ口広場（40分）三滝展望台（10分）三滝（30分）白ハゲ口広場（40分）作原西沢駐車場

▶地形図　沢入・番場・仙波

▶作原地区は、作原グリーンスポーツ施設、蓬山ログビレッジなど宿泊施設が整備されてきており自然を生かしたレクリエーションエリアとなっている

147

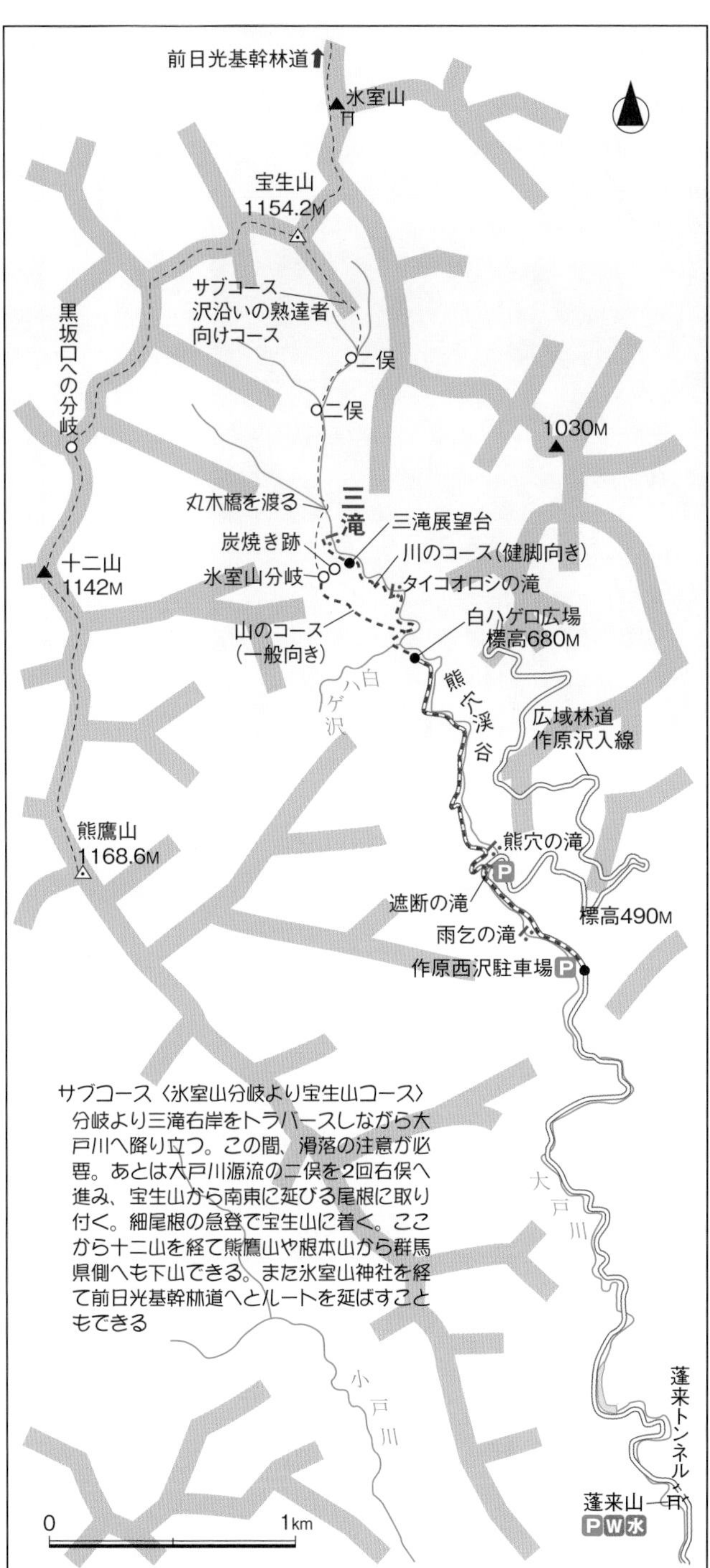

コース健脚向」と書かれた道標がある。どちらから行っても周遊コースなのでこの地点に戻ってくることになるが、左側の一般向きのコースを進む。

広葉樹林帯の中の尾根筋に付けられたジグザグ道を登る。紅葉の時期もよいが、落葉を踏みしめての山歩きもよい。尾根沿いに登りきり峠を少し下ると、氷室山への分岐に出る。氷室山へのルートは、熟達者向けの沢沿いのコースである。

右手に炭焼き跡を見て、少し下ると**三滝展望台**に出る。足元もすくむ感じで、滑落に注意が必要だが、対岸に三段の滝が望まれる。これが幻の滝といわれた三滝である。ここから尾根沿いの急降下で大戸川の沢筋に出るが、少し沢を登り返すと**三滝**の下部である。ここからは残念ながら三段全体は見えず最下部の一段の滝しか見えない。しかし滝つぼに落ちる様は見事。

帰りは川のコースを歩くこととなる。沢沿いに進めば、タイコオロシの滝を左手に見て、沢沿いのアップダウンの道を大戸川を回り込むように進むと、山コース、川コースの分岐に出る。あとはもと来た道を戻ることとなる。

氷室山から宝生山

ひむろさん
ほうしょうさん

1154M

大荷場木浦林道から見る氷室山

▶**交通**　東武佐野線葛生駅下車。基幹林道峠登山口までアプローチが長いのでタクシー、または車利用が望ましい

▶**歩行時間**　2時間40分

▶**コースタイム**　登山口（50分）稜線の肩（15分）氷室山神社（25分）宝生山（70分）登山口

▶**地形図**　沢入・中粕尾

▶**発光路強飯式（鹿沼市指定文化財）**　昔、山岳仏教が盛んなころ、修験者たちは横根山一帯を峯修業の地としていた。横根山の登拝口にあたる発光路の強飯式はこれら修験者たちより伝えられたものであり、世に知られる日光山輪王寺の強飯式などと軌を一つにする日光責めの流れをくむ、県内でも最も古典的な強飯行事ともいえるものである

　ここでは前日光基幹林道を利用して、峠から稜線を歩き氷室山神社から宝生山を往復するコースを紹介する。さらに足を延ばせば十二山を越えて根本山、熊鷹山へと続くコースも楽しめる。

　旧粟野町と旧葛生町境界の切り通しの峠の**登山口**までは前日光基幹林道大荷場木浦沢線を利用して入る。

　また南側の葛生側から入るには、東武佐野線葛生駅からタクシーで秋山川をさかのぼり登山口まで入るしかない。したがって車利用が便利である。登山口の峠の切り通し部分には、送電線北栃木幹線103号鉄塔の管理用道路が東へ入っている。付近には駐車場がないので北側102号鉄塔入口付近の路肩の駐車スペースを利用するとよい。

　登山口の切り通しには赤の「鳥獣保護区」の標示板が立っている。北西へ道は稜線沿いについている。広葉樹林帯の明るい登山道で、新緑や紅葉が美しいところだ。登山道は稜線の南側下を通っているが、途中、北側が開け横根山方面の展望が開け、男体山の頭がかすかに見えている。さらに進むと皇海山から袈裟丸山が見えてくる。

　1027メートルピークは登らず

南側を巻いて行く。広葉樹林帯の美しい森が広がっている。ヒノキの幼木の樹林帯が南斜面に広がると、南側から東側への展望が開ける。東には前日光基幹林道を挟んで、尾出山の特徴のある山塊が首を持ち上げている。

植林帯の中を進むと1109メートルピークの東側をトラバースして南の**稜線の肩**へ出る。椀名条山へはピークへ登り返してから西へ下ることとなる。肩よりさらに南へ下ると尾根筋の西へ出て、袈裟丸山と赤城山の展望が広がってくる。ゆるやかに下って行くと、ほどなくして平坦な鞍部へ出て東側へ50メートルほど入った地点が**氷室山神社**である。現在、社殿はなく、石燈籠が立ち、奥に石祠のある樹林帯の中の広場である。氷室山とはこのあたりの総称である。氷室山の標識はこの付近の三カ所のピークに掲げられている。

鞍部に戻り、さらに南へ進むと登山道は二岐に分かれる。木の古い標識があって右が宝生山、根本山、熊鷹山への稜線、左が大荷場へ下る稜線の分岐である。

この分岐を右側にとり県境稜線をゆるやかに登って行くと、再び明るい広葉樹林帯のゆるやかな登りとなり、小高いピークの手前で直登するルートと右側を巻くルートに分かれる。右側の巻き道はピークを踏まない十二山へのルートである。

雑木林の中を直登すると三等三角点のある**宝生山**（1154・2メートル）である。雑木に囲まれ見通しはきかない。帰路は同じ道を戻る。

なお、ピークを北西に下ると巻き道と合流し、十二山方面へと続く。

尾出山

おでやま

933M

高原山から尾出山を望む

▶交通　JR両毛線栃木駅より栃木コミュニティバス寺尾線に乗り星野御嶽山入口で下車し、鹿沼市予約バス（要予約）に乗り換え永野与州平バス停下車。星野御嶽山バス停から先は鹿沼合同タクシーが運行している。行きも帰りも予約が必要だが好きな時間帯が利用できる。なお、運行時間帯は午前9時から午後4時まで（日曜日、祝日は運休）。登山口までアプローチが長いので送電線下までタクシー、または車利用が望ましい

▶歩行時間　5時間10分

▶コースタイム　与州平バス停（30分）送電線下（35分）広場（20分）二俣（30分）尾出峠（30分）尾出山（20分）尾出峠（20分）825mピーク（35分）高原山（10分）送電線鉄塔（20分）平坦地の草原（30分）送電線下（30分）与州平バス停

▶地形図　中粕尾

与州平バス停から来た道を少し戻って永野川に架かる寺沢橋を渡り左折して寺沢林道に入る。スギ林の植林地を進むと、注意して見ていると、**送電線**が上空を横切っている。下山時の目標となる送電線であるから覚えておきたい。なお車利用の場合、送電線から少し先の林道の空地に駐車できる。

さらに約2キロで**広場**に出る。広場には与州自然環境保全地域の朽ちた看板が横たわっている。ひたすら沢沿いの林道を進む。沢が**二俣**に分かれるところに「寺沢県営林」の標示板が立っている。ここを左に入る。赤い布やテープなども巻いてあるので間違えないようにしたい。

登山道は沢床から、5～10メートル上の斜面をトラバースするようについている。足元が軟弱で滑りやすいので、雨天時は要注意。しばらく足場の悪い登山道が続くので、慎重に行動しよう。ここを抜けると沢水も細くなり、峠が近いことを教えてくれる。

沢水がなくなりスギの樹林帯越しに稜線が見えて、明るくなってくると**尾出峠**である。尾出山へは右の尾根を登る。クヌギ、コナラなどの明るい広葉樹の中の急な登りと

なる。西側は急峻に切れ落ちている岩場であるが、道はしっかりしている。

ひと汗かくころには933メートルの**尾出山**山頂に出る。山頂には「勝道上人修行第二宿堂跡」の大きな石碑とその左隣りに山の神の石祠があり、二等三角点も置かれている。

十分に展望を楽しんだら来た道を途中まで戻る。山頂から北と西の支稜に踏跡があるのでガスなどの日は迷い込まないように注意したい。急降下で、**尾出峠**に出る。ここから825メートルピークを目指すが、踏跡が不明瞭なので尾根を踏みはずさないようにしたい。峠より右下に佐野市秋山町への道があるので要注意。道は消えがちになるがヒノキの植林地と雑木の境界域の尾根を進む。

825メートルピークは雑木林の中の広い頂で、どこがピークなのか不明である。これからはササが生えるなだらかな尾根のアップダウンで、ルートもしっかりしてくる。高原山の手前のピークで尾根は二つに分かれるが、左側の尾根の踏跡に忠実にしたがって下る。雑木につかまりながら急降下し、鞍部より登り返すと伐採地に出る。さらに登ると754メートルの**高原山**山頂だ。マツの木に高原山の山名標識が打ちつけられてあり足元に三等三角点がある。

さらに南下すると、すぐに**送電線鉄塔**に出る。鉄塔をくぐると左寄りのスギ林の中に送電線管理用の明瞭な道があり、ジグザグに植林帯の中を下って行く。地形図にはない道である。

尾根からはずれて東の沢へ下る。ジグザグの下りが終わり沢を巻いてなだらかな尾根道になると、**平坦地の草原**に立つ送電線鉄塔に出る。下山路は左側に戻るように付いている。さらに下ると、小沢に出る。小沢沿いに下り、左側に渡ると寺沢林道に出て、あとは来た道を戻る。

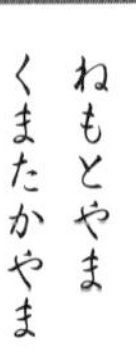

根本山から熊鷹山

ねもとやま　くまたかやま

県境稜線の好展望回遊コース……★★★

1199M

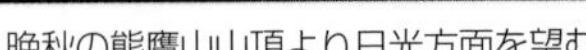

晩秋の熊鷹山山頂より日光方面を望む

ＪＲ両毛線桐生駅からおりひめバス梅田行に乗り、終点の**ふるさとセンターバス停**で下車。北に向かって歩く。約95分で**不死熊橋**（ふしくま）のたもとにある根本山登山口に着く。

林道はこの先も延びているが、ゲートがあり一般車輌は通行できない。橋のたもとに登山コースを記した案内板があるのでルートを確認のこと。ここでは根本沢コースを紹介する。

不死熊橋を渡り、車止めゲートを越え石鴨林道に入る。根場沢の清流を右下に見ながら約３００メートルほど歩くと左から根本沢林道が合流する。分岐には道標があり、ここが**根本山・十二山入口**である。しばらくすると「中尾根コース」の標識がある登山口に出る。まもなく林道が崩落しているカーブがあり、沢に近づいたところで沢コースに入ると、根本山周回コースの道標が見えてくる。**根本山入口**である。

右にトラバースしながら降りると**石積みの堰堤**に出る。堰堤をトラバースし対岸を結ぶロープを渡り右岸に出ると、「根本山国有林」の看板がある。ここからは明るい沢沿いのなだらかな道となる。新緑や紅葉の季節は特に美し

▶交通　JR両毛線桐生駅（北口）からおりひめバス梅田行、終点下車。本数が少ないのでタクシー、または車利用が望ましい

▶歩行時間　8時間20分

▶コースタイム　ふるさとセンターバス停（95分）不死熊橋（10分）根本山・十二山入口（15分）根本山入口（10分）石積みの堰堤（45分）籠堂跡（20分）根本山神社奥の院（20分）峰の平（20分）中尾根十字路（15分）根本山（30分）十二山根本山神社（15分）氷室山分岐（25分）熊鷹山（10分）丸岩岳分岐（20分）石鴨林道出合い（60分）不死熊橋（90分）ふるさとセンターバス停

▶地形図　沢入

▶十二山根本山神社には「参拝者記帳簿函」が置かれ、毎年11月25日が神社のお祭りで地元の人たちが登っている信仰の山である

い。

左手に大きな岩穴が見えてくると道はジグザグの急登になる。左から合わさるヒノデキ沢を渡ると再び沢床に下りる。水流はしだいに細くなり、やがて十丁と刻まれた丁石に出会う。これは奥の院までの距離を示すもので、ここからいくつもの丁石を目にする。沢を何回か左右に渡り返し、川講中の石碑を過ぎると五丁の丁石があらわれ、魚止めの滝に出る。この間、要所に「ハイキングコース」の標識が整備されている。

根本山神社奥の院へ続く鉄バシゴを慎重に登る

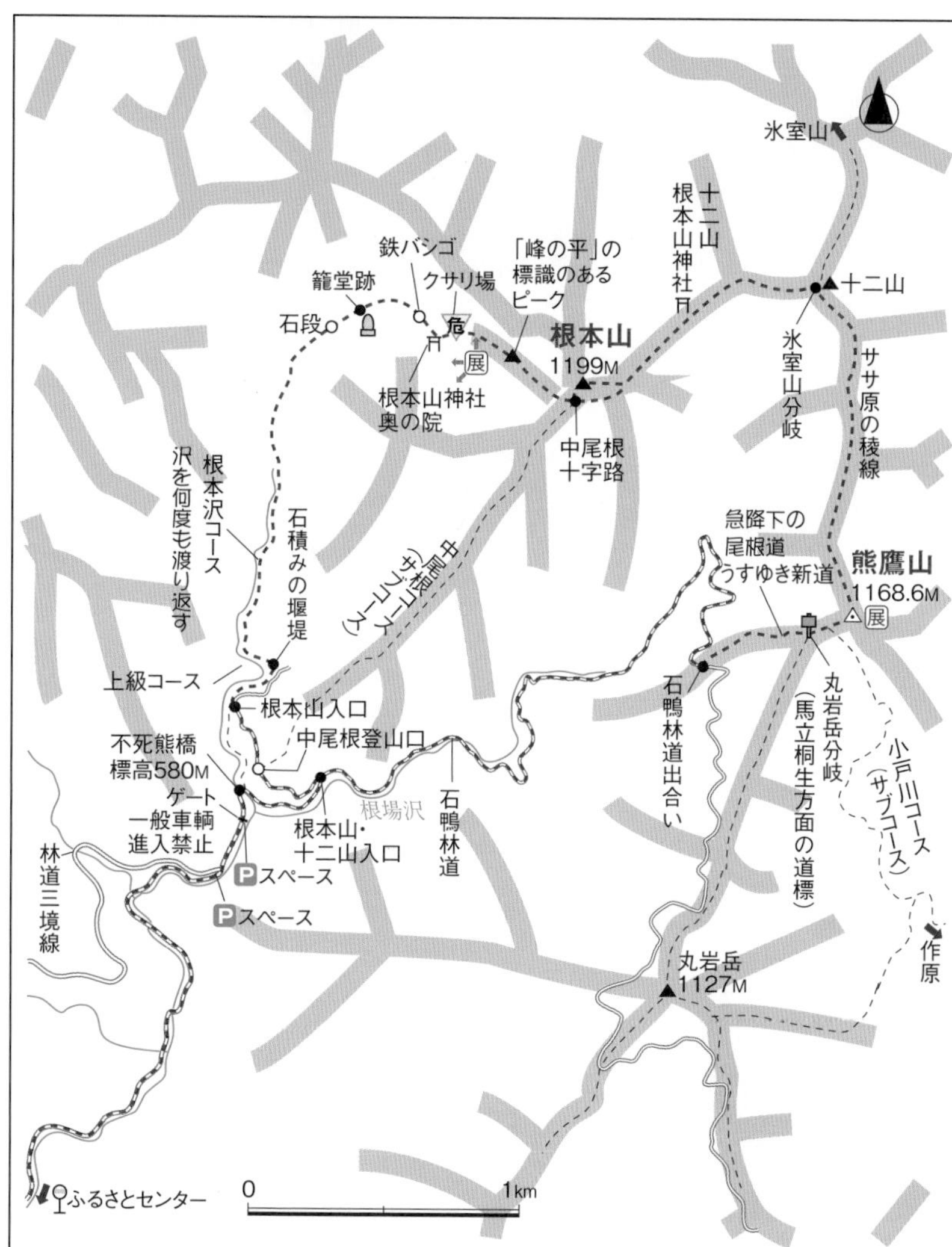

しばらく進むと、急にあたりが開け、コケむした石段や石燈籠が立ち並ぶ**籠堂跡**に着く。石塔には根本山神宮の文字が刻まれ、当時の隆盛がしのばれる。休憩するには最適なところだ。

ここから二岐を右の沢へ入り、さらに進むと沢の水流は細くなり、大きな岩に挟まれた二岐に出る。岩に記された赤ペンキにしたがい左に進

根本山山頂

み、鉄バシゴを登ると急斜面にロープが張られている。小さな地蔵仏に励まされながらさらに急登すると、沢から離れ右の斜面に取りつくと、クサリ場があり、それを越えると岩壁にへばりつくように鐘突き堂がある**根本山神社奥の院**が建っている。

ここからはクサリ場の連続となるので慎重に行動しよう。特に雨の日は滑りやすい。しだいに高度を重ねるとあたりの展望が一気に開ける。白根山をはじめ日光や足尾の山々が一望できる。

大きな石の祠を過ぎると道はなだらかとなり、**峰の平**の標識のあるピークに出る。「根本山」の木の案内板があり、根本山信仰の盛衰が書かれてある。目前に根本山を望みながら、クサリ場を下り雑木の疎林を登り返すと、中尾根コースを合わせる**中尾根十字路**だ。十二山への道を右に分け、ササ原の斜面を登りきると平坦な尾根道となり、15分ほどで**根本山山頂**（1199メートル）へ着く。展望はあまりよくない。

山頂からは、東へ延びる尾根上を進むと、中尾根十字路からの道と合流する。ここからはなだらかな山道が続き、沢をへだてて熊鷹山が姿を見せている。左に巻きながら下りきったところが、**十二山根本山神社**である。

木の鳥居と小さな祠があるだけだが、以前は大きな社殿があったといわれ、信仰の山であったことがうかがえる。

十二山を巻くように登り、ササが出てきてカラマツの中に入ると**氷室山方面への分岐**となる。北に進めば氷室山へと続くが、南に道をとり、馬蹄型の尾根をたどる感じで熊鷹山へ向かう。右手に先ほど登った根本山が見えてくる。

最後の尾根を登ると、**熊鷹山山頂**（1168・6メートル）である。やぐらと二等三角点が置かれ、360度の展望である。関東平野が見渡せ、筑波山や東上州の山々、その向こうに秩父の山々が連なる。

山頂をあとに、丸岩岳に続く尾根道を下るとすぐに小さな祠と木の鳥居があり、やがて馬立桐生方面の道標が立つ**丸岩岳への分岐**に出る。ここから下山路のうすゆき新道に入り、急降下の尾根道を20分ほど下ると**石鴨林道**だ。あとは**不死熊橋**まで約1時間の林道歩きとなる。

熊鷹山山頂

▶例年11月3日には、熊鷹山神社の祭礼がある。そのころ、桐生川流域から小戸川流域の山々は紅葉で色づきはじめる

▶**小戸川コース**　佐野市田沼町から旗川沿いに蓬来山神社方面へ向かい、作原の集落を左折、小戸川沿いに林道を進む。終点に駐車スペースがあり、ここから沢通しに登山道が熊鷹山まで続いている。途中には、ワサビ田や小滝が連続し渓谷美を堪能できる。車利用が望ましい。作原の小戸口から林道終点まで5.5km（120分）の道のり。登山口から頂上まで120分

▶**アドバイス**　中尾根コースより根本山、熊鷹山には水場はまったくないので注意。中尾根登山口から中尾根十字路までは登りの連続で約2時間の道のりである

ハイキングの基礎知識

山での歩き方と行動

▼家を出る前にまず

家族または所属団体に、「どこの山に」「どこの誰と」を、必ず伝えておくことです。計画書を作成し、所属団体や、必要なところに提出しましょう。

万が一、道に迷い帰宅時間が遅れた時や急な病気・事故の時に役だちます。

家を出る時、急いでいると忘れ物をすることが多いものです。前夜までにはそろえ、出発前に用意するものはメモをザックに貼って確認するなどの工夫も大切です。

▼歩き出す前に

準備運動やストレッチ体操で身体を十分にほぐしてから歩き出しましょう。またトイレも必ずすませましょう。

▼コース・登山口をしっかり確認

事前に地図やガイドブックなどでコースをよく調べ、登山道の状態など地元に確認しておけば、さらによいでしょう。

また、登山口はわかりにくいところが多いので、地図を広げてよく確認し、コース上でも分岐など確認を怠らず、道迷いを防ぎましょう。もし迷ったら地図とコンパス（磁石）で落ち着いて現在地を確認し、わからない場合には、もと来た道がはっきり確認できる地点まで引き返します。安易に登山道でない道や沢に下ると、滝やガケがあらわれて行きづまり、たいへん危険です。

▼歩き始めの30分

歩き始めの15分～30分は意識的にゆっくり歩き、30分ほどで初めの小休止を5分～10分ほどとり、全体のチェック（ザック、靴ひも、衣類）と水分などの補給をしましょう。以後の休憩は、50分～60分ぐらい歩いたら10分ほどとるのが一般的です。

▼休憩時にすることは

休憩が何分間かを確認し、時間がきたらすぐ出発できるようにしておきます。

長い休憩では体が冷えてくるので、上に一枚着て身体を冷やさないようにしましょう。衣服や靴、ザックのパッキングなどを調整し、水やちょっとしたものを口にして、行動するためのエネルギー補給をしておきます。地図を広げ現在地を確認し、これから先のコースを見ておくことも大切です。

お花つみ（トイレ）に行く場合はまわりの人にそのことを告げ、危険な場所は避けてください。使用済みペーパーは放置せず、必ず持ち帰りましょう。

▼急な登りでは

やや前傾姿勢で、歩幅を狭く、靴底全体を地面にべったりとつけ、息がハアハアしない程度に一歩一歩ゆっくり登ります。石を落とさないことは大切ですが、万が一落としてしまったら、「ラク」または「ラクセキー」と大声で下の人に知らせましょう。

▼岩場・クサリ場では

滑りやすい岩場では三点支持（両手・両足の計4カ所のうち必ず3カ所をしっかりした手がかりや足がかりに置き、残り1カ所だけを動かす）をしっかり守りましょう。クサリはあくまでも補助としてください。恐怖心から岩やクサリにしがみつかずに、体を岩から離して足元が見えるように登り降りします。ハシゴは、特に雨天時は滑りやすいので注意しましょう。その時に、抜けやすい軍手などは外したほうが安全でしょう。

▼下り道こそしっかりと

山での転倒や滑落事故などは、主として下り道で発生しています。特に帰りの時間帯に多く、気のゆるみ、疲労の蓄積などが原因です。ヘッピリ腰にならず、ひざを曲げて靴の底全体で地面をとらえ摩擦（フリクション）を利かせ、スムーズに次の足を前に出しリズミカルに下りましょう。下りでも、一定時間ごとに休憩をとることが大切です。

山では原則として登り優先です。登ってくる人に道をゆずりますが、その時はなるべく山側によけましょう。ただし、こちらの人数と相手の人数しだいで、先に下ったほうがよい場合もあります。状況に即して臨機応変に対応しましょう。

▼自然をいたわる山歩き

山の自然を傷つけないよう細心の注意を払いましょう。登山道以外をストックの先で突いたり、植物の生育しているなかに入りこむこと（特に湿原では厳禁）、植物の上に座りこんだり、植物を折ったり摘み取ることなどしてはいけません。またすべてのゴミは必ず持ち帰りましょう。

▼メンバーシップを大切に

参加者はお客様ではありません。みんながリーダーと協力しながら山行を楽しみます。先頭のサブリーダーの次に慣れていない人を、最後尾はリーダーが全体の様子を見ながら進みます（その反対もあり）。また、個人行動は事故のもとです。リーダーの指示にしたがい、何かの用で一時的にパーティーを離れるときは必ずリーダーに伝え、どうしても別行動をとらざるをえないときはリーダー承認のもとに2人以上で行動しましょう。慣れていないリーダーの時にはみなで協力しあい、その失敗を批判するなどは避けましょう。

▼山行中の飲酒は禁止

低山だから、コースタイムが短いからといって、山での飲酒は思わぬケガにつながります。山行中は禁酒、飲むのは下山してからにしましょう。運転者は厳禁です。

ハイキングの服装と装備

ハイキング・登山を楽しむために、まずそろえてほしいものは、登山靴（トレッキングシューズ）、ザック（バックパック）、雨具（レインウエア）です。山歩きの装備の基本です。ほかの装備は、日常生活のなかで使っているもので代用もできますが、この3種類に関しては、山専用のものをそろえてください。

【服装と靴】

▼山歩き用の靴

ハイキング・登山は何といっても「歩くスポーツ」です。山道は急斜面があったり、石がゴロゴロしていたり、ぬかるんでいたりと、さまざまな悪条件のもとでも歩きやすい靴が必要です。

登山用の靴はハイキングシューズ、トレッキングシューズ、登山靴など、さまざまな呼び方がありますが、山用にはカットの仕方が足首までおおって固定するハイカットのものが、捻挫や骨折などを防止し適しています（スニーカー型のローカット靴は平坦な道を歩くのに適したウォーキング用です）。また、靴底が滑りにくい仕様となっていて、でこぼこした道や岩の上でも安定して歩けるようにある程度の固さを持っています。平坦な道を歩くには靴底が柔軟で曲がりやすい靴が適していますが、岩場が多く、荷物も重くなるハードな登山ほど靴底が固く曲がりにくいものが適しています。最初に買う靴は、靴底にやや柔軟性があるものがよいでしょう。材質は、皮とゴアテックス、布（化学繊維）を組み合わせてあるタイプが主流です。

サイズは、ためしに履いて歩いてみて、どこも当たるところがなくぴったりフィットしていて、つま先に余裕のあるものがよいでしょう。山道具の専門店でお店の人に相談して買いましょう。

また、靴底に敷くインソール（中敷き）もいろいろ販売されています。必需品ではありませんが、履きごこちをよくするのに効果があります。

※靴底の突然破壊に注意

靴底のゴムは、その靴が製造されてから4～5年たつと劣化して、ある日突然、はがれてしまうことがあります。これは、靴を使用していなくても年数がたつと起きるので、山に行く前によく靴底を点検し、ある程度の年数がたった靴は買いかえるのが安全です。

▼ウェア

山で着るウェアは、保温性と速乾性があるものを、重ね着するのが原則です。山は平地より気温が低く、天気が変わりやすいのに、行動中は体がほてって汗をかきます。こうした状況の変化に対応して、こまめに衣服を着脱して調整をすることが大切です。そのための衣類は必ずしも山専用でなくても、日常生活で使っているものを組み合わせることで十分ですが、ポイントは保温性があること、材質が化繊で濡れてもすぐ乾くこと、そしてかさばらないことです。なお、上着の代用で雨具を保温や防風用に使用するなど、持参している装備を多目的に活用することも工夫しましょう。

①帽　子

日除けや防寒、また頭部を木の枝や岩から保護するため、必ず持参しましょう。雨具を着たときにフードの前部が垂れて、周囲が見えにくくなるのを防ぐのにも役立ちます。冬は耳までおおえる防寒用のタイプがよいでしょう。

②上　着

夏山で行動中は、暑ければ半そでTシャツだけでもかまいませんが、腕を虫刺され、日焼け、切り傷から保護するため、また防寒のために、必ず長そでのシャツとその上に着るジャケットを持参しましょう（日帰りの低山ハイクなら雨具でも代用可）。素材は、夏は乾きやすい化学繊維または混紡のもので、前開き、そでがまくれるもの、冬には防寒のためウールまたはフリース、薄手のダウンジャケットなどがよいでしょう。

③肌　着

肌着は行動中に着替えができないため、素材に注意して選択してください。木綿製ではなく、汗の吸収がよく、乾きやすい素材のもの（化学繊維）が適しています。また、冬は保温性の高いものを選びましょう。

④ズボン

歩きやすい伸縮性のあるズボンが適しています。上着と同様、保温性や速乾性にも注意を払ってください。また、半ズボンや山スカートとタイツの組み合わせも多くなっています。選ぶポイントは同じです。

⑤靴　下

山靴の内側は柔らかに作られているので、靴下はやや厚めのもの一枚で十分です。

⑥手　袋

夏の低山ハイキングや、炊事用などには軍手で十分です。秋から冬、春の時期や高山ではウールやフリースなど防寒用手袋を使います。

⑦雨具（レインウェア）

ハイキングや登山に行く時は、どんな天候の場合でも必ず、上下に分かれ、ズボンの裾にファスナーがついたセパレート式雨具を持参しましょう。素材は、ゴアテックスが代表的ですが、外からの雨は透さず、中からのムレは外に出す通気性を兼ねそなえたものが登山用に使われています。多少高価ですが、街中で使われる雨合羽とは重さや耐久性、着心地がまったく違います。

折りたたみカサも、樹林帯のなかや入山前・後の街歩きには重宝しますので、余裕があれば持参しましょう。また、雨具といっしょに大きめのスーパー等のレジ袋を1枚入れておけば、雨具のズボンを履くときに、靴ごと袋に入れて雨具のズボンを着脱でき、靴を脱いだり、雨具を汚さずにすんで、便利です。

⑧スパッツ

足首のまわりに装着し、雪や小石などが靴の中に入らないようにするカバーです。本来は、冬に雪道を歩くときのための装具ですが、最近は泥道やヤブでズボンの裾汚れを防止するカバーとしても使われることが多くなってきました。

⑨スカーフ・ネックウォーマー

首に着用すると、保温効果を発揮します。薄いのでたためば、あまりかさばらないので意外と役立ちます。

［装　備］

山に持っていく装備は、ウェアも含めて、あれこれの可能性に対応できるようにと考えると、どんどんふくらんで荷が重くなりがちです。しかし、荷が重いと行動が制約され、下山時の転倒も起きやすくなります。自分のザックの中をよく検討して、不要なものはできるだけ削り、ひとつの装備を多目的に活用する（たとえば、雨具で防寒具を代用するなど）工夫をしましょう。

※日本での登山用語は、英語、ドイツ語、フランス語起源の呼び名が入り乱れて使われてきましたが、最近は国際化もにらんで、英語で統一する方向が強められています。しかしここでは、従来から使われてきた「ザック」「アイゼン」「ストック」などの呼び名を使うことにします。

▼ザック（バックパック）

山歩きの重要な基本装備です。ハイキングや登山の日数や、持ち歩く荷物の量に応じて、いろいろな大きさがあり、中に入る容量で選びます。なお、この容量表示はメーカーによって多少の違いがありますので、現物をよく自分で確かめてください。

ザックは、背負いやすいものを選びましょう。男性と女性では体の大きさが違い、また背丈も人それぞれです。背負いひもの取り付け位置は、人によって背負いやすさが違います。登山用品店で実際に背負ってみて、自分の体格に合ったものを選びましょう。

山では、こまめに衣類を着脱して体温調整するので、そうした衣類も収容できるよう、多少のゆとりがほしいのですが、大きいザックに少量のものしか入っていないと背負いづらく、また、つい余分なものも入れてしまいがちになるので、その日のハイキング・登山に合った大きさを選びましょう。

▼ザックカバー

ザック本体の防水だけでは、雨の日にザックの中味を防水するには不十分です。どんな時も、ザックにかぶせるザックカバーを忘れてはなりません。大きさは、ザックに合わせて用意します。ザックと一体で最初からセットされているタイプもあります。

風が強いとザックカバーが飛ばされやすいので、ザックにかぶせたら、必ず留め具でザックに固定しましょう。

また、ザックカバーだけでは防水が万全ではありません。雨が続くと背中部分から水がしみこみます。ザックの中味も大きなポリ袋に入れるなど、二重・三重に雨対策をほどこしましょう。

▼水筒（ペットボトル）

500ミリリットル入りのペットボトルを用意するのが便利です。日帰りなら、冬は1本でも間に合いますが、夏は2本は必携です。行動中に必要な水分の量は、体重1キロ×5cc×1時間×70〜80％を目安とすると良いでしょう。また、ステンレス製等の軽い保温ポットを持参すると、冬は温かいものを、夏は冷たいものをいつでも飲むことができます。なお、ペットボトルは環境への影響を考えて、家へ持ち帰りましょう。

▼ヘッドランプ

両手が自由になるように、頭につけて使うヘッドランプを必ず用意しましょう。日帰りハイキングでも下山が遅れて日没になることも考え、どんな場合でも持参します。予備電池もお忘れなく。

▼ストック

ストックを使うと、ひざにかかる負担をやわらげ、疲労を軽減できます。また、足場の悪いところや、下り道での補助にも役立ちます。しかし、それに頼りすぎるとストックなしには不安で歩けなくなりかねません。また、ストックをふりまわして後続者や周囲の人が危険を感じることもあります。ストックは正しく使えば役に立つ補助具ですが、不要なところ、特に岩場ではかえってじゃまになるので、たたんで収納しておきましょう。

自然を必要以上に破壊しないために、土の道や植物のあるところではキャップをつけて使うこと、行き帰りの電車やバスのなかでは、他人に迷惑をかけないようにストックをきっちり収納し、先端には袋をかけておくなど、マナーを守りましょう。

※ストックの使い方

ストックに極端に体重をかけるのは避け、バランスを保つ補助としましょう。長さは自分の背丈に合わせて調整し、登りはやや短く、下りは長めにします。1本だけを使う人が多いのですが、両手でダブルで使うほうが安定します。家に帰ったら、ストックは水気をふきとって乾燥させ、分解して保管しましょう。万一、中がサビたら、サビはこすりおとします。滑りをよくしようと、油やグリースは絶対に使ってはなりません。中で滑ってストックを締めることができなくなります。

※下り道などでの握り方

下山時やガレ場などスリップ、転倒の可能性のある登山道では「ストラップ」には手首を通さず、外側から握るようにしてください。手首を通した状態でスリップ、転倒した場合、手首がストックから離れず地面に手をついた際、ストックがテコとなり負傷することがあります。

▼軽アイゼン

夏山の急な雪渓や、冬のハイキングで凍った道を歩くときには、安全のため軽アイゼンを用意しましょう。4本歯より、6～8本歯のものが歩くには安定しています。

▼ウエストポーチ・サコッシュ

歩いている時に、小物を収納しておくウエストポーチやサコッシュは重宝します。なくてもすみますが、あると便利なグッズです。

▼小物袋

スタッフバッグともいいます。衣類やいろいろな道具をまとめて袋に入れておくと、ザックの中が整理され、出し入れが容易になります。

▼救急用品

カットバン、傷薬、カゼ薬、鎮痛剤、胃腸薬、三角巾、テーピングテープ、ガーゼなど、必要最少限の救急用品をコンパクトな入れ物に入れ持参します。特にテーピングテープは救急用だけでなく、いろいろと張り付けたり補修したりする際に重宝します。

このほか、山では日焼けしやすいので、日焼け止めクリームもあるとよいでしょう。

▼地図とコンパス

ハイキング・登山において道迷いを防ぐために、地図とコンパスからさまざまな情報を読み取る技術はとても大切です。登山地図には出版社が発行する山域別登山地図や、スマホで使う地図アプリもあり、たいへん便利で役に立ちますが、ハイキング・登山では、国土地理院が発行する地図が基本となります。これには、紙に印刷されて販売されている「2万5千分の1地形図」と電子情報で公開されている「地理院地図」があり、この「地理院地図」は、無料で公開されている「カシミール3D」を利用することで、閲覧、印刷がより利用しやすくなります。

ハイキング・登山で使用する地図は、基本として、紙に印刷された地図です。地図の読み方で大切なことは、地図と実際の地形を見比べることです。そのため、地図は歩いている途中でも常に見られるように、ウエストポーチやサコッシュに入れておいたり、透明のビニール袋に紐を付けて、ポケットに入れておくと良いでしょう。また、このときにコンパスも一緒に出せるようにしておいてください。地図とコンパスはセットで使います。

地図は等高線を読み取ることが最も重要ですが、独学で地図とコンパスの使い方に慣れることは、とてもたいへんです。ハイキング・登山のクラブや団体に入って、経験者に実際に山行をしながら教えていただくことが、身に付けやすい方法として奨められます。

ハイキング基本用語

《あ〜お》

アプローチ　駅やバス停などから登山口までの道のり

鞍部　あんぶ　稜線上でくぼんだところ、峠は鞍部を越えることが多い。コルともいう

右岸　うがん　川の上流から下流を見て、右側を右岸、左側を左岸という

浮石　うきいし　石が不安定な状態のこと。スリップ、滑落など事故の原因となるので注意

エスケープルート　予定どおり行動できなかったり、事故や天候急変などの場合の逃げ道

尾根　おね　山頂と山頂を結ぶ峰筋。谷と谷との間の盛りあがった部分。地図上では、等高線が山頂から張り出しているのが尾根。反対に山頂に向って等高線が入っているのが谷

《か〜こ》

概念図（ガイコツ図）　がいねんず　本書の地図のように尾根線、谷線を主体として地形を表したもの。実際のハイキングに際しては細かい地形がわからないため、地形図は必携となる

ガス　霧のこと。ルートを間違えやすい

ガレ（場）　崩壊した斜面で岩や石がむき出しになっている部分。落石や滑落に注意が必要

涸沢　かれさわ　沢の上流部で流れが岩や河原の下をくぐっていたりして沢水が流れていない部分。沢の源頭部

岩頭　がんとう　岩稜の小ピークで頭のように大きなかたまりの岩からなるところ

岩稜　がんりょう　岩場から成り立つ稜線

キレット　峰と峰とを結ぶ稜線でV字上に深く切れこんでいるところ。いちばん低くなっているところが鞍部

クサリ場　岩場や急斜面で、クサリがかけられているところ。クサリに頼りすぎないことが大切

けもの道　文字どおり動物の通り道であるが、かすかな踏跡程度の道をいう

源頭　げんとう　沢の源流で、沢水がなくなるところ

コースタイム　ハイキングに要する時間、休憩時間を含まないので、実際は多少余裕をもつ必要がある

広葉樹林　こうようじゅりん　ブナやカエデなど平たい葉を持つ木々の林。落葉広葉樹の森林では新緑や落葉の美しいところが多い

コンパス　磁石のこと

《さ〜そ》

左岸　さがん　川の上流から下流を見て、左側のこと

沢　さわ　川の上流部の浅い谷

三角点　さんかくてん　測量の基準点で一等から四等三角点まである。山頂など展望のよいところにある場合が多い。多くの場合、四角柱の花こう岩の石標がある。ただし山頂にあるとは限らない「三角点」と刻まれている方角が南側が多い

湿原　しつげん　低温多湿の土壌に発展した草原。鬼怒沼、田代山、戦場ガ原など

主稜　しゅりょう　その山域の骨格をなす尾根のこと

支稜　しりょう　枝尾根のこと

針葉樹林　しんようじゅりん　葉が針のように細い木、スギ、マツ、オオシラビソ、

コメツガなど

双耳峰 そうじほう　二つの山頂を持つ山のこと。二つの耳が並んでいるように見えることから名付けられた

《た〜と》

地形図 ちけいず　国土地理院発行の地図。二万五千分の一、五万分の一の2種類があるが、本書では二万五千分の一を基にして、概念図（ガイコツ図）を作成している。地形図は登山、ハイキングの基本であり、出版社発行の地図とともに必需品である。最新版の地図を購入すること

池塘 ちとう　湿原に点在する小沼

直登 ちょくとう　斜面をまっすぐに登ること

テントサイト　テントが張れる場所。国立公園内では、決められた場所にテントを張ること

ドーム　先が丸い巨大な岩峰

峠 とうげ　登山道が尾根を越えるところで、多くの場合鞍部である

道標 どうひょう　登山口やルート上の分岐などにある案内

登山口 とざんぐち　一般にそのコースの取り付き部分。車道から山道へ入るところが多い

登山道 とざんどう　登山、ハイキングに使われるコース、山道。近年「地球にやさしいハイキング」といわれており、登山道を踏みはずさないようにしたい

トラバース　斜面を横断すること。滑落に注意

《は〜ま》

ピーク　山頂のことであるが、一般的に主峰でなく、その前後の小さな峰を指すことも多い

左俣 ひだりまた　谷（沢）が二つに分かれる部分で谷（沢）の上流に向かって左の沢

二岐 ふたまた　登山道が二つに分かれるところ。分岐点。T字路、Y字路などという場合もある

踏跡 ふみあと　かろうじて人が通れる程度の細い道。登山道よりは明瞭でない道をいう

右俣 みぎまた　谷（沢）が二つに分かれる部分で、谷（沢）の上流に向って右側の沢を右俣、左側の沢を左俣という

水場 みずば　沢や湧き水などがあり、水が得られるところ。テントサイトや山小屋付近に多い。しかし常時、水が得られるかどうかは天候状況などで不明であり、絶対化しないこと

木道 もくどう　湿原やお花畑に板材などを敷いた登山道。踏みはずして、その外側へ入らないこと

《や〜ん》

ヤブ　登る人が少なかったり、一般的なルートではないため、ササなどがおい茂っているところ。通過には体力と技術が必要。ヤブを通過することを「ヤブをこぐ」という

山小屋 やまごや　登山者、ハイカー用の宿泊、休憩施設。本県の場合、ほとんどが無人の避難小屋であり、緊急用の施設となっているところが多い

稜線 りょうせん　尾根のこと

林道 りんどう　本来は森林の管理、利用のための道であるが、未舗装の山道が多い

ルート　道筋、経路

ルートファインディング　正しいルートを見つけ出す技術のこと。地図やコンパス（磁石）、そして高度計なども必携品

●タクシー

あ　会津高原尾瀬口駅
　会津交通舘岩営業所　0241-78-2017
会津田島駅
　祇園タクシー　0241-62-0074
　旭タクシー　0120-151243
　田島タクシー　0120-621130／0241-62-1130
　会津交通田島営業所　0241-62-1244
足利駅／足利市駅
　足利タクシー　0284-21-4121
　北関東両毛交通　0284-20-1400
　中山タクシー　0284-71-3988
　八幡タクシー　0284-41-6101／0284-72-1655
　両毛自動車　0284-41-6101／0284-41-6734
　両毛ハイヤーセンター　0284-41-6101
　小俣駅　小俣タクシー　0284-62-0117
か　鹿沼駅／板荷駅／新鹿沼駅／文挟駅／明神駅
　鹿沼合同タクシー　0289-62-3188
　栃木ロイヤル交通
　0120-260821／0289-60-0821
　平和タクシー　0120-623135／0289-62-3135
　みやこタクシー　0120-622921／0289-62-2920
烏山駅／滝駅
　烏山観光タクシー　0287-82-2561
　烏山合同タクシー　0120-842144
川治湯元駅／湯西川温泉駅
　川治観光タクシー　0288-78-0240
鬼怒川温泉駅
　鬼怒川タクシー　0288-77-0033
　日光交通　0120-812552／0288-54-1188
桐生駅
　桐生合同タクシー　0277-46-3939
　沼田屋タクシー　0120-085242／0277-44-5242
　朝日タクシー桐生営業所　0277-54-2420
さ　佐野駅／富田駅
　赤見タクシー　0283-25-1666
　旭タクシー　0283-22-3311
　佐野合同タクシー　0283-22-5333
塩原温泉　塩原自動車　0120／818391
沢入駅　沼田屋タクシー
　0120-085242／0277-44-5242
た　大谷向駅／新高徳駅
　今市タクシー　0288-21-5211
田沼駅
　佐野合同タクシー田沼営業所　0283-22-5333
通洞駅／間藤駅
　足尾観光タクシー　0288-93-2222
と　栃木駅／大平下駅
　大平タクシー　0282-43-2543
　栃木合同タクシー　0282-22-5000
　千代田タクシー　0282-22-5151
な　那珂川町
　馬頭観光タクシー
　0120-402705／0287-92-2705
那須塩原駅／西那須野駅／黒磯駅／板室温泉
　塩原自動車　0120-818391
　京橋タクシー　0287-63-1515
　黒磯観光タクシー　0287-62-1526
　那須合同自動車　0120-020031
　藤交通　0287-63-0444
日光駅
　三英自動車　0288-54-1130
　日光交通　0120-812552／0288-54-1188
　中央交通　0288-54-2138
は　常陸大子駅
　茨城交通大子営業所　0295-72-0055
　滝交通　0295-72-0073
　ドリームタクシー（竹之内商店内）
　0295-76-0313
藤岡駅　藤岡タクシー　0282-62-3311
ま　益子駅／北山駅／多田羅駅／七井駅
　新光タクシー　0285-72-7700
　七井タクシー　0285-72-2411
　益子タクシー　0285-72-2134
茂木駅
　柏タクシー　0285-63-0015
　茂木合同タクシー　0285-63-0028
や　矢板駅
　片岡交通　0287-48-0908
　矢板ツーリングタクシー　0287-43-1234
湯ノ花温泉　会津交通舘岩営業所　0241-78-2017
よ　養鱒公園駅
　田島タクシー　0241-62-1130
　祇園タクシー　0241-62-0074
　会津交通下郷営業所　0241-67-2121

●鉄道

あ　会津鉄道(時刻・運賃・沿線・パンフレットについて)　0242-28-5885
会津鉄道会津田島駅　0241-62-0065
会津鉄道会津高原尾瀬口駅　0241-66-2329
さ　JR東日本お問い合わせセンター(列車時刻、運賃・料金、空席情報案内)　050-2016-1600
た　東武鉄道お客さまセンター(列車時刻や運賃、沿線観光情報、その他のお問い合わせ)　03-5962-0102
東武足利市駅　0284-71-1073
東武宇都宮駅　028-633-2054
東武鬼怒川温泉駅　0288-77-1151
東武葛生駅　0283-85-2465
東武静和駅　0282-55-2040
東武新鹿沼駅　0289-64-2247
東武新高徳駅　0288-76-8128
東武田沼駅　0283-62-0005
東武栃木駅　0282-22-5750
東武日光駅　0288-54-0137
東武藤岡駅　0282-62-2042
ま　真岡鐵道　0285-84-2911
真岡鐵道益子駅　0285-72-2511
真岡鐵道茂木駅　0285-63-1311
や　野岩鉄道総合窓口　0288-77-3300
野岩鉄道会津高原尾瀬口駅　0241-66-2329
わ　わたらせ渓谷鐵道　0277-73-2110
わたらせ渓谷鐵道通洞駅　0288-93-0855

●ロープウェイ

か　関東自動車那須ロープウェイ　0287-76-2449
(営業期間3月17日～12月10日まで)
な　日光交通明智平ロープウェイ　0288-55-0331
日光白根山ロープウェイ　0278-58-2211

●バス

あ　会津バス田島営業所　0241-62-0134
足利市生活路線バス
御厨線、名草線　0284-64-8300
小俣線、松田線、行道線、富田線、中央循環線　0284-22-0088
山辺線、河南路線デマンド運行　0284-21-4121
茨城交通本社　029-251-2335
奥日光低公害ハイブリットバス　0288-55-0880
大田原市営バス　0287-23-8832
か　鹿沼リーバス
上久我線、小来川森崎線　0289-77-5808
運転免許センター、公設市場線、鹿沼南高校線、古峰原線、南押原線、お買いものバス　0289-64-3161
南摩線、口粟野線、上粕尾山の神線、入粟野上五月線　0289-85-3380
関東自動車本社路線バス部　0570-031811
宇都宮営業所、鹿沼営業所、佐野営業所、栃木営業所　0570-031811
さ　佐野市生活路線バス「さーのって号」　0283-86-4071
植下高萩線、田沼葛生線、犬伏線、運動公園循環線　0283-20-1650
葛生エリア、田沼エリア、赤見エリア、佐野南部エリア、足利線　0283-85-7110
ジェイアールバス関東宇都宮支店　028-687-0671
ジェイアールバス関東西那須野支店　0287-36-0109
た　東武バス日光　0288-53-2100
日光営業所　0288-54-1138
栃木市コミュニティバス「ふれあいバス」
市街地循環線、市街地北部循環線、部屋線、大宮国府線　0282-29-1221
大宮国府線、皆川樋ノ口線　0282-31-3821
寺尾線、真名子線、小野寺線　0282-22-5311
金崎線　0282-23-3113
藤岡線、大平線、岩舟線　0282-61-2301
な　那須烏山市営バス　0287-83-1151
那須塩原市地域バスゆーバス
塩原・上三依線、西那須野内外循環線、西那須野内循環線、西那須野線　0287-36-0109
黒磯線　0287-37-3335
那須高原観光周遊バス　0287-74-2911
日光市営バス
(しおや交通)鬼怒川温泉女夫渕線　0287-46-0011
赤倉線、遠上線(日光市役所都市計画課)　0288-21-5151
下今市線(日光交通ダイヤル営業所)　0288-77-2685
小百線、下野大沢線、大渡線、温泉線、今中線、市営住宅線、下小林線　028-633-3482

あ 足利市
足利市観光協会 0284-43-3000
足利観光交流館 0284-73-3631
市貝町　市貝町役場 0285-68-1111
宇都宮市
宇都宮観光コンベンション協会 028-678-8039
宇都宮市森林公園 028-652-3450
道の駅うつのみやろまんちっく村 028-665-8800
大田原市
大田原市観光協会 0287-54-1110
か 笠間市　笠間観光協会 0296-72-9222
鹿沼市
鹿沼市観光協会 0289-60-6070
鹿沼市高齢者福祉センター 0289-62-7691
前日光ハイランドロッジ 0288-93-4141
桐生市　桐生市観光物産協会 0277-32-4555
国土交通省関東地方整備局利根川上流河川事務所
渡良瀬遊水池出張所 0280-62-2420
さ 佐野市
佐野市観光協会 0283-21-5111
蓬山ログビレッジ管理事務所 0283-67-1139
塩谷町　塩谷町観光協会 0287-45-2211
下郷町　下郷町観光協会（下郷町総合政策課商工観光係）
0241-69-1144
下野市　下野市観光協会 0285-39-6900
た 大子町　大子町観光協会 0295-72-0285
栃木県
栃木県庁（代表受付） 028-623-2323
環境森林部環境森林政策課 028-623-3258
県西環境森林事務所 0288-21-1178
県東環境森林事務所 0285-81-9001
県北環境森林事務所 0287-23-6363
県南環境森林事務所 0283-23-1441
観光物産協会 028-623-3213
道路公社（施設管理部） 0288-32-2325
関東ふれあいの道（栃木県） 028-623-3211
栃木市
岩舟町観光協会 0282-54-3313
栃木市観光協会 0282-25-2356
栃木市観光協会藤岡支部 0282-62-0900
渡良瀬遊水地湿地資料館 0282-62-5558
な 那珂川町　那珂川町観光協会 0287-92-5757
那須烏山市　那須烏山市観光協会 0287-84-1977
那須塩原市
那須高原案内所（JR黒磯駅構内） 0287-63-4574
那須地区総合観光案内所（JR那須塩原駅構内）
0287-65-1690
黒磯観光協会 0287-62-7155
西那須野観光協会 0287-37-5107
塩原温泉観光協会 0287-32-4000
塩原温泉ビジターセンター 0287-32-3050
アグリパル塩原 0287-35-4401
那須町
那須町観光協会 0287-76-2619
那須平成の森フィールドセンター 0287-74-6808
日光市
日光市観光経済部観光課 0288-21-5170
日光市観光経済部日光観光課 0288-53-3795
日光市観光経済部藤原観光課 0288-76-4111
日光市観光経済部足尾観光課 0288-93-3116
日光市観光経済部栗山観光課 0288-97-1136
日光市役所小来川支所 0288-63-3111
日光湯元ビジターセンター 0288-62-2321
日光市自然体験交流センター「安らぎの森四季」
0288-98-0145
湯西川水の郷 0288-98-0260
は 芳賀町　はが観光協会（NPO法人） 0285-84-2200
桧枝岐村　尾瀬桧枝岐村温泉観光協会
0241-75-2432
ま 益子町
益子町観光協会 0285-70-1120
フォレスト益子 0285-70-3305
南会津町
南会津町観光物産協会 0241-62-3000
南会津町観光物産協会舘岩観光センター
0241-64-5611
真岡市
真岡市観光協会 0285-82-2012
根本山自然観察センター 0285-83-6280
茂木町
茂木町観光協会 0285-63-5644
大瀬キャンプ場 0285-63-3008
や 矢板市
矢板市観光協会 0287-47-4252
栃木県県民の森管理事務所 0287-43-0479
矢板森林管理事務所 0287-43-0427

あとがき

栃木の山シリーズは、宇都宮ハイキングクラブ創立10周年を記念して『栃木の山１００』を出版したのが始まりでした。その後22年経過して、会員数も増加して活動範囲も拡大し、その結果が『栃木の山１５０』へと発展していきました。さらに10年が経過して、自然環境の変化や公共交通機関の改廃など、全コースを見直して今回の『改定新版 栃木の山１５０』の出版となりました。本書は栃木県のすべての山域１５０コースを網羅しており、ハイキング愛好家の山登りの際の指針として使用していただければ幸いです。

宇都宮ハイキングクラブは、１９８1年に創立し、「安全に、楽しく、すべての人に自然を」をモットーに、山はもちろん自然を愛する仲間とともにハイキングの輪を広げてきました。現在、会員は宇都宮市を中心に約２１０名のメンバーで、定例会を毎月開催して次月のハイキングの参加募集を行っています。毎週3～4回、月平均12～13回の定例ハイキングを立案実施しています。その他に自主ハイキングやフラワーサークルなどのサークル活動など多様化に対応したハイキングを行っています。

宇都宮ハイキングクラブは、日本勤労者山岳連盟（略称「労山」）および栃木県勤労者山岳連盟に加盟しています。当クラブでは入会後ハイキングに必要な技術を習得する基礎講座や山の歩き方講習会や岩場の登り方下り方などの教育システムを充実させています。また、クラブの情報提供としてＨＰ(uhc-web.jp)をご利用ください。

『改定新版 栃木の山１５０』企画委員長
伴　孝夫

当クラブは、創立10周年記念事業として『栃木の山１００』を発行して以来、『栃木の山１２０』『栃木の山１４０』『栃木の山１５０』を含め、本書『改定新版 栃木の山１５０』で5冊目となります。２０１3年に『栃木の山１５０』を発行して以来10年が過ぎ、豪風雨などの倒木による登山道の妨げや公共交通機関の変化もあり、もう一度情報提供をもとに１５０コースを見直すことにしました。

その結果、新規コースとして3座を差し替え、登山口などの変更を数カ所修正したほか、すべてのコースを見直して『改訂新版 栃木の山１５０』を発行するに至りました。言うまでもなくこの改訂新版は、栃木県のすべての山域１５０コースを網羅し、夏の高山、残雪の深山のルートファインディング、家族で楽しめる陽だまりハイクなど、初級者から上級者まで幅広く山を愛する登山者を対象とした内容になっています。

最初は情報提供での修正版と考えていたのですが、進めていくうち１５０すべてのコース内容に気を配り、不明瞭な所があれば現地に足を運んで修正し、さらにグレードアップされた改訂新版として発行しましたので、ぜひ山登りのために参考にして頂きたいです。

また、地元の方々のご厚意で登山道の整備や駐車場の提供などをして頂き、私たちが安全に登山できていることに改めて感謝いたします。

最後に本書を発行するにあたり、随想舎の皆様には大変お世話になりました。ここに厚くお礼申し上げます。

『改定新版 栃木の山１５０』企画副委員長
赤間淑江

［編集担当］
企画委員長　伴　孝夫
企画副委員長　赤間淑江
企画委員　関口定夫　八木澤昌通
瀧田玲子　秋山一隆
溝口千代江　菊地正光

［連絡先・事務所］
栃木県勤労者山岳連盟または宇都宮ハイキングクラブ
〒321-0345　宇都宮市大谷町1109
＊ご意見などは事務所まで手紙・ハガキでお願いします。
また、ホームページからのアクセスもご利用ください。
https://uhc-web.jp/

改訂新版 栃木の山150

2024年2月26日　第1刷発行

編著者 ● 栃木県勤労者山岳連盟
宇都宮ハイキングクラブ

発　行 ● 有限会社 随 想 舎
〒320-0033 栃木県宇都宮市本町10-3 TSビル
TEL 028-616-6605　FAX 028-616-6607
振替 00360－0－36984
URL http://www.zuisousha.co.jp/

印　刷 ● 株式会社シナノ パブリッシング プレス

イラスト＝クルール・プロジェ

 ISBN978-4-88748-429-0